**Making and breaking the rules :
succession in medieval Europe, *c.* 1000-*c.*1600
Établir et abolir les normes :
la succession dans l'Europe médiévale,
vers 1000-vers 1600**

Histoires de famille. La parenté au Moyen Âge

Collection dirigée par Martin Aurell

9

Making and breaking the rules : succession in medieval Europe, c. 1000-c.1600
Établir et abolir les normes : la succession dans l'Europe médiévale, vers 1000-vers 1600

Proceedings of the colloquium held on 6-7-8 April 2006
Actes de la conférence tenue les 6, 7 et 8 avril 2006
Institute of Historical Research
(University of London)

dir. Frédérique Lachaud / Michael Penman

with the support of /avec le soutien financier de
the University of London Vice-Chancellor's Development Fund

BREPOLS

D/2008/0095/2

ISDN 978-2-503-52743-7

Printed in the E.U. on acid-free paper

TABLE OF CONTENTS / TABLE DES MATIÈRES

ABBREVIATIONS / ABRÉVIATIONS

ACA	Archivo de la Corona de Aragón
AEM	*Anuario de Estudios Medievales*
AESC	*Annales (Économie, Société, Civilisation)*
AHDE	*Anuario de Historia del Derecho Español*
ANS	*Anglo-Norman Studies*
ARV	Archivo del Reino de Valencia
BABLB	*Boletín de la Real Academia de Buenas Letras de Barcelona*
BEC	*Bibliothèque de l'École des Chartes*
BIHR	*Bulletin of the Institute of Historical Research*
BL	British Library
BnF	Bibliothèque nationale de France
BPH	*Bulletin Philologique et Historique (jusqu'en 1610) du Comité des Travaux Historiques et Scientifiques*
BUV	Biblioteca Universitaria de Valencia
CHCA	*Congreso de Historia de la Corona de Aragón*
CCCM	Corpus Christianorum Continuatio Medievalis, Turnhout, Brepols
CDIHF	Collection des documents inédits sur l'histoire de France
CODOIN	*Colección de documentos inéditos del Archivo general de la Corona de Aragón*
DAEM	*Deutsches Archiv für Erforschung des Mittelalters*
EEA	*English Episcopal Acta*
EETS	Early English Text Society
EEMCA	*Estudios de Edad Media de la Corona de Aragón*
EHR	*English Historical Review*
GEC	G.E. Cokayne, *The Complete Peerage of England, Scotland, Ireland, Great Britain and the United Kingdom*, ed. H.V. Gibbs *et. al.*, 13 vols., London, 1910-59
HDR	*Handwörterbuch zur Deutschen Rechtsgeschichte, dir. A. Erler and E. Kaufmann, 5 vols., Berlin, since 1971*
HZ	*Historische Zeitschrift*
JEH	*Journal of Ecclesiastical History*
JMH	*Journal of Medieval History*
Lex. MA	*Lexikon des Mittelalters*, Munich-Zürich, since 1980
MGH	Monumenta Germaniae Historica
Const.	Constitutiones et acta publica imperatorum et regum
LdL	Libelli de lite
SS	Scriptores
SSrG	Scriptores regum Germanicarum
ORF	*Ordonnances des roys de France de la troisième race*, éd. E. de Laurière *et al.*, Paris, 1723-1850, 22 vols.
PL	*Patrologiae cursus completus series latina*, 221 vols., ed. J.P. Migne, Paris, 1841-64
RH	*Revue Historique*
RHDFE	*Revue Historique de Droit Français et Étranger*
RS	Rolls Series

SHF	Société de l'Histoire de France
TNA	The National Archives (London)
TRHS	*Transactions of the Royal Historical Society*
ZRG	*Zeitschrift der Savigny-Stiftung für Rechtsgeschichte*
Germ. Abt.	*Germanische Abteilung*
Kan. Abt.	*Kanonistische Abteilung*

Introduction

Frédérique LACHAUD et Michael PENMAN

Ce volume rassemble les actes de la conférence tenue en avril 2006 à l'Institute of Historical Research à Bloomsbury, Londres, un événement inspiré par l'idée de créer un atelier pour des comparaisons médiévales franco-britanniques. Cependant, une fois retenu le thème de la succession, l'atelier se transforma de manière presque naturelle en une conférence dont le cadre devait embrasser une chronologie et une géographie beaucoup plus larges – du XIIe siècle à la fin de l'époque moderne, de l'Irlande à la Russie, de la Suède aux royaumes ibériques –, et exploiter une riche veine d'expérience comparative[1] : si plus de la moitié des communications portent sur la succession princière au sens large, la comparaison avec la succession dans l'office, la succession noble et la succession ecclésiastique permet d'élargir les horizons et de poser un certain nombre de questions fondamentales qui peuvent nous servir ici de fil conducteur.

Peut-être faut-il, de manière liminaire, s'arrêter sur les questions de terminologie, que ce soit celle des historiens ou celle que nous trouvons dans les textes. Même s'ils se recoupent, les termes succession, accession, transmission, substitution, hérédité, héritage, dévolution – a fortiori celui d'élection – ne signifient pas la même chose. La complexité sémantique du vocable latin *successio* nous a semblé fournir un bon point de départ : il renvoie à l'action de ce qui vient après, mais il signifie aussi substitution, remplacement et héritage, tout comme race et postérité et, pour finir, succès. En tout cas, l'étude de la terminologie utilisée dans les sources touchant à la succession est certainement une ligne d'enquête pertinente, qu'il s'agirait de prolonger ; il faudrait aussi savoir si les différentes langues vernaculaires et juridiques des espaces considérés décrivent ou affectent des expériences contrastées.

Cette question nous mène d'emblée à celle des catégories d'interprétation : la succession se justifie-t-elle comme outil d'analyse ? Dans certains cas, il s'agit nettement d'une lecture *a posteriori* des événements ; à l'inverse, on peut estimer que la succession reflète des structures et des enjeux sociaux et politiques. Posons la question autrement : la notion même de succession présuppose-t-elle une société organisée d'une manière particulière ? Dans son étude de la parenté galloise et irlandaise, par exemple, Thomas Charles Edwards a souligné la transformation des rapports entre des groupes en compétition, d'un système d'échange de femmes contre la terre – une société sans succession – vers un système où le patrimoine est

[1] En ce sens, nous pouvons considérer ces actes comme une tentative pour rivaliser avec le lancement d'une étude comparée d'un thème voisin, celui des couronnements, édité par J. M. Bak au *Centre for Medieval and Renaissance Studies* en Californie : *Coronations : Medieval and Early Modern Monarchic Ritual*, dir. J. M. Bak, Berkeley, 1990, en particulier l'introduction historiographique de l'éditeur, « Introduction : coronation studies – past, present and future », p. 1-15.

transmis à la génération plus jeune au sein du même groupe[2]. Et là où la succession est un élément constitutif des sociétés, on voit bien qu'il existe des espaces et des périodes où l'héritage et la transmission du titre, de l'office, de la propriété font l'objet d'une tension entre, d'une part, la tradition coutumière et même subjective de la transmission et, d'autre part, la constitution d'un droit reposant sur des principes bien délimités, un droit objectif de la succession. La succession au comté de Nevers étudiée dans ces pages par Yves Sassier en est un bel exemple : en 1273, le Parlement de Paris trancha en faveur d'un partage du comté entre les trois héritières de la dernière comtesse de Nevers, sans tenir compte de la tradition qui maintenait, depuis le début du XIe siècle, les trois comtés de Nevers, Auxerrre et Tonnerre entre les mêmes mains. On pourrait penser *a priori* que cette tension coïncida souvent avec l'apparition d'une organisation politique et d'une société structurées différemment, mais on ne peut exclure le fait que les expériences de certains royaumes et de certaines sociétés furent uniques.

En tout cas, le choix des modalités de succession reflète bien un désir de pérennité, qui peut notamment s'expliquer par des considérations politiques, comme le risque présenté par la désagrégation de l'autorité. La désignation du successeur par le détenteur d'office peut sembler à première vue la manière la plus efficace d'assurer la pérennité de la fonction, de la famille, du domaine : mais elle est aussi un signe de fragilité, puisqu'elle ne repose que sur le « charisme personnel » du détenteur d'office, ce qu'Isabelle Rosé met en évidence dans sa discussion des modes de succession des abbés clunisiens avant la constitution d'une véritable *ecclesia Cluniacensis* vers la fin du Xe siècle. En réalité, le recours à des règles de dévolution autres que la simple désignation du successeur semble un moyen plus sûr d'assurer la pérennité : c'est encore davantage le cas, pour les biens transmis au sein des familles, quand les règles de dévolution reflètent et conditionnent à la fois les structures familiales. Alors que le principe de la primogéniture masculine soustend la stratégie lignagère de nombreuses familles aristocratiques, certaines sociétés continuent à opérer le choix du gouvernant, du chef de famille, de celui qui détient l'autorité, au sein du groupe de tous ceux qui se reconnaissent un ancêtre commun. L'Irlande gaélique présente longtemps ce cas de figure, comme le montre ici Katharine Simms : dans une société marquée par la guerre endémique, il fallait choisir un chef qui fût aussi un guerrier, ce qui excluait les prétendants trop jeunes ou trop âgés et écartait, par conséquent, le principe de seniorité comme la primogéniture. De plus, les enfants des différentes épouses et concubines des chefs pouvaient tous prétendre à leur part d'héritage, ce qui élargissait d'autant le cercle des ayant droit. Mais la parenté est présente ailleurs dans les processus successoraux, parfois de manière sous-jacente : l'étude d'Endre Sashalmi sur la Russie moscovite montre que l'idée d'une descendance large demeura longtemps pertinente dans le choix du prince, et Bernd Kannowski rappelle que les électeurs impériaux du XIIIe siècle appartenaient tous à la descendance des Ottoniens par les filles, le droit d'élire le roi des Romains étant, en quelque sorte, une compensation pour l'impossibilité d'obtenir le trône. Dans une étude sur les structures familiales dans la Normandie du XIe siècle, Pierre Bauduin a d'ailleurs suggéré que c'était précisément la succession qui pouvait donner une vie nouvelle à la solidarité de la parenté, où

[2] T. Charles Edwards, *Early Irish and Welsh Kinship*, Oxford, 1993; également I. Warntjes, « Regnal succession in early medieval Ireland », *JMH*, 20, 2004, p. 377-410.

les relations étaient d'ordinaire très lâches, la mémoire de la parenté étant conservée avant tout dans le domaine symbolique par le culte commun des origines, une onomastique unique et des sanctuaires spirituels communs[3].

Il faut donc bien s'interroger sur les modalités de l'exclusion de certains membres de la parenté, sur des critères tels que la légitimité ou l'illégitimité, la géographie et l'héritage mixte comme, bien entendu, le sexe et l'âge. Il s'agit aussi de délimiter avec précision le rôle du droit et des juristes dans la détermination de l'âge de la majorité, de la légitimité, de la division au moment de l'héritage, ou encore des règles concernant la descendance. Dans le cas des successions royales, l'élaboration de règles juridiques précises, parfois, mais pas toujours, en référence au droit romain – qui préfère la dévolution en fonction du degré –, ou au droit coutumier, intervient généralement dans les contextes de crise. Point n'est besoin de recourir à de telles règles quand il y a abondance d'héritiers mâles, comme le dit bien Michael Penman ; ces règles ne couvrent d'ailleurs que les cas de figure qu'il est nécessaire de régler dans l'immédiat ou, tout au plus, pour la génération à venir. Il est assez curieux de noter que la question de la dévolution à des héritiers collatéraux en cas de disparition de la lignée principale est rarement traitée dans les sources juridiques, ce que rappelle ici Jean-Louis Thireau au sujet des coutumes de l'ouest de la France. Et pourtant la question des collatéraux est essentielle : le cas des princes du sang suggère que même dans les contextes où la primogéniture l'emportait de manière éminente, la reconnaissance des droits des collatéraux permettait de faire face au danger d'extinction du lignage régnant[4], voire d'inaugurer des modes de gouvernement originaux, comme dans la France des derniers Capétiens[5].

La proclamation des règles successorales peut d'ailleurs prendre l'allure d'un véritable programme idéologique, comme dans le cas de l'exclusion des femmes de la succession au trône de France au XIVe siècle par la *lex salica*, dont les historiens ne s'accordent pas à dater exactement l'irruption dans l'outillage idéologique des Valois, et qui donna lieu à une littérature pamphlétaire considérable, marquée par les œuvres de Jean de Montreuil ou Jean Juvénal des Ursins[6]. La justification par John Fortescue de l'accession au trône des Lancastre, en réaction au coup des York en 1460, constitue un autre exemple de discours sur la succession royale, qui fait là appel au droit naturel[7]. Mais, au-delà de ces manifestes, comment les cours intervenaient-elles dans les processus de succession ? Et comment le droit et les législatures étaient-ils utilisés pour garantir les *entails* en Angleterre, les *tailzies* en Écosse

---

[3] P. Bauduin, « Observations sur les structures familiales de l'aristocratie normande au XIe siècle », *Liens personnels, réseaux, solidarités en France et dans les îles Britanniques (XIe-XXe siècle). Personal links, networks and solidarities in France and the British Isles (11th-20th century). Actes de la table ronde organisée par le GDR 2136 et l'Université de Glasgow (10-11 mai 2002)*, dir. D. Bates *et al.*, Paris, 2006, p. 15-28.

[4] C'est ce que démontre Ralph Giesey au sujet des princes du sang dans le royaume de France : R. E. Giesey, *Le rôle méconnu de la loi salique. La succession royale, XIVe-XVIe siècle*, Paris, 2007, ch. 8.

[5] Sur ce point, voir A.W. Lewis, *Royal Succession in Capetian France. Studies on Familial Order and the State*, Cambridge, Mass., 1981 ; trad. fr., *Le sang royal : la famille capétienne et l'État, France, X^e^-XIVe siècle*, Paris, 1986.

[6] C. Taylor, « The Salic Law and the Valois succession to the French crown », *French History*, 15, 2001, p. 358-377 et son introduction à l'édition de *Pour ce que plusieurs: Debating the Hundred Years War :* Pour ce que plusieurs *(*La Loy Salicque*) and* A Declaration of the Trew and Dewe Title of Henry VIII, Camden Fifth Series, 29, 2006 ; C. Beaune, *Naissance de la nation France*, Paris, 1985, ch. 9.

[7] Notamment dans son pamphlet *De natura legis naturae*. Sur ces questions, voir V. Litzen, *A War of Roses and Lilies: the Theme of Succession in Sir John Fortescue's Works*, Helsinki, 1971.

et autres actes de succession, qui vinrent profondément modifier les coutumes successorales, comme le montre Michael Hicks à propos des *entails* qui permettaient à la noblesse anglaise d'éviter la division des héritages entre les filles ? Quel était le rôle – ou non – des testaments écrits et des ordres de succession dans les différents royaumes ? De plus, si l'on recourt souvent au même vocabulaire de la succession, la dévolution n'est pas la même, à l'évidence, selon la nature du bien transmis – qu'il s'agisse de biens meubles, d'une terre, d'un office, d'un titre, d'une principauté ou d'un royaume. Ainsi, la règle de l'indivisibilité des royaumes semble s'imposer, même si certains signes semblent indiquer qu'on a pu parfois envisager la perspective du partage, en l'absence d'un seul héritier adéquat[8]. À l'inverse, le partage du comté de Nevers déjà évoqué montre bien qu'on ne considérait ce comté ni comme un *regnum* ni comme une principauté. Dans le cas des offices, c'est le critère de la compétence qui l'emporte. Anne Duggan rappelle toutefois qu'il fallut attendre l'accord de 1214 pour voir le roi d'Angleterre accepter la compétence comme un des critères dans la nomination des évêques. Cette même compétence était exigée des officiers royaux en France ; mais, comme le démontre Romain Telliez, compétence et hérédité n'étaient pas forcément contradictoires, et purent répondre aux exigences d'un système financier caractérisé par l'interpénétration des intérêts publics et de la gestion privée, au sein d'une évolution qui allait mener à l'instauration de la « vénalité des offices ».

Il existait souvent une incertitude sur les précédents, comme le fait remarquer Michael Penman au sujet de la succession royale écossaise à la fin du XIIIe siècle, mais le retour régulier de certaines pratiques successorales semble impliquer l'existence de modèles, même si ceux-ci sont pourvus de variables : la seniorité, la primogéniture, l'élection, la présence ou non des femmes parmi les héritiers ou parmi ceux qui peuvent transmettre des droits sur les biens. On observe d'ailleurs que même là où un principe est devenu la norme, les autres sont toujours sous-jacents : ainsi, le principe électoral réapparaît dans les moments où le hasard biologique vient troubler la descendance. À l'inverse, l'appartenance à une dynastie « historique », même là où l'élection s'est imposée, est un facteur de sélection, comme en Suède ou dans l'Empire. Si le royaume de Suède se transmet par élection, les Suédois « ont eu l'habitude d'élire celui qui est le plus proche du roi ou un de ses enfants à la tête du royaume » comme le disent bien les ambassadeurs anglais cités par Corinne Péneau[9]. Martyn Rady rappelle ici qu'après la mort de Louis II en 1526 devant les Turcs, des arguments divergents furent mis en avant par les deux prétendants au trône de Hongrie, le premier réclamant le trône en faisant appel au principe dynastique, l'autre en déclarant la primauté de l'élection. Frédéric Barberousse recourut aussi, en fonction de ses interlocuteurs, à des principes contradictoires pour justifier son accession (Bernd Kannowski). Au-delà de ces « stratégies et arguments de légitimation » (Björn Weiler), la succession royale ou impériale apparaît

[8] C'est du moins ainsi que Ralph Giesey interprète la plainte de Louis VII, « terrifié par une multitude de filles » jusqu'à la naissance de Philippe Dieudonné : Giesey, *Le rôle méconnu de la loi salique...*, p. 17-18.

[9] Des études récentes sur les disputes successorales en Norvège ont également souligné les compromis et les tensions résultant de la fusion entre la primogéniture héréditaire dynastique et la coutume plus ancienne de l'élection de tout descendant royal adéquat par le *thing* ou assemblée des hommes libres : J. M. Jochens, « The politics of reproduction : medieval Norwegian kingship », *American Historical Review*, 92, 1987, p. 327-349 ; K. Helle, « The Norwegian kingdom : succession disputes and consolidation », *The Cambridge History of Scandinavia : I – Prehistory to 1250*, dir. K. Helle, Cambridge, 2003, p. 369-391.

bien, pour reprendre les termes de Martyn Rady, comme « un amalgame de principes – primogéniture, descendance, élection et couronnement[10] ».

À l'intérieur du cadre mis en place par ces différents modèles successoraux, les considérations politiques et pragmatiques l'emportent souvent. Ainsi, l'étude de Björn Weiler sur la succession impériale au XIIe siècle suggère que l'élection fut choisie car elle répondait le mieux aux circonstances politiques du moment : il faut attendre le XIIIe siècle pour la voir devenir une norme politique et juridique. En Écosse, on voit les parties rivales jouer avec les aspects de l'héritage divisible, de la primogéniture absolue, de l'exclusion ou de l'inclusion des enfants illégitimes et même avec des prétentions obscures à un ancienne tradition d'élection. Bien plus, la volonté politique – qu'il s'agisse de celle du prince ou d'autres acteurs comme les nobles et les villes[11] – peut, parfois par la force, abolir les normes[12]. La capacité du prétendant à enfreindre la norme va jusqu'à être considérée comme un signe de sa capacité à régner : c'est ce que laissent entendre les chroniqueurs au sujet de Barberousse (Björn Weiler). Et, alors même que, dans certains royaumes, les traditions coutumières deviennent, à la fin du Moyen Âge, de véritables normes juridiques, parfois exprimées dans des « lois fondamentales », on a le sentiment que croît la détermination de la volonté politique royale à défier le droit et le précédent en ce qui concerne la succession, approchant, vers la fin du XVIe siècle, d'une volonté absolutiste. Toutefois, le pragmatisme politique, s'il joue trop avec les normes juridiques devenues acceptables, peut venir brouiller les cartes et rendre le jeu de la succession plus complexe, comme le suggère ici Peter Rycraft au sujet de la politique menée par Pierre le Cérémonieux (1336-1387) en Aragon. Et la manière de la succession peut faire peser une hypothèque sur un régime voire sur une dynastie[13]. En particulier, la définition traditionnelle de la tyrannie comme usurpation du trône apparaît de manière récurrente dans les réflexions sur la légitimité du pouvoir : on connaît la fameuse opposition, notamment développée par Giraud de

[10] Jean de Salisbury résume, dans son *Policraticus*, une bonne partie de l'argumentaire contemporain (Jean de Salisbury, *Policraticus*, V, 6, éd. C. C. I. Webb, 2 vol., Oxford, 1909, vol. 1, p. 298-307). Le prince est celui que Dieu a choisi, et qui a l'honneur et la connaissance de la loi (*Gubernatio uero populi illi tradenda est, quem Deus elegerit, homini scilicet tali qui habet Spiritum Dei in se et praecepta Dei in conspectu eius sunt, qui Moysi ualde notus sit et familiaris, id est, in quo sit claritas legis et scientia, ut possint eum audire filii Israel.*) Commentant I Sm 10, 24, où l'on voit Saül, sur le point d'être fait roi, dépasser tout le monde d'une bonne tête, Jean de Salisbury explique que celui qui doit être au-dessus des autres par son cœur et par son maintien doit montrer qu'il a suffisamment de force pour embrasser tout le peuple dans les armes de ses bonnes œuvres et le protéger, et cela en démontrant ses vertus. Il estime cependant qu'il est souhaitable, dans la mesure du possible, de ne pas ignorer, en faveur d'hommes nouveaux, le sang des princes, que la promesse divine combinée au droit de la famille peut entretenir dans l'espoir de voir leurs enfants leur succéder, à condition que ceux-ci « marchent dans les jugements de Dieu » (*Nec tamen licitum est fauore nouorum recedere a sanguine principum quibus priuilegio diuinae promissionis et iure generis debetur successio liberorum, si tamen (ut praescriptum est) ambulauerint in iustitiis Domini*).

[11] C. Barron, *London in the Later Middle Ages. Government and People 1200-1500*, Oxford, 2004, p. 26 et suiv. pour des considérations sur le rôle de Londres dans la succession royale.

[12] Jenny Wormald l'a notamment montré pour l'Écosse dans « National pride, decentralised nation: the political culture of fifteenth-century Scotland », *The Fifteenth Century IV. Political Culture in Late Medieval Britain*, dir. L. Clark et C. Carpenter, Woodbridge, 2004, p. 181-194, à la p. 183.

[13] Toutefois, sur la question de l'usurpation, voir les réflexions d'Ian Wood, « Usurpers and Merovingian kingship », *Der Dynastiewechsel von 751. Vorgeschichte, Legitimationsstrategien und Erinnerung*, dir. M. Becker et G. Jarnut, Münster, 2004, p. 15-31.

Barry, entre la succession « naturelle » des rois de France et la « tyrannie » usurpatrice des « rois normands[14] ».

Une même tension entre norme et pragmatisme marque l'analyse du rituel de la succession, qu'il s'agisse des funérailles du prédécesseur ou des rites marquant l'inauguration du nouveau détenteur du pouvoir ou du bien[15]. L'analyse des rituels a pu donner des résultats trop systématiques, qu'un meilleur ancrage dans la connaissance fine des conflits et des enjeux politiques permet de dénoncer[16]. Au même titre que les généalogies relatives aux successions, largement illustrées et distribuées, ou que les arbres généalogiques, armoriaux et histoires de la fin du Moyen Âge[17], la description des rituels dans les textes peut bien être le résultat d'une projection sur les événements longtemps après qu'ils se sont déroulés, ou le fruit d'une entreprise de justification[18]. Toutefois, le rituel a bien un rôle à jouer dans la succession. Le rituel qui entoure l'inhumation du roi défunt, comme le rappelle ici Ralph Griffiths au sujet de l'Angleterre à la fin du Moyen Âge, était destiné à éviter des heurts trop importants dans le processus de succession, comme à donner un surplus de légitimité au successeur ; et il est frappant de voir les nouvelles dynasties projeter dans le passé des rituels de légitimation en procédant à une nouvelle inhumation de leurs ancêtres, comme ce fut le cas pour Richard, duc d'York, en 1476. Dans ce contexte, la reconnaissance d'une succession réussie non seulement par le « peuple », mais, aussi, par les pouvoirs étrangers, en particulier la papauté, était cruciale.

Le caractère légitime de la succession était également renforcé par le recours aux insignes de la fonction. Dans le cas des rois, la présence des insignes royaux au cours du couronnement était un facteur essentiel de la construction de la légitimité royale : mais, en France comme en Angleterre, par exemple, les objets utilisés pour les couronnements n'étaient pas nécessairement les mêmes d'une cérémonie à l'autre. L'originalité de la Hongrie, comme le rappelle ici Martyn Rady, est d'avoir donné à la couronne de saint Étienne une valeur autre que symbolique.

---

[14] Giraud de Barry, *Liber de principis instructione*, dist. II, cap. 1, dans *Giraldi Cambrensis opera*, éd. J. S. Brewer, J. F. Dimock et George F. Warner, Londres, 8 vol., 1861-1891, vol. 8, p. 155-158.

[15] Notamment R. E. Giesey, *The Royal Funeral Ceremony in Renaissance France*, Genève, 1960 ; *Rites of Power : Symbolism, Ritual, and Politics since the Middle Ages*, dir. S. Wilentz, Philadelphie, 1983 ; L. M. Bryant, *The King and the City in the Parisian Royal Entry Ceremony : Politics, Ritual and Art in the Renaissance*, Genève, 1986 ; E. A. R. Brown, *The Monarchy of France and Royal Ceremonial*, Aldershot, 1991.

[16] Ph. Buc, *The Dangers of Ritual : Between Early Medieval Texts and Social Scientific Theory*, Princeton, 2001 (trad. fr.: *Dangereux rituel: de l'histoire médiévale aux sciences sociales*, Paris, 2003) ; *id.*, « Noch Einmal 918-919 : of the ritualized demise of kings and of political rituals in general », *Zeichen, Rituale, Werte*, dir. G. Althoff, Münster, 2004, p. 151-178.

[17] La littérature sur la question est considérable : le colloque qui s'est tenu à Rouen en mars 2006 sur le thème « Généalogies imaginaires et représentation du lignage de l'Antiquité à la fin du Moyen Âge » (à paraître aux Presses Universitaires de Rouen et du Havre) fait le point sur les travaux les plus récents pour les périodes antique et médiévale. Voir également C. Klapisch-Zuber, *L'ombre des ancêtres. Essai sur l'imaginaire médiéval de la parenté*, Paris, 2000 et les travaux d'O. de Laborderie sur les généalogies en rouleau, notamment son édition du Chaworth Roll, en collaboration avec A. Bovey et M. Norbye, Londres, 2005, et « A new pattern for English history : the thirteenth- and fourteenth-century genealogical rolls of the kings of England », *Broken lines : Genealogy in Medieval Britain and France*, dir. R.L. Radulescu et E.D. Kennedy (parution Brepols, 2007).

[18] Voir sur ce point les travaux d'E. A. R. Brown, notamment « The ceremonial of royal succession in Capetian France : the double funeral of Louis X », *Traditio*, 34, 1978, p. 227-271 et « The ceremonial of royal succession in Capetian France : the funeral of Philip V », *Speculum*, 55, 1980, p. 266-293.

La question du rituel soulève le problème essentiel de la vacance, de l'interruption, par exemple entre deux règnes[19]. Là où la succession fondée sur la primogéniture est la norme, c'est la continuité qui l'emporte dans le rituel. Au contraire, la rupture marquée par le retour au « peuple » de la couronne suédoise au décès d'un roi, un processus analysé dans ces pages par Corinne Péneau, découle de l'élection[20]. Les interrègnes, souvent turbulents, obligeaient en tout cas les parties rivales à penser plus clairement la succession, à la définir publiquement, à lui donner des règles acceptables par tous, au-delà d'un accord général sur le besoin de continuité et la légitimité légale destinée à promouvoir la stabilité. L'expérience des deux crises de succession écossaises de 1284 à 1357 environ et le dilemme intermittent auquel dut faire face la couronne française entre 1314 et 1328 semblent être des arguments en faveur de cette hypothèse.

La création des dynasties régnantes, qui repose sur des règles successorales déterminées, est profondément liée au processus de formation des peuples et des royaumes[21] : l'extinction, au XIVe siècle, des dynasties « historiques » en Hongrie et en Pologne, comme le rappelle plus loin Dániel Bagi, conduisit à une période d'instabilité qui devait finalement déboucher au recours à l'élection. Certaines sources établissent même une analogie entre le corps du roi et le corps du territoire ou du royaume[22], une analogie qui justifie la définition du royaume comme la propriété du roi. Malgré tout, même dans ce cas de figure, l'idée de la royauté comme office finit souvent par s'imposer, parallèlement à celle de l'inaliénabilité de la Couronne, et pas seulement là où le principe électif l'a emporté. Cela implique la singularité de l'expérience de la succession royale. Mais les différents domaines où s'exerce la succession étaient-ils étanches ? On retrouve ce qu'on pourrait qualifier, sinon de stratégie lignagère, du moins de stratégie de continuité dans la succession ecclésiastique comme dans la succession aux offices. Certes, le nombre de solutions que l'on pouvait envisager pour régler une succession était limité. Mais il faut aussi tenir compte de l'intervention des princes, par exemple dans la succession noble. L'ouvrage récent de George Garnett sur la succession dans l'Angleterre des XIe et XIIe siècles rappelle que le système des tenures qui s'instaura en Angleterre après la Conquête reposait, et cela de manière très concrète, sur les modalités de l'accession de Guillaume le Conquérant au trône[23]. En Normandie, ce fut l'autorité ducale qui imposa la primogéniture masculine aux familles nobles (Jean-Louis Thireau). Et la fin du Moyen Âge fut marquée par une intervention croissante du prince dans la succession des maisons nobles comme dans celle des offices importants du gou-

---

19 Sur ces questions, voir *Sede vacante. La vacance du pouvoir dans l'Église du Moyen Âge*, Centre de recherches en histoire du droit et des institutions, Cahiers 15, Bruxelles, 2001.

20 Le colloque « Élections et pouvoirs politiques. Moyen Âge, XVIe, XVIIe siècle », organisé par l'Université de Paris XII-Val de Marne à la fin de l'année 2006 fait le point sur le thème de l'élection.

21 J. Ehlers, « The birth of the monarchy out of violent death : transformations in kingship from late Antiquity to the tenth century », *German Historical Institute London Bulletin*, 26, 2004, p. 5-34.

22 L'élimination des rois dans la société irlandaise ancienne, par exemple, peut être interprétée comme le moyen de purifier un territoire après un désastre naturel : N. B. Aitchison, « Regicide in early medieval Ireland », *Violence and Society in the Early Medieval West*, dir. G. Halsall, Woodbridge, 1998, p. 108-125.

23 George Garnett, *Conquered England : Kingship, Succession, and Tenure 1066-1166*, Oxford, 2007 ; J. Le Patourel, « The Norman succession », *EHR*, 87, 1971, p. 225-50 ; R. V. Turner, « The problem of survival for the Angevin Empire : Henry II's and his sons' vision versus late twelfth-century realities », *American Historical Review*, 100, 1995, p. 78-96 ; S. D. Church, "Aspects of the English succession, 1066-1199 : the death of the king", *ANS*, 29, 2006, p. 17-34.

vernement et de l'hôtel, que ce soit en Angleterre, en Irlande, en France, en Écosse, en Scandinavie, en Allemagne et en Europe orientale et ailleurs, en recourant à un éventail de principes empruntés au droit naturel et au droit romain : pour répondre aux priorités du moment du roi, on vit la succession de titres importants tels ceux de duc ou de comte ôtée à des filles, à des veuves, à des frères rivaux ou à des neveux, ou des « hommes nouveaux » mis dans des offices traditionnellement héréditaires.

Les pratiques successorales avaient aussi des retombées de grande ampleur dans le domaine international. Les contentieux successoraux, même s'ils ne venaient souvent que se superposer à des conflits d'une autre nature, contribuèrent aux déséquilibres européens, transposant sur le plan des relations entre royaumes les rivalités internes aux dynasties. C'est le résultat de l'analyse de Xavier Hélary : les relations diplomatiques de la couronne de France à la fin du XIIIe siècle furent marquées par les efforts de Saint Louis pour créer une paix européenne fondée sur les alliances matrimoniales, mais cette politique avait son revers, puisque de telles alliances signifiaient aussi la multiplication de prétendants puissants. On connaît bien sûr les conséquences du mariage, deux générations plus tard, de l'héritier du trône d'Angleterre à Isabelle, fille de Philippe le Bel. L'hostilité de la papauté aux doubles couronnes semble d'ailleurs exprimer, au-delà du souhait de protéger les intérêts du Saint-Siège, un souci quant aux implications internationales des pratiques successorales des dynasties régnantes.

La possibilité de découvrir des liens et des influences dans la théorie et la pratique de la succession ne doit pas se limiter à la mise en valeur de mécanismes évidents tels l'influence des institutions, de l'enseignement ou des textes. Elle doit aussi aller plus loin que l'idée selon laquelle les affiliations dynastiques ou les traités de mariage pouvaient mener à partager des principes ou des considérations en matière de succession. Au contraire, les idées les plus suggestives pourront sans doute naître de la confrontation des perspectives juridiques, politiques, anthropologiques et symboliques dans le cadre de régions aux traditions historiographiques totalement différentes. C'est de la prise de conscience des divergences que peut naître un renouveau des perspectives sur l'histoire et l'expérience de la succession. Ainsi, pourquoi la couronne écossaise de la seconde moitié du XIVe siècle a-t-elle expérimenté avec la redéfinition parlementaire de ses principes de succession dans une direction particulière – le déni de l'héritage de la couronne par les femmes ou par les cognats –, alors que dans le même temps, la couronne polonaise cherchait à écarter le précédent et à admettre l'héritage par les femmes ?

Si la conférence de Londres a pu avoir lieu, c'est grâce à l'appui généreux de l'Institute of Historical Research (University of London) et en particulier de son directeur, David Bates, et d'Alan Thacker (Victoria County History) qui nous ont encouragés à persévérer dans notre entreprise. Nous sommes aussi particulièrement reconnaissants du soutien financier offert par le Vice-Chancellor's Development Fund de l'Université de Londres. Nous souhaitons également offrir nos remerciements à Samantha Jordan, de l'Institute of Historical Research, qui a œuvré à mettre en place une logistique complexe à mi-chemin entre Paris et Stirling. De l'autre côté de la Manche, nous voulons vivement remercier l'Équipe d'Accueil 2556, « Jeux et enjeux des pouvoirs, V^{e}-XVe siècle », et son directeur, Élisabeth Crouzet-Pavan, pour le financement du déplacement des intervenants français. Notre gratitude va également à Martin Aurell, de l'Université de Poitiers, qui a bien voulu accueillir notre volume dans sa collection. Finalement, nous souhaitons remercier tous les participants à la conférence qui ont si chaleureusement contribué à cet événement.

Election and dynastic right / Élection et droit dynastique

The impact of lineage and family connections on succession in medieval Germany's elective kingdom

Bernd KANNOWSKI

I. The right to stand as candidate for the royal election

How did one become the German king in the early thirteenth century? According to the *Sachsenspiegel* this is quite clear. The law book's answer to this question is contained in one short sentence: 'The Germans shall elect the king according to the law.'[1] Drafted *c.* 1220 by the Saxonian court practitioner Eike von Repgow, this is an important source of medieval law in the German-speaking world. If it is taken at face value, there was no hereditary succession to the throne in the medieval kingdom: any man could be elected, if only he fulfilled certain requirements. He may not be crippled or anathematised; furthermore he had to be free and legitimately born and in full possession of his rights before the courts.[2] This means that the *Sachsenspiegel* defines the right to be elected king mainly from a negative perspective: in principle everybody has it. The king simply is to be elected, and by 'the Germans' without any restrictions. Accordingly the sentence from the *Sachsenspiegel* could also be understood as 'All Germans shall elect the king according to the law'. This is a neat, programmatic sentence that does not really seem to fit the Middle Ages. It rather reminds one of a passage from the modern German constitution: 'All stately authority comes from the people.'[3]

This, though, is certainly not what was meant by our medieval sentence. But the truth is that the medieval German Empire was an elective kingdom, and remained so, in legal terms, until its end.[4] This is unique in this particular form. The election of the king is thus the German variant of the dualism between kingdom and high nobility, which is formative for the history of old Europe.[5] Of course in the Middle Ages the king was not determined by free and general elections, where everybody could be a candidate.[6] But this is presumably not what the *Sachsenspiegel* intented

---

[1] *Des Sachsenspiegels erster Theil oder das Sächsische Landrecht. Nach einer Berliner Handschrift v. J. 1369*, ed. C.G. Homeyer, 3rd edn, Berlin, 1861, III 52 § 1, 1; *Die düdeschen solen durch recht den koning kiesen.*

[2] *Ibid.*, III 54 § 3: *Lamen man noch meselseken man, noch den die in des paves ban mit rechte komen is, den ne mut man nicht to koninge kiesen. Die koning sal wesen vri unde echt geboren, so dat he sin recht ok behalden hebbe.*

[3] Art. 20, par. 2, sentence 1 of the Bonn Constitution (*Grundgesetz*) from 1949 (*Alle Staatsgewalt geht vom Volke aus*). Almost identical was art. 1 sentence 2 of the Weimar Constitution 1919.

[4] H. Mitteis, *Die Deutsche Königswahl. Ihre Rechtsgrundlagen bis zur Goldenen Bulle*, 2nd edn, Munich-Vienna, 1944, repr. Darmstadt, 1987, p. 33.

[5] Cf. H.H. Anton, *König, Königtum*, *Lex. MA*, 5, col. 1298.

[6] Cf. *Wahlen und Wählen im Mittelalter*, dir. R. Schneider and H. Zimmermann, Vorträge und Forschungen 37, Sigmaringen, 1990.

to say.[7] 'Free by birth' in a medieval sense definitely means a certain affiliation to the high nobility. According to the law book the king is the highest keeper of all jurisdiction and feudal lord; he alone has the right to inflict physical or even capital punishment on any of the ruling noblemen.[8] In sum, not 'all Germans' took part in the election of the king, only their princes. However, it is not clear whether the expression 'the Germans' in the *Sachsenspiegel* only meant the German princes, even though this was without doubt the medieval reality. It is not particularly far-fetched to think that Eike von Repgow – at least in theory – viewed the right to elect as a common right of 'the Germans', whereas we do not know precisely who is meant by this. But whoever Eike wants to refer to with his 'all Germans', he apparently did not only refer to princes. This interpretation of his work is backed by the gloss on the *Sachsenspiegel*,[9] a learned commentary that the legal scholar Johann von Buch wrote around the year 1325.[10] The author of the gloss elucidates the sentence 'The Germans shall elect the king according to the law' as follows: this is a rule that Charlemagne gave the Germans. In the beginning the Roman senators elected a king; later the soldiers did this when they were on campaign with their king. This was very important for the army, since in the event of the king dying on campaign, the army would have been left without a leader in a foreign land. According to Johann von Buch, this was why the Romans allowed their soldiers to elect a king. When Charlemagne saw that the Germans had shown themselves to be brave and obedient in fulfilling their duties as a royal army, he granted them the same right and allowed them to elect their king. What the glossator Johann von Buch thus describes here at the beginning of the fourteenth century is not an election reserved to noblemen, but an election to be conducted by all men able to bear arms, an idealised attitude.[11] This might go back to immemorial times, but medieval reality was definitely different.[12] As far as verifying the latter is concerned, the most competent informant should be a person whom himself became king. So let us turn our attention to no less than Frederic Barbarossa. He should actually know how he acquired his office.[13]

Barbarossa's statements are, however, contradictory. They differ depending on his interlocutor and there are two notifications on his becoming king: one is for Pope Eugenius III, the other for the Byzantine emperor Manuel, in Constantinople. Barbarossa did let the Pope know that all the princes and the other noblemen had,

---

[7] R. Schmidt-Wiegand, 'Wahl und Weihe des deutschen Königs nach den Bilderhandschriften des Sachsenspiegels', *Studien zur Geschichte des Mittelalters. Jürgen Petersohn zum 65. Geburtstag*, dir. M. Thumser, Stuttgart, 2000, p. 222-38, at p. 228.

[8] *Sachsenspiegel Landrecht*, III 58; III 60; III 52 § 2: *Den koning küset man to richtere over egen unde len unde over iewelkes mannes lif.* – III 55 § 1: *Over der vorsten lif unde ire gesunt ne mut neman richtere sin, wan die koning.*

[9] An edition has recently been published: *Glossen zum Sachsenpsiegel – Landrecht. I. Buch'sche Glosse*, MGH Fontes iuris Germanici antiqui, n. s. 7, ed. F.-M. Kaufmann, 3 vols., Hannover, 2002; review by M. Pierce, *The Medieval Review*, 5 April 2005 (http://name.umdl.umich.edu/baj9928.0504.007).

[10] G. Kisch, *Jewry-Law in Medieval Germany. Law and Court Decisions Concerning Jews*, American Academy for Jewish Research, Texts and Studies III, New York, 1949, p. 39ff.

[11] *Buch'sche Glosse*, III 52 *De Dudeschen*, p. 1251. A similar conception is to be found with Walther von der Vogelweide, *Sämtliche Lieder*, Lied 12 (Reichston, *Ich saz uf eime Steine…*) 2, p. 15ff. Cf. Schmidt-Wiegand, *Wahl und Weihe…*, p. 228.

[12] Cf. Tacitus, *Germania* c. 13.

[13] B. Schimmelpfennig, *Könige und Fürsten, Kaiser und Papst nach dem Wormser Konkordat*, Enzyklopädie deutscher Geschichte 37, Munich, 1996, p. 81.

with the people's approval (*cum totius populi favore et alacritate*), elected him as king. But the information Barbarossa provided to the Byzantine emperor Manuel was completely different. According to this, the dying king, Conrad had designated Barbarossa as his successor: *imperator Conradus, moriens, cum nos declarasset imperii sui successores.* Barbarossa seemed thus to be aware of the existence of different approaches as far as the succession in the German Empire was concerned, and of the fact that different ways of justifying the succession to the throne ran in parallel. He collected them carefully and made his choice depending on his addressee. Thus the sources do not tell us what was determinant in Barbarossa's personal point of view. They only reveal which recipient in the Emperor's view would grant most significance to which justification. That certainly does not say anything about how Barbarossa actually did obtain the throne.

So how did this happen? Barbarossa was a nephew of his predecessor, King Conrad III. When Conrad died in February 1152, his son, also named Frederic, was still a minor. On his deathbed, Conrad transferred the custody of his little son and the *insignia* – the objects necessary for the coronation which were full of symbolic value, in particular the imperial crown, holy lance, sceptre and orb –[14] to Frederic Barbarossa.[15]

It cannot be reasonably disputed that Conrad thereby expressed his wish to see Frederic become his successor. However this would have had no binding effect for the electors and consequently no legal significance. The recommendation of a king would certainly not have lacked political impact, and it would have influenced the election's outcome, but no more than that.[16] This is at least how Otto von Freising, Barbarossa's chronicler, saw matters. According to him the princes had put public welfare first by giving preference to Barbarossa over the late king's little son. Otto furthermore emphasises Barbarossa's noble blood, or to be more precise, his particularly favourable situation as far as family connections are concerned: there are only two important noble families in the German Empire, both of which Barbarossa is related to, Otto states, therefore Barbarossa could serve as a kind of cornerstone between them and thus help to settle their conflicts.[17] However, for Otto this was not the crucial point: since the emperor was to be elected by the princes, the throne could not be inherited.[18] The chronicler is not alone in his opinion. We do not know why the magnates respected the dying king's wish and elected Barbarossa as king. But it is clear that what was at stake was not predominantly lineage. In his letters to Constantinople and Rome at least Barbarossa did not base his rule upon this. Doing so would not have been particularly wise anyway, since on these grounds

[14] Cf. H. Fillitz, 'Die Reichskleinodien – Ein Versuch zur Erklärung ihrer Entstehung und Entwicklung', *Heilig – Römisch – Deutsch. Das Reich im mittelalterlichen Europa*, dir. B. Schneidmüller and S. Weinfurter, Dresden, 2006, p. 61-72.

[15] *Ottonis episcopi Frisingensis et Rahewini Gesta Frederici seu rectius cronica. Die Taten Friedrichs oder richtiger Cronica / Otto von Freising u. Rahewin,* trans. A. Schmidt, ed. F.-J. Schmale, Ausgewählte Quellen zur deutschen Geschichte des Mittelalters 17, 3rd edn, Darmstadt, 1986, I, p. 71.

[16] U. Schmidt, *Königswahl und Thronfolge im 12. Jahrhundert,* Forschungen zur Kaiser- und Papstgeschichte des Mittelalters 7, Cologne-Vienna, 1987, p. 134.

[17] *Principes igitur non solum industriam ac virtutem iam sepe dicti iuvenis, sed etiam hoc, quod utriusque sanguinis consors tamquam angularis lapis utrorumque horum parietum dissidentiam unire posset...* (*Gesta Frederici,* II, 2).

[18] *...nam id iuris Romani imperii apex, videlicet non per sanguinis propaginem descendere, sed per principum electiones reges creare, sibi tamquam ex singulari vendicat prerogativa...* (*Gesta Frederici,* II, 1).

the late king's son might have had a better claim. However, this did not detain the princes from electing Barbarossa as king.

In other words, ancestry was not paramount as far as Barbarossa was concerned, albeit a certain influence on royal succession is undeniable. There was, though, interdependency. If the German throne was in the hands of a strong family of rulers with competent male heirs, the princes' right to election could take a back seat and reduce to become a mere formality. But the less clear a succession was, the more significance the electing princes gained. They were particularly important when dynasties changed through lack of male heirs. If the king was weak and incompetent in the electors' eyes, they could in theory even depose him. This is at least what they did to King Adolf of Nassau on 23 June 1298[19] and to King Wenzel on 20 August 1400.[20]

As a result it can be said that in contrast to the attitudes held in the *Sachsenspiegel* and its gloss, aspects regarding the title of inheritance came to be superposed, to a greater or lesser degree depending on circumstances, onto the election of German kings. It is worthy of mention, however, that the only imperial law on royal succession that we have, the so-called 'golden bull' of 1356, does not mention this aspect at all. It deals with the process of election in as detailed a manner as possible. It states who are the electors and where exactly the election has to take place, in what orders votes are to be given, who are the chairmen, on which page of the Bible the electors have to put their hand when they swear, what songs have to be sung in the chapel on the day of the election and so on.[21] The golden bull does not say a word about who may stand as a candidate.[22] Perhaps the fourteenth-century legislator thought it impossible or at least not very wise to have this question definitely decided by written law.

The twelfth and thirteenth centuries in Germany are dominated by the struggle for the throne of two prominent noble families, the Staufer and the Welfs. Royal elections sometimes proved to be an extremely close shave. At least close enough to cause the loser not to accept the result. At the end of the day two kings carried out with the sword what the election could not achieve.

There are four points that seem to have played a key role in the royal succession. Three of them have already been mentioned: kinship, designation and election. The fourth is explicit abdication as far as the capacity of the crown to be inherited is concerned.[23] This mechanism foils the law of succession. Why should a king dispense with such a right? There is probably only one explanation, which again is closely linked with royal election: his position was weak and he had to offer something to the great men of the kingdom in order to obtain their votes. This was the fate of Rudolf von Rheinfelden in 1077. He promised or had to promise his electors

---

[19] *MGH Const. III*, no. 589.

[20] *Quellensammlung zur Geschichte der Deutschen Reichsverfassung in Mittelalter und Neuzeit I*, ed. K. Zeumer, 2nd edn, Tübingen, 1913, repr. Aalen, 1987, no. 154.

[21] *Die Goldene Bulle Kaiser Karls IV. vom Jahre 1356. Bulla aurea Karoli IV. imperatoris anno MCCCLVI promulgata*, ed. W.D. Fritz, MGH Fontes iuris Germanici antiqui in usum scholarum separatim editi XI, Weimar, 1972.

[22] A. Wolf, 'The family of dynasties in medieval Europe: dynasties, kingdoms and Tochterstämme', *Studies in Medieval and Renaissance History*, 12, 1991, p. 185-260, at p. 255 holds that though such principles of succession cannot be derived from written law they become clearly apparent from observations of actual practice.

[23] Schmidt, *Königswahl…*, p. 11ff.

that he would not regard the kingdom as his property, but only as an office assigned to him for administration: Rudolf thus recognised that his son would have to give up any right of inheritance to the throne. After his death the princes would be entitled to elect the fittest candidate without Rudolf's son being granted a favoured position.[24] This laid down the foundation for the promises later candidates were to make in order to become king. These electoral pacts became very common : the last German emperor still had to swear such a pact when he was elected in 1792.[25]

II. The right to elect the king

The discussion thus far has focused upon the interaction between the title of succession and the right to become elected as king. Still to be debated is the question of whether titles of succession to the throne could have an influence not only on the right to be elected, but also on the right to elect. This is a question the German historian Armin Wolf has been addressing for he last three decades on the basis of detailed genealogical studies. When did royal elections start and who were the electors? The roots of election seem to go very far back; Tacitus already mentions something which looks like an election in his *Germania* which dates from 98 AD.[26] A difference is of course that then elections were not restricted to the princes: important decisions had to be taken by the whole community.[27] From the late Carolingian period the German kingdom progressed on the path that would make it into an elective kingdom. The Franks, the Bavarians, the Alamans and the Saxons decided not to subject themselves to the ruler of the Western Franks but to elect one of their dukes as king instead. In the course of the following centuries the group of electors was increasingly restricted. Already in early elections such as that of Conrad I by the tribes in the year 911, it was not the majority, but the *sanior pars*, that is to say the politically significant or powerful part of the electors, which decided the election. It was only in 1356 that the electors were designated by an imperial law, the 'golden bull', I mentioned earlier.[28] According to this law, there are exactly seven electors, an uneven number which makes a draw impossible. This is how the situation remained for almost 300 years, until the end of the Thirty Years War in 1648. After that date there were eight electors; at the end of the Empire in 1806 there were ten.

Among the medieval seven there were three clerical and four secular electors. The three clerics were the Archbishops of Cologne, Mainz and Treves. The four secular electors were the King of Bohemia, the Count Palatine of the Rhine, the Duke of Saxony and the Margrave of Brandenburg. It was not the golden bull that named these seven electors for the first time. This list already appears in the *Sachsenspiegel*: here, however, the right to elect the king is not restricted to these seven electors, although they play a prominent role in the election. They are, as the *Sach-*

[24] *Ibid.*, p. 27ff.

[25] H.-J. Becker, 'Wahlkapitulationen', *HRG*, 4, col. 1086-9; U. Schmidt, 'Wahlkapitulationen. Deutsches Reich und kirchlicher Bereich', *Lex. MA*, 8, col. 1914.

[26] c. 7.

[27] c. 11.

[28] A. Wolf, *Die Entstehung des Kurfürstenkollegs 1198-1298. Zur 700-jährigen Wiederkehr der ersten Vereinigung der sieben Kurfürsten*, Historisches Seminar 11, 2nd edn, Idstein, 2000.

senspiegel puts it, 'the first in electing',[29] the first ones to elect. Whether all the others would have had to follow their choice or whether the princes had agreed beforehand on the person they were going to elect, the *Sachsenspiegel* does not say.

Why these seven electors out of all the princes? The answer is given by the mention of the *sanior pars*. They are deemed to be the most important princes. The only question is: why? There are two main explanations. One looks at the central functions these princes exercised (*Erzämter*): I shall call it the 'theory of arch-offices'. The other explanation was put forward by Armin Wolf and emphasises aspects of succession: I shall call it 'theory of title of inheritance'.[30]

The theory of arch-offices stresses the political and representative role of the electors. The three clerical electors were Chancellors of Gallia, Italy and Germany. The four secular electors were the steward, marshal, treasurer and cupbearer to the king. The royal arch-offices are in line with the medieval belief that the procedure for becoming a king consists in certain actions forming a unity. Beside the election there were other ceremonial acts to be conducted such as the anointment of the king and the royal feast. The importance of the electors is linked to their tasks as far as this legal rite is concerned. The marshal had to take care of the king's horse, the treasurer handed him the water to wash his hands, the steward served the meal and the cupbearer the wine. One argument against this theory, however, is that it is circular:[31] these electors are important because they hold these important offices, and they hold them because they are themselves important. But what is the reason for their significance? Would it be because of these offices?

Several attempts have been made at answering these questions.[32] But there may be another type of explanation that differs fundamentally from all others. Within the limits of this paper, it is impossible to present what Armin Wolf has been investigating in great detail for the last thirty years. Wolf talks about 'test series'[33] and thus makes the link with the methods of natural science. What he does is to formulate a hypothesis and then check whether it can be true on the basis of genealogical material. The quintessence of Wolf's complex observations is this: the right to elect the king is a compensation for having had some kind of claim to the throne without actually receiving it. The study of the 'daughter lines' (*Tochterstämme*) shows this

[29] *Sachsenspiegel Landrecht*, III 57 § 2: *In des keiseres kore sal die erste sin die bischop von megenze; die andere die von trere; die dridde die von kolne. Under den leien is die erste an'me kore die palenzgreve von'me rine des rikes druzte; die andere die herthoge van sassen die marschalk; die dridde die marcgreve von brandeburch die kemerere. Die schenke des rikes die koning von behemen, die ne hevet nenen kore, umme dat he nicht düdesch n'is. Sint kisen des rikes vorsten alle, papen unde leien. Die to'me ersten an'me kore genant sin, die ne solen nicht kiesen na iren mutwillen, wenne sven die vorsten alle to koninge irwelt, den solen sie aller erst bi namen kiesen.*

[30] According to Wolf, *Entstehung...*, p. 21; both theories were presented in co-existence by D. Willoweit, *Deutsche Verfassungsgeschichte. Vom Frankenreich bis zur Wiedervereinigung Deutschlands. Ein Studienbuch*, 4th edn, Munich, 2001, p. 77 (also in previous editions). In the 5th edition (2005), Willoweit has changed the way he presents these theories and shows agreement with Wolf (*ibid.*, p. 95).

[31] Cf. Wolf, *Entstehung...*, p. 14.

[32] E. Boshof, 'Erstkurrecht und Erzämtertheorie im Sachsenspiegel', *HZ Beiheft* 2 Neue Folge, 1973, p. 84-121; H.C. Faußner, 'Die Thronerhebung des deutschen Königs im Hochmittelalter und die Entstehung des Kurfürstenkollegiums', *ZRG Germ. Abt.*, 108, 1991, p. 1-60; H. Thomas, 'König Wenzel I., Reinmar von Zweter und der Ursprung des Kurfürstentums im Jahre 1239', *Aus Archiven und Bibliotheken. Festschrift für Raymund Kottje zum 65. Geburtstag*, dir. H. Mordek, Freiburger Beiträge zur mittelalterlichen Geschichte 3, Frankfurt am Main etc, 1992, p. 347-72.

[33] 'Versuchsreihen', Wolf, *Entstehung...*, p. 29; similar at p. 25.

very well.[34] Only male descendants could become monarchs. They were above all the king's sons, or, if he did not have any, his grandsons. The consequence of this is that the sons of royal daughters were close to the throne: they did not obtain it, but this proximity meant that they had at least a say in deciding who would become king. They did not have the realm itself, but thay had a certain right of co-determination.

Armin Wolf claimed that he could prove this for the daughter lines of the dynasty of the Ottonians, who ruled Germany between 919 and 1024. This means that the committee of electors was determined by a long-gone constellation of inheritance. Wolf examined what the sixteen secular electors of 1198 had in common. The result was that they were all descendants of the Ottonian dynasty through royal daughters. The direct male line of the dynasty had died off almost 200 years before in 1024. Wolf has considered all the descendants of the Ottonians, numbering about 3,000. He excluded those who were not able to inherit according to contemporary law: among others, foreigners, women, clerics, the disinherited and lines that were subordinated in medieval succession. Only sixteen princes remained. And these are precisely the sixteen secular electors from 1198. This leads Armin Wolf to the following thesis:

> The right to royal election arose from the status in terms of title of succession within the royal family. The electors represented the kingdom as a community of heirs. In brief: the ones entitled to vote were the ones entitled to inherit.[35]

Wolf's clear and accurately substantiated thesis has not met with universal agreement. One argument against it can be derived from the *Sachsenspiegel*. As I have already said, the electors are named in the law book. But according to Wolf, the college of electors was not constituted before 1298, since this was the year when the six princes named as electors by Eike for the first time decided the royal election, although the Bohemian's vote was defeated.[36] This leads Wolf to conclude that this passage of the *Sachsenspiegel*[37] cannot be attributed to Eike von Repgow, who as is generally known wrote the law book about 1220. Wolf thinks that the passage with the seven (or rather six) electors must have been inserted later. In theory, this is possible, since the oldest manuscripts of the *Sachsenspiegel* date back no further than the late thirteenth century.[38] Moreover in some manuscripts, in particular the oldest, the passage with the seven electors is missing.[39] Nonetheless Wolf's theory has recently attracted much criticism.[40] Franz-Reiner Erkens has characterised historical research as a 'science of probability' and stressed that there are many sources

[34] Cf. Wolf, 'The family of dynasties in medieval Europe...'

[35] 'Das Wahlrecht der Königswähler erwuchs aus ihrem erbrechtlichem Status innerhalb der Königsverwandtschaft. Die Königswähler repräsentierten die Erbengemeinschaft. Kurz: Wahlberechtigt waren die Erbberechtigten.' (Wolf, *Entstehung...*, p. 32)

[36] Wolf, *Entstehung...*, p. 50.

[37] See n. 29.

[38] Wolf, *Entstehung...*, p. 54.

[39] A detailed survey is presented by A. Wolf, 'Königswähler in den deutschen Rechtsbüchern', *ZRG Germ. Abt.*, 115, 1998, p. 150-97.

[40] F.-R. Erkens, *Kurfürsten und Königswahl. Zu neuen Theorien über den Königswahlparagraphen im Sachsenspiegel und die Entstehung des Kurfüstenkollegs*, MGH Studien und Texte 30, Hannover, 2002. Against Erkens see the detailed review with strong arguments by A. Wolf, *ZRG Germ. Abt.*, 120, 2003, p. 535-48.

speaking against Wolf's thesis:[41] this is based upon a theoretical construction so delicate that indeed a considerable period of time was required in order to erect it.[42]

In my view Wolf is indeed likely to be wrong as far as the *Sachsenspiegel* is concerned.[43] I do not believe that the article about the electors was added later: instead, it was drafted by Eike von Repgow himself around the year 1220. This means that it was written down about half a century before these six (or rather seven) princes elected the German king for the first time, thus much too early for Armin Wolf. He tries hard to show that article Landrecht III 57 of the *Sachsenspiegel* must belong to a later time. If something was written down in the *Sachsenspiegel* in 1220 which, according to Wolf's theory, can only have taken place in 1273, then surely this theory is bound to be wrong.

Is this really so? Wolf assumes that the author of the *Sachsenspiegel* only talks about the law that was really in force in his own time. This assumption is true for most of the law book, but by no means for all of it. Significantly, the most remarkable and most discussed articles are precisely the ones which apparently do not form part of the law in force. For instance, the *Sachsenspiegel* states – obviously against medieval reality – that bondage does not comply with the will of God. In another article it is said that resistance using force against a ruler – also against the king – is legal if the ruler violates the law. In view of passages like these, the Japanese legal historian Takeshi Ishikawa has let the role of Eike von Repgow as a creator of the law come to the fore. In Ishikawa's opinion, the *Sachsenspiegel* is far more than just a record of thirteenth-century law. Eike claims that he has not thought up the law of the *Sachsenspiegel* himself, but that this law has been passed down by the good forefathers:[44] this, for Ishikawa, is an all-too modest statement. The law book is, to quote him, 'the creative and systematic work of a talented jurist.'[45]

For all these reasons, I do not think that Wolf's point of view is correct as far as the *Sachsenspiegel* is concerned. At the same time, Wolf's complex argumention as regards the *Sachsenspiegel* is not necessary to save his theory.[46] When the *Sachsenspiegel* states that these seven princes have a prominent position in the election, this does

[41] Erkens, *Kurfürsten und Königswahl*, p. 91ff, in particular p. 94.

[42] *Ibid.*, p. 10.

[43] Cf. Schmidt-Wiegand, 'Wahl und Weihe...', p. 228.

[44] Reimvorrede, V. 151ff: *Diz recht ne han ich selve nicht underdacht / iz haben von aldere an unsich gebracht / Unse gute vore varen.*

[45] According to Ishikawa the *Sachsenspiegel* is 'ein schöpferisch-systematisches Werk eines talentierten Juristen': T. Ishikawa, 'Die innere Struktur des mittelalterlichen Rechts. Das Beispiel des Sachsenspiegels', *Funktion und Form. Quellen- und Methodenprobleme der mittelalterlichen Rechtsgeschichte*, dir. K. Kroeschell and A. Cordes, Berlin, 1996, p. 135-52, here at p. 152; H. Mitteis, 'Rechtsgeschichte und Machtgeschichte' (first published 1938), *id.*, *Die Rechtsidee in der Geschichte*, Weimar, 1957, p. 269-94, at p. 273ff. More reluctant formulations are chosen by K. Kroeschell, 'Rechtsaufzeichnung und Rechtswirklichkeit. Das Beispiel des Sachsenspiegels' (first published 1977), *id.*, *Studien zum frühen und mittelalterlichen deutschen Recht*, Freiburger rechtsgeschichtliche Abhandlungen, Neue Folge 20, Berlin, 1995, p. 419-56, at p. 434, 435, 437; *id.*, *Deutsche Rechtsgeschichte I (bis 1250)*, 11th edn, Opladen, 1999, p. 247; this aspect is not taken into account by Wolf, *Entstehung...*, p. 34.

[46] This view was also held by Willoweit, *Deutsche Verfassungsgeschichte*, 4th edn, p. 77. Willoweit said that Wolf's results are very likely to be true and nonetheless was convinced that Eike von Repgow was the author of art. III 57 of the *Sachsenspiegel* Landrecht. Willoweit has changed this point of view in the 5th edn (2005, at p. 95). He now reluctantly formulates that 'the assumption of a later supplement to Sachsenspiegel is easier to understand than finding an explanation for an appointment of these princes out of all with the arch-offices' ('Doch die Annahme einer späteren Ergänzung des Sachsenspiegeltextes is

not necessarily mean that they really held such a position in 1220.[47] It may be only a reflection of their political influence. Naturally this leaves the question of how Eike von Repgow could be blessed with such a prophetic gift. But maybe he was not that prophetic after all.[48] If the 'theory of arch-offices' already existed in his time, he was only critically dealing with an ongoing discussion.[49]

This is what may be stated: even if Wolf is not right as far as the *Sachsenspiegel* is concerned, this does not overthrow his theory as whole. The *Sachsenspiegel* has nothing to do with Wolf's achievement regarding the electors of 1198. Indeed, it is a remarkable result that exactly these sixteen princes can be traced back to the daughter lines of the Ottonians. What makes Wolf's observation even more remarkable is the fact that the 1198 election was a double election. It apparently does not seem to have mattered to which party an elector belonged, and for which candidate he voted. The electors disagreed widely about who should hold the throne, but in spite of this there was undisputed unanimity on one point: only the descendants of German kings were entitled to decide who was to become king. At least to that extent there was unity. This result seems to go together well with a general characteristic of medieval law: although substantial law is often the subject of disputes, there appears to be unity about the rules of procedure to be applied in order to settle them.

This means that the throne of the medieval kingdom was not solely a matter of inheritance, but that it was a matter of family connections in a broader sense. This is how Armin Wolf describes the criteria of royal succession:

> Such inquiries reveal that one's consideration for the royal throne depend upon one's ranking within the royal family, which was a result of various anthropologically determined factors and juridically relevant criteria. Within the *stirps regia*, that is, the descendants of the first king, the following principles seem to have been observed: the closest relative in degrees of consanguinity was preferred to more distant relatives; males were preferred to females; agnates to cognates; older individuals to younger ones; those of age to minors; legitimate to illegitimate offspring; natural to adopted heirs; healthy to handicapped or insane individuals; natives to foreigners.[50]

According to Wolf, there were clear rules for determining succession, but they made succession depend upon a whole variety of criteria, which could clash with one another. The consequence of this is that these rules left room for discussion in many situations, in particular when there was a dynastic change. In comparison with other European countries, such changes were quite frequent in medieval Germany. In fact, what was at stake was not the existence of some inflexible rules for succession, but rules for co-determination in a larger collective. This seems to agree with the constitutional history of the late Middle Ages in Germany. In Barbarossa's

leichter zur verstehen als eine Erklärung für die Betrauung gerade dieser Fürsten mit den Erzämtern zu finden').

[47] Schmidt-Wiegand, 'Wahl und Weihe..', p. 228.

[48] Cf. P. Landau, 'Der Entstehungsort des Sachsenspiegels. Eike von Repgow, Altzelle und die anglonormannische Kanonistik', *DA*, 61, 2005, p. 73-101, at p. 99, n. 112.

[49] Cf. Erkens, *Kurfürsten und Königswahl...*, p. 96; Boshof, 'Erstkurrecht...'; Faußner, 'Thronerhebung...'

[50] Wolf, 'The family of dynasties in medieval Europe', p. 254.

era, the rise of feudal princes of a new type took place.[51] The king was now faced with a multitude of imperial princes who had a strong interest in reigning over their territory without any challenge and in playing a role in imperial politics as well.[52] The autonomy of individual princes was more than ever a prominent factor in imperial politics.

[51] K. Kroeschell, *Recht unde unrecht der sassen. Rechtsgeschichte Niedersachsens*, Göttingen, 2005, p. 74-8, at p. 77.

[52] Cf. T. Mayer, *Fürsten und Staat. Studien zur Verfassungsgeschichte des deutschen Mittelalters*, Weimar, 1950, repr. 1969.

La succession royale dans le royaume de Suède, entre coutume héréditaire et loi élective (XIIIe-XIVe siècles)

Corinne PÉNEAU

Dans le testament qu'il rédige avec la reine Blanche le 1er mai 1346, le roi Magnus Eriksson fait de nombreuses donations pour aider à la construction du premier monastère de l'ordre du Saint-Sauveur à Vadstena. Mais il va probablement au-delà des attentes de sainte Brigitte, fondatrice du nouvel ordre, en précisant qu'il souhaite être enterré avec sa femme dans le chœur de l'église du monastère[1]. À travers des dons prestigieux, il entend faire de Vadstena une sorte de nécropole familiale, voire une nécropole royale, puisqu'il demande aux membres de la communauté de « toujours avoir, dans leurs messes et leurs prières le souvenir de nos héritiers, de nos parents et de nos successeurs, jusqu'au Jugement dernier[2] ». Le terme qui désigne les successeurs en suédois ancien est *efterkomandæ*, « ceux qui viennent après ». Magnus désigne ici les rois qui lui succéderont, mais il est possible de lire ce terme comme un synonyme des deux précédents, Magnus espérant voir son fils Erik lui succéder sur le trône de Suède.

Selon la loi qui se fixe sous le règne de Magnus Eriksson, le roi est élu. Dans « l'ordonnance sur l'élection » rédigée en 1335[3], il est en effet précisé que le nouveau roi obtient le royaume par élection et non par héritage. Au moment de la rédaction de la première loi nationale suédoise, cette ordonnance fut insérée sans grand changement dans le premier chapitre de la loi consacré au roi et à son entourage. Le choix du roi ne se fait pas au moment de l'élection, mais souvent bien avant, sans qu'il existe pour ce choix de règles explicites, en dehors de l'hérédité que la loi semble pourtant rejeter. Le choix du roi par l'aristocratie dépend des circonstances politiques et reste, dans l'ensemble, mal documenté. Il apparaît cependant que les rois eux-mêmes ont cherché à transmettre leur pouvoir en faisant élire leur fils de leur vivant, selon un principe ailleurs bien connu, mais qui a généralement échoué.

Comme le précisent en 1402 les ambassadeurs du roi Henri IV d'Angleterre dans une lettre au sujet des habitudes successorales dans les trois royaumes scandinaves, « [L]e royaume de Suède se transmet par élection et non par succession, mais ils ont eu l'habitude d'élire celui qui est le plus proche du roi ou un de ses

---

1 B. Fritz, « Kung Magnus Erikssons planer för Vadstena Klosterkyrka - och Birgittas », *Kongsmenn og Krossmenn, Festskrift til Grethe Authén Blom, Det kongelige norske videnskabers selskab*, Trondheim, 1992, p. 115-129.

2 *Diplomatarium Suecanum*, t. V, éd. B. E. Hildebrand, Stockholm, 1858-1865, n° 4069, p. 565 : *þer til sculu þe æwærþelikcæ for vara ærwingiæ, forældræ oc efterkomandæ afminnilse hawa i þerræ messu oc bønum til domadagh.*

3 P.-A. Wiktorsson, *Södermannalgens B-Handskrift*, Uppsala, 1976, p. 40 et suiv.

enfants à la tête du royaume[4] ». Si l'on observe la liste des rois qui ont régné en Suède au XIIIe siècle et au XIVe siècle, on constate, en effet, que tous les rois appartenaient, directement ou indirectement, aux Folkungar[5], qui descendaient de Birger Jarl et, par les femmes, de saint Éric. Cependant, seul un roi, Birger Magnusson, a succédé sans conflit à son père[6].

Le mode de succession royale en Suède pourrait sembler paradoxal, si l'on négligeait de prendre en compte les spécificités de l'élection. Je propose d'étudier, entre l'arrivée au pouvoir des rois Folkungar et la mise en place de l'Union de Kalmar, l'émergence de la loi élective et la manière dont la loi fut fixée, puis interprétée au XIVe siècle.

I. La succession des rois au XIIIe siècle

L'élection pratiquée en Suède est sans doute née de la lutte entre les deux familles qui ont régné en Suède à partir du milieu du XIIe siècle, les descendants du roi Sverker l'Ancien (vers 1135-vers 1156) et ceux de saint Éric († vers 1160). Dans ce contexte de lutte, où, à chaque génération, les membres des deux familles alternent sur le trône, la seule légitimation ne pouvait être qu'une cérémonie particulière qui venait entériner une prise de pouvoir. Ainsi le roi Sverker Karlsson (1196-1208) se présente, dans une lettre non datée, comme *rex Sveorum ejusdem regni monarchiam dei gratia hereditario jure assecutus*[7]. Son père était en effet le roi Karl Sverkersson (vers 1160-1167). Mais lorsque Sverker fut renversé par Erik, fils du roi Knut Eriksson (1167-1196), en 1208, le pape Innocent III, suivant sans doute les indications de l'archevêque d'Uppsala, Valerius, qui avait accompagné le roi dans son exil danois, précisait que le roi Sverker avait été *de unanimis populi voluntate promotum*[8]. Il s'agit là de la première allusion à une élection suédoise. Après la mort de Sverker en 1210, l'Église accepte de reconnaître Erik Knutsson, qui est sacré la même année. Il s'agit du premier sacre suédois connu[9] : il témoigne de la même recherche de légitimité de la part d'un roi qui ne pouvait jouer sur le seul argument de l'hérédité pour contrer ses adversaires.

---

[4] *Diplomatarium Norvegicum*, 22 t., Christiana-Oslo, depuis 1849, t. XIX, n° 650, p. 792 : *Swecie regnum transit per eleccionem et non per sucessionem, Set consueuerunt eligere proximiorem regalem, aut vnum de liberi, vt supra de regno.*

[5] Bien que fautif, ce terme utilisé pour désigner la famille de Birger Jarl est consacré par l'historiographie. Rappelons simplement que les Folkungar – ceux que l'historiographie suédoise désignent sous le nom de « vrais Folkungar » – étaient à l'origine les descendants du jarl Folke qui pendant plusieurs générations se sont opposés à Birger Jarl et à ses fils devenus rois.

[6] Pour une mise en perspective générale de l'histoire du Moyen Âge suédois, voir L. Musset, *Les peuples scandinaves au Moyen Âge*, Paris, 1951 et *The Cambridge History of Scandinavia*, dir. K. Helle, Cambridge, 2003.

[7] *Diplomatarium Suecanum*, t. I, éd. J. G. Liljegren, Stockholm, 1829-1834, n° 115.

[8] *Sverges traktater med främmande magter* I, éd. O. S. Rydberg, Stockholm, 1877, n° 39, p. 118.

[9] R. Cederström, *De svenska riksregalierna och kungliga värdighetstecken*, Stockholm, 1942, p. 9. Le père d'Erik, premier souverain qui porta le titre de « roi par la grâce de Dieu », a peut-être justifié ce titre à la suite d'une onction par l'Église. L'anneau sigillaire de Knut, sur lequel figure un *Agnus Dei*, est le signe qu'il associait son pouvoir à Dieu (H. Fleetwood, *Svenska medeltida kungasigill*, I, Stockholm, 1936, p. 18, fig. 10 et 11), mais rien n'indique que cet anneau ait servi lors d'un sacre. Par ailleurs, cette formule de dévotion, comme le montre son adoption par le *jarl* à partir des années 1240 (*Diplomatarium Suecanum*, t. I, n° 316), ne semble pas avoir été liée à une cérémonie particulière.

C'est dans ce cadre qu'émerge en Suède la pratique élective et, probablement la première loi élective. Au XIIIe siècle, peut-être dès les années 1220, l'*Ancienne loi du Västergötland* précise simplement : « Il appartient aux *Svear* (c'est-à-dire aux habitants de la région du Svealand, autour du lac Mälaren) de faire le roi comme de le défaire[10] ». Mais c'est dans la *Loi d'Uppland* promulguée en 1296, qu'est incluse une première loi élective.

En 1250, Erik Eriksson meurt sans enfant. Les Sverker n'ont pas laissé de concurrent direct et c'est le neveu d'Erik, Valdemar, le fils du Jarl Birger, qui devient roi. En juin 1275, le roi Magnus Birgersson détrône son frère Valdemar et se fait élire le 22 juillet de la même année. Valdemar, fait prisonnier peu de temps après la bataille décisive de Hova (Västergötland), avait reconnu, dans une charte retranscrite par l'historien de la fin du XVe siècle, Ericus Olai, dans sa *Chronica regni gothorum*, qu'il cédait (*concedimus et damus*) à son frère[11] le royaume de Suède qu'il avait reçu, précisait-il, par droit héréditaire (*quod ad nos iure hereditario deuolutum est*[12]). Cette lettre a été interprétée comme un exemple de la combinaison entre le principe électif et le principe héréditaire en Suède. Or, elle montre aussi la faiblesse de l'argument héréditaire, qui ne suffit pas à garantir la position du roi dans le royaume. Elle souligne que l'hérédité est alors considérée comme une condition nécessaire, mais pas suffisante pour faire le roi. Magnus Ladulås justifia par ailleurs sa prise de pouvoir en évoquant le manque de vertu du roi Valdemar, accusé d'adultère[13].

Il est probable que la loi élective ait été rédigée en référence aux événements de 1275 : elle précise que le roi doit être désigné par les trois provinces qui forment l'Uppland (le Tiundaland, le l'Attundaland et le Fjädrundaland) et qu'il doit être nommé, près d'Uppsala, par le *lagman*[14] d'Uppland, puis, tour à tour, par les *lagmän* du Södermanland, de l'Östergötland, des Tio Härad[15], du Västergötland, de Närke et du Västmanland[16]. Le roi doit ensuite réaliser un tour de son royaume appelé l'*erikskgata* et il est sacré. Selon cette loi, c'est le sacre qui vient donner au roi toutes les prérogatives attachées à sa fonction.

Toute la première partie du règne de Magnus Ladulås fut consacrée à la consolidation de son pouvoir. Il dut lutter contre le roi Valdemar, qui une fois relâché s'empressa de réclamer ses droits bafoués avec l'aide du roi danois. Il obtint de l'Église au concile de Tälje, en 1279, la reconnaissance en Suède du crime de lèse-majesté : celui qui emprisonnerait, exilerait ou tuerait un roi couronné par l'Église

[10] L'historienne du droit Elsa Sjöholm propose de dater l'article sur l'élection des années 1275 à 1280 : elle insiste sur le fait que rien ne prouve l'ancienneté d'une telle disposition : au contraire, il semble que les circonstances de l'élection de Magnus Ladulås en 1275 auraient pu être à l'origine de la codification de la préséance des *Svear* (E. Sjöholm, *Sveriges Medeltidslagar. Europeisk rättstradition i politisk omvandling*, Lund, 1988 p. 298).

[11] J. Rosén, « Tronskiftet i Sverige 1275 », *Scandia*, 1947, p. 210-213.

[12] Ericus Olai, *Chronica regni Gothorum*, éd. E. Heuman et J. Öberg, Stockholm, 1993, p. 88, XXII (6).

[13] B. Losman, « Jutta-episoden och Valdemar Birgersson avsättning », *Svensk Historisk Tidskrift*, 1967, p. 472-483.

[14] Littéralement, « homme de loi », un *lagman* est le représentant d'une province (*lagsaga*) chargé des fonctions judiciaires et parfois législatives. Sa principale fonction est de dire la loi devant l'assemblée de la province et de juger.

[15] Cette province correspond à l'actuel Småland en dehors de sa frange nord qui, au Moyen Âge, était rattachée à l'Östergötland.

[16] *Corpus iuris sueo-gotorum antiqui Samling af Sveriges gamla lagar III - Codex iuris Upplandici, Uplands-lagen*, éd. C. J. Schlyter, Stockholm, 1834, p. 87-88.

(*regem huius regni per ecclesiam coronatum captiuare fugare vel occidere*[17]) serait excommunié[18]. Par ailleurs, il distribua des privilèges et des immunités à l'aristocratie en 1280 et à l'Église l'année suivante.

C'est dans ce contexte de renforcement du pouvoir royal qu'il faut comprendre l'élection anticipée du fils de Magnus, Birger, né peu de temps après la mort d'un frère aîné qui portait le nom d'Erik. Ce prénom royal, qui signifie « celui qui a le pouvoir », renvoyait à saint Éric et à son lignage et trahissait les ambitions de Magnus pour son fils. Or, Valdemar avait aussi un fils portant le même nom, né vers 1272 : Erik Valdemarsson était un prétendant sérieux au trône de Suède[19]. Pour asseoir les droits de son fils, Magnus le fit reconnaître dès 1281 comme successeur[20] et il prit en 1282 des mesures pour organiser un conseil de régence où les membres du clergé seraient remplacés par leur successeur et où les membres laïcs choisiraient leur remplaçant[21]. En 1284, lors d'une rencontre à Skänninge, Birger fut officiellement élu roi, tandis que son frère cadet, un autre Erik, reçut le titre de *dux Svecie* :

> Donc le roi Magnus, vieillissant, voulant prendre des dispositions pour le gouvernement du royaume sans pour cela négliger le statut et la condition de ses fils, veilla, encore vivant, à ce que son fils aîné Birger soit élu roi. Birger Magnusson fut ainsi élu roi de Suède à Skänninge l'année du seigneur 1284. Et tous les conseillers et les grands du royaume lui prêtèrent hommage et serment de fidélité, lui jurant et lui promettant sur leur foi qu'après la mort de son père, ils l'auraient pour roi et que, de même, ils le tiendraient pour vrai roi et seigneur[22].

Dans une charte du 3 décembre 1290, le nom de Birger apparaît précédé du titre *rex iunior*[23], ce qui semble corroborer, en l'absence de sources contemporaines, cette description donnée par Ericus Olai. L'élection de 1284 permet à Magnus d'assurer sa succession de son vivant et de consolider, à travers son fils, les liens qui l'unissent à son aristocratie. Plutôt qu'une élection, la cérémonie, telle que la décrit Ericus Olai en utilisant sans doute le vocabulaire de ses sources, ressemble à un

---

[17] Le texte a, entre autres, été publié par Erland Hjärne, *Fornsvenska lagstadganden. Tolkningar och samanställningar*, Uppsala, 1951, p. 33.

[18] Magnus fut couronné à la Pentecôte (24 mai) 1276. Il est possible que l'accent mis sur le couronnement dans la définition du crime de lèse majesté ait conduit, vingt ans après, dans la rédaction de la loi sur l'élection, à la mise en valeur du couronnement, qui seul permettait au roi d'exercer pleinement son pouvoir.

[19] C'est la raison pour laquelle il fut emprisonné avec son père au moment de l'événement du roi Birger Magnusson.

[20] Olaus Petri a très probablement consulté une charte pour donner cette information dans son œuvre, *En Svensk krönika* : *åäret tillforenne hade rikesens rådh loffuat konung Magnuse, at the ville epter hans dödh tagha samma junkar Birger til konung, och ther woro breff, och insigel på giffuen.* Voir H. Schück, *Rikets brev och register. Arkiv bildande, kansliväsen och tradition inom den medeltida svenska statsmakten*, Stockholm, 1976, p. 44.

[21] H. Schück, « Kansler och *capela regis* under Folkungatiden », *Historisk Tidskrift*, 1963, p. 153.

[22] Ericus Olai, *Chronica regni gothorum*, p. 91, XXII (11) : *Rex igitur Magnus in senium vergens, volens futuris regni prouidere sed et filiis nichilominus prospicere de statu et conseruacione eorum, procurauit filium suum seniorem Birgerum in regem eligi, adhuc viuens. Electus est ergo in regem Suecie Birgerus Magni filius Skäningie anno Domini MCCLXXXIIII. Cui etiam omnes consiliarii et meliores regni homagium et iuramentum fidelitatis prestiterunt iurantes et fide media promittentes, quod eum post mortem patris sui haberent pro rege ac eidem tamquam vero regi et domino adherent.*

[23] *Diplomatarium Suecanum*, t. II, éd. J. G. Liljegren et B. E. Hildebrand, Stockholm, 1834-1837, n° 1026.

hommage : la rencontre de Skänninge a en effet des accents féodaux. Elle se résume à une série de prestations de serments qui engagent, non le roi lui-même, mais ses hommes dans un cadre qui confond les institutions du royaume et les fidèles du roi. Elle doit donc être replacée dans le cadre très cohérent de la construction d'un nouveau pouvoir royal, très influencé par les modèles venus du continent : le roi suédois s'appuie sur des groupes privilégiés[24], en particulier une noblesse définie depuis 1280 par des exemptions[25], et sur de nouveaux types de rapports personnels avec ses fidèles, mis en scène lors de cérémonies d'adoubement. Mais, au sein de cette pseudo-féodalité, seul le roi ou ses fils officient : ainsi, en 1289, lors de la fondation du couvent de Sainte-Claire à Stockholm, Birger fut adoubé par son père et il adouba à son tour quarante chevaliers[26]. La cérémonie joue donc aussi le rôle d'une passation de pouvoir.

Bien que la *Loi d'Uppland*, qui contient un chapitre sur l'élection, ait été rédigée pendant la minorité du roi, il semble qu'aucune cérémonie particulière n'ait marqué l'avènement de Birger en dehors du sacre du 2 décembre 1302. L'*Erikskrönika*, qui place Birger du mauvais côté de la loi, n'évoque pas son élection. L'auteur a seulement décrit le choix par le roi Magnus d'un homme de confiance, le *marsk*[27] Torgils Knutsson :

Ok antwardade honom i hand	Et il lui confia
husfrw ok barn oc all sin land	sa femme, ses enfants et tout son pays
at han skulle rada ok fore them see	pour qu'il gouvernât et veillât sur eux
som gud ville han ok thee	comme Dieu, lui-même
ädhla herra i rikeno bodhe	et les nobles hommes du royaume le voulaient,
at the giordo som han them trodhe	et pour qu'ils agissent conformément à ce qu'il attendait d'eux
Til hans synir komo til sin aar	jusqu'à ce que ses fils,
konung birger Erik ok valdemar[28]	le roi Birger, Erik et Valdemar, fussent majeurs.

La chronique, qui n'évoque pas l'élection anticipée, souligne que la succession se fait sans heurt, selon l'hérédité. Une fois roi, Birger ne tarde pas à agir de la même manière avec son fils, Magnus, né en 1300. Son but était clairement d'instaurer une dynastie car, dès le 24 juin 1303, il apparaît que les conseillers du roi, les ducs Erik et Valdemar, les évêques ainsi que presque tous les nobles (*quasi ad omnibus nobilioribus*) aient promis d'élire Magnus, le fils du roi et même, si celui-ci

---

[24] H. Schück, « Sweden's early parliamentary institutions from the thirteenth century to 1611 », *The Riksdag : A History of the Swedish Parliament,* dir. M. F. Metcalf, Stockholm, 1987, p. 14 et J.-M. Maillefer, *Chevaliers et princes allemands en Suède et en Finlande à l'époque des Folkungar (1250-1363) : le premier établissement d'une noblesse allemande sur la rive septentrionale de la Baltique,* Francfort-sur-le-Main, 1999, p. 54-60.

[25] S.-U. Palme, « Les impôts, le statut d'Alsnö et la formation des ordres en Suède. (1250-1350) », *Problèmes de stratification sociale. Actes du Colloque International (1966) publié par R. Mousnier,* Paris, 1968, p. 55-71.

[26] *Erikskrönikan, enligt Cod. Holm. D2 jämte avvikande läsarter ur andra handskrifter,* éd. R. Pipping, Stockholm, 1963, v. 1151-1163. Pour la traduction française, voir C. Péneau, Erikskrönika, *Chronique d'Erik, première chronique rimée suédoise,* Paris, 2005. Par la suite, *Erikskrönika* renverra pour les vers suédois à l'édition de Rolf Pipping et pour les vers français à la traduction.

[27] Le *marsk* est le titre donné à partir du XIIIe siècle à l'intendant de la maison du roi qui est aussi chargé des fonctions militaires.

[28] *Erikskrönika,* v. 1256-1263.

mourait, son fils aîné (*aut ipso deficiente filius eius maior*[29]), sans qu'il soit possible de dire si Birger désigne ainsi le fils de Magnus ou un des ses propres fils encore à naître. Comme pour l'élection anticipée de Birger, des serments de fidélité ont été exigés : Ericus Olai souligne que le *marsk* Torgils Knutsson a dû jurer fidélité au roi, à ses enfants et à la reine et que des lettres scellées ont été rédigées à cette occasion[30]. L'organisation de la succession s'observe donc une fois de plus dans un contexte de féodalisation des rapports entre le roi et son entourage.

L'élection de Magnus eut lieu à Fagradal (Småland), tout près de la frontière danoise lors d'une rencontre entre les rois danois et suédois organisée lors de l'été 1304[31]. Étaient présents le roi, les prélats, les nobles (*barones*[32] *ceterique nobiles*) et toute la communauté du royaume de Suède (*regni Swecie communitas vniuersa*), ce qui suppose, peut-être, comme le prévoit la loi élective, des délégations de représentants des provinces. Ces faits sont connus par la confirmation que les ducs Erik et Valdemar, les frères du roi, rédigèrent le 14 septembre 1305. Les ducs Erik et Valdemar y reconnaissaient officiellement l'élection de Magnus Birgersson, leur neveu, comme roi :

> Nous faisons savoir à tous, que nous reconnaissons librement et de notre plein gré les dites élections et remise du nom de roi, faites dans la concorde, que nous les approuvons et que nous élisons dès aujourd'hui le même sire Magnus dans le royaume de Suède et lui donnons le nom de roi[33].

À l'occasion, les ducs s'engageaient également à élire, au cas où Magnus mourrait sans enfant, le fils le plus âgé de Birger[34] et à lui rester fidèle. La description précise du mode de succession, de fils aîné en fils aîné ou du frère aîné au frère cadet, en l'absence d'enfant, montre qu'il n'existe pas de mode de dévolution formalisé du pouvoir. Depuis le précédent de Magnus Ladulås, c'est donc une norme destinée à assurer la continuité dynastique qui se met en place. L'élection anticipée, également attestée au Danemark[35] et qui n'est pas sans rappeler la stratégie des premiers Capétiens[36], montre que les rois ont su utiliser à leur profit une norme élective encore imprécise.

---

[29] Ericus Olai, *Chronica regni gothorum*, p. 102, XXVI (16).

[30] *Ibid.*, p. 102, XXVI (17).

[31] J. Rosén, *Striden mellan Birger Magnusson och hans bröder. Studier i nordisk politisk historia 1302-1319*, Lund, 1939, p. 35-39 et 52 ; H. Schück, *Rikets råd och män. Herredag och råd i Sverige 1280-1480*, Stockholm, 2005, p. 31-32.

[32] Ce titre n'existe pas en Suède : il s'agit selon Jerker Rosén d'une influence norvégienne. Jerker Rosén interprétait l'élection suédoise comme un calque de la cérémonie d'intronisation norvégienne où le roi recevait aussi son nom lors d'une cérémonie au cours de laquelle il était élevé sur un siège. (J. Rosén, *Striden mellan Birger Magnusson och hans bröder...*, p. 52-53).

[33] *Diplomatarium Suecanum*, t. II, n° 1480. Cité par E. Carlsson, « Konungavalet år 1319 och dess författningshistoriska förutsättningar », *Svensk Historisk Tidskrift*, 1937, p. 247 : *notum facimus universis, quod Nos dictas electionem et nominis Regii dationem concorditer factas sponte et libere approbamus, et in ipsas consentimus ipsumque Domicellum Magnum in Regem Sveciæ ex nunc eligimus et nomen Regium sibi damus.*

[34] *Diplomatarium Suecanum*, t. II, n° 1480 : *Promittimus insuper firmiter, quod si dictum domicellum Magnum absque liberis, quod Deus auertat, mori contingat, quod nos dicti domini regis, fratris nostri, filium secundo genitum in regem Swecie eligemus sibique nomen regium tribuemus, et sic deinceps, si ille absque liberis decesserit, promittimus quod dicti dimini regis, karissimi fratris nostris, alium filium seniorem in regem Swecie eligemus.*

[35] *Kulturhistoriskt lexikon för nordisk medeltid*, Malmö, 1956-1978, t. IX, col. 4-8.

[36] A. W. Lewis, *Le sang royal, La famille capétienne et l'État, France, Xe-XIVe siècle*, Paris, 1986, p. 109 et Y. Sassier, « L'élection royale au temps de Hugues Capet et des premiers Capétiens », *Structures du pouvoir, royauté et Res Publica (France, IXe-XIIe siècle)*, Rouen, 2004, p. 63-70.

Par ailleurs, l'élection de Magnus en 1304 respecte les données essentielles de la *Loi d'Uppland*, puisque l'ensemble du peuple suédois, les nobles et la communauté, à travers ses *lagmän* et ses représentants, est présent en un même lieu pour élire le roi. L'élection se trouve ici définie selon ses caractéristiques légales. L'élection a eu lieu à un moment où les ducs s'étaient révoltés contre Birger pour obtenir une part du pouvoir sur le royaume et elle avait donc pour but de consolider le pouvoir du roi en lui permettant d'exiger de ceux qui lui étaient fidèles une preuve de leur attachement. L'élection anticipée eut lieu lors de pourparlers entre les rois suédois et danois en vue d'un accord dirigé contre les ducs. Elle donna lieu, selon la description de l'*Erikskrönika*, qui ne retient que cet aspect de la rencontre, à une fête courtoise marquée par des tournois.

Cette ambiance courtoise n'est pas une simple invention de l'auteur de la chronique : elle montre l'influence de la culture féodale en Suède, culture dont les implications sont aussi politiques. Les ducs Erik et Valdemar, qui ont constitué autour d'eux leur propre cour, cherchaient en effet, à travers des révoltes et des accords avec les rois norvégiens ou danois, à se constituer de véritables principautés aux confins des trois royaumes scandinaves. Aussi, en 1310, le royaume se trouve-t-il divisé entre le roi et ses frères, qui contrôlent l'ouest du royaume, Öland, la Finlande et une grande partie de l'Uppland. À l'occasion du partage, furent reconnus les droits de chacun (*omni iure et dominio*) sur sa part du royaume. À cette époque aucun des ducs n'avait d'enfant, et il est précisé que si un des ducs mourait avant l'autre, le survivant hériterait de ses possessions[37]. Le roi voyait également ses droits confirmés, mais uniquement sur sa part du royaume ; il ne devait exercer aucun pouvoir sur les terres de ses frères qui lui prêtaient simplement hommage. Le 9 octobre 1314, le *drots* du roi, son *marsk* et ses conseillers lui prêtèrent serment de fidélité perpétuel à Söderköping et fut également précisé dans la lettre rédigée à cette occasion que si le roi venait à disparaître, les conseillers resteraient fidèles à sa femme et à ses enfants et veilleraient à ce que leurs droits soient respectés sur les châteaux et les terres qui leur revenaient *hereditario iure*[38].

La reconnaissance des droits héréditaires des frères obtenue par le roi Magnus conduisait donc moins de trente ans plus tard à un éclatement du royaume en principautés féodales. Mais c'est à partir de cette situation même que s'imposa en Suède le principe électif. La loi élective rédigée sous le roi Magnus Eriksson doit se lire comme une réaction de l'aristocratie contre le déploiement de ces forces centrifuges[39].

L'Erikskrönika, rédigée sans doute dans les années 1330, se présente comme une démonstration en faveur du principe électif. Sans saisir le déroulement précis des faits, elle met en scène la reconstruction de l'unité du royaume de la mort des ducs à l'élection de Magnus, le fils du duc Erik. Le roi Birger fait emprisonner ses frères après les avoir invités à un banquet et il les fait mourir de faim dans la forteresse de Nyköping. Dès qu'ils apprennent la nouvelle, les fidèles des ducs se soulèvent. C'est à travers deux discours imaginaires que les hommes des ducs, confrontés à la disparition de leur seigneur, justifient leur action à venir :

[37] *Et si alterum nostrum mori contingat, tunc terre castra et redditus predicti ad superstitem integraliter reuoluantur.* Ericus Olaï, *Chronica regni gothorum*, p. 114, XXX (5).

[38] *Ibid.*, p. 116, XXX (20).

[39] Schück, *Rikets råd och män*..., p. 58-60.

The a Nyköpunge waro	Ceux qui étaient à Nyköping
the toko hertoghana ok baro	prirent les ducs et les portèrent
wt aff husith a enne baar	hors de la forteresse sur une litière
eth baldakin ther ower war	recouverte d'un baldaquin.
Ok satto them vtan husit nidh	Ils les placèrent à l'extérieur de la forteresse.
her maghin i herra kennas wiidh	« Messires ! Vous pouvez constater là
at thzta ära idre retta herra	qu'il s'agit bien de vos propres seigneurs !
the ära dödhe thy är werra	Ils sont malheureusement morts.
Jak weyt ey hwar at i wilin traa	Je ne sais pas vers qui vous allez vous tourner.
j maghin iderandra herra faa	Vous pouvez vous trouver un autre seigneur
Ok latha konungin haffuasith rike	et laisser le roi reprendre son royaume ».
the swarado son warder gerna faders like	Ils répondirent : « Le fils sera sûrement comme le père
Hertugh eriks son han liffuer än	Le fils du duc Erik est toujours en vie :
han er war herra vy ära hans men	il est notre seigneur et nous sommes ses hommes !
wy wiliom honom tiäna thz er war tarff	Nous voulons le servir ; c'est notre tâche.
thz ma engin dräpa til arff[40]	Nul ne doit tuer pour hériter! »

Ce dernier vers est une citation du Code de l'héritage de la *Loi du Södermanland*, promulguée en 1327[41] : le roi Birger est accusé d'avoir tué ses frères pour récupérer leur part d'héritage et réunifier à son profit le royaume. Le recours à la loi permet donc d'annoncer la déposition du roi qui s'est placé hors-la-loi. Mais ces discours ont aussi pour fonction de mettre en scène la succession entre les ducs, représentés morts sous un baldaquin qui symbolise leur origine royale, et le jeune Magnus. La règle de succession est héréditaire : cette hérédité est justifiée par la vertu, censée se transmettre du père au fils, mais aussi par l'hommage de fidélité prêté au duc Erik. La succession se déroule ainsi dans le même cadre vassalique que les successions royales précédentes.

Cependant, Magnus n'est pas seulement l'héritier du duc, il est surtout le successeur du roi. Imposer Magnus Eriksson à la tête du royaume demandait trois actions, déposer Birger, éliminer son héritier Magnus Birgersson et organiser une élection pour fonder une nouvelle légitimité. Au mépris de la chronologie, la chronique présente l'exécution de Magnus Birgersson non en 1320, mais immédiatement avant l'élection de Magnus qui eut lieu en 1319. L'épisode présente d'intéressants parallèles avec celui du choix de Magnus Eriksson. Il évoque les lamentations du jeune homme auquel on vient apprendre qu'il doit mourir :

Som iak hauer aff herrana hört	« Comme j'ai entendu les seigneurs le dire,
tw giäller thz thin fader bröt [...]	tu doit expier le crime de ton père ».
han offrade sielffuer oc badh til crist [...]	Il se recommanda et fit des prières au Christ :
mädhan iak skal thola swa hardan dödh	« Puisque je vais souffrir une mort très pénible,
Jak faar ok nade vm gud wil	j'obtiendrai la grâce, si Dieu veut,
mädhan brutin ere ey mere till [...]	puisque c'est là tout mon crime ».
pa then helgandz holma man han ledde	On le conduisit à Helgeandsholmen

40 *Eriskrönika*, v. 4266-4281.

41 R. Pipping, *Kommentar till Erikskrönikan*, Helsinki, 1926, p. 701. La même idée se retrouve dans la *Loi d'Uppland* dès 1296.

ok eth täpette vnder bredde	et on étala un tapis.
Ther knäade han sik fagherlika aa	Il s'y agenouilla noblement
ther loot man hans hoffwod aff slaa	et on lui fit couper la tête.
ok lagdo han sidhan a ena baar	On le plaça ensuite sur une litière.
eth baldekin til redho war	On avait préparé un baldaquin
ok lagdo a barena ouer hans liik	que l'on plaça sur la litière au-dessus de son corps,
hans fader var en konung riik[42]	car son père était un roi puissant.

Le détail de la litière recouverte d'un baldaquin est une référence directe à l'épisode précédemment cité. La mort du jeune homme pourrait apparaître comme une manière de venger la mort des ducs. Cependant, la scène est curieuse car elle souligne l'innocence de Magnus, tout en présentant comme inévitable sa mise à mort. Si elle présente des analogies avec le passage où les hommes des ducs acclament Magnus Eriksson, c'est qu'elle joue aussi un rôle dans la manière dont la succession est justifiée. Magnus Birgersson n'expie en réalité qu'un seul crime, « le crime de son père », ce qu'il serait peu logique de lire au sens propre, puisque le droit suédois ne reconnaît en aucune façon le fait que l'on puisse châtier un individu à la place d'un autre. Il faut sans doute comprendre l'accusation au sens premier : Magnus fut tué simplement car il était le fils de Birger. L'exécution fut dans les faits un moyen d'éliminer un concurrent dangereux pour Magnus Eriksson, car Magnus Birgersson avait déjà été reconnu comme roi. L'auteur de la chronique, attaché à décrire la tradition élective du royaume en conformité avec la loi, ne mentionne à aucun moment les élections anticipées, mais la mise à mort de Magnus, simplement justifiée par le fait qu'il fut fils de roi, apparaît comme un rejet du mode de succession héréditaire. Ce rejet est d'autant plus significatif que la scène est placée immédiatement avant la description de l'élection de Magnus Eriksson[43].

Ce fut en référence à cette élection que la loi élective fut fixée. Lors de l'*erisgata* du roi en 1335, une ordonnance, reprise par la suite dans la *Loi nationale,* fut rédigée :

> En 1319 après la naissance de Notre Seigneur, le fils de notre noble seigneur le duc de Suède Erik, le très grand et noble seigneur Magnus, roi de Suède, de Scanie et de Norvège fut élu et pris pour roi de la façon qui vient d'être dite et selon le droit ancien du royaume et les coutumes qui existent depuis longtemps sur l'élection du roi, bien que l'élection et les serments n'aient pas été, avant lui, consignés par écrit dans un livre de loi, comme il le fit lui-même, lors de son arrivée, afin de les donner en modèle[44].

---

[42] *Erikskrönika,* v. 4404 et 4405, 4408, 4411-4413 et 4424-4431.

[43] Dans les faits, cette tradition a survécu dans l'historiographie. Dans la notice que les ambassadeurs d'Henri IV rédigent sur la succession dans les trois royaumes scandinaves, une erreur curieuse est même apparue : Birger serait mort sans enfant et Erik serait devenu roi : *quidam Berigerus fuit Rex Swecie, et quia sine liberis decessit : Ericus frater eius sibi successit et eciam per eleccionem secundum consuetudinem supradictam in dicto Regno Swecie.*

[44] *Södermannalagen efter cod. Havn. Ny Kgl. Saml.4 : o. N:o 2237,* éd. K. H. Karlsson, Stockholm, 1904, p. 33 : *Thusand arum þry hundrað arom a nitanda areno eptir uars hærra byrðh. uarð ærliks hærra hærtogh eriks son af suerichi mychil høfðinge ok heðirliker hærra magnus konunger suerikis schane ok norghis ualder ok til konunghs takin samu lund sum fyr ær saght. sum ok gamal richis ræt ok siðuæne af alder hauer uarit um konunga ual thera æn tho at ual ok eða uaro ei i laghbokum sua með script utlyster firi hans dagha. sum han nu siæluer i sinne tillkømd giorðe ok gaff til goðra eptir døma.* Ce texte a été repris sans modification significative dans la *Loi*

La référence à la tradition ne doit pas faire illusion : la cérémonie qui se trouve décrite, si elle reprend dans les plus grandes lignes les dispositions de la *Loi d'Uppland*, offre un grand nombre de dispositions nouvelles.

II. La fixation de la loi élective

La cérémonie décrite dans l'Ordonnance de 1335 n'a pas pour fonction de choisir un roi : même si les voix des *lagmän* et de ceux qui les accompagnent se font entendre, elles sont une acclamation et non un vote bien que le texte souligne que le roi peut être élu « avec toutes les voix de ces *lagmän* et de ceux qui les accompagnent ou avec la majorité de ces voix[45] ». La première étape de l'élection apparaît comme la manifestation d'un consensus. Celui qui reçoit cette approbation n'est pas encore roi. C'est l'étape suivante, la nomination, qui fait véritablement de lui un roi :

> Le *lagman* d'Uppland doit avoir la première voix avec ceux qui, avec lui, ont été désignés pour nommer le roi ; puis, l'un après l'autre, chacun des *lagmän* des habitants du Södermanland, de l'Östergötland, des Tio Härad, du Västergötland, de Närke et du Västmanland. Il doivent lui attribuer la Couronne et la royauté pour qu'il gouverne le pays, règne sur le royaume, maintienne la loi et conserve la paix. Il est alors désigné pour l'*Uppsala Öd*[46].

Le verbe employé pour désigner l'acte central de l'élection est *döma*, ce qui signifie, comme le montrent des sources contemporaines déjà citées, « nommer ». Ainsi, dans l'*Erikskrönika*, le régent qui porte le jeune roi dans les bras, proclame :

gud giwi honom helso ok langt liiff	« Dieu lui donne la santé et une longue vie
Ok läte han lenge mz oss liffwa	et fasse que vive longtemps parmi nous
ther wy viliom i dagh konungs nampn giwa[47]	celui auquel nous voulons aujourd'hui donner le nom de roi ! »

L'élection est donc un acte performatif : elle consiste à assurer la transmission du pouvoir en créant par la parole des représentants du royaume un nouveau roi.

Dans un manuscrit de la *Loi nationale* de la première moitié du XVe siècle, la première page du Code du roi est illustrée par un roi couronné assis sur un siège, tenant dans la main droite un sceptre. Mais, contrairement aux représentations traditionnelles, que l'on trouve par exemple sur les sceaux, le roi ne porte pas un globe dans l'autre main, mais un phylactère portant ces mots *Data est ei potestas* / « Le pouvoir lui a été donné ». Le globe, symbole du pouvoir que le roi exerce sur

nationale (*Corpus iuris sueo-gotorum antiqui Samling af Sveriges gamla lagar, X - Konung Magnus Erikssons Landslag*, éd. C. J. Schlyter, Lund, 1862, p. 7-8).

[45] *Södermannalagen*…, p. 27 : *allum thæssum laghmanna røstum. ok lanzmanna til næmda. eller ok flæstum.* Ce texte a également été repris sans modification significative dans la *Loi nationale* (*Corpus iuris sueo-gotorum antiqui Samling af Sveriges gamla lagar*…, p. 7-8).

[46] *Corpus iuris sueo-gotorum antiqui Samling af Sveriges gamla lagar*…, p. 7-8 : *Försto röst agher laghmannin af vplandum haua, ok þe meþ honom næmde æru, han til kunungx döma; þær næst huar laghmaþer æfte aþrum, suþermanna, östgöta, tij heræd, vesgöta, nærikis ok vestmanna; þe agha han til krono ok kunungx döma, landum raþa ok rike styra, lagh styrkia ok friþ halda, þa ær han dömder til vpsala öþa.*

[47] *Erikskrönika*, v. 4497-4499.

la terre, est remplacé par la représentation du processus selon lequel le roi obtient ce pouvoir, par un phylactère, c'est-à-dire par la parole des Suédois.

L'élection suppose donc un temps de vacance entre deux rois. Lorsqu'à la fin du XIIIe siècle fut rédigée la légende de saint Éric, cette vacance du pouvoir fut explicitement soulignée dans un texte qui ne transmettait sans doute pas une réalité historique, mais un idéal politique :

> Et comme le royaume se trouvait sans roi, il fut élu roi à l'unanimité et, près[48] d'Uppsala, il fut solennellement promu et couronné[49].

Cette vacance est également soulignée dans les lois. Ainsi la *Loi d'Uppland* s'ouvre sur l'expression *Nu þorwæ land kunung wæliæ* / « Maintenant le pays a besoin d'élire un roi[50] ». La charte de l'élection et la *Loi nationale* proposent une rédaction encore plus radicale, qui commence par une description du royaume :

> Un royaume qui se nomme la Suède est composé de sept diocèses et de neuf provinces dirigées par un *lagman*, avec leurs frontières[51].

Suit alors une liste des provinces et des diocèses qui permet de placer l'élection dans une perspective nouvelle : il s'agit au sens propre de constituer le royaume, d'en offrir une définition politique qui préexiste au roi. Dès lors, le pouvoir royal est défini explicitement en fonction du royaume et de sa nécessaire unité. Comme l'Ordonnance sur l'élection le précise : *Jvir alt sueariki agher æi kununglik krona* ***ok*** *konunger uæra utan en*[52] / « Sur toute la Suède, il ne doit y avoir qu'une seule Couronne royale **et** un seul roi ». Une majorité de manuscrits de la *Loi nationale* propose une version légèrement différente : *Jvir alt suerike agher ei kunungx krona* ***ællæ*** *kunun-ger vara vtan en*[53] / *« Sur toute la Suède, il ne doit y avoir qu'une seule Couronne royale* **ou** un seul roi ».

Le concept de Couronne permet de faire exister le royaume en l'absence même de roi, ce que la conjonction « ou » ne fait que souligner. Ainsi défini, le royaume est une terre qui ne relève pas des formes classiques de biens qui peuvent être vendus, échangés ou transmis par héritage. La loi suédoise ne reconnaît pas le droit de primogéniture masculine. Les fils et les filles héritent de leurs parents, les fils ont droit aux deux tiers de l'héritage et les filles à un tiers. Parce qu'il est élu, le roi n'a pas de tels droits : il ne tient pas son royaume par héritage puisqu'à chaque mort du roi, le royaume revient au peuple suédois : *Nu ær til kunungx rikit i suerike kununger væliande ok ey æruande, æn þe kunung mist haua*[54] / « En Suède, s'ils ont perdu leur roi, le nouveau roi obtient le royaume par élection et non par héritage. »

---

[48] La préposition *wiþ* est aussi ambiguë que la préposition *apud* car elle peut signifier à la fois « à » ou « près de ».

[49] *Erik den helige. Historia, kult, reliker*, éd. B. Thordeman, Stockholm, 1954, p. XIV : *Oc tántiith riket war konongx lóst tha war han walder eendrákteligha til konong oc widh wpsala hógtidhelica ophógder oc krόntir.*

[50] La même expression ouvre la *Loi du Södermanland* promulguée en 1327. Voir *Corpus iuris sueo-gotorum antiqui : codex iuris sudermannici. Samling af Sveriges gamla lagar : Södermannalagen*, Lund, 1838, p. 47.

[51] *Södermannalagen*..., p. 4-5 : *Eet kunungx rike sum hætir suærike hauer i sik siu biskop ok nio laghmanz döme meþ landæmærum þera.*

[52] *Ibid.*, p. 26.

[53] *Corpus iuris sueo-gotorum antiqui Samling af Sveriges gamla lagar*..., p. 6 (art. 2) et n. 48.

[54] *Ibid.*, p. 7.

L'élection, qui ne peut théoriquement avoir lieu qu'en l'absence de roi, après sa mort ou sa déposition, instaure par conséquent une béance du pouvoir. De manière encore plus précise que dans les lois précédentes, l'Ordonnance sur l'élection et, par la suite, la *Loi nationale* mettent donc en avant la nécessité d'une rupture entre la mort d'un roi et l'avènement de son successeur. C'est cette rupture qui permet symboliquement au peuple de reprendre le royaume pour le donner au nouvel élu. Ainsi, lorsque le roi Håkan Magnusson accorda en 1362 au *lagman* d'Österland, c'est-à-dire de Finlande, le droit de participer à l'élection, il expliqua :

> Nous donnons à Nils Turesson, qui est *lagman* d'Österland, le droit d'élection que les *lagmän* ont obtenu il y a longtemps, comme les *lagmän* d'Uppland, du Södermanland, d'Östergötland, du Tio Härad, du Västergötland, de Närke et du Västmanland, pour élire le roi et lui attribuer le royaume. [...] De tous les diocèses de Suède, douze hommes doivent, avec leur *lagman*, venir à la Pierre de Mora et, là, **élire le roi au nom de tout le peuple**[55].

Les délégués avec leur *lagman* représentent chacun une province du royaume. L'élection, qui permet la réunion en un seul lieu, Mora Sten, de toutes les délégations, apparaît donc comme un moment d'union du royaume. Symboliquement, tout le peuple est présent à Mora pour élire son roi.

Cette succession étroitement contrôlée grâce à une rupture dans la transmission du pouvoir n'est pas sans conséquence sur la définition du pouvoir royal. Le roi n'est appelé à exercer qu'un office sans pérennité. Comme le souligne sainte Brigitte dans la révélation III du livre IV datant probablement des années 1340, *rex non dominus corone est sed rector*[56]. Contrairement au roi norvégien, qui reçoit son pouvoir par hérédité et qui, selon le Miroir norvégien datant du milieu du XIIIe siècle, est le propriétaire de son royaume[57], le roi suédois a un pouvoir limité par la nature même de sa charge, décrite dès le deuxième article du Code du roi :

> Il doit gouverner et administrer [les châteaux et[58]] les provinces, l'*Uppsala Öd*, les biens de la Couronne et tous les revenus royaux. Il doit recevoir les amendes qui lui sont dues [...] et sa part des amendes levées dans toute la Suède, comme la loi et le droit le stipulent[59].

Cette description des droits du roi, en termes de revenus, et des devoirs du roi, au sujet de la gestion des domaines royaux, apparaît dès 1335 dans l'Ordonnance

---

[55] *Diplomatarium Suecanum*, t. VIII, éd. E. Nygren et J. Liedgren, Stockholm, 1953-1976, n° 6584, p. 161 : *Tokom wi herra niclis thureson som lagman i østerlande ær. j thæt kor oc wal. som lagmen j swerike. aff alder hafft hawa. swa som thessa / Lagmennen aff vplande. aff sudermannalande. østergøtlande. tiihærædh. westergøtlande. nærike. oc aff westmannalande. at the scula konung wælia. oc til rike döma. [...] aff allum biscops døme j swerike. agha tolff men medh therra lagmanne. til mora stens at koma. oc thær konung* ***/ at wælia vpa aldz almoghens wægna.***

[56] Sainte Brigitte, *Revelaciones. Book IV*, éd. H. Aili, Stockholm, 1992, révélation 3 (§14).

[57] En Norvège, le royaume est la propriété héréditaire du roi qui a des droits, illimités puisque justifiés par la seule nécessité, sur le pays et son peuple. Voir S. Bagge, *The Political Thought of the King's Mirror*, Odense, 1987, p. 31-39.

[58] *borghum ok...* Un grand nombre de manuscrits contient cet ajout : voir *Corpus iuris sueo-gotorum antiqui Samling af Sveriges gamla lagar...*, p. 6, n. 50 et 51.

[59] *Ibid.*, p. 6 : *Han agher styra ok raþa landum ok vpsala öþum, kronunna goz ok allum kunungxlikum ingeldum, eensak sina haua [...] ok al saköris brut siin iuir alt suerike, sum lagh ok rætter ær.*

sur l'élection. Déjà, dans la *Loi d'Uppland*, à la fin de l'article sur le couronnement, figurait une description semblable du pouvoir royal. Comme le note Birgitta Fritz, le pouvoir royal se trouve défini par rapport à ses nouvelles prérogatives administratives, en particulier les châteaux qui, depuis l'arrivée au pouvoir des rois Folkungar, servent de centres de gestion du territoire et de lieux de perception des impôts[60]. La loi impose donc l'image d'un roi administrateur, soumis à la loi. Cette soumission est elle-même mise en scène le jour de l'élection dans la mesure où le roi doit, après avoir été nommé, prononcer un serment :

> Lorsque quelqu'un est, de cette façon, élu et nommé roi et qu'il a prêté serment comme il est dit précédemment, il est alors légalement roi en Suède et peut donner des fiefs[61], gouverner son royaume et faire tout ce qui a été dit précédemment[62].

L'originalité du serment de l'élection réside dans le fait que le roi idéal qui s'y trouve décrit advient dans la personne qui le prononce. Ce serment est investi de la même efficacité que la nomination par les *lagmän*. Il est ainsi doublement performatif : le roi prononce un serment, acte illocutoire (*illocutionary*), qui se trouve également doté d'une dimension perlocutoire [63], car c'est en prononçant un serment qui fixe les limites de son pouvoir qu'il se trouve investi de ce même pouvoir.

Bien que l'élection suppose une absence de continuité entre les règnes, la loi souligne cependant que le roi se trouve responsable du royaume tel que l'a laissé son prédécesseur :

> Le roi ne doit pas diminuer les droits de la Couronne au profit d'un autre roi. Si quelqu'un le fait, le roi élu qui lui succède doit, selon le droit, reprendre ce qui a été perdu, s'il le peut[64].

L'inaliénabilité des biens de la couronne est également spécifiée dans ce serment :

> Le cinquième article est que le roi doit faire tout ce qui est en son pouvoir pour garder les châteaux et les territoires avec leurs revenus annuels et leurs limites, de telle sorte que ni les uns ni les autres susdits ne soient en rien diminués pour le roi qui viendra après lui[65].

L'élection apparaît donc comme un moyen de sauvegarder l'unité des biens de la Couronne : non seulement elle oblige le roi à s'engager au travers du serment pour récupérer ce qui est perdu, mais elle souligne, à travers le rejet de l'héritage, que

---

[60] B. Fritz, *Hus, land och län. Förvaltningen i Sverige 1250 - 1434*, I, Stockholm, 1992, p. 35.

[61] Un *län* ou « fief » était une forteresse royale ou une terre de la Couronne dont le bénéficiaire recevait une part des impôts en guise de rémunération ou en paiement d'une dette, mais ces fiefs ne devinrent jamais héréditaires. Voir *Kulturhistoriskt lexikon för nordisk medeltid*, Malmö, 1956-1978, t. XI, col. 104-108.

[62] *Södermannalagen...*, p. 30 : *Thægar nokor ær sua aff laghmannum ok lanzmannum ualder ok til konunghs dømder. ok eða sina gangit. sum fyr ær saght. tha ær han laghliker konunger iuir sueriki. tha ma han læn giua riki sino styra ok allu thy fyr ær saght.*

[63] J. L. Austin, *Quand dire, c'est faire. How to do things with words*, Paris, 1970, p. 129 et suiv.

[64] *Corpus iuris Sueo-Gotorum antiqui Samling af Sveriges gamla lagar*, p. 6 : *Ei ma kununger minzka kronunna ræt for aþrum kununge ; gör þet nakar, haui þa þen kununger vald æfter komber þæt meþ ræt ater taka æn han gitær.*

[65] *Ibid.*, p. 11.

chaque roi se voit doté d'un pouvoir s'appliquant sur le royaume tel qu'il a été défini dans la loi et non tel qu'il est au moment de la disparition du roi précédent.

Cette rupture, qui instaure un rapport personnel entre le roi et son royaume, est fondamentale, car elle permet de comprendre la manière dont le choix du roi s'opère en théorie. Dès l'ordonnance sur l'élection, le futur roi est décrit comme suit :

> Cet homme né dans le pays, de préférence un fils de roi s'il s'en trouve, qui est pris pour roi avec toutes les voix de ces *lagmän* et de ceux qui les accompagnent ou avec la majorité de ces voix, les dits *lagmän* doivent le nommer roi[66].

Aux deux caractéristiques obligatoires, le fait qu'il soit un homme et un Suédois, s'ajoute une troisième caractéristique, facultative, le fait qu'il soit un fils de roi. Cette dernière spécificité est importante car elle montre que l'élection décrite dans la loi n'est pas une cérémonie qui chercherait à pallier l'absence de successeur. Elle n'est pas un recours en cas d'extinction d'une famille dans le cadre d'une royauté héréditaire, mais, au contraire, un mode de désignation qui accompagne la transmission du pouvoir au sein d'une même famille. L'expression « de préférence » est simplement la marque du pouvoir aristocratique qui peut imposer, selon les circonstances, ses choix politiques.

La loi élective suédoise n'énonce pas le droit de certaines personnes à régner. Elle est un mode de légitimation dont le déroulement exprime une conception du pouvoir radicalement différente de l'hérédité en ce sens qu'elle ne reconnaît pas de dévolution automatique du pouvoir d'une personne à une autre. Elle suppose, en effet, la transmission symbolique du pouvoir au peuple entre deux rois. Elle n'écarte donc pas le principe d'une succession au sein d'une même famille mais elle assure théoriquement à l'aristocratie du Conseil et des *lagmän* une place au sein du système de gouvernement. Comme toute norme, la loi élective ne vaut cependant que par la manière dont elle a été interprétée.

III. L'interprétation de la loi élective au XIVe siècle

Magnus Eriksson était le petit-fils du roi de Norvège Håkon V. Avant même son élection en Suède, il hérita de la couronne norvégienne et les modalités de l'union personnelle des deux royaumes furent négociées à Oslo avec les membres du Conseil norvégien, le 28 juin 1319[67].

Lorsqu'il eut des fils, Magnus leur donna des noms qui constituaient de véritables programmes politiques : né en 1339, l'aîné reçut le nom de son grand-père et du fondateur de la dynastie, Erik, et le cadet, né l'année suivante, s'appela Håkan, comme son grand-père maternel qui fut roi de Norvège.

Pour faire taire les voix qui s'élevaient en Norvège contre l'union des deux royaumes, Magnus obtint le 15 août 1343 des conseillers norvégiens, et semble-t-il aussi des prélats, un accord dans lequel ils s'engageaient à prendre pour roi Håkan, à la condition que le roi lui-même exerce le pouvoir jusqu'à la majorité de son fils. Il apparaît que c'est Magnus Eriksson lui-même qui a décidé de faire roi son fils et

---

66 *Södermannalagen…*, p. 27 : *Huilkin en af inrichis fødum ok hælzt af konunga synum. æn þe til æru allum thæssum laghmanna røstum. ok lanzmanna til næmda. eller ok flæstum uarðer til konunghs takin. sculu fyr næmder laghmen han til konunghs døma.*

67 H. Schück, « Medeltidens svenska konungaval », *Svensk Historisk Tidskrift*, 1913, p. 281.

de lui donner le royaume de Norvège. Dans ce cas, il allait à l'encontre de la loi norvégienne, qui reconnaissait le droit de primogéniture et exigeait que le roi soit acclamé par la communauté lors de d'une cérémonie d'intronisation où le roi entrait en possession de son héritage (*konungstekja*)[68] . L'aîné, Erik, tant que son frère et son père étaient vivants, se voyait écarté de tout droit à la succession en Norvège : Magnus Eriksson avait pour lui d'autres projets.

Le 18 novembre 1343, à Varberg, le roi Magnus Eriksson négocia avec le roi de Danemark, Valdemar Atterdag, l'union définitive de la Scanie au royaume de Suède. Cet accord venait mettre fin à un long conflit au sujet de cette province danoise que les Suédois avaient achetée en 1332. Le roi danois avait cédé, en 1341, la Scanie et le Blekinge à la Suède et vendu à Magnus Eriksson les enclaves danoises situées à l'ouest de l'Öresund ainsi que le sud du Halland. Mais, en 1342, les désaccords avaient débouché sur une guerre ouverte entre Magnus Eriksson, soutenu par les Holsteinois, et Valdemar Atterdag, allié aux villes de la Hanse. L'accord de novembre 1343 devait donc mettre fin au conflit et jeter les bases d'un nouvel équilibre politique en Scandinavie. Pour marquer la pérennité de l'accord, les rois s'étaient engagés en leur nom propre, mais aussi au nom de leurs « successeurs et héritiers[69] ». Le même jour, furent rédigés deux actes dans lesquels les Grands et les prélats confirmaient la décision. Seul le deuxième acte a été conservé : les archevêques de Lund et d'Uppsala ainsi qu'un grand nombre d'évêques et de prélats s'engagèrent à reconnaître et à défendre l'union de la Suède et de la Scanie, non seulement auprès de Magnus Eriksson, mais aussi, auprès de ses successeurs et héritiers pour le royaume de Suède et de Scanie (*suisque sucessoribus et heredibus, pro dicto Regno Suecie et Scanie*[70]). Il ne s'agissait pas seulement de reprendre les termes de l'accord, car les prélats acceptaient aussi de donner à ce mot « successeur » une réalité :

> Nous nous engageons formellement à élire à l'unanimité et d'un commun accord, selon l'avis et la volonté de notre seigneur et roi susdit, l'illustre *junker*[71] Erik, fils aîné de ce roi, notre seigneur, comme notre roi et seigneur du dit royaume de Suède et de Scanie, des provinces et des îles qui en dépendent et qui appartiennent à ce même royaume, avec tout l'honneur qui convient, en bonne et due forme et selon la coutume observée depuis les temps anciens dans le royaume de Suède et à l'endroit réservé à l'élection du roi[72].

---

[68] M. Beyer, « Den norske trofølgeutviklingen 1319-1450 », *Norsk Historisk Tidskrift*, 1975, p. 181-224.

[69] L'expression est employée à la fois par le roi Valdemar (*Diplomatarium Suecanum*, t. V, n° 3741, 3742, 3744) et par le roi Magnus Eriksson (*ibid.*, n° 3743). L'historien Erik Lönnroth a souligné que cette expression révélait l'ambition du roi suédois à fonder une monarchie héréditaire.Voir *Sverige och Kalmarunionen 1397-1457*, Göteborg, 1934, p. 35.

[70] *Diplomatarium Suecanum*, t. V, n° 3746, p. 225.

[71] Je traduis *domicellus* par *junker*, qui est un terme d'origine allemande (*jonker*). Il signifie « jeune seigneur » et se trouve dans les sources contemporaines suédoises, souvent pour désigner un fils de roi. Voir R. Pipping, *Kommentar till Erikskrönikan*, Helsinki, 1926, p. 174-175.

[72] *Diplomatarium Suecanum*, t. V, p. 226 : *firmiter promittimus, quod inclitum Domicellum, Domicellum Ericum filium dicti domini nostri regis seniorem, iuxta consilum* (*sic*) *et voluntatem eiusdem domini nostri, in Regem et dominum nostrum super dictum regnum Suecie et Scanie, terras prouincias et insulas tributarias, ad idem regnum pertinentes, omni quo decet honore secundum debitam formam et consuetudinem ab antiquo iure in regno Suecie approbattam in loco pro electione Regis deputatam, vnanimiter et concorditer eligemus.*

On retrouve dans la suite du texte les mêmes dispositions et les mêmes arguments que ceux mentionnés dans les cas d'élections anticipées au XIIIe siècle[73] : les prélats promettent de rester fidèles à la reine Blanche et à son fils si le roi venait à mourir avant qu'Erik ne soit majeur. Si Erik venait à disparaître, un autre enfant de Magnus devrait alors être élu, mais les prélats s'engagent à s'opposer à toute manœuvre éventuelle de Håkan, qui venait d'être désigné comme roi de Norvège, pour s'emparer du royaume de Suède. Les prélats s'engagent aussi à assurer une position conforme à leur rang à chacun des enfants de Magnus qui naîtraient à la suite de l'accord[74].

Cependant, contrairement à qui se passait au siècle précédent, l'élection n'est pas seulement un outil qui permet d'organiser une succession, elle est une loi précise qu'il faut prendre en compte. Dans les faits, tout se passe comme si le roi mettait en place une monarchie héréditaire, mais il ne peut aller à l'encontre de la loi dont, paradoxalement, la validité est affirmée :

> Pour cela, cependant, nous ne voulons absolument en rien aller à l'encontre des droits et des coutumes en vigueur depuis les temps anciens dans le royaume de Suède et de Scanie, et, mieux, nous voulons que l'élection des rois et tous ses droits nous reviennent librement, à nous et à nos successeurs, après la mort de notre seigneur et roi susdit, Erik, ou d'un autre seigneur, fils de sire Magnus que nous aurons élu librement comme roi, si notre seigneur le roi Erik lui-même venait à mourir sans enfant[75].

Bien que l'élection ne soit pas abandonnée, elle voit son application réduite au cas où la lignée directe du roi Magnus viendrait à s'éteindre. Cette cérémonie, qui exprime, selon la loi, la remise du pouvoir par les représentants du royaume, se transforme en rite préparatoire à l'accession au pouvoir et est reportée à la mort du roi. Ce rite entérine, en l'absence de règles de succession, un choix préalable du successeur, dont le pouvoir ne doit être actualisé que par la mort du roi précédent, comme dans un royaume héréditaire. Bien que l'élection ne soit en aucun cas un véritable choix, elle doit s'effectuer au moment de l'accession au pouvoir pour avoir un sens et pour rester en accord avec la loi qui précise qu'il n'y a, en Suède, qu'un seul roi. Cette manipulation temporelle ôte donc à la cérémonie son sens tout en en respectant les principes.

L'élection eut lieu le 6 décembre 1344[76], mais tout porte à croire qu'une partie de l'aristocratie dut exprimer son mécontentement. Ainsi, dans une de ses Révélations, sainte Brigitte condamne à la fois la désignation de Håkan et d'Erik :

---

[73] Schück, *Rikets råd och män...*, p. 67-68.

[74] *Diplomatarium Suecanum*, t. V, n° 3746, p. 227 : *Et si memoratum dominum nostrum regem Magnum plures contingat habere liberos protunc promittimus vt superius, quod ipsorum quemlibet vtriusque sexus in suo iure et honore juuabimus, prout ipsis et eorum statui, condicioni, simul et sexui congruit, et competit, secundum leges et statuta Regnorum predictorum, tam Suecie et Scanie quam Noruegie...*

[75] *Ibid.*, n° 3746, p. 228 : *Per hoc tamen iuribus et consuetudinibus in regno Suecie et Scanie ab antiquo tempore de regum electione obseruatis, in nullo penitus volumus derogari, quin ad nos et successores nostros, regum electio cum iuribus suis omnibus, post mortem dicti Domini nostri Regis Erici vel alterius Domini nostri, Domini Magni filii, quem ipso domino nostro Erico Rege predicto, sine liberis quod absit mortuo, in regem vt prefertir, eligemus, libere reuertatur.*

[76] L'événement est connu simplement par un document privé daté à Uppsala *in eleccione Erici filii domini magni* (*ibid.*, n° 3865).

> Ceux qui les ont choisis avaient trois défauts et un quatrième qui les surpassa tous : l'amour déréglé, la sagesse simulée, la flatterie propre aux sots et le manque de confiance envers Dieu et la communauté. C'est la raison pour laquelle leur choix s'est fait contre la justice, contre Dieu, contre le bien de la chose publique et l'intérêt de la communauté. Afin que la paix soit assurée et l'intérêt de la communauté pris en compte, il est nécessaire que l'aîné des fils reçoive le royaume héréditaire et que le plus jeune vienne au pouvoir par l'élection[77].

La condamnation de Brigitte a pour principal argument l'existence de systèmes de succession différents dans les deux royaumes : elle ne remet pas en cause le fait qu'un fils de Magnus puisse succéder à son père en Suède, ce qui est en accord avec la loi. Cependant, elle refuse, sans doute sous l'influence du milieu dont elle était issue et qui comptait de nombreux *lagmän*, le fait que le roi puisse prendre une décision sans en référer à « la communauté », qui doit, selon la loi, être la seule à pouvoir choisir son roi. Ce roi élu n'en est pas moins *rex Dei gratia*, car le sacre est la dernière étape de l'élection.

Au XIVe siècle, la loi élective apparaît donc solidement établie : le roi devait en tenir compte, même pour tenter de l'affaiblir et l'opinion de l'aristocratie dut jouer un rôle car l'Ordonnance de 1335, loin d'être modifiée par l'élection anticipée de 1343 et par les tentatives contemporaines pour introduire des discours en faveurs du système héréditaire[78], fut placée au tout début de la *Loi nationale* rédigée vers 1350.

Lorsque Brigitte précise que la Suède « qui est un royaume électif, est détruite et affligée car le véritable héritier n'a pas été élu[79] », elle n'exprime pas une contradiction, mais elle indique que l'hérédité et l'élection sont les deux piliers d'un même système. Elle reprend le même ton prophétique dans une révélation rédigée à Rome qui invite les Suédois à agir à la place du roi Magnus qui ne respecte plus son serment[80]. La Vierge dit :

> Je vous fais aussi savoir que le juste jugement de Dieu séparera le roi et ses héritiers de ce royaume. Mais un autre homme, né dans le royaume, qui, cette fois, n'est pas nommé, a été élu roi par Dieu[81].

S'il n'est pas nommé, c'est que la communauté elle-même se doit de lui donner un nom, comme la loi l'invite à le faire. Les Suédois sont donc appelé à élire un autre roi, en accord avec la loi.

---

[77] Sainte Brigitte, *Revelaciones. Book IV*, révélation 3 (§26-27) : *In electoribus eorum tria erant inconueniencia et quartum superexcellit: inordinatus amor, prudencia simulata, adulacio stultorum et diffidencia de Deo et communitate. Ideo eleccio eorum fuit contra iusticiam, contra Deum, contra bonum rei publice et utilitatem communitatis. Propterea ad prouidendum paci et consulendum utilitati communitatis necesse est, quod senior filius recipiat regnum hereditarium, iunior vero ad eleccionem veniat.*

[78] Voir C. Péneau, « *Um styrilsi konunga ok höfþinga*, un miroir inspiré de Gilles de Rome dans la Suède de la première moitié du XIVe siècle », *Le prince au miroir de la littérature politique de l'Antiquité aux Lumières,* dir. F. Lachaud et L. Scordia, Mont-Saint-Aignan, Publications des Universités de Rouen et du Havre, 2007, p. 191-216.

[79] R. IV.3 : *Primum, ubi eleccio est, destructum et afflictum est, quia verus heres non eligebatur.*

[80] O. Ferm, « Heliga Birgitta program för uppror mot Magnus Eriksson - En studie i politisk argumentationkonst », *Heliga Birgitta - Budskapet och förebilden*, Stockholm, 1993, p. 125-143.

[81] *Heliga Birgittas Originaltexter,* p. 81-82 : *iac vara idar viþar at guzs ræt viso domba skal kunung oc hans af kømd viþ þæt rike skilia en annan man i rikeno in fødar þætta sin o næmdar af guþi til konung valdar.*

Au tout début du XVe siècle, un clerc anonyme a rédigé un commentaire sur les révélations de Brigitte à contenu politique. Il souhaitait montrer qu'Erik de Poméranie était le roi que Brigitte appelait ainsi de ses vœux, car son élection s'était déroulée « très facilement et silencieusement, sans tumulte et sans armée portant la guerre » et il était devenu roi « à l'insu des hommes et dérobé aux regards[82] ». Arrivé au pouvoir sans être imposé par la force, élu selon la loi, et pendant longtemps *occultatum*, c'est-à-dire sans avoir été désigné, en raison de ses liens familiaux, longtemps à l'avance, Erik, qui fut adopté par la reine Marguerite, semble incarner le roi tel que la loi le définit. Il compare cette élection avec les deux autres élections, celle d'Erik et celle de son frère Håkan qui devint roi de Suède en 1362. Son but était de montrer rétrospectivement que le choix d'Erik Magnusson avait été préjudiciable au royaume. Erik s'était révolté contre son père à l'automne 1356 : dans une lettre ouverte aux habitants du diocèse de Linköping du 17 octobre 1356, il avait déclaré être *Swia ock Gøta konunger och herra ifuer Skanes landh*[83] / « Roi des Svear et des Götar et seigneur de la terre de Scanie ». Sa mort en 1359 avait mis fin au conflit. L'auteur des commentaires souligne que *dictus Ericus non fuit rite et legittime electus* / « le dit Erik ne fut pas légitimement élu selon l'usage » et, que *Deus eleccionem eius non ratificauit*[84] / « Dieu ne ratifia pas son élection ».

En revanche, il rappelle comment Håkan fut élu roi en Suède. Il montre que, contrairement à son frère Erik, Håkan Magnusson a été élu selon le rite approprié et, qu'il a prêté serment comme le stipule la loi. Cependant, « presque immédiatement après, il s'empressa de se soustraire au serment qu'il avait prêté[85] » : l'auteur des commentaires rappelle qu'« il méprisa les lois de la patrie, il gouverna de façon injuste et impie, il ne respecta ni ne fit respecter la paix de la communauté et de l'Église[86] ». Parce qu'il n'avait pas respecté le serment prêté, le roi fut donc *sine honore a regimine regni separatus*[87] / « privé de façon déshonorante du gouvernement du royaume ».

La mise en parallèle des discours sur les deux frères, qui furent tous deux rois de Suède, permet de constater que la loi élective sert dans les deux cas à condamner leur action. Dans un cas, il s'agit de souligner que l'élection ne s'est pas déroulée dans de bonnes conditions, ce qui est une référence à l'élection anticipée de 1344, et dans l'autre cas, la validité même de l'élection permet de montrer que le roi n'a pas respecté les engagements pris lors de la cérémonie. Dans les deux cas, il s'agit toujours de lier le roi à la loi, que celle-ci soit appliquée ou non.

Après la déposition de Håkan, l'aristocratie fit appel au neveu de Magnus Eriksson, le fils de sa sœur Eufemia, Albert de Mecklembourg, qui fut élu en février 1364, mais auquel il fut rapidement reproché, en accord avec la loi, de ne pas être un roi

---

82 « Commentarii Historici super nonnullis Revelationibus s. Birgittæ de rege Magno Erici et successoribus ejus », *Scriptores rerum suecicarum medii ævi* III, éd. C. Annerstedt, Uppsala, 1871-1876, p. 20 : *Videtur esse verificatum in isto moderno rege Erico, qui valde faciliter et silenter sine tumultu et exercitu belligero venit ad regni vel melius regnorum electionem et regimen insperatum ab hominibus et occultatum.*

83 *Diplomatarium Suecanum*, t. VII, éd. E. Nygren *et al.*, Stockholm, 1976-1991, n° 5656.

84 « Commentarii Historici... », p. 17.

85 *Ibid.*, p. 19 : *Sed breviter iste Haquinus quasi immediate post a juramento prestito cito recessit.*

86 *Ibid.*, p. 19 : *leges patrie contempsit, iniuste et impie rexit, ecclesie et communitatis pacem non seruauit vel tenuit.*

87 *Ibid.*, p. 19.

suédois[88]. La loi élective s'impose donc au XIVe siècle comme une arme politique entre les mains de l'aristocratie.

IV. Conclusion

En Suède, les règles de succession sont restées, sans doute à dessein, non formulées. L'expression vague « de préférence un fils de roi » mentionnée dans la loi rejette le droit de primogéniture et suppose même une entière liberté de choix. La loi élective suédoise n'est donc pas une véritable loi de succession. Toutefois, la pratique montre que les rois sont choisis dans une même famille, qui englobe aussi bien la branche paternelle que maternelle, même si les tentatives pour transformer cette famille en véritable lignage ont échoué.

Ce qui importe n'est pas tant la manière dont le roi arrive au pouvoir, que la façon dont on peut discuter par la suite de son avènement, selon le comportement du roi et sa réaction face aux aspirations de l'aristocratie. L'élection est une arme qui garantit un équilibre des pouvoirs entre l'aristocratie et le roi, une menace qui peut à tout moment s'abattre, soit en montrant qu'il ne fut pas élu de manière légitime – comme le discours tenu sur Erik Magnusson –, soit en lui rappelant le serment qu'il était censé avoir prononcé le jour de son élection – ce qui fut le cas pour son frère Håkan et pour son successeur Albert de Mecklembourg. L'élection est donc avant d'être un mode de succession, un discours, un cadre dans lequel s'inscrit toute la vie politique suédoise. Plus qu'une norme scrupuleusement respectée, cette loi apparaît avant tout comme une fiction idéologique où sont proclamés le droit de la communauté à déléguer le pouvoir au roi et, de manière implicite, le droit de le reprendre[89]. En ce sens, les très longues vacances du pouvoir royal au XVe siècle[90] sont moins des accidents que la conséquence du principe électif dont l'enjeu n'est pas tant de trouver un successeur au roi que de préserver les pouvoirs de l'aristocratie.

---

[88] F. Lagerroth, *Den svenska monarkin inför rätta. En författningshistorisk exposé*, Stockholm, 1972, p. 42 et suiv.

[89] Sur ce point, je me permets de renvoyer à ma contribution « *Separare regem a regimine regni* : « Coups d'État » et expression de la loi dans la Suède des XIVe et XVe siècles », *Coups d'États à la fin du Moyen Âge ? Aux fondements du pouvoir politique en Europe Occidentale*, dir. F. Foronda, J.-Ph. Genet et J. M. Nieto Soria, Madrid, Collection de la Casa de Velázquez, 91, 2005, p. 51-71.

[90] Il n'y eut pas de roi en Suède entre 1439 et 1441, de janvier à juin 1448, quelques mois en 1457, de 1465 à 1467 et de 1470 à 1497.

Diffinicione successionis ad regnum Scottorum: Royal succession in Scotland in the later Middle Ages

Michael PENMAN

The history of succession to the Crown of medieval Scotland is dominated by the crisis of inheritance of 1286 to 1292, events which in turn provoked the bitter Wars of Independence against England (or the 'Wars of Scottish Succession' as scholars now usually style them) from 1296 to 1357. When this dynastic calamity struck, the Scottish experience was one which arguably mirrored that outlined in this volume for other European kingdoms, including England, France and Hungary: that is, that although by the late eleventh or early twelfth centuries, it had generally become accepted that royal inheritance patterns should be determined by male primogeniture without division of patrimony, no further normative custom or law had been determined or recorded which would deal definitively with any of the more complex direct or collateral male (or, if necessary, female) inheritance variables which might arise within that general principle.[1] Indeed, no Crown succession crisis of sufficient difficulty had arisen in Scotland before 1286 to demand such a resolution. It followed that this very uncertainty about royal succession precedents in Scotland contributed to the crisis when, within the space of nine years from 1281, the two sons of King Alexander III both died, followed by the king himself in a drunken riding accident and then, in October 1290, his only designated heir, his infant grand-daughter, Margaret 'the Maid of Norway', whom Alexander's own daughter of that name had perished bearing in 1283.[2]

This absence of precedent, and the resulting legal adjudication (later known as the 'Great Cause'), overseen and exploited by Edward I of England from spring 1291 to 30 November 1292 to determine the Scottish succession, have been the focus of a recent study by A.A.M. Duncan.[3] The heart of the disputed succession now lay between, on the one hand, John Balliol of Galloway and Barnard Castle (born *c.*1249), the eldest surviving son of the daughter of the eldest daughter of Earl David of Huntingdon (d. 1219), a brother of King William I of Scotland (1165-1214), Alexander III's grand-father; and, on the other hand, Robert Bruce of Annandale (born *c.*1220), the son of the second daughter of the same Earl David. The fundamental difference within the primogeniture process by 1291 thus lay between Balliol's claim by seniority, as the *grandson* of a king's eldest niece (or as Earl David's great-grandson), and Bruce's claim through nearness of blood or

[1] J. Martindale, 'Succession and politics in the Romance-speaking world *c.* 1000-1140', *England and her Neighbours, 1066-1453: Essays in Honour of Pierre Chaplais*, dir. M. Jones and M. Vale, London, 1989, p. 19-42.

[2] A.A.M. Duncan, *The Kingship of the Scots 842-1292: Succession and Independence*, Edinburgh, 2002, ch. 8.

[3] *Ibid.*, chs. 9-13, with genealogical tables illustrating much of what follows at p. 168, 346-9.

degree, as the *son* of the same king's younger niece (or Earl David's grandson) Admittedly, much of the sixteen months which took up these Scottish succession hearings can be explained by politically motivated adjournments by Edward I, as well as some of the rival claimants. Nevertheless, the majority of Scots and other participants felt the claim of the man eventually chosen, Balliol, by seniority, to be the strongest. However, as Duncan reveals, such was the widespread uncertainty and ignorance of the historical past of Scotland's royal succession that Bruce of Annandale in particular may have had a stronger claim than recognised at the time or since and, further, Bruce may also have missed a historical precedent or two which might have helped his cause.

For example, once it became clear during the course of the 'Great Cause' that no firmly established custom could be identified for the Scottish succession, legal opinion was sought from the University Faculties of Paris. The advice of this international community – with Scottish clerics among both their professoriate and student body – was that in the absence of a recorded native custom for Scotland, then Roman Imperial law should be reverted to and that this favoured nearness by degree, i.e. the claim of Bruce.[4] Such a default position might have been acceptable to the court constructed to hear the Scottish dispute: the 104 auditors nominated by King Edward (24), Balliol and Bruce (40 each) were themselves based upon the *iudicium centumvirale* of Roman law, and Scottish common or customary law already contained strong aspects of that legal tradition.[5] Furthermore, if Bruce had employed Scottish clerical lawyers educated in such practice, his camp might have made profound use of two recent written agreements of Alexander III and the Scottish political community. In 1281 the Scots' treaty of marriage for the king's daughter with Norway's Eric II, and then in 1284 a parliamentary act of entail holding all prelates and nobles of Scotland to recognise Alexander's grand-daughter, Margaret Maid of Norway, as heir presumptive to the throne, both included subsidiary clauses which not only recognised the right of female royals to succeed to the Scottish throne but also made provision – in the event of the birth of further children (boys or girls) – for succession by the nearest by degree, rather than seniority: for example, the said entail (or *tailzie*) of 1284 would allow any child – son or daughter (thus one degree removed) – which Alexander III might yet produce by a second queen, to succeed before his grand-daughter, the Maid (two degrees removed, through Alexander's first, senior queen).[6]

In a sense, it might be added, the Scottish community had already acted in this fashion in 1195. In that year, King William I had tried to persuade his subjects to recognise his daughter, Margaret, and her husband, Otto of Brunswick, as his heirs. But a Scottish assembly had insisted on the right of William's brother, Earl David, and his son (John, later earl of Huntingdon and Chester (d. 1237)), to succeed before Margaret (whose rights after David's line were not denied, only her 'foreign'

---

[4] *Ibid.*, 278-89; *Edward I and the Throne of Scotland 1290-1296*, ed. E.L.G. Stones and G.G. Simpson, 2 vols., Glasgow, 1978, ii, Appendix E.

[5] P. Stein, 'Roman Law in Scotland', *Ius Romanum Medii Aevi*, Pars V, 13b, Milan, 1968, p. 22-41; W.M. Gordon, 'Roman Law in Scotland', *The Civil law Tradition in Scotland*, dir. R. Evans-Jones, Stair Society, Edinburgh, 1995, 13-19, p. 105-6; Duncan, *Kingship of the Scots…*, p. 259-61.

[6] *Ibid.*, p. 166-71; *Acts of the Parliaments of Scotland*, ed. T. Thomson and C. Innes, 12 vols., Edinburgh, 1814-75, i, p. 422b, 424.

spouse rejected).[7] William would go on to have a son late in life, Alexander (born 1198), but the incident of 1195 might have been an extremely advantageous precedent for Bruce of Annandale to place before Edward I in 1291-2. Moreover, the latter's grand-father, John I, had succeeded his elder brother, Richard I, in 1199 as his nearest adult heir by degree and as a younger son of Henry II (1152-89), thus denying the rights of his and Richard's nephew, Arthur, the son of their middle brother and therefore only a grandson of Henry II (although as J.C. Holt has shown, the legality of this succession was challenged in various quarters of the Angevin Empire and John remained sensitive to criticisms of his legitimacy).[8]

That Bruce and his advisors do not seem to have been aware of the Parisian University advice or these possible late twelfth-century precedents is underlined by Robert of Annandale's commitment on another tack of claimed custom, namely designation of the heir-in-waiting, which might also be achieved through a witnessed act by an incumbent king and his subjects (or 'statutory succession' as the late Historiographer Royal of Scotland described it).[9]

The best-known incidence of designation of a royal heir in Scotland had occurred in 1152 when Henry, the only son of King David I (1124-53) had died and the monarch had moved to have his eldest grandson, Malcolm, declared and recognised as heir on a circuit of the kingdom: this youth inherited as Malcolm IV (1153-65) and was in turn succeeded by his brother, William I.[10] A.W. Lewis has shown convincingly that in France the custom of anticipatory designation of the king's heir was deployed until the time of Philip Augustus (1180-1223), accompanied by association of this heir in active government and even coronation within the lifetime of the designating king: however, this was not undertaken merely as security against challenge – it had positive dynastic and legitimising value.[11] In Scotland, this was not perhaps the case, for there remained a pressing need to stave of armed challenges from the rival Mac William (Mac Uilleum) line of the ruling house. Indeed, this line, descended from the children of Malcolm III (1054-93) by his first (native) wife, had been denied the throne by Malcolm's designation as his heirs of his sons (including David I) by his second wife, the Anglo-Saxon princess, Margaret. The legitimate rights of the senior dispossessed Mac Uilleums were regularly pressed from the north of Scotland, inevitably at the deaths of Malcolm III's second line of descendants (1097, 1107, 1124...). This pressure may have played a large part in the likely designation of heirs by incumbent kings in 1100 (Alexander I) and 1107 (David, recognised by his elder brother and probably given the region of the Lothians in south-east Scotland somewhat in the (French) form of an *appanage*), as well as in the attempted designation of 1195 by the aging and then son-less William I.[12]

---

[7] Duncan, *Kingship of the Scots...*, p. 106-8. Earl David was the nearer by degree living heir both to William I and to David I (1124-53), William's and Earl David's grandfather, than was Margaret as David I's great-granddaughter.

[8] J.C. Holt, 'The *Casus Regis*: the law and politics of succession in the Plantagenet dominions, 1185-1247', *id.*, *Colonial England, 1066-1215*, London, 1997, p. 307-27; A.A.M. Duncan, 'John I of England and the Kings of Scots', *King John: New Interpretations*, dir. S.D. Church, Woodbridge, 1999, p. 247-71.

[9] G. Donaldson, 'Reflections on the royal succession', *Scotland's History: Approaches and Reflections*, dir. J. Kirk, Edinburgh, 1985, p. 103-18.

[10] Duncan, *Kingship of the Scots...*, p. 70-1.

[11] A.W. Lewis, 'Anticipatory association of the heir in early Capetian France', *American Historical Review*, 83, 1978, p. 906-27.

[12] Duncan, *Kingship of the Scots...*, chs. 2-6 passim.

As in France, though, the dynastic threat was forcefully reduced by the early thirteenth century and the ruling line was underpinned by an aura of legitimacy enhanced through association with royal and saintly ancestors and through carefully developed ritual and royal space.[13] In Scotland the Mac Uilleum threat was effectively crushed by 1230.[14] In that context Alexander III's designation of his grand-daughter or his own future unborn children as heirs presumptive through the aforementioned act of parliament of 1284 was a precaution designed to offset potential squabbles among loyal descendants of his lineage, not an external challenge. However, despite this apparent stability, Robert Bruce of Annandale thrice claimed in the course of the succession hearings of 1290-2 that there had still been a need to designate an heir as an action of security, about 1238. At that time, Bruce claimed, Alexander II (1214-49) had been set to make a military expedition to the western isles of Scotland but had as yet no son: Bruce, born about 1220, claimed to be the heir presumptive named.[15]

As A.A.M. Duncan has rightly emphasised, this claim is highly questionable. It was never supported by documentation by a Bruce family which often fabricated other forms of evidence. Moreover, even before it became apparent during the 'Great Cause' that John Balliol's cause would prevail, the Bruces were quick to make suspect offers to other claimants based on alternative succession customs: they were by no means consistent in their higher claim that the Scottish kingship should be subject to natural or royal law. For example, about late 1290, the Bruces' so-called 'Appeal of the Seven Earls' also asserted the right of 'election' of a new king by seven of the ancient earls of Scotland: this at least had the virtue, perhaps, of Imperial overtones and of harking back to the late dark ages when Scotland's kingship rotated, often violently, between alternative cadets of the royal line and adult, male claimants had to prove themselves 'king-worthy'.[16] But in the months leading up to Balliol's designation as king by Edward I in November 1292, the Bruces also considered arguing that the kingdom should be treated as a fief divisible among the heirs of Earl David (with Bruce cutting a deal with the Earl's third daughter's descendent) or simply horse-traded for lands with another possible claimant (Florence, count of Holland, who claimed to inherit through designation of his mother, an illegitimate daughter of William I).[17]

Nonetheless, it would surely be unwise to dismiss the Bruce claim about 1238 as 'fiction' concocted during the succession hearings of 1291-2. As Duncan himself acknowledges, some such verbal designation of Bruce may have made cautious sense *c.*1238-48 not only in the context of Alexander II's western campaigns but also, it might be added, firstly following the death in 1237 of Earl David's last childless son, John earl of Chester and Huntingdon, Alexander II's heir-presumptive, and secondly following the birth in 1241 of the king's own son, Alexander (III), by his new second, French noble wife: the vulnerability in infancy of any royal child

[13] *Ibid.*, chs. 6-7; A.W. Lewis, *Royal Succession in Capetian France: Studies of Familial Order and the State*, Harvard, 1981, p. 81, 104-22.
[14] D. Broun, 'Contemporary perspectives on Alexander II's succession: the evidence of king-lists', *The Reign of Alexander II, 1214-49*, dir. R.D. Oram, Leiden, 2005, p. 79-98.
[15] Duncan, *Kingship of the Scots...*, p. 123-6.
[16] *Anglo-Scottish Relations, 1174-1328: Some Selected Documents*, ed. E.L.G. Stones, London, 1965, no. 14; Donaldson, 'Reflections on the royal succession...', p. 103-5.
[17] *Edward I and the Throne of Scotland...*, ii, p. 219-25

would arguably be heightened by Alexander II's near-war with England in 1244 and his ongoing naval expeditions *c*.1244-9 to the western Isles (where he would die aboard ship of an unknown illness).[18]

Given these circumstances it would have made perfect sense for Robert Bruce to be recognised as heir-presumptive either in an official or semi-official manner: the same contingencies might have seen the political community recognise guardians for the realm in the event of a premature minority for Alexander III. That some such designation of Bruce may have occurred is at least hinted at by two circumstantial incidents. In June 1249, on the early death of Alexander II, the Comyn family – the leading political house of the day – seemed to gravitate, momentarily, towards Bruce, who was then 29 and certainly the leading *adult* heir.[19] Then in October 1278, when Alexander III was required to do homage to Edward I for lands he held in England, his oath was given by proxy by none other than Robert Bruce, earl of Carrick, Bruce of Annandale's eldest son: at that precise moment in time, Bruce of Carrick (whose mother was born in 1226, married at 13 and thus may have given birth to him *c*.1243-50) was *perhaps* also the eldest surviving great-grandson of Earl David with Alexander Balliol of Galloway (born *c*.1243) having just that month (October 1278) perished of battle-wounds and with his surviving heir and brother, John Balliol (born *c*.1249), as yet to disentangle himself from his clerical career, take up his landed inheritance and wed.[20] Certainly, it is the case that about 1278 the Bruces were the nearest collateral *male* heirs to the throne *by degree* through Robert of Annandale, following the principle of succession later followed in Alexander III's aforementioned marriage treaty with Norway in 1281 and his act of parliament designating his grand-daughter his heir in 1284.

The simple passage of time from 1238, the birth of Alexander III's children (Margaret in 1261, Alexander 1264, David 1273) and that king's re-marriage (1285) may have obliterated the need to retain any formal record (if there ever was one) of a designation of Bruce of Annandale as the royal heir presumptive. In the same way, the 1281 treaty and 1284 entail (or 'tailzie') were primarily concerned to underpin the rights of the most obvious candidates, Alexander II's children and grandchildren, rather than any collateral heirs. Still, it is striking not only that the Bruces were unable *c*.1286-92 to produce any proof – documentary or otherwise - of their earlier designation, but, perhaps even more remarkably, that Alexander III, following his children's deaths by 1284, did not see a pressing need to name a contingency heir in the event of the death of his infant grand-daughter, at that time barely a year old and who would die of illness at sea in September-October 1290. One possible explanation for this seeming lack of foresight is the king's awareness of tensions between likely male adult noble claimants and a desire to avoid internal strife. However, a point of contradiction as yet not commented upon by modern historians

---

[18] Duncan, *Kingship of the Scots*..., p. 123-6.

[19] A. Young, *Robert the Bruce's Rivals: the Comyns, 1212-1314*, East Linton, 1997, p. 49; R.D. Oram, 'Introduction: an overview of the reign of Alexander II', *Reign of Alexander II*..., p. 16.

[20] A. Beam, 'The political ambitions and influences of the Balliol dynasty, *c*. 1210-1364', unpublished Ph.D., University of Stirling, 2005, 56-63. Alexander and John had two elder brothers, Hugh (*c*. 1238-71) and Alan (*c*. 1240-d.a.1271): clearly, the lack of evidence for the exact birth dates of these Balliol and Bruce heirs can have a critical and changing bearing on historical understanding of the Scottish succession.

may also have stayed the king's hand and the community's desire for a clearly-defined succession.

For, if Alexander III sought to name an heir presumptive to the Maid, then, given the very recognition afforded to inheritance of the crown *by* (and not just *through*) a female in the tailzie of 1284, some consideration might have to have been given, too, to Devorguilla, Lady of Galloway (born *c.*1209), the mother of John Balliol and the grand-daughter of Earl David (through his eldest daughter), and thus the nearest collateral heir by both seniority and by degree *if* inheritance by any female was to be permitted. Of course, the king might simply have ruled that amongst indirect collateral claimants, strict primogeniture should prevail, with the nearest male always given precedence over any female. But this would have resulted, most likely, in a judgement in favour of Bruce of Annandale in 1284-5 (as per the nearest by degree logic of the 1281 treaty and 1284 entail) something the king was not willing to give to such an aged, and perhaps untrustworthy, figure. In other words, given the uncertainty of succession precedent, compounded by the elderly age of both Devorguilla (who would die in January 1290, eight months before the Maid) and Bruce of Annandale (d.1295), it may simply have been the case that Alexander III hoped to re-wed and have further offspring, or at least to outlive both these elderly heirs presumptive: with both dead, the position of collateral heir presumptive would then have clearly had to pass to either John Balliol or Robert Bruce of Carrick, either by seniority (Balliol) or by degree (Bruce, if he in fact remained the elder great-grandson of Earl David even though he was descended through a younger royal niece).

However, any such projected claims by the Bruces would have depended upon that family's awareness that a claim through Imperial law of nearness by degree should have been a compelling argument even if uncustomary in Scotland: but Annandale's party clearly did not act in this fashion. Besides, once Alexander III had bound his community to recognise the Maid's right through the sealed act of parliament of April 1284, another possible route to secure the throne opened up, and one which would very neatly avoid narrow and disputable legal distinctions or bitter argument over old men's hazy memories of events earlier in the thirteenth century: that is, marriage.

Historians surely too readily assume that from March 1286, the only possible match for the Maid, as 'Lady of Scotland', was Edward I's eldest surviving son, Edward of Caernarvon, born in April 1284 (a year after the Maid).[21] This was a betrothal first hinted at in a letter by Alexander to the English king in the same month of 1284 as the succession entail and one which would have continued an established pattern of Anglo-Scottish matches from 1221 (or even pre-1124).[22] Yet the rival noble house claimants to the Scottish throne, Balliol and Bruce (and other eligible families), had male children suitable as a match: John Balliol had a son tellingly named Edward and born in 1283 (the same year as the Maid); Bruce of Annandale had a grandson, Robert, born in 1274, who also had four younger brothers. These alternatives and others surely explain not only why Bruce of Annandale was permitted to join the marriage negotiation embassy of Scots to Norway in 1289, but why the resulting treaty of Salisbury of November 1289, which paved the way

[21] E.g. G.W.S. Barrow, *Robert the Bruce and the Community of the Realm of Scotland*, 4th edn, Edinburgh, 2006, p. 36-7; Duncan, *Kingship of the Scots...*, p. 182-93.

[22] *Anglo-Scottish Relations...*, no. 13.

for a full marriage treaty by July 1290, insisted that the Maid should arrive in England or Scotland 'free and quit of all contract of marriage and betrothal'. Arguably, Edward I was just as fearful of a baronial match for the Maid preventing a future Anglo-Scottish regnal union, as leading Scots themselves were wary of English exploitation of their realm if an Anglo-Scottish royal marriage came to pass.[23]

The death of the Maid in late September-October of 1290, of course, ended all such manoeuvrings and returned the succession competition to the arena of law. Historians have largely concurred that all interested parties accepted that, no matter how underhand or forceful Edward I had been in first securing recognition of English over-lordship of Scotland from the various claimants, the final decision reached in November 1292 was the correct one in law.[24] The leading affinity of nobles and prelates from the Scottish political community – headed by the Comyn family – were content to win a decision which favoured their Balliol candidate (and close relation by marriage): Bruce of Annandale, besides, managed to make his claim look increasingly desperate by offering the aforementioned partition deals at the eleventh hour.

However, not only do we now have a far stronger picture of the Balliols as dedicated English Crown servants throughout the thirteenth century, but, as A.A.M. Duncan has shown, the actual selection of John Balliol was surely a far more political and pragmatic act of will on Edward I's part. The English king had the backing of the Scottish and English auditors hearing the Cause only as to his general ability to make a decision based on the evidence heard, but not as to what exact customs or laws of succession should be applied to shape that decision: these guiding customs simply remained unidentified. Edward besides chose to ignore the Paris legal advice which favoured Bruce (by degree) and elected instead to treat the Scottish kingdom as an English fief yet – and this was an unprecedented application of law sought by Balliol – nonetheless not a divisible inheritance.[25] This allowed Edward to choose Balliol, a man readily bent to Plantagenet designs, and to turn to more important matters (Wales, France, the Holy Land) after a year of physical control of Scotland.

At this juncture it is, though, worth dwelling on additional evidence which may further explain why the Scots (except Bruce) were acceptant of Balliol's elevation – by seniority - as a vassal king. For it may be the case that all parties involved already knew Edward I's likely views on a royal succession issue regardless of what possible solutions claimants and lawyers might tender in the course of the Great Cause. In April 1290, an English royal family gathering in Wiltshire – without input from the wider political community - recognised the right of succession to the indivisible kingdom and its dominions of Edward I's only son, Edward, and then, failing that prince and his heirs, the right of Edward I's five daughters and their heirs in turn by seniority (making no stipulation about male children who might be born out of sequence, as it were, to any of these daughters and thus alter the picture in terms

---

[23] *Foedera, conventiones, Litterae et Cuiuscunque Generis Acta Publica*, ed. T. Rymer, 20 vols., London, 1704-35, i, p. 719-20; *Documents Illustrative of the History of Scotland from the death of Alexander III to the Accession of the Robert Bruce AD 1286-1306*, ed. J. Stevenson, 2 vols., Edinburgh, 1870, i, no. cviii; Duncan, *Kingship of the Scots…*, p. 191-92.

[24] E.g. Barrow, *Robert Bruce*, p. 68-70; M. Prestwich, *Edward I*, London, 1988, p. 364-70.

[25] Beam, 'The political ambitions and influences of the Balliol dynasty'; Duncan, *Kingship of the Scots…*, p. 107, 288.

of relation by degree).[26] In this context, Edward I's selection of John Balliol as successor king of Scots in the senior line – dismissing Bruce's claim by degree, the advice of the Parisian law faculty and any notion of a partition of the Scottish kingdom - was as much a reflection of this recent precedent as it was the direct result of the English king's political agenda.

There was, then, some measure of consistency in Edward I's interpretation of succession law. However, when King John was captured and forfeited after his rebellion in 1296 and English conquest of Scotland, Edward did not allow the Scottish throne to revert to the next senior male collateral line, the Bruces, instead treating the realm as a forfeited fief. As a result, a Bruce kingship in Scotland had to be achieved through direct action and force, a bloody struggle begun by Robert Bruce, earl of Carrick, grandson of the original Competitor of Annandale, in 1306.

Once Robert I had gained a foothold in power, however, he and his advisors moved to legitimise the Bruce succession retrospectively. As early as March 1309, in its first recorded Parliament, the Bruce government engineered a collective statement of support for Robert I in the name of the clergy of Scotland to the effect that Bruce of Annandale's original claim to the throne had always been viewed by the majority of the Scottish political community as more lawful than that of Balliol.[27] This was not an explicit statement that the Imperial Law principle of nearness by degree should have prevailed in Scotland in 1292 but an awareness of these authorities may have begun to condition Bruce thinking. In the same year, 1309, Robert had received a qualified recognition of his title from the French king, Philip IV, an acknowledgement which may have reflected close, enduring Franco-Scottish ties, not merely based upon their alliance of 1295 but longer-term, economic, social, cultural and, above all, ecclesiastical-educational links.[28] Highly influential Scottish clerics in Robert's regime, indeed, surely retained alumni links with the French Universities and law schools – and perhaps even participated in policy advice to the Capetians as law graduates.[29] In sum, the Scots are likely to have been aware that by 1311, French legal opinion and the *Parlement* in Paris had already expressed a preference – in anticipation of Philip IV's passing without a son – for the succession of the late king's brother, Louis – the nearest male heir by degree - instead of Philip's daughter.[30]

It would be relatively easy to read the example of such a cautious community decision from France in Robert I's first parliamentary act of succession of April 1315. This entail – sealed by the clergy, high nobility and baronage of Scotland – rec-

---

[26] F.M. Powicke, *King Henry III and the Lord Edward: the Community of the Realm in the Thirteenth Century*, 2 vols., Oxford, 1947, ii, p. 732-3.

[27] *Acts of the Parliaments of Scotland*, i, p. 460.

[28] *Ibid.*, p. 459.

[29] *A Biographical Dictionary of Scottish Graduates to AD1410*, dir. D.E.R. Watt, Oxford, 1977; *id.*, 'Scottish University men of the thirteenth and fourteenth centuries', *Scotland and Europe, 1200-1850*, dir. T.C. Smout, Edinburgh, 1986, p. 1-18; D. Ditchburn, *Scotland and Europe: the Medieval Kingdom and its Contacts with Christendom, 1214-1560*, 2 vols., East Linton, 2000, i, p. 34-8; A.A.M. Duncan, 'The declarations of the clergy, 1309-10', *The Declaration of Arbroath: History, Significance, Setting*, dir. G.W.S. Barrow, Edinburgh, 2003, p. 32-49.

[30] Lewis, *Royal Succession in Capetian France*, p. 149-56 ; P. Contamine, '*Le Royaume de France ne peut tomber en fille*: fondement, formulation et implication d'une théorie politique à la fin du Moyen Âge', *Perspectives Médiévales*, 13, 1987, p. 67-81. In February 1317, a month after the accession of Philip V after the early death of his brother Louis X's posthumously born son, Jean I, the French assembly ruled that a female heir could not succeed to the throne.

ognised Robert's younger adult brother Edward Bruce and his direct male descendants as heirs presumptive to the throne in the event of Robert I's death without sons, ahead of Robert's daughter, Marjorie Bruce, and her direct descendants to whom the throne would only 'revert' after the passing of Edward and his sons, grandsons *etc.* If all these individuals and their immediate lines were to expire then the entail stipulated that Thomas Randolph, earl of Moray (who was also to act as a Guardian of the realm in the event of a minority succession) was to assemble the community to 'arrange and discuss the lineal succession and government of the realm', presumably choosing between the male descendants of Robert I's four sisters.[31]

However, closer consideration of the context of this 1315 act reveals no simple following of the French or Imperial line. Robert I had just recovered his queen (his second wife) as well as Marjorie (born of his first wife) from English captivity following his victory at Bannockburn in June 1314 and surely thus anticipated sons of his own whose birth would displace Edward Bruce and his line from the succession. Edward was besides just about to disembark for Ireland on a campaign of conquest in which Robert I would also come very close to losing life and limb before 1318.[32] In that sense, the 1315 entail's identification of Edward as 'an energetic man abundantly experienced in deeds of war for the defence of the right and liberty of the realm of Scotland' perhaps mirrored in part the son-less Alexander II's alleged nomination of Bruce of Annandale *c.*1238-1249 as his heir presumptive just before he too left on a campaign: Edward Bruce was similarly recognised as being kingworthy at a time of risk for the ruling dynasty and a king who was still, nonetheless, expected to father sons.

Yet an awareness of the vulnerability of the royal house also perhaps speaks to pressure placed on a then son-less Robert I by his subjects to designate an heir presumptive which provided the greatest stability at a time of war, an adult male rather than a female (which risked a return to the crisis of 1286-90). But if this were the case it is important not to lose sight of the reverse side of the coin: while Robert I may have agreed (and been happy enough to do so) that his brother be named heir presumptive, his parliament did not fully deny the succession rights of his daughter and her as yet unborn direct heirs. In this sense the Scots stopped short of the increasing tendency in France towards the complete exclusion of female succession.[33] After all, Robert's daughter, Marjorie, was at the time of the 1315 act already set to wed a Scottish noble, Walter Stewart, and Bruce could anticipate alternative male heirs from this match. It was this betrothal, indeed, which surely encouraged Robert not to waste time in using the 1315 entail to specify living, or anticipated unborn, collateral individuals in line for the kingship beyond Edward and Marjorie Bruce; that, and the fact that to do so would have been to open a potentially divisive controversy at a time of uncertain support for his regime, asking

[31] *Acts of the Parliaments of Scotland*, i, p. 464-5.

[32] Barrow, *Robert Bruce*, p. 381-2; C. McNamee, *The Wars of the Bruces: Scotland, England and Ireland, 1306-1328*, East Linton, 1997, p. 195-6.

[33] Although it should be noted that Robert I may have been very well aware of the ramifications of the exclusion of female succession: the agreement he concluded with Duncan, earl of Fife, in April 1315 provided for Duncan's pardon if he recognised the Crown's right to claim his earldom if he failed to have a son, thus disinheriting his only daughter (*Regesta Regum Scottorum, V: The Acts of Robert I of Scotland, 1306-29*, ed. A.A.M. Duncan, Edinburgh, 1985, no. 72).

the community to accept either Robert I's nephews born in the 1310s and 1320s to his sisters and their husbands (the king of Norway and the Scottish noble houses of Campbell, Fraser, Mar, Seton, Murray and Ross) or the male children of Robert I's three later daughters (who were surely only born *c.*1315-29 and married in the 1330s and 1340s anyway).[34]

These various offspring, furthermore, underline the fact that Robert surely intended the 1315 act as provisional, to be amended at a later date in the light of deaths and births (ideally that of his own sons). Edward Bruce's slaughter in battle in Ireland in October 1318 dictated such a restatement of the succession anyway. But it is interesting to speculate what might have happened had he lived. By 1318, unless Edward could sire a legitimate male heir he would be succeeded as king in turn by his grand-nephew Robert Stewart whom Marjorie Bruce died bearing in mid-1316. Edward did have a son, suggestively named Alexander, but he had not married the boy's mother (of the earldom of Atholl): however, Edward may have had firm plans to do so and/or to legitimise the union and child in the future once Scottish relations with the Papacy had been repaired: Alexander Bruce would certainly go on to take up the Bruce patrimony of the earldom of Carrick, a possible sign that he was legitimised at a later date.[35] If this had come to pass, Robert I, still without a son, might have had cause to recast the royal entail to name Alexander, just as the birth of Robert Stewart – and his survival through infancy – would prompt such a restatement before the community.

However, Edward Bruce's death actually meant that the succession had to be restated not out of confidence at the increasing security of the dynasty but as a safeguard against impending crisis, for the only identified heir to the Bruce throne was now a minor. It is striking that the fresh entail issued by Parliament in December 1318 (called immediately after Edward's death) is prefaced with what amounts to an oath by all subjects to obey the Crown's 'ordinance' in this matter or face charges of *lèse-majesté.* Moreover, the act now actually defined the Roman legal principle to be applied to the succession (nearness by degree, as identified by A.A.M. Duncan) in the absence of an established custom of the realm:

> Furthermore since sometimes in the past some people (though not many) have expressed doubt regarding the rules by which the succession to the kingdom of Scotland should be decided and defined if perhaps it was uncertain, it was declared and defined in the same parliament by the clergy and people that the said succession ought never in the past nor in the future be defined with reference to the custom observed in the kingdom regarding inferior fiefs and inheritances, *for no custom of any sort had as yet been introduced regarding the succession to the kingdom*; but that when a king dies, the nearest male in the direct line of descent, or if a male was not available the nearest female in the same line, or if that line is entirely lacking then the nearest male in the collateral line, ought to succeed the king in the kingdom, with concern for the right line by blood by which the right to rule applied to the dead king, the succession to whom will hopefully be achieved without challenge or any kind of obstacle, because it will be thought to be sufficiently in accordance with imperial law.[36]

---

[34] M. Penman, *The Bruce Dynasty in Scotland: David II, 1329-71,* East Linton, 2004, p. xiv.

[35] *Ibid.*, p. 40-3.

[36] *Acts of the Parliament of Scotland,* i, p. 465-6.

The Bruce regime was thus now probably aware of the principle behind the Parisian legal advice of 1291-2. But the closing line of this clause hints at the degree to which the 1318 re-entail was a response to crisis and uncertainty and for many Scots an unconvincing one. The act only named one individual, Robert Stewart (with two Guardians listed in the event of a minority), without the security of ordaining which of Robert I's nephews (who were also minors or, in one case, captive in England) was next in line (Ross, Campbell, Mar etc). The king himself seems not to have been comforted by the entail and the royal seal was not attached: Robert's internal enemies were encouraged to conspire with John Balliol's son, Edward, then in England in a wide ranging plot which the Bruce government struggled to destroy and cover up in 1320.[37]

The only development which would reduce such succession doubts and dangers was direct primogeniture through a son and this Bruce managed belatedly on 5 March 1324 with the birth of twin boys, David and John. John's death about 1326 probably prompted the fresh parliamentary entail of that year in which Robert Stewart was confirmed now as David's heir presumptive.[38] Crucially, then, when David had his own sons, or if Robert Stewart died, a further succession statement by the community would presumably be justified: however, no further statutory statement of inheritance would be ordained throughout David's reign although this was not for want of succession crises.

Robert I died aged 55 in 1329: within just a few years of his passing, time, war and disease claimed most of the late king's key advisors thus creating a vacuum of leadership and historical memory. It is possible that this led to Robert I's contingencies for his succession being misinterpreted and taken to be binding, immutable parliamentary law, rather than general principles within which the individuals named could be re-prioritised after relevant births and deaths, continuing the regular restatements of 1315, 1318 and 1326.[39] During his reign, David II may have sought to act within the legal precedent or custom established by his father's acts of succession, and to apply the Roman law principle of nearness of degree to the evolving direct Bruce line. But a sizeable section of the king's subjects would repeatedly block his plans for the succession through a very literal loyalty to those named as heirs presumptive in Robert I's original entail acts.

David II was forced to endure seven years of exile in Normandy while his realm was invaded afresh between 1332 and 1337 both by Edward Balliol with other 'Disinherited' lords, and Balliol's superior, Edward III of England. David only returned to his kingdom in 1341, four years after the English warrior monarch switched his military focus to Philip VI's France (and, of course, challenged the first Valois king's right of succession over Edward III's own claim through his French royal mother). But by this juncture it was clear that David and his close advisors were already at grave political odds with his heir presumptive, Robert Stewart, over titles, offices, resources and the succession.

[37] M. Penman, 'A fell conuiracioun agayn Robert ye douchty king: the Soules conspiracy of 1318-20', *Innes Review*, 50, 1999, p. 25-57

[38] Duncan, *Kingship of the Scots...*, p. 328.

[39] M. Penman, 'Parliament lost - Parliament regained? The three estates in the reign of David II, 1329-71', *Parliament and Politics in Scotland, 1235-1560,* dir. K.M. Brown and R.J. Tanner, Edinburgh, 2004, p. 74-101.

That these tensions within Scotland reflected uncertainty about the royal succession despite the earlier entails is strongly suggested by an incident recorded in late medieval Scottish chronicles. In 1344, it is alleged, a man claiming to be the son of Edward Bruce, Alexander (who had actually been killed in battle in 1333), returned to Scotland to claim his inheritance. In the first instance this consisted of the earldom of Carrick but, if legitimised, Alexander could lay claim to be heir presumptive to the throne through his father under the terms of the 1315 act of entail. Little wonder, then, that it was reported that David II, Robert Stewart and others moved quickly to seize and hang this man who was clearly an impostor but whose claims touched an extremely sensitive nerve.[40]

For David, moreover, this scare may have threatened to upset even more pressing plans. In the natural course of events, David – aged just 20 in 1344 – would expect to sire his own sons and daughters to inherit the throne. Nevertheless, should this not come to pass (and David's relations with his English wife, Joan, sister of Edward III, seem to have been strained) David would expect, naturally, to outlive Robert Stewart who, although the king's nephew, was eight years older than the king. That being so, David could turn legally to other younger nephews he might have as heirs presumptive to the throne if Robert Stewart died first. About 1342-6, just such a nephew was born. Margaret Bruce, David's full sister through Robert I's second wife, was married with David's help to William earl of Sutherland (who as a youth had been a ward of Robert I) and a son, John, was the result.

The choice of Christian name for this infant was in itself surely significant, promising – if he ever became king – to over-write the title of John (Balliol) I of Scotland and to revive the name of David II's twin brother. But, far more importantly, if it was accepted that Robert Stewart, David's half-nephew mothered by David's half-sister, Marjorie (d. 1316) by Robert I's first wife, would probably die before David himself, then John Sutherland as the king's *full*-nephew would be heir-presumptive to the throne ahead of Robert Stewart's sons who were in the senior line but were David's *half*-great-nephews and thus one degree further removed from the living royal person.[41] In other words, by taking the Imperial law principle of nearness by degree which lay behind the act of succession of 1315 and which was explicitly stated in that of 1318, David II might have been able to transfer the position of heir presumptive to a baronial family more closely controlled by the Bruce regime, the Sutherlands. That during his reign David was familiar with the Roman laws which would enable him to do this is underlined not only by the lawyerly churchmen who worked in his government – most of them still graduates of French Universities – but the fact that in 1368 David is recorded as having intimidated one of his cousins, William earl of Ross, with 'many authorities of civil law' by which the king sought to force that noble to pass his inheritance and daughter's hand to one of David's favoured knights.[42]

Of course, holding out for or anticipating the death of a robust and (remarkably) fertile great magnate like Robert Stewart in the earlier part of the reign would

---

[40] Penman, *David II*, chs. 2-3 and p. 114-5 for Alexander Bruce.

[41] John Sutherland was also thus a grandson of King Robert I descended through a younger daughter of that king, while Robert Stewart's sons were great-grandsons descended through that king's eldest daughter; in sum, if Robert Stewart died before David II, the situation for their heirs would replicate that of Balliol of Annandale and John Balliol from 1290-2 in relation to Earl David of Huntingdon.

[42] Penman, *David II*, p. 114-6, 362-5.

have been extremely difficult. But it is possible that about 1346 David was contemplating the passage of just such a revised act of succession (or perhaps one stating that John Sutherland would rise to be heir presumptive if David outlived Robert Stewart), as the king's control of patronage and Parliament increased: as much is suggested by his extensive patronage to the Sutherlands at this time.[43] Moreover, David seems to have had a further point of pressure to use against Stewart, namely that his four sons (with the eldest interestingly named John Stewart) and several daughters by Elizabeth More had been born from the mid-1330s out of wedlock. If this could be proven in law, David could conceivably also bypass this lineage descended from Robert I and his first wife and, again, shift the succession to his full sister's child descended from Robert I's second wife and queen. However, the military events of 1346 disrupted any such plans David may have had. The king was captured at the battle of Neville's Cross and was a prisoner in England for the next eleven years. Robert Stewart escaped the battle – probably quite deliberately abandoning David to save his own political and dynastic future – and within a year used David's royal seals to secure papal legitimisation of his marriage to Elizabeth More and thus their children. More crucially, however, David felt compelled to adapt his succession plans to offer Edward III or one of his sons a place in the Scottish royal succession ahead of the Stewarts in return for a free release.[44]

In sum, David's captivity – and the machinations involving the succession which he concocted to secure his freedom – tipped the balance of power towards Robert Stewart and the Scottish political community in Parliament influenced by Stewart, and thus towards an essentially literal interpretation and defence of Robert I's earlier acts of succession. On at least three occasions over the next two decades, David's attempts to have a Scottish assembly recognise a prince of England as his heir presumptive (and presumably, if accepted, to then issue a fresh succession act) collapsed in the face of community rejection and a commitment to resist English interference in Scotland and to uphold the entails of 1318 and 1326. Indeed, in one debate in a parliament of March 1364 – in which the English succession proposal was again put before David's subjects – the majority opposition specifically insisted that 'by God's grace we have many nobles ready to be made our leaders', perhaps a reference not merely to the military capabilities of the Stewarts and others, but also to that family's right of succession through Robert I's parliamentary

[43] *Regesta Regum Scottorum, VI: The Acts of David II of Scotland, 1329-71*, ed. B. Webster, Edinburgh, 1982, nos. 94, 96, 98, 100. One early sixteenth-century Scottish chronicle was certainly convinced that when he returned to his kingdom in 1357 David II passed just such an act of succession to recognise 'Alexander Sutherland' as his heir, surely a confusion of John Sutherland and Alexander Bruce (*The Chronicles of Scotland compiled by Hector Boece, translated into Scots by John Bellenden, 1531*, 3 vols., Scottish Text Society, Edinburgh, 1938-41, ii, p. 333). In addition, David II's reign saw the further development of Dunfermline Abbey in Fife as a royal mausoleum, with a number of Bruce family members and supporters being interred there – including Margaret Bruce – alongside the tomb of Robert I and at least six of his predecessor kings, including Alexander III; David also intended to be buried there but when he died in Edinburgh in 1371 Robert Stewart, now king, interred him quickly in nearby Holyrood Abbey while the houses of Scone and Paisley (where Marjorie Bruce lay) were the chosen burial grounds of the first Stewart kings; R. Fawcett, 'Dunfermline Abbey Church', *Royal Dunfermline*, dir. R. Fawcett, Edinburgh, 2005, p. 27-63.

[44] Penman, *David II*, p. 144-5, 153-74; *Vetera Monumenta Hibernorum et Scotorum*, ed. A. Theiner, Rome, 1864, p. 289, no. 577.

acts of entail.[45] By the 1440s, the Scottish chronicler, Abbot Walter Bower (admittedly writing under a Stewart king), could certainly look back on David II's attempts to alter his succession and assert that in 1364 parliament had 'criticised the king's proposals as blinkered, since men of splendid character and standing were available as heir apparent. The three estates were bound to stick faithfully to those heirs by virtue of tailzies which had been agreed with the most solemn oaths.'[46]

It must have been apparent by the mid-to-late 1360s, then, if not long before, that David was incapable of siring sons, legitimate or otherwise, and his second marriage to a Scottish noblewoman in 1363 (of the Drummond family), and even his annulment of that match in favour of betrothal to another young noblewoman after 1368, all seem increasingly desperate acts (akin to Bruce of Annandale's deals in 1292). This would have been understandable, for the other certain blue-blood option, John Sutherland, had died of plague, aged about 15, in 1361 while a hostage for David II in London. Thereafter, there could be no more full-nephews of the king to displace Robert Stewart or his own heirs, John Stewart and his brothers, with Margaret Bruce having died in childbirth with John Sutherland: even if Robert Stewart's first four sons could be forfeited or declared illegitimate, Robert now had two further sons – David(!) and Walter – by a second wife. Thus in 1368 David granted John Stewart the earldom of Carrick and a Drummond marriage surely as a begrudging and semi-official designation of that lord (now in his early thirties) as heir-in-waiting. David himself died aged 47 in February 1371, unwed and childless, while his second wife pressed for a reversal of their marriage annulment at the Avignon papacy.[47]

Arguably, much of David II's political weakness when it came to the succession had stemmed not merely from his capture in 1346 but from the glaring fact that – even before he had returned from France as a boy in 1341 – Robert Stewart had fathered several sons. With the memory of the chaos resultant from the succession crisis of 1286-92 much more readily remembered and acted upon by Scots than any fine points of custom or Imperial law which David might have cited to have the succession changed, it would have been little wonder that a nervous political community, even David's supporters and churchmen schooled in law among them, should have repeatedly shied away from difficult and uncertain alterations of the succession: better to enshrine and uphold the entail of 1326 and, if David had no son, pass the throne to a fertile line with at least six sons – male primogeniture uncomplicated by degree or collateral status. Ironically, this was surely an inflexible use of these entail acts which Robert I – ever the pragmatist and realist – had never intended.

Robert Stewart's succession as Robert II at age 55 did, though, provoke political challenge. In February-March 1371, Robert had to pay a heavy price in terms of offices, money and a royal marriage to the earl of Douglas who was willing to threaten the Stewarts' succession with the deals David II had sought to conclude with England.[48] In addition, in the first parliament of his reign, the new king – crowned a month late – may also have had to oversee the passage of an immediate

[45] A.A.M. Duncan, 'A question about the succession, 1364', *Scottish History Society Miscellany*, 12, 1994, p. 1-57, at p. 49 no. 45.

[46] *Walter Bower – Scotichronicon*, ed. D.E.R. Watt *et. al.*, 9 vols., Aberdeen, 1987-99, vii, p. 321-3.

[47] Penman, *David II*, p. 269-71, 280, 363-5, 368-78, 403-12.

[48] S. Boardman, *The Early Stewart Kings: Robert II and Robert III, 1371-1406*, East Linton, 1996, ch. 2.

act of succession simply naming John Stewart as heir presumptive, so as to allay any differences between father and son as well as rivalries between the Stewart brothers. But within this fresh tailzie, Robert II may have sought to confirm what he perceived as a custom which legitimised his inheritance. For the entail was passed at the same time as his coronation and reception of his subjects' oaths of homage and fealty:

> after a declaration had been made of the law by which the same most serene prince succeeded, and ought to have succeeded, to the lord David, king of Scotland, his uncle and predecessor, as well by nearness of blood as in accordance with the declaration of certain instruments made in the time of lord Robert [I], king of Scotland.[49]

The 1371 act of succession was undeniably motivated in part by Stewart vulnerability. However, in a parliament of April 1373 the king was able to pass a second act which – while it may also have reflected internal family tensions – exploited a real dynastic strength, the Stewarts' progeny of male heirs. This act was passed, it was recorded:

> to avoid to the best of [Robert II's] ability the uncertainty of the succession and the evils and misfortunes which, in most kingdoms and places, happen, and in times past have happened from the succession of female heirs, and to avoid these for himself and his people... [it was] declared, ordained and enacted that the sons of the king, of his first and second wives, now born, and their heirs male only, shall succeed one after another, in turn.

The entail then listed each surviving brother in order, John, Robert, Alexander, David and Walter.[50] Nevertheless, it is important to note that this was not a categorical rejection of female succession: it established no Salic law equivalent in Scotland and would not stop the succession of Mary Stewart in Scotland in 1542. In 1373, moreover, even though the Stewarts had the luxury of knowing that they were not likely to run out of male heirs long into the future, the act still closed with an open and ambivalent clause to the effect that should:

> the aforesaid five brothers and their heirs male descending from them happening finally and wholly to fail (which God forbid), the true and lawful heirs of the royal blood and kin shall thenceforward succeed to the kingdom and the right of reigning.

Clearly, at this juncture there was no perceived need – nor, more importantly a political will - to apply the Imperial law of nearness by degree to *all* the lines descended through Robert II's legitimate daughters (or Robert I's sisters and daughters) and thus to distinguish further heirs presumptive: this was a substitute's bench which would besides alter with births and deaths to come. Yet at the same time, as well as reflecting concerns about dynastic longevity and stability, the decision not to explicitly bar female succession after the five Stewart brothers and their male descendants reflected an immediate search for legitimacy: for to prohibit distaff inheritance – either in the direct or collateral lines – would have been to deny the original lineal claims of both the Bruces and Stewarts to the throne.

---

[49] *Acts of the Parliaments of Scotland*, i, p. 546.
[50] *Ibid.*, p. 549.

Conversely, it can be argued that the unpredictable nature of David II's infertility and early death, and Robert II's long-life and fecundity, did at least place the Scottish Crown in a position to be relatively more decisive about its succession after 1371 than its neighbour realms, England and France. Michael Bennett has shown how, in 1376, an ailing Edward III – influenced by his third son, John of Gaunt - may have aborted consideration of an act limiting the English succession to male heirs only, favouring Edward's grandsons by his late first and living third sons, ahead of his grand-daughter, Phillipa, and her son. Then, in 1406, Gaunt's son, Henry IV, who had usurped the throne from Richard II, had to repeal an act of succession he had passed that year again limiting inheritance of the Crown to male heirs only: the right of female royal heirs to succeed and transmit the English throne was thus quickly restored.[51] It was about that time, of course, that the French royal government began to make committed use of the Salic Law, mythologizing this historic private law text into a French royal custom transposed back to the early thirteenth century and applied in denying the English claim of seniority to the French title through Edward III's mother and great-grandfather as a counter to the Valois cousinship (nearer by degree!) to Philip V.[52] That the French had been seemingly reluctant to do so before the fifteenth century may be explained not merely by the fact that the Valois claim also depended upon female transmission and that the Salic Law had no recorded judicial application to the kingship (and thus, at least in English eyes, remained unsubstantiated 'custom'). But it may also in some small part be the case that the French realised that to firmly deny female succession or transmission of a Crown might also destabilise their allies in Stewart Scotland (through treaties of 1295, 1326, 1371 and 1383).[53] Indeed, the role of Scottish churchmen in continuing to receive and influence French legal opinion should not be underestimated. Not least, Richard Lescot (the Scot), a continuator of the *Grandes Chroniques* at St Denis and author of treatises for the Dauphin Charles about 1358 refuting England's claim to France, seems to have been aware of the potential value of the Salic Law contained in manuscripts held at his abbey, but he did not widely disseminate it.[54] In the end, the French only began to exploit this Law just as the Scottish Crown (though not the Scottish nobility) was seemingly neutralised as an ally with the English capture of Prince James [James I] swiftly followed by the death of the second Stewart king, Robert III, in 1406.[55]

The Scots, however, seem to have reacted to these English and French succession developments by doing nothing. In 1406, there was no viable alternative to the Stewarts as kings and if James I was deprived to the realm then Robert II's extended

[51] M. Bennett, 'Edward III's entail and the succession to the Crown, 1376-1471', *EHR*, 113, 1998, p. 580-609.

[52] C. Taylor, 'The Salic Law and the Valois succession to the French crown', *French History*, 15, 2001, p. 358-77; C. Beaune, *The Birth of an Ideology: Myths and Symbols of Nation in Late-Medieval France*, trans. S.R. Huston, ed. F.L. Cheyette, Berkeley and Los Angeles, 1991, ch. 9.

[53] F. Autrand, 'Aux origines de l'Europe moderne: l'alliance France-Écosse au XIVe siècle', *The Auld Alliance : France and Scotland over 700 Years*, dir. J. Laidlaw, Edinburgh, 1999, p. 33-46.

[54] *Chronique de Richard Lescot, Religieux de Saint Denis, 1328-44*, ed. J. Lemoine, Paris, 1896; G.M. Spiegel, *The Chronicle Tradition of Saint Denis: A Survey*, Brookline, 1978, p. 98-9, 109-23; B. Guenée, *Un roi et son historien: vingt études sur le règne de Charles VI et la Chronique du Religieux de Saint-Denis*, Paris, 1999, p. 35-9.

[55] Penman, *David II*, p. 52 ; N.A.T. Macdougall, *An Antidote to the English : the Auld Alliance, 1295-1560*, East Linton, 2001, chs. 2-3. Robert III had changed his name from John Stewart.

family could provide ample male heirs under the terms of the 1373 entail. Indeed, that act was to be the last occasion on which a Scottish parliament was called to debate or legislate on the Scottish succession. Even when, by the 1440s, the Stewart male kindred had been gravely reduced by political crises and James I had had six daughters all married off to foreign allies, no remedial entail acts naming heirs were drafted. On that occasion, any potential crisis was averted by the then minor king, James II, growing to manhood and siring three sons. This seems to have been the solution to which Scottish kings and government seemed content to trust their future stability from the early fifteenth century, even when the direct succession might lie with a single infant legitimate heir – as in 1512 (a 1 year old boy) and 1542 (a week old girl) – no collateral heirs presumptive were named by statute. Nor were the Scots swayed by mounting French commitment to excluding females, or even by Lancastrian propaganda – issued from exile in Scotland in 1461 – which also shunned distaff inheritance.[56]

As such, perhaps the most important legacy of a king with a poor reputation, Robert II, was to sire a large family, replete with male heirs, which was enough to weather both the rumbling tempest of uncertainty surrounding the Scottish succession *c.*1284-1371 and any pressure for legal change which may have emanated from Scotland's more powerful neighbours.

[56] *Ibid.*, chs. 3-6; V. Litzen, *A War of Roses and Lilies: the Theme of Succession in Sir John Fortescue's Works*, Helsinki, 1971. *Debating the Hundred Years War.* Pour ce qui plusieurs (La Loy Salicque) *and* A Declaration of the Trew and Dewe Title of Henry VIII, ed. C. Taylor, Camden Fith Series, 29, 2006.

'They brought in an ox as king; they elected and installed him': The royal succession in later medieval Hungary

Martyn RADY[1]

I. Introduction

As elsewhere in Central Europe, in medieval Hungary the rules of the royal succession were not defined. We may, nonetheless, observe that primogeniture generally prevailed.[2] Accordingly, from no later than the thirteenth century, the custom that the king's eldest child should succeed his father was never effaced. Indeed, it might even be enlarged, as in the fourteenth century, to include both female inheritance and, in the absence of immediate male heirs, descent through the distaff side.[3] We should not, however, conclude from this that there was any type of normative law governing the royal succession in Hungary. Instead, and as Ralph Giesey has shown for France, the various conventions governing the royal succession in Hungary derived from differing systems of thought, custom and practice.[4] As such they were malleable and inconsistent, and may not be reduced to a hierarchy of maxims. We cannot, therefore, talk of any 'fundamental law' ruling the royal succession in Hungary, but instead of intertwining, complementing and even competing conventions. Thus beside primogeniture sat election, and, beyond these two, the conviction that legitimacy required coronation with the correct crown, the 'Holy Crown of St Stephen'.[5] It was only in the modern period, after around 1500, that lawyers and rulers sought to unravel, isolate and order these strands. In so doing they made distinctions that had never previously been apparent, thereby introducing the so-called 'riddle' as to whether Hungary was historically an elective or hereditary monarchy.[6]

---

[1] The author is grateful to Professor László Péter for his comments on an earlier draft of this essay.

[2] We overlook here the eleventh and twelfth centuries when the custom of primogeniture ran up against that of 'seniority' within the ruling house.

[3] The claims of Charles Robert thus entirely rested on his descent through the female line of the late Árpád kings. By the fifteenth century, the right of female inheritance had become attenuated and by the late seventeenth century thought by Hungary's Habsburg ruler as not worth defending. Emperor Charles VI (King Charles III of Hungary)'s failure to produce a male heir forced a reconsideration of the Hungarian laws of royal inheritance, leading to the Pragmatic Sanction of 1723 and the consequent accession of Maria Theresa in 1740.

[4] R.E. Giesey, 'The juristic basis of dynastic right to the French throne', *Transactions of the American Philosophical Society*, n. s., 51, 1961, p. 3-47, at p. 3-4.

[5] The crown is unlikely to be that of St Stephen (1000-1038), but instead to consist of several elements that were brought together in the thirteenth century. The literature on the Holy Crown and its political significance is vast, but is now ordered and summarized in L. Péter, 'The Holy Crown of Hungary: visible and invisible', *Slavonic and East European Review*, 81, 2003, p. 421-510.

[6] V. Fraknói, *A magyar királyválasztások története*, Budapest, 1921, p. 6.

II. Angevin and Hunyadi successions

In order to demonstrate the interplays at work, we will start with a fourteenth-century example. On 16 July, 1342, the powerful Angevin ruler of Hungary, King Charles Robert, died. Five days later, his only son, the teenaged Louis, was crowned in the coronation church in the city of Székesfehérvár. The event was subsequently described in the leading royal chronicle as having taken place 'with the consent and unanimous will of all the barons and of the entire nobility of the whole realm of Hungary, and with the Holy Crown.'[7] Plainly, the chronicler considered it worth reporting that Louis' succession depended not only upon primogeniture but also upon the appropriate royal diadem having been used and upon the unanimous consent of all (even though what he was probably describing was only the *acclamatio* in the coronation service). Naturally, the chronicler did not grade these elements in any order – all were equal marks of kingship, authority and of the right to succeed.

Elsewhere in the fourteenth and fifteenth centuries, we may find similar overlaps and inconsistencies. At the beginning of the fourteenth century, Charles Robert himself, although declared by the papal legate to have the best right to the throne on grounds both of inheritance and of the church's own approval, still underwent some form of election by a synod of noblemen.[8] His authority was never, however, accepted as valid until he was crowned by the Holy Crown. Indeed, it was not until his fourth coronation in 1310 that the right crown was laid upon his head and his authority deemed complete.[9] Almost a century-and-a-half later, in 1458, there was upon the death of the heirless Ladislas V at least one contender for the throne whose biological relationship to previous rulers of Hungary was no more remote than Charles Robert's had been. The claims of the Habsburg Frederick III were, however, on this occasion disregarded. Following a military coup organized by his mother and uncle, a massed meeting of the diet installed Matthias Hunyadi (Corvinus) as king. Although the son of the illustrious John Hunyadi, a former governor of the kingdom, Matthias was not related at any remove to a previous Hungarian monarch. His forebears were, indeed, probably no more than Romanian frontiersmen. Nevertheless, once finally crowned in 1463 with the sacred diadem, Matthias's legitimacy as ruler was uncontested. In token of the efficacy of the coronation act, it was only after he had been crowned that Matthias was deemed eligible to issue privileges with a complete and enduring authority.[10] We should not, however, imagine that coronation by the Holy Crown trumped all other claims. Certainly, in 1495, the Hungarian palatine (the kingdom's foremost officer) made the famous observation that, 'even an ox, once you see it embellished with the Holy Crown, must be

[7] I. Szentpétery, *Scriptores rerum Hungaricarum*, 2 vols., Budapest, 1937, i, p. 504: *cum consensu et voluntate unanimi omnium baronum et nobilium universorum totius regni Hungarie iniungentes cum sancta corona coronarunt.*

[8] Until at least the mid fourteenth century, historians should avoid bestowing the title of 'diet' to what were only ad hoc meetings of the king's friends.

[9] Charles Robert had been previously crowned in 1298, 1301 and 1309. See J.M. Bak, *Königtum und Stände in Ungarn im 14.-16.Jahrhundert*, Wiesbaden, 1973, p. 13, 21.

[10] Until crowned, charters issued by the ruler possessed only a temporary authority and so required confirmation after coronation. See thus the charters issued by Matthias between 1458 and 1463 and their subsequent confirmations: Hungarian National Archive, *Collectio Antemohácsiana*, Dl. 15163, Dl. 15222, Dl. 15243, Dl. 15398 etc.

honoured with respect and treated as an inviolate saintly king.'[11] We should, however, note that Matthias's great adversary, Frederick III of Habsburg, even though long in possession of the requisite diadem, considered that coronation as king of Hungary was unlikely to avail his cause.[12] In short, while we may observe that primogeniture generally triumphed whenever there was a direct male heir, in every other circumstance descent, election and coronation combined with politics and power to determine the royal succession. By their interplay was the sequence of kings determined.

III. Wladislas II

The ox to whom the palatine referred in 1495 was most probably King Wladislas II, who is described in similar fashion in the title of this essay. Other accounts of his appearance and manner liken him to a donkey and an old woman.[13] The circumstances of Wladislas's ascent to the throne are, nevertheless, instructive.[14] In 1490, King Matthias Corvinus died without a legitimate heir. He had over the preceding years sought to have his bastard son, John Corvin, enthroned as his successor. The barons of the royal council had refused to countenance a coronation within the king's own lifetime, but took instead oaths committing themselves to Corvin's succession.[15] Upon Matthias's death, however, the barons repudiated their promises, for Corvin was judged too divisive a candidate for the throne. Previously, however, Matthias had also concluded a pact with Frederick III of Habsburg, promising him the kingdom in the event of his death without direct heir. Although some Hungarian rulers might in the past have been able to influence the succession by designating an heir, in this case the bequest carried no weight.[16] Frederick's son, Maximilian, was able to make some military gains in Hungary, but these were without lasting political significance and Maximilian soon withdrew from the contest. There remained, however, two other candidates, both of whom had biological links through the female line to Matthias's immediate predecessors. These were the two Polish Jagiełło princes, King Wladislas of Bohemia and his younger brother, the Grand Duke John Albrecht of Lithuania. The claims of the rival candidates were adjudicated at a meeting of the diet held in July 1490. The diet was on this occasion attended not only by elected representatives of the estates but also by several thousand noblemen. The result of this packed assembly was a victory for Wladislas. The

---

[11] Péter, 'The Holy Crown of Hungary...', p. 435.

[12] Although elected in 1459 by a caucus of noblemen meeting in Vas county, it is improbable that Frederick III was ever crowned. Even if he had been, the ceremony could not have taken place at Székesfehérvár nor by the hand of the archbishop of Esztergom, both of which were mooted at the time as preconditions of an efficacious coronation. See E. Fügedi, 'Coronation in medieval Hungary', *Studies in Medieval and Renaissance History*, n. s., 3, 1980, p. 159-89, at p. 175, repr. in *id.*, *Kings, Bishops, Nobles and Burghers in Medieval Hungary*, London, 1986.

[13] G. Sirmiensis (Szerémi), *Epistola de perdicione regni Hungarorum*, in *Monumenta Hungaricae Historica*, Series 2, vol 1, Pest, 1857, p. 32, 35; V. Fraknói, *Werbőczi István életrajza*, Budapest, 1899, p. 245.

[14] For the account which follows, see P. Engel, G. Kristó and A. Kubinyi, *Magyarország története 1301-1526*, Budapest, 1998, p. 327-32.

[15] Sirmiensis, *Epistola de perdicione...*, p. 28-9.

[16] E. Bartoniek, *A magyar királykoronázások története*, Budapest, 1939 (repr., 1987), p. 19-20, gives examples of nomination, but overlooks the point that most of these received sanction from either the royal council or diet.

barons in the council clearly preferred a ruler 'whose braids they could hold in their hands', and Wladislas's previous two decades as king of Bohemia had amply demonstrated his incapacity for government.[17] The barons and assembled noblemen were also able to persuade Wladislas to commit himself to an electoral capitulation which severely restricted his subsequent room for manoeuvre by removing his right to appoint whom he liked to the council, by limiting the type of taxation he could impose on the kingdom, by requiring the return of confiscated properties, and so forth.[18] Having agreed to these terms, Wladislas was escorted into the kingdom and crowned in Székesfehérvár.

A surviving account, while compressing events, draws attention to the vital electoral ingredient in Wladislas's succession. According to a Dalmatian commentator, the first stage in Wladislas's appointment was the convocation of a diet in the open air on the field of Rákos, immediately east of Pest. There the king was chosen 'with the consent of the majority'.[19] He was thence escorted to Székesfehérvár, the coronation city, but before entering the church to be crowned he was revealed to the multitude of nobles who had accompanied the royal party on its progress. The palatine thereupon called out to the gathered nobility whether they wished to be ruled by the king chosen at the earlier diet beside Pest. And after this had been confirmed by shouts of approval, the formal coronation ceremony began. Given that the coronation *ordo* most probably included a further act of acclamation, the method of appointing and inaugurating Wladislas is thus likely to have been accompanied by three separate acts indicative of the popular origins and transfer of kingly power: the election itself outside Pest; the shouting of the crowd gathered outside the coronation city; and the ritual of *acclamatio* in the coronation service itself. Despite all this, however, John Albrecht, Wladislas's brother, continued to pursue his own claims. Relying on the small number of supporters who had pressed his succession at the Rákos diet by Pest, he thus continued to style himself 'elected king' of Hungary, until eventually bought off in 1492.

The emphasis placed upon popular election in the succession of Wladislas II and in the claims presented by his brother doubtless reflected the distance attending their biological relationship to a preceding Hungarian ruler. No such distance affected the succession of Wladislas's son, Louis II. By the opening years of the sixteenth century, however, the idea of succession by election had evidently become so impressed that Wladislas considered it expedient to have Louis crowned in 1508 and so within Wladislas's own lifetime – a device that although (and as we have seen) previously contemplated by Matthias, had not otherwise taken place since the thirteenth century. Clearly, Wladislas deemed the consent of the diet to be necessary for such an arrangement. Although obtained, so it would seem, with minimal dissent, Wladislas was still obliged to give guarantees, in the manner of an electoral capitulation, regarding the privileges of the nobility and to assign guardianship of the child to the estates in the event of his own untimely death.[20] The son that had

[17] Bak, *Königtum und Stände…*, p. 62. As Vladislav II, Wladislas had ruled Bohemia since 1471.

[18] For the terms and circumstances of the electoral capitulation, see A. Kubinyi, 'Die Wahlkapitulationen Wladislaws II in Ungarn (1490)', *Herrschaftsverträge, Wahlkapitulationen, Fundamentalgesetze*, dir. R. Vierhaus, Göttingen, 1977, p. 140-62.

[19] In fact, Wladislas was elected at Rákos while still resident in Bohemia. The relevant text is given as an appendix in Bak, *Königtum und Stände…*, p. 190.

[20] M.G. Kovachich, *Vestigia Comitiorum*, Buda, 1790, p. 455-64.

been crowned with the diet's consent in 1508 entered upon his inheritance following his father's death in 1516. Upon coming of age in 1521, Louis confirmed the vows made by his father, but there was no second coronation.[21]

IV. Election

In seeking to understand how it was that election acquired increased salience in the matter of succession, we may immediately point to the repeated failure of Hungary's monarchs to produce indubitable heirs. Certainly, in the twelfth and thirteenth centuries, the Árpád rulers of Hungary's first dynasty had nearly always managed to sire sons. The failure of Ladislas IV (1272-90) to impregnate other than nomad women served in 1290, however, to provoke a crisis which ultimately led to the Angevin succession and to the consecutive reigns of Charles Robert and of his son, Louis I. Nevertheless, the Angevin line faltered with Louis' death in 1382, only to be rescued by Louis' daughter, Mary, who rested her right of succession on an undefined *ordine geniturae*.[22] Mary was unable, however, to maintain her rule against male rivals except in concert with her husband, Sigismund of Luxemburg, whom she married in 1385 and who was, with the consent of the *barones, proceres et alii regnicolae Hungarie*, duly appointed king in 1387. Until his wife's death in 1395, Sigismund reigned as co-ruler, thereafter assuming the government in his own name. He died in 1437, without male heir, relinquishing the realm to his son-in-law, Albert of Habsburg, with the consent of the principal men of the kingdom.[23] Albert himself perished two years later, leaving no heir but instead a heavily pregnant widow. At this point, however, the diet which was by then dominated by representatives of the common nobility, pushed itself into the political foreground, demanding the right to determine Albert's successor. Over the previous decades, the influence of the diet had grown on account of its role in voting extraordinary taxes and in approving royal legislation. In a decisive act performed in 1440, the diet now used the opportunity of a royal vacancy to augment its power as arbiter of the kingdom's government.[24] Rather than wait for the child of the widowed queen to be delivered, the diet accordingly appointed a Polish ruler, who became Wladislas I of Hungary. Following Wladislas's disappearance in 1444 at the battle of Varna, again without heir, the crown reverted to Albert's son, Ladislas, now safely delivered of his mother. Since Ladislas was still a child and, moreover, held by his uncle in protective custody in Vienna, the diet once again asserted its authority, choosing now to be ruled by a governor, elected by itself. Ladislas eventually entered upon his inheritance in 1453, but survived only four murderous years, leaving again no heir. And, as we have seen, the diet was at this point convened to have it elect Matthias Corvinus as king. Notwithstanding his longevity, Matthias himself died with only a bastard son. In extraordinary contrast, therefore, to the preceding centuries, from Louis I's

---

[21] Cf. Fügedi, who supposes a second coronation to be necessary under such circumstances: 'Coronation in medieval Hungary', p. 159. On the oath taken by Louis II, see E. Bartoniek, 'A koronazási eskü fejlődése 1526-ig', *Századok*, 51, 1917, p. 5-44, at 42-3.

[22] Bak, *Königtum und Stände...*, p. 24.

[23] E. Bartoniek, 'A magyar királyválasztási jog a középkorban', *Századok*, 70, 1936, p. 359-406, at p. 385.

[24] On the significance and background of 1440, see Bartoniek, 'A magyar királyválasztási jog', 389; Bak, *Königtum und Stände...*, p. 43-4.

accession in 1342 right up to the extinction of the medieval Hungarian kingdom in 1526, there was only one king – the ox and old woman, Wladislas II – who on his deathbed had a living and legitimate son available to succeed him. In the crises provoked by biological failure, it was, moreover, the diet which took upon itself the right to determine the kingdom's next ruler.

Election acquired importance, however, not only as a way of making up for failures of spermatozoa. From no later than the thirteenth century, there was a tradition in Hungarian historical writing that stressed the original elective character of Hungarian kingship. According thus to one late-thirteenth-century *Gesta*, Attila, who was then considered an early ruler of the Hungarians, had come to power by the election of his subjects.[25] This account found its way into the royal chronicles and thence into the earliest accounts of Hungarian history, where it conjoined with a lawyerly language which spoke of the *lex regia* and of the transfer of authority from people to king. From the later fifteenth century onwards, when the Hungarian nobility was seeking to establish through language and a mythology of descent a sense of national identity and purpose, reflections on allegedly Hunnic and Scythian institutions became increasingly commonplace in historical literature. The first book printed in Hungary, by Andreas Hess of Buda in 1473, was thus the *Chronica Hungarorum*. Although it traced the history of the Hungarians from Noah to King Matthias, the chronicle abbreviated its account of more recent Hungarian rulers while still retaining a full discussion of the Hungarians' early history and primitive constitutional arrangements. János Thuróczy's chronicle of the Hungarians, printed in Augsburg and Brno in 1488, likewise contained an extensive section on the prehistory of the Hungarian conquest. Hess's and Thuróczy's volumes were printed in quantities that anticipated a wide readership.[26]

The content of these histories spilled over into politics and the law. The tumultuous Rákos diet of 1505, wherein the demand was laid for a national 'elected' ruler to succeed the presently heirless Wladislas II (his son was not born until the next year), thus recalled the *mores et consuetudines* of the ancient Scythians and lamented their attenuation under the rule of foreign kings.[27] For its part, the 1524 diet proposed 'to elect captains in the manner of Attila'.[28] The most extreme statement came, however, from Stephen Werbőczy, politician and lawyer, and author of the leading edition of Hungary's laws. In his *Tripartitum*, promulgated at the diet of 1514 and printed three years later in Vienna, Werbőczy reiterated almost verbatim Thuróczy's account of the Hungarians' earliest government, and of how they had originally elected their rulers. With the conversion of the Hungarians, however, the 'supreme power and government' passed from the community, 'out of its own authority', to the holy king, St Stephen, along with the right to create noblemen and to grant them the landed estates which distinguished them from non-nobles. As Werbőczy concluded, albeit with some rhetorical sleight of hand: 'Hence all nobility now originates from him [the king], and these two [king and nobility], by virtue of some reciprocal transfer and mutual bond between them, depend upon each other so closely that neither can exist without the other. *For the prince is elected*

[25] We refer here to Simon of Kéza's '*Gesta Hungarorum*', recently edited and translated by L. Veszprémy and F. Schaer, Budapest and New York, 1998.

[26] M. Rady, 'Rethinking Jagiełło Hungary', *Central Europe*, 3, 2005, p. 3-16, at p. 15.

[27] The text is given in H. Marczali, *A magyar történet kútfőinek kézikönyve*, Budapest, 1901, p. 317-20.

[28] *Magyarország története 1301-1526*, p. 383.

by the nobles [my italics] and nobles are created and adorned with the dignity of nobility only by the prince.'[29]

Werbőczy was as much politician as lawyer and we may criticize his opinion as being programmatic and driven by his allegiance to the anti-Jagiełło, anti-Habsburg faction in court. Nevertheless, Werbőczy's emphasis on election as the constitutive element in kingship comported both with the burgeoning historical literature on early Hungarian institutions and with the experience of the last century-and-a-half, during which time most of Hungary's rulers had indeed been elected. Moreover, by the time he was writing, Louis II, who had on the face of it every right to succeed on grounds of primogeniture, had been crowned as his father's successor only after negotiation and with the consent of the estates. Werbőczy's account thus well illustrates the slippage within the terms of the royal succession – of a transition from inherited to electoral kingship, born of the necessities of the preceding decades and of a power newly accumulated by the diet, but rooted also in a mythology that looked for example to the oldest period of Hungarian history.

V. 1526

Werbőczy's brief discussion of the Hungarian succession was the first ever lawyerly pronouncement on this topic. Over the succeeding decades, his understanding would be both adopted and challenged, and the contending merits of descent and election measured by politics. The first test came in 1526. In the August of that year, the royal host was vanquished by the Turks in a two-hour engagement on the field of Mohács, and the young king perished in the battle. Louis II left no direct male heir to succeed him. Two contenders forthwith presented themselves – the voivode of Transylvania, John Zápolya, and Archduke Ferdinand of Habsburg. Both were elected king by rival diets and crowned, respectively in 1526 and 1527, with the sacred diadem in the coronation city. The two ceremonies were even presided over by the same bishop.[30] Notwithstanding these parallels, the claims put forward by the rivals serve to indicate the different ways in which the royal succession was now understood. For John Zápolya and for his principal adviser, Stephen Werbőczy, the act of election was decisive. The kingdom had been left with neither ruler nor heir. Under these circumstances, the diet might exercise its right to choose a 'national king', who, as it turned out, would be none other than the voivode himself, even though he had no connection to the royal house.[31] For Ferdinand, however, election was not a constitutive act but one instead of recognition. As Ferdinand's sister, Mary of Habsburg, widow of the dead king, explained to the diet: Ferdinand's rights to the throne rested on the double-marriage celebrated in 1522 which had joined Louis to herself and Ferdinand to Louis' sister, Anna. By reference to the previous inheritance of sons-in-law to the kingdom, Mary explained that the diet

[29] *Tripartitum opus juris consuetudinarii regni Hungariae*, I. 3 [6-7]. This translation is taken from *The Customary Law of the Renowned Kingdom of Hungary: A Work in Three Parts Rendered by Stephen Werbőczy*, ed. and trans. J.M. Bak, P. Banyó and M. Rady, *Decreta Regni Mediævalis Hungariæ*, 5, Idyllwild and Budapest, 2005, p. 51.

[30] The archbishop of Esztergom, Ladislas Szalkai, had fallen on the field of Mohács. The coronations were thus performed by the bishop of Eger.

[31] Bak, *Königtum und Stände...*, 71; Fraknói, *Werbőczi István*, p. 244-51.

was bound to acknowledge historical precedent and appoint her brother to the throne.[32] Thus election was pitted against descent, even at one remove, as the guiding principle of the royal succession.

VI. Conclusion

Over the succeeding decades, the conventions of the Middle Ages would unravel along the lines laid down in 1526. The Habsburg rulers of Hungary whittled away at the principle of election. In 1547, Ferdinand succeeded in extracting from the estates sufficient recognition of the right of hereditary succession as to make it unnecessary to have his son elected.[33] Thereafter, such elections as took place were largely paper affairs. Tacit recognition by the diet was deemed sufficient, even in cases, as with the appointment of Ferdinand II in 1618, when the previous ruler had left no direct male heir.[34] Eventually, in 1687, the right of election was with the agreement of a cowed diet formally abolished and the succession vested in perpetuity in the dynasty's male line. Matters proceeded, however, along a different course in respect of Zápolya's successors who within a few decades exercised effective power only within Transylvania and a few neighbouring Hungarian counties. Following John I (Zápolya)'s death in 1540, the diet of Transylvania chose his son, John II Sigismund, as 'elected king of Hungary'. In the 1560s the electoral nature of the succession in Transylvania was confirmed both by an *athname* of the sultan, Transylvania's protector, and by vote of the estates meeting in Gyulafehérvár (Alba Iulia).[35] Thereafter, and for most of the seventeenth-century, rulership of the principality was determined solely by election of the diet, with candidacy for the title of prince of Transylvania open to anyone who had 'competence or other claim'.[36] Only after the Habsburg conquest of Transylvania in the 1680s was the principality's constitution amended and the Habsburg Leopold I recognized as its hereditary ruler.

The conflict between election and hereditary succession resurfaced in 1918 when, following the departure from public life of Hungary's last king, Charles IV, (he never formally abdicated), the country was divided between 'legitimists', who advocated a Habsburg restoration, and 'free electors'. We should not, however, seek to backdate the quarrels of the twentieth century, or even those of the sixteenth, to the Middle Ages. The idea of the royal succession in medieval Hungary rested on an amalgam of principles – primogeniture, descent, election and coronation. At any moment, one or several of these might be decisive in determining the next king, particularly in cases when, as so often happened, the king had no son to follow him. As Giesey writes of France, so we may say also of medieval Hungary: 'Before the great efflorescence of systematic legal thought in the sixteenth century, public law – or what was later called fundamental law – was in reality a congeries of different ideas coming from the different legal systems of medieval times.' By the same token, and as Giesey observes, to presume that there were constant rules which may

[32] P. Jászay, *A magyar nemzet napjai a mohácsi vész után*, vol. 1 (no more published), Pest, 1846, p. 324-5.
[33] 1547: 5 [5].
[34] Bartoniek, 'A magyar királykoronázások', p. 93-5.
[35] *Erdély története*, ed. B. Köpeczi, 3 vols., Budapest, 1986, i, p. 423, 443.
[36] G. Murdock, '*Freely elected in fear*: princely elections and political power in early modern Transylvania', *Journal of Early Modern History*, 7, 2003, p. 213-44, at p. 225.

be discerned from medieval practices is to disregard 'the tension of the true historical process, with its conflict of ideas, its alternative possibilities of development, and its constant transferences from one sphere to another.'[37]

[37] Giesey, 'The juristic basis…', p. 4.

Suitability and right: imperial succession and the norms of politics in early Staufen Germany

Björn Weiler

Around 1200, Gislebert of Mons (*c.* 1150-1225), onetime chancellor of the county of Hainault, composed a history of the counts, stretching from the mid eleventh century to Gislebert's lifetime, but centring on the career and deeds of Count Baldwin V (*r.* 1171-1195). Looking back to the days of Baldwin's father, Gislebert reported how, after Conrad III, the king of the Romans and emperor-elect, had died in 1152, the German princes assembled to choose a successor. However, 'because so many princes disagreed about the election of so great an honour', they entrusted it to four of the most powerful among them, including Duke Frederick (Barbarossa) of Swabia. All four desired to become emperor, and Frederick, 'astute and vigorous', convinced each that they should compete for the crown, but that they should also 'entrust the whole election to him alone.' The day of the election having arrived, 'the three declared that they had yielded the entire election to the duke of Swabia alone. With everyone listening and not contradicting, Frederick said that he was born of emperors and that he knew no one better to rule the Empire, and therefore he chose himself for the height of such great majesty.'[1]

We should not, of course, take Gislebert's account to be a factual record of what really happened at Frankfurt in 1152.[2] Frederick's election was but one of a series of memorable events that required recording before Gislebert could turn to the deeds of Count Baldwin.[3] Gislebert's account is, however, representative, first, of a whole corpus of tales and anecdotes from outside Germany about imperial elections,[4] and, second, of contemporary debates about the nature of legitimate royal

[1] *La Chronique de Gislebert de Mons*, ed. L. Vanderkindere, Recueil de textes pour servir à l'étude de l'histoire de Belgique, Brussels, 1904, p. 92-4; trans. : Gilbert of Mons, *Chronicle of Hainaut*, trans. and intro. L. Napran, Woodbridge, 2005, p. 54-5.

[2] See, however, Odilo Engels' attempt to show that this may have reflected otherwise unrecorded tensions in 1152: 'Beiträge zur Geschichte der Staufer im 12. Jahrhundert', *id.*, *Stauferstudien. Beiträge zur Geschichte der Staufer im 12. Jahrhundert*, Sigmaringen, 1996, p. 32-115, at p. 59 (originally: *DAEM*, 27, 1971, p. 373-456).

[3] It was, in fact, rather loosely embedded in time, between a vague and undated reference to the second crusade (*La Chronique*..., p. 92; Gilbert, *Chronicle*..., p. 54) and the specific and dated reference to Baldwin's knighting on 30 March 1168 (*La Chronique*..., p. 95; Gilbert, *Chronicle*..., p. 55-6).

[4] The survival and spread of tales about imperial elections, much of it ultimately going back to the events of 1125, would be a worthwhile project in its own right, but would also exceed the scope of this chapter. The following will give an indication of the spread outside Germany: *The Ecclesiastical History of Orderic Vitalis*, ed. and trans. M. Chibnall, 6 vols., Oxford, 1969-86, vi, p. 360-7 (Book xii, 43); John Kinnamos, *Deeds of John and Manuel Comnenus*, trans. C.M. Brand, New York, 1976, ii. 20, at p. 72-3 (on which see also: S.P. Laitsos, 'Zum Bild der Deutschen im Geschichtswerk des Ioannes Kinnamos zur Zeit des Zweiten Kreuzzugs', *Roma, Magistra Mundi. Itineraria Culturae Medievalis. Mélanges offerts au Père L.E. Boyle*

power. The latter are particularly well-documented in the German case, and for good reason: only once in the twelfth century did the imperial succession go smoothly (that from Frederick I to Henry VI in 1190). In 1125, the death of Emperor Henry V had pitched Duke Lothar of Saxony against Duke Frederick of Swabia, Henry's nephew; in 1138 Conrad, Duke Frederick's brother, faced the opposition of Lothar's son-in-law, Duke Henry of Bavaria; in 1152, Frederick Barbarossa overrode the claims of his cousin and namesake, the son of Conrad III; and in 1198 the German princes ignored the election of Henry VI's infant son (Frederick II), which had taken place only two years before. A disputed succession was, of course, by no means a specifically German problem: in England, for instance, Henry I had usurped the throne in 1100, while the question of his succession in 1135 led to a prolonged civil war that was not settled until the accession of Henry II in 1154, and in 1198 King John, too, faced a rival claimant to the throne, as did his son, Henry III, in 1216, with similar examples easily adduced from across the Latin West.[5] On this occasion, I would therefore like to use the German example to highlight phenomena, processes and norms in evidence across the medieval West, and I will do so for reasons of both medieval evidence and modern scholarship.

Let us begin with the first of these. Unlike in England, for instance, where, with the exception of Stephen's reign and the later years of that of John, a curiously court-centred (though by no means always royalist) perspective prevailed,[6] challenges to royal authority are as frequently and approvingly recorded as endorsements. Being relatively independent of the whims of royal patrons or of those close

à l'occasion de son 75e anniversaire, dir. J. Hamesse, 3 vols., Louvain-La-Neuve, 1998, iii, p. 215-26); *The Memoirs of a Syrian Prince. Abu'l-Fidā, Sultan of Hamāh (672-732/1273-1331)*, trans. P.M. Holt, Freiburger Islamstudien 9, Wiesbaden, 1983, p. 31-2. I am grateful to Angus Stewart for this last reference, which also merits a discursive footnote, as, unlike the other two, it has been overlooked by historians working on imperial elections, and because of its striking similarities with Gislebert's version of events (thus indicating probably not a direct borrowing, but the fact that Gislebert was representative of a wider literary tradition). Abu'l-Fidā based his account on a report one of his officials had heard at the court of Manfred of Sicily (d. 1266), this time relating to the election of Manfred's father, Frederick II. Frederick's father having died, the young prince 'a wily youth from the German nation', realised that several kings of the Franks had designs on the imperial crown. He therefore approached each of them, suggesting that, as he was the emperor's son, but as he had no designs on the imperial crown himself, he should nominate the new emperor, and promised each of the claimants that he would cast his vote for him. Entrusted with the votes of all the candidates, Frederick then went before the pope, who asked the kings to nominate an emperor. Having been confirmed in his role as sole voter, Frederick placed the crown on his own head, and declared that 'I am the son of the emperor, and I am the one most worthy of this crown and this position.' Having also brought with him a large contingent of German troops, he quickly left for Germany.

[5] See, for instance, the examples given in B. Weiler, 'Kingship, usurpation and propaganda in twelfth-century Europe: the case of Stephen', *ANS*, 26, 2001, p. 299-326. Nor was it something specifically Western European: similar debates and tensions emerged in seventh- and eighth-century Islam, tenth-century Byzantium, or eighteenth-century India. See, for instance, R. Morris, 'Succession and usurpation: politics and rhetoric in the late tenth century', *New Constantines: The Rhythm of Imperial Renewal in Byzantium, 4th-13th Centuries*, dir. P. Magdalino, Aldershot, 1994, p. 199-214; P. Crone, *God's Caliph: Religious Authority in the First Centuries of Islam*, Cambridge, 2003; W. Madelung, *The Succession to Muhammad: A Study of the Early Caliphate*, Cambridge, 1996; N. Peabody, *Hindu Kingship and Polity in Precolonial India*, Cambridge, 2002.

[6] A. Cooper, '*The feet of those that bark shall be cut off.* Timorous historians and the personality of Henry I', *ANS*, 23, dir. J. Gillingham, Woodbridge, 2001, p. 47-67; B. Weiler, 'The king as judge: Henry II and Frederick Barbarossa as seen by their contemporaries', *Texts, Histories and Historiographies. Essays in memory of Timothy Reuter*, dir. P. Skinner (forthcoming).

to the king, German chroniclers viewed events from a variety of perspectives. While, with a few exceptions, we thus lack the grand narratives of a William of Malmesbury, Theoderic Monachus, the Polish 'Gallus Anonymus', or *Chronicon Alfonsi imperatoris*, we are compensated for this with an unusually large corpus of frequently rather short, and heavily localised accounts. At the same time, because these were written in isolation of each other, reflecting the concerns and ambitions of a far greater range of patrons, communities and writers, they allow us to paint a richer and deeper picture of contemporary attitudes towards and thinking about imperial lordship and succession. The picture emerging from the German evidence is thus more fragmented, and dissonant, but because of this it is also possible to outline more easily the shared values and concepts underpinning otherwise often quite different points of view.

Furthermore, with the exception of Capetian France,[7] the rules of succession of no other medieval kingdom have been explored as rigorously as those of the medieval Holy Roman Empire.[8] Many of these studies are, however, marred by an overly rigid reading of the evidence, and by a general lack of interest in the belief and value systems surrounding the electoral process. Ulrich Schmidt, for instance, who, more than twenty years ago, published what remains the definitive treatment of the subject, has deduced from the evidence that there were clear legal norms that ruled out a hereditary succession: Germans elected their kings because that was what law and custom prescribed. This article, by contrast, will argue that the emphasis on the electoral nature of imperial kingship had less to do with clear cut legal norms, than with the specific historical context of each succession. Twelfth-century Germans did not prefer to elect their kings because they thought this was the appropriate form of choosing a king, but because the circumstances of more or less every election militated against a succession based on consanguinity alone. It was only in the thirteenth century that the electoral element, equally evident across the medieval West,[9] became a political and legal norm that superseded the rival tradition of hereditary succession.

Because imperial successions were such fraught affairs, and because candidates had to base their claim on something other than family relationship, the values and norms of good kingship were debated frequently, widely, and in a range of forms and genres. This is another aspect which German scholars have sometimes been

---

[7] A.W. Lewis, *Royal Succession in Capetian France. Studies on Familial Order and the State*, Cambridge, Mass., 1981.

[8] Most recently: U. Schmidt, *Königswahl und Thronfolge im 12. Jahrhundert*, Cologne and Vienna, 1987; U. Reuling, 'Zur Entwicklung der Wahlformen bei den hochmittelalterlichen Königserhebungen im Reich', *Wahlen und Wählen im Mittelalter*, dir. R. Schneider and H. Zimmermann, Sigmaringen, 1990, p. 227-70; F.R. Erkens, *Kurfürsten und Königswahl. Zu neuen Theorien über den Königswahlparagraphen im Sachsenspiegel und die Entstehung des Kurfürstenkollegiums*, Hanover, 2002; *id.*, '*Multi* oder *pauci*? Ueberlegungen zur fürstlichen Wahlbeteiligung an den Königswahlen der staufischen Epoche', *Von Sacerdotium und Regnum. Geistliche und weltliche Gewalt im frühen und hohen Mittelalter. Festschrift für Egon Boshof zum 65. Geburtstag*, dir. F.R. Erkens and H. Wolff, Cologne, Weimar and Vienna, 2002, p. 135-52. The classic treatment, and the one against which much of this debate is directed, is that by H. Mitteis, *Die deutsche Königswahl. Ihre Rechtsgrundlagen bis zur Goldenen Bulle*, Brünn, Munich and Vienna, 1944; repr. Darmstadt, 1975.

[9] See, for instance, the events surrounding the succession to Richard the Lionheart in England in 1199, and to Sancho II of Castile in 1245: J.C. Holt, 'King John and Arthur of Brittany', *Nottingham Medieval Studies*, 44, 2000, p. 82-103; J. Mattoso, 'A crise de 1245', *id.*, *Portugal Medieval: novas interpretaçòes*, 2nd edn, Lisbon, 1992, p. 57-76.

reluctant to explore. Ulrich Schmidt, for instance, dismissed Gislebert's account as an 'abstruse tale' without any value as a historical source,[10] while Odilo Engels felt he had to go to extraordinary lengths to prove that Gislebert should be taken seriously: someone who, elsewhere in his writing, was so meticulous in recording legal procedures and administrative processes could not possibly have gotten things that badly wrong.[11] This article, by contrast, following František Graus and Helmut Beumann, will argue that tales like Gislebert's, which bear little relation to historical reality, tell us something about the ideals and values by which that reality was judged.[12] They enable us to see how contemporary and later observers sought to reconcile, weigh up, and debate different strategies and arguments of legitimisation: unlike their modern peers, they were clearly aware that they were not dealing with clear cut legal norms and principles. In Gislebert's anecdote, for instance, Frederick demanded the imperial crown both by hereditary right (he was the descendant of emperors) and by suitability (he could not think of a candidate better equipped to shoulder so onerous and honourable a task). This, as we will see, was typical of how men of the twelfth century viewed the imperial succession, and it is to their views that we should now turn.

I

A start can be made by looking at the practicalities of twelfth-century imperial elections. One of the reasons so few successions were based on heredity, was that emperors kept dying without male issue, as had been the case with Henry V in 1125 and Lothar III in 1138. The best Duke Frederick of Swabia and his brother Conrad could thus do in 1125 was stress that they were Henry's nephews, while, in 1138, those siding with Duke Henry of Bavaria highlighted that he was Lothar's son-in-law. Neither constituted a particularly strong claim, and both were easily challenged. In 1138, for instance, one account clearly linked Conrad's success to his being Henry V's nephew (the princes did not want to choose anyone who was not a member of the *stirps regia*, the royal kindred), but then also pointed out how this angered Duke Henry of Bavaria, who was married to Lothar's daughter (a marriage, the author stressed, which had already produced several children).[13] Conrad's claim rested on his descent through the female line of an emperor (Henry IV) who had died more than a generation ago (in 1106). On the other hand, that Duke Henry was married to Lothar's heiress and the fact that their union had already proven fertile, strengthened his and his progeny's claim to the imperial throne: if not Henry, so certainly his children were a *stirps regia* in the making. Neither candidate thus had an indisputable claim to succession by descent, and this was one of the reasons why the principle was not invoked in 1138.

[10] Schmidt, *Königswahl und Thronfolge...*, p. 107.

[11] Engels, '*Beiträge zur Geschichte...*', p. 59.

[12] František Graus, 'Die Herrschersagen des Mittelalters als Geschichtsquelle', *Ausgewählte Aufsätze von František Graus (1959-1989)*, dir. H.J. Gilomen, P. Moraw and R.C. Schwinges, Stuttgart, 2002, p. 3-27; H. Beumann, 'Die Historiographie des Mittelalters als Quelle für die Ideengeschichte des Königtums', *HZ*, 180, 1955, p. 449-88.

[13] *Continuatio Gemblacensis*, MGH SS 6, p. 386.

Equally, though, a succession could run into difficulties because there already existed an heir, but one who was not yet of age. This, in turn, played on very real fears about the impact a minority government would have on the stability of the realm.[14] Certainly, the troubles of Henry IV's minority would hardly have enthused the German princes about the rule of an under-age king,[15] and even in the thirteenth century, the minorities of Henry III in England or Louis IX in France were plagued by revolt, internal unrest and external aggression.[16] Twice in the twelfth century, the claims of under-age kings were thus overridden. In 1152, Frederick Barbarossa became king at the expense of his namesake and nephew, the son of Conrad III,[17] and in 1198 Philip of Swabia's election nullified that of his nephew, Frederick II.[18] Unsurprisingly, therefore, neither Barbarossa nor Phillip based their claim on heredity. In fact, Otto of Freising went to considerable lengths to undermine the claim of Conrad III's son by stressing the electoral nature of imperial kingship.[19] Moreover, both Philip's and Frederick's partisans sought to limit the degree to which their election might be perceived as usurpation: Otto, for instance, emphasised that Conrad had entrusted his son to the duke of Swabia, well knowing that an infant boy could never become king, while Philip of Swabia, initially at least, claimed to have taken the throne to protect the claims of his young nephew.[20] They merely acted as custodians of a familial claim to imperial lordship.

This mattered, and became an integral element in twelfth-century debates about the imperial succession. Otto of Freising, for instance, claimed that Barbarossa had been elected king because he was related to both the Staufen and the Welfs – both were great families, but while the latter produced great dukes, the former produced great emperors.[21] The put down to the Welfs aside, Frederick may have been elected by the princes, but he was also chosen because he was member of a family which, by right, ought to hold the imperial crown.[22] This was not an attitude limited to

[14] T. Offergeld, *Reges pueri. Das Königtum Minderjähriger im frühen Mittelalter*, Hanover, 2001; T. Kölzer, 'Das Königtum Minderjähriger im fränkisch-deutschen Mittelalter. Eine Skizze', *HZ*, 251, 1990, p. 291-322.

[15] See also Otto of Freising, *Chronica*, vi, 34, at p. 488-91.

[16] C. Hillen, 'The minorities of Henry (VII), Henry III and Louis IX compared', *Thirteenth-Century England 11. Proceedings of the Gregynog conference 2005*, dir. J. Burton, B. Weiler, P. Schofield and K. Stöber, Woodbridge, 2007, p. 46-60; T. Vogtherr, '*Weh Dir, Land, dessen König ein Kind ist.* Minderjährige Könige um 1200 im europäischen Vergleich', *Frühmittelalterliche Studien*, 37, 2003, p. 291-314.

[17] J.P. Niederkorn, 'Friedrich von Rothenburg und die Königswahl von 1152', *Von Schwaben bis Jerusalem. Facetten staufischer Geschichte*, dir. S. Lorenz and U. Schmidt, Sigmaringen, 1995, p. 51-60; G. Althoff, 'Friedrich von Rothenburg. Überlegungen zu einem übergegangenen Königssohn', *Festschrift für Eduard Hlawitschka zum 65. Geburtstag*, dir. K. Schnith and R. Pauler, Kallmünz, 1993, p. 307-16; F. Opll, *Friedrich Barbarossa*, Darmstadt, 1990, p. 33-5; Schmidt, *Königswahl und Thronfolge...*, p. 117-29.

[18] Csendes, *Philipp von Schwaben*, p. 5-9; Schmidt, *Königswahl und Thronfolge...*, p. 255-60.

[19] A point made in far greater detail than possible here by Engels, '*Beiträge zur Geschichte...*'.

[20] *Ottonis de Sancto Blasio Chronica*, p. 74.

[21] Otto of Freising and Rahewin, *Gesta Fredericus rectius Cronica*, ed. F.J. Schmale, based on the edition by G. Waitz, trans. A. Schmidt, Darmstadt, 1965, ii, 2, at p. 284-5.

[22] In the *Chronica*, completed in the 1140s, this dynastic connection was made more implicitly: in 1125, Lothar's election and reign was described as punishment for the sins of Henry V (which were thus visited on his kin) (Otto of Freising, '*Chronica sive de duabus civitatibus*', ed. A. Hofmeister, rev. W. Lammers, trans. A. Schmidt, Darmstadt, 1960, vii, 17, at p. 528-9), a theme also referred to in the *Gesta*: in 1138, Conrad's succession had become all the easier because the hatred felt for Henry V had subsided (Otto of Freising and Rahewin, *Gesta Frederici*, i, 23, at p. 166-7). In fact, in the *Chronica*'s version of events, Conrad was first and foremost characterised as Henry V's nephew (Otto of Freising, *Chronica*, vii, 22, at p. 538-9).

members of Frederick's immediate family (Otto was, after all, the emperor's half-brother), as illustrated by a continuator of Sigebert of Gembloux who claimed that in 1138 Conrad became king because of he was a member of the *stirps regia*,[23] nor was it something that was specific to Germany.[24] Once heredity was defined as resting within a kindred, rather than a ruler's immediate progeny, the latter could be ignored or set aside, while those not members of the kindred could equally be ruled out as claimants.

Descent was not the only means by which would be kings could establish a quasi-hereditary link with their predecessor. Otto of Freising, for example, reported that, on his deathbed, Conrad III had entrusted both the imperial insignia and his son to Frederick Barbarossa, well knowing that it would be more advantageous for the affairs of both the empire and Conrad's family if he were succeeded by Frederick.[25] Similarly, in 1125, the continuator of Ekkehard of Aura reports, Henry V had called the princes to his deathbed, where he entrusted both the imperial insignia and his wife to Duke Frederick of Swabia, *utpote heredis sui*, as if he were his heir.[26] This bypassed, in the first case, the claims of a more closely related aspirant and, in the second, strengthened an otherwise rather tenuous link of consanguinity. The means by which this designation (or nomination)[27] was established are also worth noting: guardianship of a ruler's family, and of the imperial insignia, that is the physical symbols of regnal authority. Equally, one of the many factors delegtimising Lothar's claim to the throne was that, according to Otto of Freising, Archbishop Adalbert of Mainz had used trickery and false promises to gain possession of the insignia from Henry V's widow.[28] All this furthermore contextualises a lengthy passage in the *Historia Welforum* about the succession to Lothar III in 1138. Duke Henry of Bavaria, feared by many as a likely successor, had possession of the insignia, but only because it had been in his lands that the late emperor had passed away.[29] Henry had, in fact, every intention of returning them. Even after Henry had been cheated of the throne (by Conrad's sudden and rather secretive election, to which neither Henry nor Lothar's widow nor their partisans had been invited), the *Historia* stresses, Henry willingly returned the tokens of the royal office.[30] Henry's preparedness to surrender the insignia mattered both symbolically and pragmatically, and has to be

[23] *Continuatio Gemblacensis*, p. 386.

[24] See, for an impressive, though not always convincing, survey: A. Wolf, 'The family of dynasties in medieval Europe: dynasties, kingdoms and Tochterstämme', *Studies in Medieval and Renaissance History*, 22, 1991, p. 183-260.

[25] Otto of Freising and Rahewin, *Gesta Frederici*, i, 71, at p. 278-81.

[26] *Frutolfs und Ekkehards Chroniken und die anonyme Kaiserchronik*, ed. and trans. F.J. Schmale and I. Schmale-Ott, Ausgewählte Quellen zur deutschen Geschichte des Mittelalters: Freiherr vom Stein-Gedächtnisausgabe, Darmstadt, 1972, p. 374-5.

[27] See Schmidt's distinction *Königswahl und Thronfolge*, p. 19-27.

[28] Otto of Freising and Rahewin, *Gesta Friderici*, i, 16, at p. 156-7. See also, for similar concerns, *Annales Stadenses*, MGH SS 16, p. 322; *Burchardi Praepositi Urspergensis Chronicon*, ed. O. Holder-Egger and B. von Simson, MGH SSrG sep. ed., Hanover and Leipzig, 1916, p. 76.

[29] The whole episode also seems curiously close to the events after Otto III's death in 1002, when one of the duke's forebears, Duke Henry of Bavaria, held on to Otto's remains and most of the imperial insignia until the princes had agreed to elect him king. Thietmar von Merseburg, *Chronica*, ed. and trans. W. Trillmich, Ausgewählte Quellen zur deutschen Geschichte des Mittelalters, Darmstadt, 1974, iv, 50, at p. 166-7. I am grateful to David Warner for this reference.

[30] *Historia Welforum*, ed. and trans. E. König, Schwäbische Chroniken der Stauferzeit, Stuttgart, 1938, repr. Sigmaringen, 1978, p. 46-7.

read in the context of other accounts (to which we will turn shortly), stressing his desire to seize the crown, overbearing demeanour, and ambition. By emphasising that Henry kept the insignia only until they could legitimately be returned, the *Historia* not only rejected those rumours, but also contrasted Henry favourably with those secretively plotting the elevation of Conrad III.

Possession of the insignia alone was not enough to secure the throne (as Duke Henry found out in 1138), but it certainly mattered a means of influencing proceedings (as Archbishop Adalbert was accused of doing in 1125), and it added to the prestige and standing of the one to whom they had been entrusted (as with Frederick Barbarossa in 1152). Both Ulrich Schmidt and Jürgen Peterssohn have argued that the significance of the imperial insignia should not be exaggerated.[31] In 1198 Otto of Brunswick was thus well capable of mounting a successful bid for the throne without them. Otto's example also indicates, however, that they could not be wholly ignored: when his election and coronation were repeated in 1208, for instance, proceedings were held up by the bishop of Speyer's refusal to hand over the insignia.[32] Like consanguinity, designation and the receipt or control of the insignia of office could convey legitimacy, and did so partly because, like a close family relationship, they expressed proximity to a ruler.

It is in this context, too, that imperial women played an important role.[33] In 1208, the murder of Philip of Swabia temporarily secured Otto's grip on the throne, and one means by which that grip could be strengthened, and by which both reconciliation and continuity could be expressed, was Otto's marriage to Philip's daughter Beatrice.[34] This may also contextualise the emphasis which Otto of Freising and the *Historia Welforum*, for instance, put on the presence of Richenza, Lothar III's widow, when the Saxons accepted Conrad's elevation in 1138,[35] or the unease with which Mathilda's early departure in 1125 was viewed by Otto.[36] In 1138, this partly mattered because Richenza still exercised authority in those lands held by her husband, and which in due course were to be united with those of Lothar's son-in-law, Duke Henry of Bavaria. Such considerations were of little concern in 1152, as Conrad's wife had predeceased him, while in 1198 Constance's presence would hardly have been welcomed by those who sought to overturn her son's election. Like controlling the imperial insignia, having the support or having been entrusted with the protection of a ruler's relatives demonstrated proximity, and indicated an heir-like position.[37] Even so, an act of designation did not necessarily work to a claimant's advantage. In 1125, for instance, the Staufens' demands had

[31] Schmidt, *Königswahl und Thronfolge*, p. 37-9, 42-4, 129-34; J. Petersohn, *Echte und falsche Insignien im deutschen Krönungsbrauch des Mittelalters? Kritik eines Forschungsstereotyps*, Frankfurt, 1993.

[32] *Burchardi Chronicon*, p. 96.

[33] A. Fößel, *Die Königin im mittelalterlichen Reich. Herrschaftsausübung, Herrschaftsrechte, Handlungsspielräume*, Darmstadt, 2000, p. 344-6.

[34] *Annales Marbacenses Qui Dicuntur (Cronica Hohenburgensis cum Continuatione et Additamentis Neoburgensibus)*, ed. H. Bloch, MGH SSrG sep.ed., Hanover and Leipzig, 1907, p. 80; B.H. Hucker, *Otto IV. Der wiederentdeckte König*, Frankfurt am Main, 2003, p. 154-83; P. Csendes, *Philipp von Schwaben. Ein Staufer im Kampf um die Macht*, Darmstadt, 2003, p. 199-211.

[35] *Historia Welforum*, p. 46.

[36] Otto of Freising and Rahewin, *Gesta*, i, 16, at p. 156-7.

[37] In this context we should also note F. Geldner's intriguing, though highly speculative, suggestion that, in 1125, Conrad had sought to marry Henry V's widow Mathilda: 'Kaiserin Mathilde, die deutsche Königswahl von 1125 und das Gegenkönigtum Konrads III', *Zeitschrift für Bayerische Landesgeschichte*, 40, 1977, p. 3-22.

been ignored due to the widely felt dislike for Henry V, or so Otto of Freising tells us.[38]

Generally, then, descent mattered, as did proximity to a ruler. It could be used both to justify a bid, and to dismiss it, and thereby already indicates why few claimants to the throne based their claim on consanguinity or designation alone. They were also quite capable of using more forceful means: in 1125, for instance, the archbishop of Mainz had brought several thousand armed men with him to secure Lothar's election,[39] and Gislebert claimed the same for Frederick Barbarossa in 1152. Other sources stress the speed with which Frederick was crowned in 1152, partly perhaps reflecting the fact that, in theory, Henry the Lion (as Lothar III's grandson) had just as good a claim to the throne. Limiting the pool of electors was a strategy also chosen in 1138, when the Saxons had not even been invited,[40] or in 1198, when different groups of princes elected different kings in different assemblies.[41] If there were any rules of succession, they were still being formed and were dependant on the ability of individual candidates to muster sufficient support and to do so with sufficient speed. That, in this context, principles of consanguinity and descent were frequently ignored, set aside or reinterpreted, cannot surprise.

It would be equally reductionist, however, to claim that succession to the throne was secured by force alone. In 1125, for instance, those hostile to Conrad and his brother claimed that they sought to usurp the imperial crown as if it were their inheritance,[42] while several chroniclers explained Duke Henry's failure to succeed in 1138 with the duke's lust for power, and domineering nature.[43] It is in this context, too, that the various stories mattered which, from the thirteenth century, emphasised Barbarossa's act of usurpation,[44] and which, in some cases, did so as part of a general critique of the Staufen dynasty and its claim to the imperial crown. Power mattered, but its use had to be channelled and had to be directed by generally accepted principles of how and under what circumstances it could be employed. Both kings and their subjects sought to place their actions in relation to a wider normative framework, and did so by stressing the qualities which equipped a claimant for the throne, and the abilities required for performing the office of emperor.

II

Gislebert's account played on a number of themes, and in particular on that of the reluctant king: those seeking imperial power should not be seen to seek it.[45]

[38] A related note was struck by Pope Innocent III in 1198, when he rejected Philip of Swabia's bid for the throne: Philip's close relationship with Henry VI and his descent from Frederick Barbarossa made him unfit for the imperial crown. *Regestum Innocentii III Papae super negotio Romani Imperii*, ed. F. Kempf, Miscellanea Historiae Pontificiae xii, Rome, 1947, no. 29.

[39] *Narratio de electione*, p. 510-11.

[40] *Historia Welforum*, p. 46.

[41] *Burchardi Chronicon*, p. 76-7; *Ottonis de Sancto Blasio Chronica*, p. 72-4.

[42] *Chronicon St Andreae Castri Cameracesii*, MGH SS 7, p. 547.

[43] Otto of Freisinga and Rahewin, *Gesta*, i, 23, at p. 168-9; *Historia Welforum*, p. 46.

[44] *Gesta Episcoporum Halberstadensium*, MGH SS 23, p. 107; *Albrici Monachi Trium fontium*, MGH SS 23, p. 841; Schmidt, *Königswahl und Thronfolge*, p. 127-9; Engels, '*Beiträge zur Geschichte…*'.

[45] See also B. Weiler, 'The *rex renitens* and the medieval idea of kingship, c. 950 – c. 1250', *Viator*, 31, 2000, p. 1-42, which, however, while alluding to the case of Lothar III (at 4-5), overlooked several of the

Barbarossa conformed to the letter of this principle, but, it would seem at first, not the spirit. Reluctance was, after all, meant to express an unwillingness to seize secular power because of the temptations that might therefrom ensue, while Barbarossa used it as a means of duping his rivals. Nonetheless, as these competitors themselves used their reluctance as a means of securing the throne (it would look better if Frederick voted on their behalf, rather than if they themselves did so), the way he broke the rules ultimately served to underline his suitability, and thereby strengthened the rules: he evidently was more astute and vigorous than his rivals.[46] Rules were never simple and straightforward, and Gislebert was fully aware that they could be bent and modified. Obviously, good kings hesitated before assuming such power, but these displays of reluctance could be faked, they could be undermined, and they thus needed to be corroborated further. By no means was Gislebert the only one to see this.

The *Narratio de electione Lotharii*, probably written in the 1160s, purports to report events during the 1125 election. Archbishop Adalbert of Mainz called the princes together, and after a preliminary process of selection, three were nominated to choose one among their midst as king: Duke Frederick of Swabia, Duke Lothar of Saxony, and Margrave Leopold of Austria. Frederick was not initially present, but Lothar and Leopold protested under tears that they did not want to become kings. Bystanders were overjoyed that illiterate laymen could display such saint-like humility. Frederick, desirous of the imperial crown, and seeing that his rivals had publicly renounced their ambition, thus approached the meeting intent on seizing what the others had rejected. Archbishop Adalbert, however, first demanded that each of the three candidates solemnly promise to obey and follow whoever should be elected king. Lothar and Leopold did so without hesitation, but Duke Frederick refused: he first needed to consult with his men, left behind in a nearby castle. To those witnessing this exchange, Frederick's words revealed his ambition and violent disposition, his belief that the crown should be his by right and his refusal to show due humility. The following day, Lothar and Leopold were asked to decide who should be king, but kept nominating each other. Eventually, the assembled princes lost patience, and some of the laymen shouted that Lothar should be king, to which the duke, reluctantly and humbly, agreed. To make sure that Frederick and his allies did not interrupt the proceedings, Adalbert ordered the gates and walls of Mainz to be guarded, and proceeded with confirming the election.[47]

Lothar's reluctance to become king was widely reported.[48] Lothar's and Leopold's refusal to put forth their own name was a token of deep inner virtue, indicative of a reluctance to dominate, and thus an essential precondition for the successful

examples and sources dealt with here.

[46] Thus also playing to his reputation as a master of the artful ruse: O. Engels, 'Friedrich Barbarossa im Urteil seiner Zeitgenossen', *id.*, *Stauferstudien*, p. 225-46 (originally: 'Federico Barbarossa nel giudizio dei suoi contemparenei', *Annali dell'Istituto storico italo-germanico*, 10, 1982, p. 45-81); for the general phenomenon: G. Althoff, '*Gloria et nomen perpetuum*: Wodurch wurde man im Mittelalter berühmt?', *Person und Gemeinschaft im Mittelalter. Karl Schmid zum fünfundsechzigsten Geburtstag*, dir. G. Althoff, D. Geuenich, O.G. Oexle and J. Wollasch, Sigmaringen, 1988, p. 297-313.

[47] *Narratio de electione Lotharii*, MGH SSrG 12, p. 510-11. See also U. Nonn, 'Geblütsrecht, Wahlrecht, Königswahl: Die Wahl Lothars von Supplinburg 1125', *Geschichte in Wissenschaft und Unterricht*, 44, 1993, p. 146-57.

[48] Otto of Freising, *Chronica*, vii, 17, at p. 528-9; *Kaiserchronik eines Regensburger Geistlichen*, MGH Deutsche Chroniken 1, Hanover, 1895, p. 387, l. 16954-16970.

exercise of kingship. It was also something that turned them into moral exemplars to others, clergy and laymen alike.[49] Frederick, on the other hand, was driven by a lust for power, and thereby, at every stage, proved his lack of suitability: Lothar and Leopold had been horrified at the prospect of that much power, but Frederick rejoiced; Lothar and Leopold would willingly have accepted someone else's authority, but Frederick refused to accept the election of anyone but himself. The theme of reluctance, real or faked, was in fact a common one in twelfth- and thirteenth-century writing, and not always did the display of humility go as smoothly as described by the *Narratio.*

In the thirteenth century, Albert of Stade told a somewhat different version of events in 1125: Adalbert of Mainz wanted to make Lothar king, but could not do so without the imperial insignia. He therefore held an assembly in which the throne was offered to Duke Frederick. The duke handed the insignia to the princes, and refused the honour (the honourable thing to do), presumably in the expectation that he would then be pressured into accepting the throne. Adalbert, however, claimed that, as Frederick had refused to become king, Lothar should be king instead.[50] Albert's account espoused similar values as the *Narratio*: reluctance was the token of good kingship, and Frederick was quite clearly the more deserving candidate. That a desire to seize the crown was a token of moral depravity, and an impression that those wanting to succeed had to avoid giving at all cost, was another common theme. Both Otto of Freising and the *Historia_Welforum*, for instance, claimed that, in 1138, Duke Henry of Saxony failed to succeed to the throne because of his haughty and supercilious demeanour, and the fear that he might abuse his power to further his personal affairs rather than those of the empire.[51] Similar views underpinned accounts of Barbarossa's election in 1152 – he did not seek the throne, but was asked to take it by both his predecessor and the German princes – and Philip of Swabia, who wanted the imperial crown not for himself, but to safeguard the claims of his infant nephew.

Humility was required and necessary because by the time a candidate was offered the throne he had already proven himself to be one of the most powerful and mighty of the princes. There was no point in showing reluctance to abuse power if one did not have power that could be abused. The *Narratio de electione Lotharii*, for instance, described the three candidates from among whom Henry V's was to be chosen – Lothar of Saxony, Frederick of Swabia and Henry of Bavaria – as *tam divitiis quam virtute animi prestanciores*, as standing out for their riches and virtuous disposition.[52] What, however, were these other qualities? When describing Frederick's accession in 1152, Otto of Freising reported that Conrad, 'judging this more beneficial for the future of both his own affairs and those of the state' (*et private et rei*

[49] *Narratio de electione*, p. 510.

[50] *Annales Stadenses*, MGH SS 16, p. 322. To what extent this was based on Gislebert is difficult to ascertain. See, for instance, the account in a letter by Arnulf of Lisieux of the disputed papal election of 1159, pitching Alexander III against Victor III: after Alexander had been elected, he gave the required display of humility. He protested, and showed his reluctance to assume the office by rejecting the insignia of his office – *Alexandri firmato, dum ipse laudabili verecundia renuit et excusat, impositumque sibi manibus fere omnium pluviale repellit.* Victor, unable to hide his ambition any longer – *dissimulare ulterius ambitio non potuit* – jumped onto the papal throne, grasped the insignia, and had himself proclaimed Pope. *The Letters of Arnulf of Lisieux*, ed. F. Barlow, *Camden Series*, 3rd ser., 61, London, 1939, nos. 28-9.

[51] Otto of Freising and Rahewin, *Gesta*, i, 23, at p. 168-9.

[52] *Narratio de electione*, p. 510.

publice melius profuturum iudicabat), chose to override the claims of his son, and nominated Frederick instead, because of the latter's many virtuous deeds (*ob multa virtutum suarum facinora*).[53] Gislebert gives a little more detail: Frederick surpassed all others in his valour and military skills (*pre ceteris milicia et animositate florebat*), and he was 'astute and vigorous' (*astutus et avidus*).[54] According to Galbert of Bruges, in 1125 the *sapientiores*, the wiser among the German clergy and laity, sought to find a successor to Henry V who was *vir nobilis tam_genere quam moribus*, a man noble by both descent and virtue.[55] Whoever was to be king thus had to be of noble descent, but he also was to possess the material foundations and the inner qualities that made a king.[56] The two were by no means mutually exclusive: Lothar III, for instance, was thus described as someone who had been elected king because of his outstanding piety,[57] but also because, ever since his youth, he had been victorious in battle.[58]

How these various qualities were combined is best illustrated by Burchard of Ursperg who, early in the thirteenth century, produced the perhaps most comprehensive list of virtues, and who did so when looking back to the election of Frederick Barbarossa in 1152. Frederick was a men well versed in arms (*armis strenuus*), of great valour (*acer animo*), experienced in war (*exercitatus in bellis*), healthy (*corpore robustus*), of prudent counsel (*in consiliis providus*), energetic in conducting his affairs (*in negotiis peragendis virilis*), affable and courtly in manner (*affabilis mansuetis*), an enemy of the proud and supercilious (*superbis resistens*), of a fine and subtle mind (*ingenio subtilis*), and possessed with an excellent memory (*memoria excellentissimus*). Even his name was indicative of his virtues, as it meant 'rich in peace'.[59] Burchard stressed Frederick's martial prowess, intellectual abilities, and courtly manners,[60] the last, it would seem, very much a concern of the thirteenth century.[61] The closest to an earlier reference stressing suavity as a token of rulerly virtue is a letter by Wibald of Stablo to Pope Eugenius III, announcing Barbarossa's election as king of the Romans: despite his youth, Frederick had already proven to possess a sharp mind (*ingenio acer*), be fortuitous in battle (*bello felix*), desirous of performing difficult and honourable tasks, (*rerum arduarum et gloriae appetens*), intolerant of all injustice (*iniuriae omniae impatiens*), as well as affable and generous

---

[53] Otto of Freising and Rahewin, *Gesta Frederici*, i, 71, at p. 280-1.

[54] *La Chronique*, p. 93.

[55] *Galbertus Notarius Brugensis: De Multro, Traditione, Et Occisione Gloriosi Karoli Comitis Flandriarum*, ed. J. Rider, CCCM, 1994, p. 11.

[56] See also *Annales Palidenses Auctore Theodoro Monacho*, MGH SSrG 16, p. 86 (*s.a.* 1152) about Frederick Barbarossa: *vir strenuus et manu promptus ad omnia; Burchardi Chronicon*, p. 78 about Philip of Swabia, *mansuetus et benignus*.

[57] *Chronicon St Andreae Castri Caneracesii*, MGH SS 7, iii, 33, at p. 547.

[58] *Chronica Regia Coloniensis* (A), p. 63.

[59] *Burchardi Chronicon*, p. 22-3.

[60] *Ibid.*, p. 23.

[61] See, for instance, the somewhat different emphasis in the *Vita Heinrici IV Imperatoris*, written not long after the emperor's death in 1106: ed. and trans. I. Schmale-Ott, *Quellen zur Geschichte Kaiser Heinrichs IV*, ed. and trans. F.J. Schmale and I. Schmale-Ott, Ausgewählte Quellen zur deutschen geschichte des Mittelalters 12, Darmstadt, 1963, p. 408-15; C.S. Jaeger, *The Origins of Courtliness. Civilizing trends and the Formation of Courtly Ideals, 939-1210*, Philadelphia, 1985, p. 171-3. See also, from the early thirteenth-century Giraldus Cambrensis, *De Principis Instructione Liber*, ed. G.F. Warner, *Giraldi Cambrensis Opera*, 8, RS, 1891, p. 8-9, in which ease of manners came first among royal virtues, surpassed only by the love of justice.

(*affabilis ac liberalis*).[62] Even there, however, Frederick's polite manners were subsidiary and at best complementary to his military and political skills, and these were the values, too, which most contemporaries highlighted.[63]

Otto of Freising said very little about Frederick's demeanour in engaging with others, and instead focussed on outlining how Frederick, even whilst only a duke, engaged in the warlike pursuit of peace and public order,[64] and how this stern exercise of justice continued to dominate Barbarossa's reign.[65] In fact, Frederick excelled at these tasks to such a degree that he earned himself the epithet of *pater patrie*, father of the fatherland.[66] Similarly, this time describing the accomplishments of Lothar III, the Annals of Pöhlden stressed the king's moral rectitude, piety and prowess at arms, and desire to do justice: during Lothar's reign, simoniac bishops were deposed and driven from their sees, while the emperor's persistent love of justice made him equal to the greatest of his predecessors: Constantine, Charlemagne and Otto I.[67] In the case of Lothar we also find an emphasis on piety,[68] largely absent from those of Frederick Barbarossa. This may reflect a specific character trait rather than changing notions of what the imperial office entailed (Barbarossa's chancery, for instance, continued to stress his devotion),[69] but perhaps also the fact that it was difficult to praise an emperor as faithful son of the Church who, from the inception of his reign, had at best a volatile relationship with the Roman *curia*. Much greater prominence was thus given to justice, and to Barbarossa's ability to keep the peace.

One of the key episodes in Otto's construction of Barbarossa as a model king was an encounter during Frederick's coronation at Aachen, when a *ministerialis*, or unfree knight, approached the king. In disgrace for some unspecified crime, the knight threw himself at Frederick's feet, hoping to regain the king's favour. Frederick, though, remained unmoved, not, as Otto stressed, out of hatred, but in order

---

62 *Wibaldi Epistolae*, ed. P. Jaffé, *Monumenta Corbeiensia, Bibliotheca Rerum Germanicarum*, ed. P. Jaffé, 6 vols., Berlin, 1864-73, repr. Aalen, 1964, iii, no. 375. See also the list of epithets to be used in addressing an emperor, recorded in the *Aurea Gemma Oxonienses, Die Jüngere Hildesheimer Briefsammlung*, ed. R. de Kegel, MGH Epistolae: Briefe der Deutschen Kaiserzeit, Munich, 1995, no. 134.21: *excellentissimus, clementissimus, elegantissimus, potentissimus, piissimus, prudentissimus, strenuissimus, severissimus, fortissimus, invictissimus, clarissimus, ementissimus.*

63 We should of course not over interpret this point, but it is also something that seems to set the German case aside from, for instance, that of England, where polite manners, ease of access and general affability had played a greater role earlier. B. Weiler, 'Royal virtue and royal justice in Walter Map's *De Nugis Curialium* and William of Malmesbury's *Historia Novella*', *Virtue and Ethics in the Twelfth Century*, dir. I. Bejczy and R. Newhauser, Leiden, 2005, p. 317-39; *id.*, 'William of Malmesbury on kingship', *History*, 90, 2005, p. 3-22. Note however the obituary for Henry VI in *Burchardi Chronicon*, p. 75.

64 Otto of Freising and Rahewin, *Gesta Frederici*, i, 65, at p. 264-5.

65 *Ibid.*, ii, 11-12, at p. 300-5; ii, 44-5, at p. 370-9; ii, 48, at p. 376-9; ii, 57, at p. 388-91.

66 Freising, *Gesta Frederici*, ii, 58, at p. 390-1.

67 *Annales Palidenses*, MGH SS 16, p. 77. See also the comment in the *Annales Rodenses*, MGH SS 16, p. 706: *vir iustus et Deo coeli devotus. Nam ipse iustus iudicavit, pacem composuit, aecclesias defendit, iniquos dampnavit, elemosinas distribuit, et quae Dei sunt exquisivit, unde toto eius tempore pax viguit, et terra fructum diu nugatum uberius produxit.* The connection between the ruler's moral rectitude and the economic welfare of his people should be noted. See M. Blattmann, '*Ein Unglück für sein Volk.* Der Zusammenhang zwischen Fehlverhalten des Königs und Volkswohl in Quellen des 7. - 12. Jahrhunderts', *Frühmittelalterliche Studien*, 30, 1996, p. 80-102; R. Meens, 'Politics, mirrors of princes and the Bible: sins, kings and the well-being of the realm', *Early Medieval Europe*, 7, 1998, p. 345-57.

68 *Annales Palidenses*, p. 77; *Narratio de electione*, p. 510.

69 H. Krieg, *Herrscherdarstellung in der Stauferzeit*, Ostfildern, 2003.

to maintain justice. Neither the pleas of the princes, nor the use of fine words and the offer of presents could change the king's mind. Barbarossa's ploy worked: those witnessing the exchange were astonished that so young a man maintained such constancy of justice.[70] This episode has been interpreted variously by modern historians,[71] but what matters here is the stress it puts on the impartial exercise of justice, even if directed against one of the emperor's own men. It thus also compared favourably with the actions of Lothar III: he persecuted the Staufen by every conceivable means.[72] In the *Chronica*, this was read as Henry V's sins being visited upon his kin, but the tone of Otto's criticism sharpened considerably in the *Gesta Frederici*: Lothar deserved every honour for his desire to act virtuously, but was also more concerned with furthering his own affairs than the common good.[73] Lothar's kingship was tainted by the fact that it had been machinated by Adalbert, and the political turmoil that ensued (when the Staufen began to resist his kingship by force). It was Lothar's bid for the crown (and the resulting dispute over the Salian inheritance which Lothar claimed from the Staufen) that manifested most clearly that, despite his virtues, Lothar still failed to see what would have been beneficial to the empire as a whole. Frederick, by contrast, placed the impartial pursuit of justice above the patronage and protection which his dependants would normally have expected of him.[74]

The virtues required of aspirants to the imperial throne thus coincide with what we have discussed in the context of royal humility: they had to demonstrate that they had the means to perform their functions (by being successful in war, vigorous in battle, rich and powerful), but also that they possessed the virtuous mind to restrain that great power. They had to be pious, concerned with the common good rather than their private affairs, willing to challenge their supporters and followers, and demand sacrifices even of close relatives. This also applied to qualities like ease of manners which, at first sight, had little direct relevance for the exercise of kingship. However, it denoted accessibility, a willingness to set aside the constraints of rank and power in order to be available to those who most required and needed the protection of a king.[75] This further underlined why haughtiness or a desire to rule could were a disqualifying mark: those with too high an opinion of themselves would rarely show the patience and humility to engage with those who could not otherwise protect themselves.

---

[70] Otto of Freising and Rahewin, *Gesta Frederici*, ii, 3, at p. 286-9.

[71] Most importantly by G. Althoff, *Spielregeln der Politik im Mittelalter. Kommunikation in Frieden und Fehde*, Darmstadt, 1997, p. 52-3; K. Richter, *Friedrich Barbarossa hält Gericht. Zur Konfliktbewältigung im 12. Jahrhundert*, Cologne, Weimar and Vienna, 1999, p. 19-22.

[72] Otto of Freising, *Chronica*, vii, 17, at p. 528-9.

[73] Otto of Freising and Rahwin, *Gesta Frederici*, i, 17, at p. 156-9.

[74] Otto elaborated this contrast further when dealing with Frederick's election (rather than merely his designation): one of the reasons the German princes followed Conrad's suggestion was that Barbarossa was related to both the Welfs and the Staufens and could thus reconcile the two. This was in all likelihood a veiled critique of Conrad III, who had deprived his old rival's son of the duchy of Bavaria and who had sought to establish a new dynasty in Saxony, too, thereby bequeathing his nephew a first major challenge. In this context, Frederick's demonstrative refusal to set aside the rigour of justice in favour of one of his own men had a palpably pragmatic purpose: *ibid.*, ii, 2, at p. 284-7.

[75] A theme that was particularly pronounced, for instance, in England: Walter Map, *De Nugis Curialium. Courtiers' Trifles*, ed. and trans. M.R. James, rev. C.N.L. Brooke and R.A.B. Mynors, Oxford, 1983, v, 6, at p. 484-7.

All this contextualises Otto's statement that, by entrusting the empire to Barbarossa, Conrad served both the common good and his private affairs. Not only did Conrad thus distinguish himself from Lothar III, but he also served the needs and interests of his kindred. Frederick's suitability, in turn, expressed itself in his martial skills, desire for justice, and ability to bring about what none of his predecessors had accomplished: concord between Welfs and Staufens. Werner Hechberger has convincingly argued that this juxtaposition was largely one of Otto's making,[76] and we are thus well advised not to take his emphasis on Frederick's familial ties at face value. We should, at the same time, note the underlying argument Otto thus gave for Frederick's election: the peace of the empire was threatened,[77] and thus required urgent and drastic measures. In fact, in the *Gesta*, a total of five of the first eight chapters dealing with events after Frederick's coronation are dedicated to the new king's successful settling of conflicts.[78] Only Frederick had the means and the ability to bring peace and tranquillity to a ravished land and to secure the Staufens' legitimate grip on the imperial throne.

Similar ideals were invoked in 1198, though then greater emphasis was put on Philip taking the imperial crown in order to protect the claims of his infant nephew. Otto of St Blasien, for instance, reported that Philip initially sought to ensure that the princes abided by their previous decision in favour of the infant Frederick. At first, some of the German princes did indeed promise to elect Philip as *defensor imperii*, defender of the empire, until the young boy would himself come to Germany. A few days later, though, he was elected king of the Romans.[79] By contrast, those who later came to oppose Philip wanted to do away with their earlier promises altogether, and initially chose Duke Berthold of Zähringen, who, however, refused to accept his election, partly because of the opposition he would encounter from Philip's partisans, partly because little Frederick had already been chosen as king.[80] That is, a clear contrast was established between those who acted righteously and in order to safeguard the rights and claims of the infant son, and those, like Otto of Brunswick's partisans, who succumbed to bribery and thus caused dissent and a civil war lasting twelve years (that is, until Frederick's second election).[81] Burchard of Ursperg, our other main source for the events of 1198, confirms the rough outline of Otto's story, but gave it a different twist. He, too, has Philip seek the throne so as to secure his nephew's inheritance, but also his own.[82] Nonetheless, like his father in 1152, Philip acted not out of a desire to enrich himself, but to safeguard the claims of his kin, and to protect more effectively those in need of strong imperial government. Whoever exercised imperial power thus had to be the best of men, and had to be so both in terms of power and inner virtue.[83]

---

[76] W. Hechberger, *Der staufisch-welfische Gegensatz in den Jahren zwischen 1125 und 1190. Zur Anwendung von Theorien in der Geschichtswissenschaft*, Cologne, Weimar and Vienna, 1996.

[77] In fact, he dedicated a whole chapter of his account of Conrad's reign to the various wars that had broken out. Otto of Freising and Rahewin, *Gesta Frederici*, i, 31, at p. 188-91.

[78] *Ibid.*, ii, 5-7, 9, 12, at p. 290-5, 298-9, 300-5.

[79] *Ottonis de Sancto Blasio Chronica*, p. 72-3.

[80] *Ibid.*, p. 73.

[81] *Ibid.*, p. 74.

[82] *Burchardi Chronicon*, p. 77.

[83] Being asked to become king of the Romans could thus be a token of great virtue, a virtue, moreover, which truly expressed itself in rejecting the offer. Galbert of Bruges, for instance, claimed that Charles the Good of Flanders had been chosen to become emperor unanimously, and that only the great love

This is also where designation and nomination come back into play. Designation was a token of suitability, as a ruler sought to nominate whom he deemed most capable of performing his functions. We might also be well advised not to read membership of the *stirps regia* solely in genealogical terms: this was about more than mere blood relationship, but reflected perhaps an inherited, shared moral suitability, too. This seems at least to have been the case when Otto of Freising argued that the Staufen made great kings, and the Welfs great dukes. Welfs might be virtuous in some respects, and certainly made good and powerful princes, but as a family they did not have it what it took to make successful emperors. Lothar III was thus virtuous as an individual, and was certainly a great duke, but he still lacked the inner qualities necessary to be king. These were solely the reserve of the Salian dynasty and its Staufen heirs. Again, this could backfire: those opposing Duke Frederick in 1125 or Philip of Swabia after 1198, would argue that they were by their very descent disqualified from being good kings: they were the progeny of tyrants, and were thus likely to be tyrants themselves. This also means that the distinction between succession by descent and by election, that is, suitability, was by no means as rigid as clear cut as modern historians would often make it out to be.[84]

One should, moreover, not ignore the fundamentally pragmatic nature of the phenomena explored here. Quite clearly, descent alone was not enough to be made king. It was, however, deemed insufficient not because heredity did not matter, or because it violated profound legal norms, but because, in the specific context of twelfth century Germany, there were too many candidates with equally good (or weak) claims to hereditary succession, or because circumstances existed which made it necessary (or possible) to override such claim with ease (because the closest male heir was not yet of age, for example). The electoral element was perhaps more pronounced in Germany than in other kingdoms, but it was, first, not unusual, and it was, second, still perceived as subsidiary to succession by inheritance: hence the election as king during their father's lifetime of Conrad's first son (Henry) in 1147,[85] of Henry VI in 1169,[86] and of Frederick II in 1194;[87] hence, too, the frequency with which in the thirteenth century those hostile to the Staufen elaborated on Barbarossa's act of usurpation, or the ease with which Frederick II had been able to have two of his sons elected king during his lifetime. Matters only began to change after Innocent IV deposed Frederick and his sons at the Council of Lyon in 1245, the election of various anti-kings (in 1246 and 1247), and the double election of 1257-72. Even after 1291, when Rudolf of Habsburg had been unable to have his son elected, Albrecht of Habsburg still viewed this as a violation of his

he felt for his people prevented him from accepting the offer (*Galberti Brugensis De Multro*, 11). A similar story is reported about St Lászlo of Hungary (d. 1095) (*Chronici ungarici Compositio Saeculi XIV*, ed. A. Domanowvszky, *Scriptores Rerum Hungaricarum Tempore Ducum Regumque Stirpis Arpadianae Gestarum*, ed. E. Szentpétery, 2 vols., Budapest, 1937-8, repr. Budapest, 1999, i, p. 416-7].

[84] This is perhaps, too, why an electoral element continued even in the dynastically most stable kingdoms, as in England or the Iberian peninsula. Kings might be deposed, killed or forced to abdicate, but we will also notice that their successors were either members of the same family (with England in 1213 the obvious exception), or at least sought to establish a genealogy which linked them directly and more forcefully than their rivals to the 'true' and rightful line of royal succession. See Weiler, 'Kingship, usurpation…', for some twelfth-century examples.

[85] Schmidt, *Königswahl und Thronfolge*, p. 109-22.

[86] *Ibid.*, p. 173-94.

[87] *Ibid.*, p. 255-60.

rights, and fought his rival Adolph of Nassau for the throne (which he seized in 1298). Quite clearly, despite the degree to which imperial kingship became electoral kingship, heredity still mattered.

Equally, the norms and forms of public behaviour we have discussed were more than mere rhetoric. The display of humility in 1125, for instance, mattered both as a means of securing a smooth transfer of power, and of avoiding the kind of succession struggle which Duke Frederick threatened to start, and which he and his brother did, in fact, start shortly thereafter. That Lothar initially refused the throne, and that he accepted it only at the insistence of those presence assured him that he did indeed have widespread support, but it also forced those who had called upon him to accept the honour to support his candidacy all the more strongly, and to defend it against those like the Staufen who sought to overturn what had been the declared will of the princes of the realm. By 1152, Conrad's attempts to deprive the heirs of Duke Henry of their Saxon and Bavarian lands had brought the empire to the brink of civil war, and Barbarossa's demonstrative exercise of justice, even against his own men, may thus have been the necessary proof that he would not follow in the steps of his immediate predecessors: his reign would not be but yet another step in an escalating feud, but would restore justice and the rigour of the law. Similar considerations may be evident in the stress on Lothar's piety (a perhaps not unwelcome change from Henry V, who had famously imprisoned the pope to secure his imperial coronation), or about Philip's accessibility and ease of manners (which allowed easy access to the royal person, to royal patronage and justice). These values were, of course, malleable, and could be re-organised and reordered according to the needs of specific candidates and specific circumstances. They were flexible and open to interpretation, but it is this very flexibility and openness that made them so useful a means for channelling the exercise of imperial power, and for debating the rights and the suitability of those who sought to wield it. They also made it possible to incorporate strategies of legitimisation which, at first sight, might seem mutually exclusive, and thus ultimately helped to secure the ideological foundations of imperial kingship.

Norms, rituals, practices / Normes, rituels, pratiques

Changer les règles : la succession angevine aux trônes hongrois et polonais

Dániel Bagi

Après la chute de l'Empire carolingien, l'Europe centrale et orientale historique apparut sur la frontière de l'Europe occidentale, latinisée, et de l'Europe grecque, byzantine, *Europa Occidens* et *Europa Oriens* respectivement. Au moins jusqu'à la fin du XIIe siècle, cette région resta divisée en deux parties : une Europe centrale et orientale latine (Polande, Bohème et Hongrie) et la Rus' de Kiev orientée culturellement vers Byzance. La genèse particulière de cette région de l'Europe explique que son histoire soit demeurée un thème populaire de recherche jusqu'à aujourd'hui[1]. Parmi les traits particuliers de cette histoire, nous devons souligner la mentalité historique de cette région, où « mentalité » est entendu dans son sens le plus large. La coexistence de facteurs occidentaux et orientaux explique que la mentalité historique de ces pays ait un caractère mixte qui présente les caractéristiques à la fois de l'Europe occidentale et de l'Europe orientale. Cela signifie que les institutions légales, culturelles furent reprises de la partie occidentale du continent, mais qu'elles entrèrent en collision avec les traditions en place héritées de l'Orient[2].

Le trait fondamental de cet espace historique est clairement illustré par la peinture qui figure au début de la fameuse chronique hongroise, le *Chronicon pictum*. Dans sa présente forme, cette chronique date de 1354, mais elle est en réalité la fusion de plusieurs textes plus anciens[3]. L'image en question montre le roi Louis le Grand d'Anjou assis sur son trône et entouré de deux groupes de personnages qui constituent sa suite : une partie d'entre eux porte des vêtements occidentaux, alors que l'autre partie est habillée à la manière orientale, avant tout de caftans. Si les savants continuent à débattre de l'identité de tous ces personnages[4], la signification de l'image a toujours fait l'unanimité. Elle était destinée à être l'icône initiale de toute la chronique de l'histoire hongroise, montrant le présent et le passé : c'est-à-dire l'élite curiale ancienne, traditionnelle, et les *homines novi* du roi angevin

---

[1] Cet article s'intègre dans une recherche financée par le fond hongrois OTKA (numéro de référence : T 043432)
F. Dvornik, *The Making of Central and Eastern Europe*, Londres, 1949 ; P. S. Wandycz, *The Price of Freedom. A History of East Central Europe from the Middle Ages to the Present*, Londres, 1992 ; J. W. Sedlar, *East Central Europe in the Middle Ages, 1000-1500*, A History of East Central Europe, 3, Washington, 1994 ; N. Kersken, « Mittelalterliche Nationalgeschichtsschreibung im östlichen Mitteleuropa », *Mediaevalia Historica Bohemica*, 4, 1995, [1997], p. 147-170 ; C. Lübke, *Das östliche Europa*, Munich, 2004 ; M. Font, *A keresztény nagyhatalmak vonzásában. Közép- és Kelet-Európa a 10-12. században*, Budapest, 2005.

[2] J. Szűcs, *Die drei historischen Regionen Europas*, Francfort-sur-le-Main, 1994.

[3] « Chronici Hungarici compositio saeculi XIV », éd. A. Domanovsky, *Scriptores rerum Hungaricarum*, Budapest, 1937 [1999], t. I, p. 219-505.

[4] E. Marosi, *Kép és hasonmás. Művészet és valóság a 14-15. századi Magyarországon*, Budapest 1995 ; J. Bak, « Harcosok vagy ősök? Még egyszer a Képes Krónika címlapjáról », *Buksz*, 10, 1998.

« occidental ». En même temps, cette image a une signification allégorique plus profonde : elle reflète le caractère mixte du royaume de Hongrie, qui absorba des éléments à la fois orientaux et occidentaux tout au long de son histoire.

La régulation de la succession au trône pourrait être un bon point de départ pour retracer la mentalité historique particulière que l'on vient d'évoquer. Dès le départ, on note l'existence d'un principe général réglant la dévolution du royaume mais, dans la réalité, la succession avait lieu de deux manières. La principale règle était qu'un membre de la dynastie « historique » devait toujours accéder au trône. Cette règle est très clairement prescrite dans les sources narratives les plus anciennes de Hongrie, de Pologne et de Bohême, qui furent écrites bien des siècles après la prise de pouvoir par ces dynasties. L'histoire ces pays est sans aucun doute possible liée à celle des *domini naturales*, les dynasties régnantes traditionnelles : les Árpád en Hongrie, les Piast en Pologne et les Premyslides en Bohême. Dans les récits des premiers chroniqueurs – la chronique de « Gallus Anonymus » (vers 1113-1115) en Pologne, la chronique de Cosmas de Prague en Bohême, et la première rédaction anonyme de la Chronique hongroise en Hongrie –, la fin de la période païenne dans l'histoire de ces peuples et leur conversion au christianisme sont attribuées à l'apparition des nouvelles dynasties[5]. L'enthousiasme des chroniqueurs est évident : toutes ces chroniques furent écrites au sein des cours royales et ducales et il n'est pas étonnant qu'elles ne prennent aucune distance par rapport à la pensée dynastique[6].

Entre le Xe et le XIIIe siècle, la succession au trône dans ces différents royaumes fut réalisée de deux manières : le *senioratus* et la primogéniture. Avec le bénéfice du recul, on peut estimer que la différence entre ces deux modes de succession était relativement simple : dans le cas de la seniorité, la personne qui devait hériter du trône était toujours le membre le plus âgé de la dynastie, alors que la primogéniture désignait le descendant mâle le plus âgé pour diriger le royaume. En réalité, le phénomène était un peu plus complexe.

Le système du *senioratus* est une prétention traditionnelle à l'héritage dont les origines remontent à la préhistoire de chacune des nations de l'Europe centrale et orientale[7]. Le droit traditionnel considérait la famille tout entière comme une communauté juridique dont tous les membres, à l'exception des femmes, possédaient un titre à devenir les héritiers de la propriété. De manière semblable, la succession au trône était traitée comme une forme de propriété, bien qu'il se soit agi d'une propriété d'un type particulier[8]. Par conséquent, dans le cas d'une vacance du trône, c'était toujours le membre le plus âgé de la dynastie qui montait sur le trône. Comme nous l'avons mentionné plus haut, cette conception tradition-

---

5 Gallus I. 1-4, éditions : *Galli Anonymi chronicae et gesta ducum sive principum Polonorum*, éd. K. Maleczy☒ski, Monumenta Poloniae Historica, nouvelle série, 2, Cracovie, 1952 ; *Gesta Principum Polonorum – The Deeds of the Princes of the Poles*, éd. J. M. Bak, U. Borkowska, G. Constable et G. Klaniczay, trad. et notes P. W. Knoll et F. Schaer, avec une préface de T. N. Bisson, Budapest-New York, Central European Medieval Texts, 3, 2003 ; Cosmas I. 1-12, édition : *Cosmae Pragensis Chronica Boemorum*, éd. B. Bretholz, *Monumenta Germaniae Historica, Scriptores Rerum Germanicarum*, 2, Berlin, 1923.

6 N. Kersken, « Die Anfänge nationaler Geschichtsschreibung im Hochmittelalter : Widukind von Corvey, *Gallus* Anonymus, Cosmas von Prag, Gesta Hungarorum », *Europas Mitte um 1000. Beiträge zur Geschichte, Kunst und Archäologie*, dir. A. Wieczorek et H. M. Hinz, vol. 2, Stuttgart, 2000, p. 863-867.

7 Font, *A keresztény nagyhatalmak vonzásában…*, p. 133-157.

8 G. Béli, *Magyar jogtörténet. A tradicionális jog*, Pécs, 1999, p. 132.

nelle rentra en conflit avec les principes juridiques occidentaux, c'est-à-dire le principe de primogéniture.

Au cours des XIe et XIIe siècles, les dynasties de cette région firent un effort conscient pour clarifier l'ordre de succession au trône au sein de la famille. Dans la chronique hongroise, on trouve un court récit au sujet de l'accession au trône du roi Salomon (1063-1074). Il était le fils d'André Ier (1046-1060), qui obtint le pouvoir après une longue priode de guerres civiles et de révoltes païennes. Après qu'André eut consolidé sa position dans le pays, il donna l'ordre de couronner son fils Salomon, alors en bas âge. Cet acte suscita l'indignation du frère d'André, le futur roi Béla Ier (1060-1063). À suivre la chronique, alors qu'on lui traduisait le texte latin de l'*ordo* de couronnement, Béla déclara qu'il ne serait jamais le sujet d'un enfant[9]. Ce passage de la chronique fut écrit plus tard que les événements qu'il décrit, mais toute la scène exprime bien la collision de deux cultures différentes.

On peut donner d'autres exemples similaires pour cette période. En Pologne, où l'institution de la royauté ne bénéficia pas de la même continuité qu'en Hongrie, les combats pour le trône prenaient place au sein de la famille ducale. Le duc Władysław Herman (1076-1102) eut deux fils de deux mariages : le duc Boleslas III (1102-1138), dit Bouche-Torse, et son frère aîné, le duc Zbigniew († vers 1112). Le duc Władysław divisa, dès son vivant, le pays entre ses deux fils[10], mais après sa mort, Bolaslas comme Zbigniew tentèrent de mettre en place une monocratie dans le pays. La chronique de Gallus Anonymus ramasse la description des événements qui marquèrent le conflit en un dialogue entre les deux frères. Les deux principes bien connus de succession au trône sont distingués. Zbigniew est l'aîné : par conséquent, selon le droit traditionnel, il pourrait être le roi unique, mais Boleslas est l'héritier légitime du trône parce qu'il est l'héritier légal de son père[11]. En Bohème, nous rencontrons aussi des sources qui discutent les principes d'héritage du pouvoir dans le pays pour le XIe siècle[12].

---

[9] « Chronici Hungarici... », c. 92-94.

[10] Gallus II. 7-8. *Unde pater nescio quid suspicans, confestim inter eos regnum divisit, sed de manu tamen sua sedes regni principales non dimisit...*

[11] *Ibid.*, II. 36. *Quoniam quidem frater, inquit, cum sis major etate, parque beneficio regnique divisione, me solum iuniorem laborem totum subire permittis, nec te de bellis vel de regni consiliis intromittis, aut totam regni curam ac sollicitudinem sicut major esse vis, obtineas, aut mihi legitimo, licet etate minori, onus terre sufferenti, tutomque laborem patienti, si non prosis, saltem non noceas. Quodsi curam istam susceperis et in vera fraternitate perstiteris, quocumque me pro communi consilio vel utilitate regni vocaveris, me promptum ibi cooperatorem habueris. Aut si forte quiete vivere, quam laborem tantum subire malueris, michi totum committe et sic deo propiciotutus eris.*

[12] Cosmas II. 13 : *Quia me mea fata vocant, et atra mors jam prae oculis volat, volo vobis assignare et vestrae fidei commendare, qui post me debeat rem publicam gubernare. Vos scitis quia nostra principalis genealogia, partim sterilitate, partim pereuntibus in inmatura aetate, me usque ad unum fuit redacta. Nunc autem, ut ipsi cernitis, sunt mihi a Deo dati quinque nati, inter quos dividere regnum Boemiae non videtur mihi esse utile, quia omne regnum in seipsum divisum desolabitur. Quia vero ab origine mundi, et ab initio Romani imperii, et usque ad haec tempora fuerit fratrum gratia rara, testantur nobis exempla rata. Nam Cain et Abel, Romulus et Remus, et mei atavi Bolezlaus et sanctus Wencezlaus, si spectes quid fecerint fratres bini, quid facturi sunt quini? Hos ergo quanto potiores ac potenciores intueor, tanto mente praesaga pejora augurior. Heu mens semper pavida genitorum de incertis satis natorum! Unde praevidendum est ne post mea fata aliqua inter eos oriatur discordia propter obtinenda regni gubernacula. Qua de re rogo vos per Dominum et obtestor fidei vestrae per sacramentum, quatinus inter meos natos sive nepotes semper major natu summum jus et solium obtineat in principatu, omnesque fratres sui, sive qui sunt orti herili de tribu, sint sub ejus dominatu. . Credite mihi, nisi monarchos hunc regat ducatum, vobis principibus ad jugulum, populo ad magnum deveniet damnum.*

L'issue de ces conflits au sein des familles royales et ducales n'était pas toujours la même. Comme nous l'avons déjà rappelé, en Hongrie, l'institution de la royauté fut acceptée très tôt, et pendant les premiers siècles de l'histoire hongroise les principaux débats tournèrent autour de la question : « Qui doit être roi ? » En Pologne, toutefois, les luttes pour le trône se terminèrent avec l'introduction du système du *ius ducale*, où l'idée du *senioratus* l'emporta définitivement sur le principe de primogéniture, avec pour conséquence la division du pays, pour un temps très long, entre les membres masculins de la dynastie des Piast[13].

Des changements profonds dans le système de la succession au trône apparurent au XIVe siècle. En premier lieu, l'idée de la royauté fut reconnue en Pologne, après l'ascension sur le trône en 1306 puis le couronnement en 1320 de Wladislas II surnommé Lokietek[14]. L'autre fait majeur fut l'extinction des principales dynasties régnantes au XIVe siècle. En 1301 André III, le dernier représentant masculin de la dynastie des Árpád, mourut ; bientôt, la dynastie des Premyslides connut le même sort, à la mort de Wenceslas III en 1306. Finalement, en 1370, lorsque Casimir le Grand disparut, ce fut au tour de la dynastie des Piast de s'éteindre.

Les changements liés au système de la succession au trône prirent place à un moment où la dynastie angevine régnait à la fois sur la Hongrie et la Pologne. En Hongrie, les Angevins s'établirent sur le trône en 1310 après un court interrègne. Les droits de la dynastie angevine sur le trône reposaient sur un lien de parenté entre les Árpád et les Angevins par la descendance féminine de la dynastie hongroise régnante traditionnelle[15]. Après la mort de Charles d'Anjou (1310-1342) en 1342, la dévolution du trône ne posa pas de difficulté particulière, mais son fils, Louis Ier dit le Grand (1342-1382) dut faire face à l'absence d'un successeur de sexe masculin. En Pologne, Casimir le Grand, dont la sœur, Élisabeth de Piast, était la mère de Louis le Grand, fut confronté au même problème : même son troisième mariage ne lui donna pas de successeur mâle. Dans les premiers siècles de l'histoire des pays de l'Europe centrale et orientale, il y eut toujours deux conditions indispensables pour entretenir un droit légal sur le trône : il fallait être un membre de la dynastie, et un homme.

Après 1352, il devint patent que ni Louis, ni son oncle, Casimir III, n'auraient de successeurs masculins. Des deux principales conditions relatives à la question de la succession qu'il fallait remplir pour avoir un droit légal sur le trône - l'appartenance à la dynastie et la présence de descendants de sexe masculin - l'une manquait : il n'y avait pas de successeur mâle acceptable pour la dynastie, ce qui avait pour conséquence que la deuxième condition d'une succession légitime était également menacée. Le cas de la Hongrie présentait moins de difficultés. Après son accession au trône, Charles d'Anjou (1308-1342) restaura le prestige du pouvoir royal et finit par construire un État fort et centralisé[16]. Par conséquent, l'idée d'une succession au trône d'une femme de la dynastie put être rendue plus facilement

---

[13] K. Modzelewski, « The system of the *ius ducale* and the idea of feudalism (comments on the earlier class society in medieval Poland) », *Questiones Medii Aevi*, 1, 1977, p. 71-100.

[14] R. Grodecki, S. Zachorowski et J. Dąbrowski, *Dzieje Polski średniowiecznej*, 2 vol., Cracovie, 1995, vol. 1, p. 392-396.

[15] Czarnkow c. 6, éd. J. Szlachtewski, « Joannis de Czarnkow Chronikon Polonorum », dans *Monumenta Poloniae Historica*, t. II, Lwów, 1872, p. 621-753, aux p. 637-638 ; D. Bagi, « Politikai megállapodás és vérszerinti öröklés. Az első magyar-lengyel perszonális ujió létrejöttének előzményei », *A magyar államiság első ezer éve*, Pécs, 2000, p. 45-54.

[16] P. Engel, *Realm of Saint Stephen. A History of Medieval Hungary, 895-1526*, Londres, 2001, p. 345-372.

acceptable pour la nation par son fils, le roi Louis. En Pologne, toutefois, tout était différent.

Mis à part Casimir le Grand et sa sœur Élisabeth, aucun membre de la dynastie des Piast ne pouvait prétendre à un lien de consanguinité directe avec la principale lignée des Piast. La dynastie elle-même ne mourut pas, bien entendu, car il y avait encore des branches collatérales qui représentaient l'héritage de la période ducale. En théorie, un des descendants collatéraux masculins des Piast aurait pu obtenir le trône, mais cette solution aurait inévitablement représenté une sorte de retour aux circonstances du *ius ducale*, car le branches collatérales de la dynastie n'avaient pas le droit de détenir le pouvoir royal[17]. Sous la pression de ces circonstances, Casimir le Grand n'eut pas d'autre choix que d'impliquer la dynastie angevine dans la succession au trône polonais.

En 1355, une délégation polonaise se présenta à la cour royale de Hongrie pour mettre en place les conditions d'une succession angevine en Pologne. Les principaux principes de la négotiation étaient, comme toujours, les mêmes idées bien connues de succession : le nouveau roi devait être un membre de la dynastie, et de sexe masculin. Le problème était que le descendant direct était Élisabeth de Piast, la mère de Louis le Grand, qui représentait la continuité des Piast. Une lettre du pape Urbain V datée de 1368, l'exprime de manière frappante : Élisabeth y est nommée « successeur de premier rang » (*primo gradu*) au trône polonais, alors que Louis est identifié comme « successeur de deuxième rang » (*secondo gradu*)[18]. La signification des formules utilisées dans cette lettre est claire. Le principal objet en impliquant la lignée angevine était de maintenir le sang des Piast par le biais d'Élisabeth, mais elle ne pouvait être l'héritier du trône puisque le roi devait, selon le droit traditionnel, être un membre masculin de la dynastie. Cela signifie qu'en Pologne, tout comme en France avec la Loi salique, une femme ne pouvait détenir le trône ; mais, par opposition à la France, les femmes pouvaient transmettre le droit à régner.

La délégation polonaise de 1355 mit en place les conditions de la succession dans l'esprit du *Privilegium Budense*, le « Privilège de Buda ». Ce diplôme de Louis le Grand nommait Louis et ses héritiers masculins comme héritiers du trône polonais[19], mais il contenait aussi une clause de réserve importante : en cas de décès de Louis le Grand sans successeur masculin, le droit de décider de la succession serait redonné à la « nation », c'est-à-dire, en réalité, à la noblesse polonaise[20].

En 1370, lorsque Casimir le Grand mourut, Louis se rendit en Pologne pour prendre le trône après son oncle. La prise de pouvoir à Cracovie ne se fit pas sans

---

[17] J. Dąbrowski, *Ostatnie lata Ludwika Wielkiego w Polsce 1370-1382*, Cracovie, 1918, p. 104-105.

[18] A. Theiner, *Vetera Monumenta Historica Hungariam Sacram Illustrantia*, t. II, *ab Innocentio PP. IV. usque ad Clementem PP. VII. 1352-1526*, Osnabrück, 1968, p. 171 : *Regina … immediate seu primo loco et Lodovicus … secundo loco tam de iure, quam ex conventionibus per eos cum memorato Kazimiro habitis in hac parte deberet succedere in regno Polonie prelibato…*

[19] *Codex diplomaticus Maioris Poloniae (Kodeks Diplomatyczny Wielkopolski)*, éd. I. Zakrzewski, t. III, Poznan, 1879, n° 1328.

[20] *Ibid.* : *Demum, si quod absit nos aut dominum Iohannem ducem, nepotem nostrum, absque herede masculini sexus decedere contingat, extunc omnia pacta, concenciones, disposiciones, ordinaciones, iuramenta fidelitatis et homagii ac obligamina quelibet, confecta super sacramento regni Polonie supradicti, que nos aut nostros et ipsius heredes contingebant, eo ipso annulentur, irretentur et viribus maneant caritura, nec alii successores nostri, preterquam heredes memorati horum pactorum occasione aliquid iuris in eodem valeant ulterius vendicare ; sed regnicole ipsius regni Polonie super ipsis liberi sint penitus et exempti ac per omnia expediti.*

difficultés, car Louis dut faire face à une opposition plus forte en Pologne qu'en Hongrie, une opposition menée avant tout par les nobles originaires de Grande Pologne. Son problème le plus grave toutefois était de savoir comment garder le trône de Pologne dans sa famille. Comme nous l'avons déjà mentionné, tout comme Casimir le Grand, Louis n'avait pas d'héritier mâle et, après 1370, il devint évident qu'il n'en aurait pas dans l'avenir. En conséquence, il lui fallait réformer le système de la succession en Hongrie comme en Pologne. L'enjeu n'était pas moins que la continuité de la dynastie.

Pour résoudre cette question, la dynastie angevine de Hongrie tenta d'opérer avec un modèle nouveau, qui était bien sûr connu ailleurs en Europe, mais qui n'avait jamais été auparavant éprouvé dans cette région. Louis le Grand commença par changer les règles de succession en Hongrie : l'une de ses filles, Marie, devint l'héritière désignée du trône. Selon le plan du roi, Marie devait être *roi, et non reine de Hongrie*, et elle devait épouser Sigismond de Luxembourg, le fils de l'empereur Charles IV de Luxembourg. Sigismond fut désigné comme *coniunx*, ce qui signifie qu'il était simplement l'époux du roi féminin et que par conséquent il n'avait aucun droit sur le trône. Son rôle se bornait à donner des descendants masculins à la dynastie, nés de ce lien conjugal et, ainsi, d'assurer la survie de la dynastie anvegine par la descendance féminine.

Alors que la réforme de la succession avait eu lieu sans heurts en Hongrie, elle s'avéra une tâche beaucoup plus compliquée en Pologne. Comme nous l'avons vu, en 1355 Louis le Grand édicta un diplôme pour la Pologne, dans lequel la succession lui était promise, à lui ainsi qu'à ses héritiers. Après 1370, comme le respect de cet accord par les états polonais semblait impossible, le roi tenta de changer le système de succession de son propre chef. En 1374, il ordonna aux représentants de la Pologne de se réunir dans la ville hongroise de Kassa (Kosice, aujourd'hui en Slovaquie), où il édicta son fameux Privilège de Kassa pour « toute la nation polonaise »[21]. Ce diplôme de Louis le Grand a été jusqu'à aujourd'hui l'objet de vifs débats entre les savants, qui ne s'entendent pas pour estimer la signification du règne de Louis le Grand en Pologne[22]. Selon la plupart des chercheurs, toutefois, le but de ce diplôme était de changer la succession en Pologne (en permettant la succession féminine), et on a souligné que pour atteindre ce but le roi concéda en retour de nombreux privilèges à la noblesse polonaise. On doit sans doute nuancer quelque peu cette vision des choses, mais il faudrait pour cela consacrer une analyse détaillée au Privilège de Kassa. Ce n'en est pas ici le lieu, et je me contenterai simplement d'aborder les parties du document qui concernent la question de la succession au trône.

En Pologne, Louis suivit la même méthode qu'en Hongrie. Il donna l'ordre aux représentants de la Pologne réunis à Kassa d'accepter la succession de la lignée féminine de la dynastie angevine. La succession par les mâles, acceptée vingt ans plus tôt, fut transformée par le Privilège de Kassa : en l'absence d'un successeur masculin, l'une des filles du roi devait être acceptée comme héritière du trône. À la mort de Louis en 1382, sa fille cadette, Hedwige, fut invitée à monter sur le trône polonais. Elle fut couronnée « roi de Pologne » (*rex Poloniae*), et épousa le duc de Lithuanie, Jagello, qui devint son *coniunx*, tout comme Sigismond en Hongrie.

---

[21] *Codex diplomaticus Maioris Poloniae...*, t. III, n° 1708.

[22] J. S. Matuszewski, *Przywileje i polityka podatkowa Ludwika Węgierskiego w Polsce*, Łódź, 1983 ; D. Bagi, « Die Quellen des Kaschauer Privilegs », *Specimina Nova, Pars Prima, Sectio Medievalis*, II, 2003, p. 65-75.

Dans les deux cas, nous pouvons observer que l'intention du roi était de sauvegarder la continuité de la dynastie plus ancienne, traditionnelle. En Hongrie comme en Pologne, il espérait que des descendants masculins issus de ces deux mariages garantiraient la survie des dynasties gouvernantes autochtones. Ainsi, les Angevins, qui régnèrent sur la Hongrie comme successeurs par le sang des Árpád, souhaitaient préserver la vieille dynastie hongroise par la ligne féminine, et en Pologne ils agirent de manière similaire pour la dynastie des Piast.

Mais les plans de Louis ne firent pas long feu. La reine Marie mourut en 1387 en Hongrie sans laisser de successeur mâle, et sa sœur Hedwige connut le même sort en 1399. Après la mort des « rois » légitimes – qui étaient en réalité des femmes –, les dynasties traditionnelles hongroise et polonaise s'éteignirent. Le droit d'élévation du prince retourna aux représentants des pays, le conseil royal. C'est ainsi que prirent fin les dynasties traditionnelles, âgées de quatre siècles, en Pologne et en Hongrie.

Pour conclure. Dans l'Europe « historique » centrale et orientale, la succession au trône dépendit toujours de deux conditions principales. La première condition était que seul un membre de la dynastie régnante traditionnelle pouvait parvenir au pouvoir, la seconde que les femmes de la dynastie étaient exclues de la succession. Ce concept de possession d'un pouvoir politique était hérité de la préhistoire des nations de cette région. Le même concept fut appliqué à la possession des domaines, car dans cette région de l'Europe, la féodalité dans son sens légal et institutionnel était inconnue. Pendant la période médiévale, on s'efforça toujours de remplir ces conditions.

Toutefois, au début du XIVe siècle, les lignées masculines des dynasties traditionnelles disparurent et, pendant le règne de Louis d'Anjou, sous la pression des circonstances (l'absence d'héritiers mâles), la succession féminine prit place en Hongrie comme en Pologne. De telles règles regardant la succession au trône, jusqu'ici inconnues dans cette région historique de l'Europe, visaient à assurer la survie des vieilles dynasties fondatrices. Les dispositions prises par Louis pour sauvegarder le pouvoir de sa propre dynastie s'avérèrent inefficaces dans le long terme, en Pologne et en Hongrie. Après la mort de ses filles, une nouvelle période s'ouvrit das l'histoire de ces deux royaumes : la vieille relation entre la société et les dynasties régnantes, fondée sur une tradition historique, la croyance en une origine commune de la « nation » et de la dynastie, avait pris fin et, à partir de cette date, dans les deux pays, on recourut à l'élection pour désigner les gouvernants.

Succession and the royal dead in later medieval England

Ralph Griffiths[1]

The burial of monarchs was part of the ritual of royal succession and inauguration. This was so in medieval Europe's hereditary monocracies (like France), in elective monocracies (like Germany and Venice) and in those monocracies like England that were partly revolutionary. Royal burials were customarily arranged by successor monarchs or on their behalf, usually to legitimize their succession, though sometimes to restore an interrupted line of succession; on rare occasions, they might be arranged to mark a distance from the dead king or his family. The details of royal burials might be determined by the new monarch, by the dead monarch and by the custom of monarchy itself. These imperatives were not always coincident, but they were always designed to influence and manage regal succession. This is a context in which the morphology of the mortality of later medieval English kings may be discussed.

The meaning of death is of universal and compelling interest. The meaning of the death of monarchs has been of uncommon interest as long as there have been kings and queens. For ordinary mortals, the medieval European attitude to death was a confection of the certainty of earthly finality, perplexity about – and fear of – the unknowable and also, by the ninth or tenth century, the Christian conviction of a *post mortem* existence. To these spiritual and social implications may be added political, constitutional and cultural importances which make the death and burial of kings in a monocracy (to use Raymond Foreville's helpful term) particularly fascinating.[2] And the Middle Ages, pre-eminently the age of regal monocracies, witnessed significant developments in the role of the dead monarch which retain an echo even today.

One measure of the changes that took place in the circumstances and ritual of the burials of English kings is a comparison of the interment of William I in 1087 and the funeral of Edward IV in 1483. The Conqueror was buried in the monastery at Caen in Normandy which he had founded, but in a plot owned by somebody else who complained that he had not been paid for its use; and, as the dead king's attendants tried to stuff the corpse into the coffin, it ruptured and exuded such a stench that the funeral service had to be brought to a hasty close.[3] Edward IV, by contrast,

[1] Support from The Leverhulme Trust enabled me to develop this essay from the James Ford Special Lecture in English History delivered in the University of Oxford in November 1993. I have benefited from discussions about royal burials with my colleague, Mr Ifor Rowlands.

[2] R. Foreville, 'Le régime monocratique en Angleterre au Moyen Âge, des origines anglo-saxonnes à la mort d'Édouard Ier (1307)', *Recueils de la société Jean Bodin, 21: la monocratie, 2ème partie*, Brussels, 1969, p. 119-200, which includes a discussion of the parameters of succession.

[3] D.C. Douglas, *William the Conqueror*, new edn, New Haven and London, 1999, p. 352-3, and references cited there.

was buried in St George's chapel, Windsor castle, which he himself had begun to rebuild, and according to funeral rites that were elaborate and dignified: the participants were marshalled by a dozen royal heralds, according to an order that had evolved during the intervening centuries and in 1483 was recorded in detail – down to the lying in state, the masses and prayers that were read or sung, the attendants in strict order of precedence and closeness to the dead king, the clothing of the corpse, the making of an effigy ('a personage like to the similitude of the king'), the saints to be invoked, and the chivalric heraldry of it all. It took almost two weeks to dispose of Edward IV.[4]

Shakespeare understood the rituals of noble burial. When Laertes returns to Denmark after the killing of his noble father unwittingly by Prince Hamlet, he discovers that his father has been hastily buried without the noble rites:

> His means of death, his obscure funeral –
> No trophy, sword, nor hatchment o'er his bones,
> No noble rite, nor formal ostentation –
> Cry to be heard, as 'twere from heaven to earth,
> That I must call't in question.[5]

To Shakespeare, noble (including kingly) burials were public, formal, chivalric and showy, as befitted the point when Earth was introduced to Heaven. And these were among the characteristics of the procedures described by the heralds in Shakespeare's day, in Edward IV's day, and before that – certainly long before the College of Arms, the fraternity of heralds, was incorporated by Richard III in 1484 and its members thereafter recorded the burials of kings in careful detail. Many of the heralds' surviving books of procedure date from the late fifteenth and sixteenth centuries, but the rituals of burying English kings had been evolving for much longer.[6] These rituals were as important to the living and the dead as was life itself, for the rites of passage linked life and death in a continuum which had significance for the living and, symbolically, for the dead. These rituals represented and helped to sustain the institution of monarchy beyond the earthly life of an individual king.

Shakespeare understood the enormity of murdering kings, and the spiritual, secular and dynastic consequences that might follow. To violate sanctified blood – sanctified by unction at the coronation – doomed a dead king to restlessness: 'Doom'd for a certain term to walk the night', the ghost of Hamlet's murdered father became an instrument of retribution as the unjustly dead would not let go of the living.[7] By the end of the fifteenth century, political writers in France and at the French court believed that the English bore the mark of Cain and were prone

---

[4] 'Funeral of Edward the fourth', *Letters and Papers Illustrative of the Reigns of Richard III and Henry VII*, ed. J. Gairdner, 2 vols., RS, 1861-3, i, p. 3-10, from College of Arms (London), MS I. 7 f. 7-8v, re-edited most recently, with comprehensive comment (p. 7-46), in A.F. Sutton and L. Visser-Fuchs, with R. A. Griffiths, *The Royal Funerals of the House of York at Windsor*, London, 2005, p. 33-40. This is a near-contemporary text, and the edition supersedes several earlier published descriptions of Edward IV's funeral.

[5] W. Shakespeare, *Hamlet*, Arden edn, 1982, act IV, scene V, l. 210-14, with commentary.

[6] These heralds' books of procedure for funerals and other ceremonies were frequently copied in the sixteenth and seventeenth centuries: see, for example, in Sutton, Visser-Fuchs and Griffiths, *The Royal Funerals…*, p. 5, 32-3, 63; and below n. 15, 16, 23.

[7] Shakespeare, *Hamlet*, act I, scene V, l. 10.

to murder their kings and the children of their kings.[8] And looking back over the previous two centuries, who could blame them for thinking so (though they exaggerated): of the twelve kings of England between 1216, the accession of Henry III, and 1509, the death of Henry VII, five died violently, four of them in secret. The burial rites – where they are known – of these kings could not prevent their ghosts a-walking, cults developing, miracles being worked at their tombs, or pretenders asserting that they were still living, thereby muddying the waters of succession. Ecclesiastics in particular were attached to Richard II's ghost for more than a decade after the king's deposition in September 1399 and his mysterious death several months later, and the cults of murdered kings almost always flourished in a religious context.[9] Only the king who was slain publicly, Richard III in 1485, did not walk abroad after Bosworth Field: no more than a handful of latter-day Ricardians have claimed to have seen, touched or communed with their hero. That is presumably because the king was killed in battle, arguably a judgement of God; the writer at Crowland abbey less than a year later seems to have appreciated this when he noted 'from the chronicles that no such end for a king of England (being killed that is on a battlefield in his own kingdom) has been heard of since the time of King Harold, who was a usurper and was defeated in battle by William the Conqueror'.[10] Moreover, Henry Tudor quickly took steps to give Richard a public, commonplace funeral in the Franciscan friary at Leicester, and later contributed only modestly to the construction of his tomb, and he actively encouraged a view of Richard that would deter any righteous ghost from appearing.[11] In Henry's first parliament (1485-6), Richard was belittled as 'late Duke of Glouc', callinge and nameinge himself, by usurpacion, King Richard the III[d]'; and later in the reign, Richard's seizure of the crown made him, according to the official record, 'late in dede and not in right Kyng of England' and 'late pretenced Kyng'.[12]

The exhumation and reburial of slaughtered kings were an attempt to lay restless ghosts and exorcise the sin of regicide; they also had practical, political purposes related to succession that raised royal burial to a fine art. Reburial, as in the case of Richard II in Westminster abbey with much ceremony in 1413, could provide compelling evidence that the king was indeed dead; it might also replace the threat of ghostly retribution with reconciliation and control. There seems little doubt about Henry V's motive in translating Richard II's body to Westminster from the Dominican friary at King's Langley, itself a royal foundation, where it was quietly buried in 1400. By this public act, Henry hoped to end the divisions created by Richard's deposition and legitimize the succession of the Lancastrian house. Thomas Hoccleve's verses commissioned for the occasion stressed the healing of wounds and the bringing of unity in the state. It was symbolic (rather than economic or ironic or accidental) that Henry brought the tomb achievements of his father (who

[8] P.S. Lewis, 'Two pieces of fifteenth-century political iconography: (b) The English kill their kings', *Journal of the Warburg and Courtauld Institutes*, 27, 1964, p. 319-20, with further comment in *id.*, *Later Medieval France*, London, 1968, p. 63, 91-2, 374.

[9] P. Morgan, 'Henry IV and the shadow of Richard II', *Crown, Government and People in the Fifteenth Century*, ed. R.E. Archer, Stroud, 1995, p. 1-32.

[10] *The Crowland Chronicle Continuations: 1459-1486*, ed. N. Pronay and J. Cox, London, 1986, p. 184-5.

[11] C. Ross, *Richard III*, new edn, New Haven and London, 1999, p. 225-6; D. Baldwin, 'King Richard's grave in Leicester', *Transactions of the Leicestershire Archaeological and Historical Society*, 60, 1986, p. 21-4.

[12] *Rotuli Parliamentorum*, 6 vols., London, 1767, vi, p. 275-8 ('Act of conviction and attainder'), 429.

had deposed Richard) from Canterbury cathedral to grace King Richard's reburial.[13] Similarly, Richard III translated Henry VI's body from Chertsey abbey to St George's chapel, Windsor, in 1484 so that he might harness and control the active veneration of the king whose murder had occurred in 1471 when both Richard and his brother, King Edward IV, were close by. In the eyes of the pilgrims who flocked to the new shrine, Henry VI's reburial might well have contrasted Richard's ostentatious act of piety with the licentiousness of his brother Edward, and by implication with the unsuitability of the latter's offspring to rule in England. It may also represent an attempt by Richard III to fortify his own succession by reconciling Lancastrian loyalists to his Yorkist line.[14]

The insecure Yorkist dynasty deployed reburial with studied imagination. In 1463, Edward IV's kingmaker, the earl of Warwick, re-interred the body of his father, the earl of Salisbury, killed at Wakefield in Yorkshire eighteen months before, in the family mausoleum at Bisham priory, Buckinghamshire. The secular purpose of the ceremony was to demonstrate the transmission of Salisbury's Neville and Montague inheritances to Warwick as his eldest son and heir. Although the king was not present, his brother and heir, the duke of Clarence, was in attendance, and so was the king's chamberlain, Lord Hastings. The ceremony, akin to the translation and reburial of kings, was significantly recorded by the heralds in their books of precedents.[15] It seems to have served as a model for the reburial in 1476 of Edward IV's own father, Richard, duke of York – the king-who-ought-to-have-been, according to Yorkist ideology – at the Yorkist castle of Fotheringhay, Northamptonshire. York and his second son, the earl of Rutland, had also perished at Wakefield in December 1460 and had been buried at Pontefract. At their reburial at Fotheringhay, Edward IV presided, with his queen, supported by the king's brothers and two of his young children, by their entire adult families (which meant most of the English nobility), as well as by envoys from France, Denmark and Portugal. The duke of York's effigy was borne in state from Pontefract with a gold crown above its head to signify that Richard had been England's rightful king but was never crowned. This was a demonstration and (by 1476) a celebration of the Yorkist line of English kings. What was unique about the ceremony at Fotheringhay was the regal treatment accorded a man who was never king but who in the Yorkist pantheon had been the rightful sovereign at the time of his death. It proclaimed the legitimacy of the York-

---

[13] J.H. Wylie and W.T. Waugh, *The Reign of Henry the Fifth*, 2 vols., repr. New York, 1968, i, p. 207-11. For Hoccleve's 'Balade, after King Richard II's bones were brought to Westminster, A.D. 1413', see *Hoccleve's Works, I: The Minor Poems*, ed. F.J. Furnivall, EETS, extra series, 61, 1892, p. 47-9. P. Strohm's interpretation of 1413, in which Henry V 'reasserted control and even sponsorship of the most central sites of Ricardian symbolisation', is 'The trouble with Richard: the reburial of Richard II and Lancastrian symbolic strategy', *Speculum*, 71, 1996, p. 87-111 (quotation at p. 110), reprinted virtually unaltered in his *England's Empty Throne: Usurpation and the Language of Legitimation, 1399-1422*, New Haven and London, 1998, ch. 4.

[14] For the reburial, see B.P. Wolffe, *Henry VI*, new edn, New Haven and London, 2001, p. 352; though its implications need further exploration.

[15] P.W. Hammond, 'The funeral of Richard Neville, earl of Salisbury', *The Ricardian*, 6, 1984, p. 410-16, a mid-sixteenth-century description of the funeral (Duke of Northumberland MS 468), comparing the text with several others; yet another is BL, Arundel MS. 26 f. 33ff (a sixteenth-century MS formerly belonging to Sir William Dethick (1543-1612), Garter king of arms). Salisbury was the brother of King Edward's mother, Cicely Neville. For heraldic interest in his reburial, see the 'Salisbury roll of arms' in *Medieval Pageant: Writhe's Garter Book, the Ceremony of the Bath and the Earldom of Salisbury Roll*, ed. A. Wagner, N. Barker and A. Payne, Roxburghe Club, 1993.

ist monarchy and sought to demonstrate its stability. The heralds who helped to organize it all recorded every detail in their books of precedents.[16]

Occasionally, an extravagant attachment to the memory of murdered kings might vindicate regal succession and help to remove the stain of regicide. In Edward II's case, the conversion of Gloucester abbey from a dour Norman church into a light and airy mausoleum for the tomb and chantry of the deposed king who died in suspicious circumstances in Berkeley castle, Gloucestershire, in 1327, had much to do with Edward's cult and, perhaps, the rumour that he was still alive in southern Italy. His son, Edward III, visited Gloucester five times in the three years following 1327 and his example encouraged the lavishing of a fortune on the abbey.[17] Richard III, whose only son and heir predeceased him in 1484, did not receive such attention. His tomb in Leicester's friary was modest, and after the Dissolution of the Monasteries it was rifled, the body taken no one knows where and the tomb chest apparently turned later into a horse-trough. No matter how kings were regarded in life or how they were treated on their death-beds – and Edward III in 1377 was allegedly deserted by all save one poor priest and had the rings pulled from his fingers by his grasping mistress – they eventually received a dignified funeral and regal commemoration at the instance of their successors. Richard III, the usurping king slain in battle, is an exception.[18]

The burial rituals of kings (less so, inevitably, of queens in a monarchy that was purportedly hereditary in the senior male line), even of those kings who had forfeited the loyalty of their subjects, had important purposes linked to regal succession. These rituals demonstrated that the king was dead; their chivalric ostentation reflected his unique status; they stressed the spiritual quality of kingship, the stability of monarchy and, sometimes, the continuity of dynasty. Another purpose was to bind the monarchy, represented by the royal corpse and the new king, to the king's subjects, whether the spectators along the processional way, or the clergy and nobility who took part in the service, or the dead king's household and servants who were placed at the disposal of his successor.[19] In short, the ceremony and its iconography expressed a regal theory which served a number of propagandist and higher purposes. The act of disposing of the fleshly body transformed it into a symbol of

---

[16] A.E. Sutton and L. Visser-Fuchs, with P.W. Hammond, *The Reburial of Richard, Duke of York, 21-30 July 1476*, London, 1996, p. 12-32, printing three derivative copies of heralds' reports and listing several others. For the celebratory epitaph composed for this occasion, see R.F. Green, 'An epitaph for Richard, duke of York', *Studies in Bibliography*, 41, 1988, p. 218-24.

[17] D. Welland, *The History, Art and Architecture of Gloucester Cathedral*, Stroud, 1991, chs. 8-9 (esp. p. 144, 147-8); W.M. Ormrod, 'The personal religion of Edward III', *Speculum*, 64, 1989, p. 870-1. For a vigorous assertion of the circumstantial claim that Edward II was still alive in 1330, see I. Mortimer, 'The death of Edward II in Berkeley castle', *EHR*, 120, 2005, p. 1175-1214.

[18] Ross, *Richard III*, p. 225-6; Thomas Walsingham, *Historia Anglicana*, ed. H.T. Riley, 2 vols., RS, 1863, i, p. 326-7.

[19] For details of Edward IV's funeral in 1483, and the funeral cortege that travelled by road from Westminster to Windsor on 17-19 April, see Sutton, Visser-Fuchs and Griffiths, *The Royal Funerals...*, p. 10-31 (with a map on p. 23); for the London gildsmen and 'as well citezeins as straungers' who lined the route along which the body of Queen Elizabeth was taken in 1504, see 'Direction for the receiving of the corpse of Elizabeth, queen of Henry VII by the lord mayor and commonalty of London', *Archaeologia*, 32, 1847, p. 126-31; and for the craftsmen and householders who received Henry V's funeral cortege as it made its way to Westminster through the city of London in November 1422, see M. Ball, *The Worshipful Company of Brewers*, London, 1977, p. 55.

the corporate body of the realm: in Professor Kantorowicz's famous phrase, 'the king's two bodies'.[20]

Royal burial rites incorporated a secular ideology of temporal kingship as well as the universal Christian doctrine of the dead to ensure continuity of the monarchy. And in the later Middle Ages they focused on the person of the king and on the institution of kingship. The secular ideology and theology of regal burial were expressed in the pomp, dignity, drama and symbolism of the funeral ceremony, and in the prolonged, if formal, mourning.[21] In his last will, Henry V eschewed any 'damnable superfluities' at his obsequies while wishing to preserve 'the honour due to royal dignity'; Henry VII sought to avoid 'damnable pomp and outrageous superfluities' – almost identical language. Yet the burial ceremonies of both monarchs were among the most stately of the entire Middle Ages. Their concern was to avoid the damnable and outrageous, but not the pomp and honour.[22]

Among those who took the urgent decisions following the death of a king, his councillors and household officials had a central role, within a framework set by precedent and the wishes of the deceased and the successor king. Religious matters were the province of the dean of the royal chapel, the impresario of most court ceremonies; and increasingly significant were the heralds, the custodians of precedent. The first known occasion when heralds had prominence at a king's funeral was in 1422, but their growing importance in Edward III's reign suggests that they had helped to organize royal funerals well before that.[23]

There was room for discretion in the timing of regal obsequies with the aim of enhancing the dignity, religious associations and patriotic implications of such occasions. Henry IV, who died on 29 March 1413, wanted to be buried in the Trinity chapel of Canterbury cathedral, and his interment was accordingly masterminded for Trinity Sunday, 18 June. Richard II's queen, Anne of Bohemia, died in June 1394, but the distraught king delayed her burial for more than two months so that it could be as ceremonious as possible.[24] Arthur, prince of Wales and the heir to Henry VII's crown, died at Ludlow on 2 April 1502, but his body was kept waiting for burial in Worcester cathedral until St George's day, almost three weeks later. The body of a person who was also an institution needed circumspect handling.[25]

---

[20] E.H. Kantorowicz, *The King's Two Bodies: A Study in Medieval Political Theology*, Princeton, 1957. See also, in general, P. Binski, *Medieval Death*, London, 1996, ch. 2 ('Ways of dying and rituals of death').

[21] The balance struck between secularity and theology by the fourteenth century is discussed, albeit in a different context, in D.L. D'Avray, *Death and the Prince: Memorial Preaching before 1350*, Oxford, 1994, esp. ch. 5 ('Representations and reality').

[22] P. and F. Strong, 'The last will and codicils of Henry V', *EHR*, 96, 1981, p. 91; *Testamenta Vetusta*, ed. N.H. Nicolas, 2 vols., Record Commission, 1826, ii, p. 27 (Henry VII's will of 1509).

[23] College of Arms (London) M14 f. 29ff, and BL, Harleian MS 6079 no. 28, f. 23v-24, sixteenth-century copies from different heralds' books. See also a brief account of Henry V's funeral in College of Arms M8 f. 37-37v, a volume formerly belonging to Thomas Hawley (died 1557), Clarence king of arms; and another in BL, Egerton MS 2642 f. 183.

[24] C. Wilson, 'The tomb of Henry IV and the holy oil of St Thomas of Canterbury', *Medieval Architecture and its Intellectual Context*, ed. E. Fernie and P. Croseley, London, 1990, p. 181-90. For the burial at Canterbury of Henry's uncle, the Black Prince, who was born on Trinity Sunday, see J. and M. Vale, 'Knightly codes and piety', *Age of Chivalry: Art and Society in Late Medieval England*, ed. N. Saul, London, 1992, 24-6. For Queen Anne, see Walsingham, *Historia Anglicana*, ii, p. 215.

[25] *The Receyt of the Ladie Kateryne*, ed. G. Kipling, EETS, 296, 1990, p. lvii-lxiv, 80-93, 164-8, which incorporates a contemporary herald's report of Arthur's funeral.

The funeral ceremonies – their length and meaning – reflected the public dignity of the occasion and bore witness to the undying nature of the monarchy itself. The heraldry of it all, evident by the fourteenth century, signified hereditary descent, dynastic legitimacy, the extent of the royal dominions, and continuity of rulership. To these ends, the role of kings of arms and other heralds can be observed by 1422 and so earlier still can the scores of representational banners, standards and coats of arms. At the heart of the ceremony was the corpse. Throughout, and in an earthly sense, the dead king was treated as manifestly dead. It was important to demonstrate as widely as possible that he had indeed expired. For this reason, the body normally lay in state and on view for two or three days. In the special circumstances of 1400, when Richard II died unexpectedly, or had been murdered, in Pontefract castle, the face of the king was exposed on the journey from Yorkshire to the Thames valley 'that men myghte se and knowe his persone from alle othirs', as one chronicler put it.[26] And after Henry V died at Vincennes, near Paris, at the height of his fame and following only a short illness, his body lay in state for three days so that 'every of his estats and lords myght se wethar he dyed of gods hand or not'.[27] There had been problems enough in 1327 when the lack of publicity that a death at Berkeley castle and burial in St Peter's abbey, Gloucester, involved enabled some to claim that Edward II was still alive; and in 1413 the conveying of Henry IV's body by boat from Westminster to Canterbury, presumably out of sight when a March storm arose, enabled the story to be told that the body had been cast overboard and the tomb in Canterbury cathedral was empty.[28] Mislaid or strangely dispatched royal bodies demanded special care at interment, not least to facilitate as smooth a succession as possible.

In the funeral procession, the king's corpse was attired as the king had been attired on formal occasions during his life, in robes of estate; symbolically, this extended his life until interment and implied that he reigned until he was buried. A crown was placed on his head, a sceptre and an orb put in his hands. When an effigy was used for public display above the coffin, as happened by 1327, it was clad in the same style. Over all was a canopy of estate comparable to that above a throne. The king's earthly existence might be moving towards its end, but its symbolic significance as the embodiment of monarchy was not quite over. The moment it ended was not the moment when the king breathed his last, but when his household officials broke their staves of office and cast them, along with the king's seals and his arms, into the grave, as if to accompany his soul into the void.[29]

---

[26] *An English Chronicle of the Reigns of Richard II, Henry IV, Henry V and Henry VI*, ed. J.S. Davies, Camden Society, 1856, p. 21; see N. Saul, *Richard II*, New Haven and London, 1997, p. 426-7.

[27] College of Arms (London) M14 f. 29. For the circumstances of Henry V's death in France, see R. A. Griffiths, *The Reign of King Henry VI*, 2nd edn, Stroud, 1998, ch.1.

[28] Above, n. 17, 24.

[29] W.H. St John Hope, 'On the funeral effigies of the kings and queens of England, with special reference to those in the abbey church of Westminster', *Archaeologia*, 60, 1907, p. 517-70; R.P. Howgrave-Graham, 'The earlier royal funeral effigies: new light on portraiture in Westminster abbey', *ibid.*, 98, 1961, p. 159-69. See *The Funeral Effigies of Westminster abbey*, ed. A. Harvey and R. Mortimer, Woodbridge, 1994, for a recent survey. For the customary breaking of staves, see Sutton, Visser-Fuchs and Griffiths, *The Royal Funerals…*, p. 32, and, in general, C. Daniell, *Death and Burial in Medieval England, 1066-1550*, London, 1997, p. 151-2, which otherwise does not focus on royal burials. J. Litten, *The English Way of Death: The Common Funeral since 1450*, London, 1991, largely confines itself to the gruesome treatment of dead bodies.

The use of an effigy fortified the illusion that the king ruled until his body was interred. This device was taken seriously in France, where it was adopted somewhat later, but in England it was regarded as no more than a constitutional fiction: in practice, a late-medieval English king reigned from the day after his predecessor was alive and dead.[30] The entire burial ritual stressed the virtues and achievements of the dead monarch as he approached the Judgment Seat, and as an exemplar for his successor. In these terms, regal burial was a fitting conclusion to a king's reign and an appropriate prelude to the soul's life after death. It also legitimized his earthly kingship and justified its continuance by his rightful successor. Once interment had been concluded, the ceremonies changed gear as the company adjourned to the feast, to celebrate the successful disposal of one king and the inauguration of another. To strike a balance between theology and ideology in all this was not easy, and in later medieval England ideology gradually displaced theology as the more important element.

The English ceremony did not develop in isolation, and by the late fourteenth century a number of its features resemble those found elsewhere in western and eastern Europe, and in Rome and Avignon. It is simplistic to think that lessons were learnt in one country by borrowings from another, although Henry III's links with Germany were strong, and both Richard II and Henry IV, in their different ways, were familiar with several European courts. Moreover, the desire to emulate and preferably surpass what was going on in France was strong throughout the period. Rather was a common stock of ideas about regal burial and succession deployed differently in detail in the various courts of Europe; in later medieval England, the urgent political needs of usurping dynasties powerfully affected the relationship between Christian liturgy and secular ideology.[31]

Until 1307 a new king's reign began at the burial of the late king, and the ritual promoted that idea; or, if it was uncertain who the new king should be, it was dated from the coronation of the new monarch.[32] In 1307 Edward I died on the Scottish border; yet he was buried hundreds of miles away in Westminster abbey, close to the tomb of his father, Henry III. For the first time, and to ensure an expeditious transfer of kingly power, the date of the son's accession was regarded as the day after the last day on which his father was alive. That remained the custom in England in normal circumstances until the dynastic revolution of 1461. Thereafter, prudence dictated that a new king's reign should start on the very day when his predecessor ceased to rule. Henry VII went further: once he had defeated and killed Richard III on Bosworth field, he ruthlessly and unmistakably implied that he had been king even before Richard died. But that circumstance was unique, and in any

---

[30] R.E. Giesey, *Royal Funeral Ceremony in Renaissance France*, Geneva, 1960, esp. p. 80-5; see also his 'The presidents of Parlement at the royal funeral', *Sixteenth Century Journal*, 7, 1976, p. 25-34. A more recent review is J. Woodward, 'Funeral rituals in the French Renaissance', *Renaissance Studies*, 9, 1995, p. 385-94.

[31] See E.M. Hallam, 'Royal burial and the cult of kingship in France and England, 1060-1330', *JMH*, 8, 1982, p. 359-80, for valuable comparisons of French and English (and some German) burials; J. Gardner, *The Tomb and the Tiara: Curial Tomb Sculpture in Rome and Avignon in the Later Middle Ages*, Oxford, 1992, passim, though naturally with less emphasis on succession in a papal context; and U. Borkowska, 'The funeral ceremonies of the Polish kings from the fourteenth to the eighteenth centuries', *JEH*, 36, 1985, p. 513-34.

[32] *Handbook of British Chronology*, ed. E.B. Fryde, D.E. Greenway, S. Porter and I. Roy, 3rd edn, London, 1986, p. 30-1.

case, in 1485 Henry was ignorant of most English conventions.[33] The fact remains that from the beginning of the fourteenth century the practical transmission of kingly power in England moved out of kilter with the ideology of royal burial.

From Henry III's reign onwards, kings and the children of kings were frequently buried in Westminster abbey, the place of coronation of English kings since 1066. This might be thought to demonstrate nicely the continuities of English kingship, though it contrasted starkly with French thinking, which since Carolingian times had separated the place of coronation from the scene of a king's last act, his burial.[34] The significance of this seems to have been lost on the English. Indeed, Henry V's chantry chapel, constructed in Westminster abbey by his son, carries a figure on its outer wall depicting Henry's coronation and visually intruding on subsequent coronations close by. Even greater discomfiture was planned by Henry VII. His first idea for a personal memorial was of a larger-than-life wooden effigy of himself, in full armour, covered with gold plate, kneeling as if in prayer but with the crown of England held before his arms, and his own torso towering three feet above the crown, the whole mounted on the crest of St Edward's golden shrine, which was itself visible above the high altar from the west door. Henry may have been partly inspired by the images of Louis XI and Charles VIII in France, but they had their crown on the floor beside them and held their hands in true prayer.[35] Henry's proposed monument would have been an awesome figure of personalized kingship visible from every corner of the abbey; it would also have been an uninvited guest at the coronation of his successors. The French took seriously their ceremonial symbolism; the English subordinated it to political pragmatism.

Nor were the English particular about the presence of a new king at the burial of the old. When it occurred, it was incongruous – as the French realized – in terms of the transfer of kingly power, for in the burial ritual the old king lived until interment, and the use of an effigy fortified this illusion. In England, however, Henry V attended his father's funeral in Canterbury cathedral in 1413, while the young Richard II was present for at least part of the obsequies of his grandfather, Edward III, in 1377.[36] In an age of depositions and usurpations and their consequences, the English were less concerned with the detailed meaning of the burial mysteries, to which they nevertheless remained apparently wedded, than with the political imperatives of hereditary monarchy and assured succession.

The royal burial rites in England evolved, then, in response to a number of secular factors that directly affected succession to the throne – violent and secret death, dynastic continuity and political revolution among them. Royal mausolea reflected them too. Several pre-Conquest kingdoms in the British Isles created royal mausolea, which facilitated the veneration of their kings as the embodiment of their kingdoms and conveyed the uniqueness of their kingship. Even Cnut the Dane arranged his burial in the Saxon shrine at Winchester beside Saxon kings of Wessex

---

[33] S.B. Chrimes, *Henry VII*, 2nd edn, New Haven and London, 1999, p. 50, 63.

[34] E. Mason, 'Westminster abbey and the monarchy between the reigns of William I and John (1066-1216)', *JEH*, 41, 1990, esp. p. 201.

[35] T. Astle, *The Will of King Henry VII*, London, 1775, with a new edition in M. Condon, 'The last will of Henry VII: document and text', *Westminster Abbey: The Lady Chapel of Henry VII*, ed. T. Tatton-Brown and R. Mortimer, Woodbridge, 2003, p. 99-140. For Edward the Confessor's gold-covered shrine, see J. H. Gibbons, 'The royal shrine at Westminster', *Transactions of the Lancashire and Cheshire Antiquarian Society*, 29, 1911, p. 898-100.

[36] Above, n. 24; Saul, *Richard II*, p. 22-3.

and all England. Nor was the translation of a king's remains to a more appropriate burial site a novelty of the later Middle Ages; it was akin, after all, to the translation of a saints' relics, investing the remains with enhanced symbolic meaning. However, during the great reform movement in the Church, the choice of burial site was increasingly regarded more as an individual act of personal penance, and kings of England preferred burial in religious houses that were their personal foundations or under their personal protection. Such considerations led King John to choose Worcester in 1216, and Henry III to designate Westminster a generation later.[37]

The Angevins combined both attitudes. In 1189 and 1199, the mortal remains of Henry II and Richard the Lion-heart had been conveyed to Fontevrault in Anjou with solemn ceremony of a more formal sort than hitherto; and on their tombs were placed fine recumbent effigies, the first of English kings. In his funeral procession, the face of Henry II was uncovered, his head crowned; he wore gauntlets on his hands, a gold ring on his finger, and a sceptre in one hand, gold-braided shoes and spurs on his feet; and his torso was girded with a sword. It was the anointed, chivalric ruler carried to his grave in regal state. Indeed, six royal interments took place at Fontevrault between 1189 and 1291, when Henry III's heart was translated there.[38] But long before that, military defeats in France put Fontevrault out of easy reach. It was Edward I who decisively pointed to Westminster abbey as the new royal necropolis.

It might be thought that the dignity and antiquity of the English monarchy might be enhanced by capitalizing on the obsession with King Arthur in twelfth- and thirteenth-century England and Wales. Henry II was much interested in him, but when the monks of Glastonbury, in Somerset, obligingly located his alleged tomb in 1191 after the monastic buildings were badly damaged by fire, Henry's successor, Richard the Lion-heart, showed less interest, and the remains were merely moved to the choir of the new abbey church. Almost a century later, in 1278, Arthur's body and that, supposedly, of Queen Guinevere were re-buried, in Edward I's presence, in a new tomb that was only yards away before the high altar. The opportunity was not taken to translate King Arthur to Westminster abbey or anywhere else: his might be a name to conjure with in the thirteenth and fourteenth centuries, but it hardly bore directly on succession to the throne.[39]

The relationship between the crown and Westminster abbey was placed on a new plane by the growing veneration of Edward the Confessor. He was canonized in 1161, but not until the translation of his body by Henry III in 1269 to an opulent shrine behind the high altar at Westminster did his cult become widely popular.

---

[37] Hallam, 'Royal burial and the cult of kingship', p. 367-71. On John, see E. Mason, 'St Wulfstan's staff: a legend and its uses', *Medium Aevum*, 53, 1984, p. 157-79, and J. Martindale, 'The sword on the stone: some resonances of a medieval symbol of power (The tomb of King John in Worcester cathedral)', *ANS*, 15, ed. M. Chibnall, 1992, p. 199-241.

[38] A. Erlande-Brandenburg, *Le roi est mort: étude sur les funérailles, les sépultures et les tombeaux des rois de France jusqu'à la fin du XIIIe siècle*, Geneva, 1979, p. 15-17, 113, 122 (on Fontevrault); M. Duffy, *Royal Tombs of Medieval England*, Stroud, 2003, is mainly a catalogue of royal and noble tombs.

[39] R.W. Dunning, *Arthur, the King in the West*, Gloucester, 1988, p. 55-68, and, more recently, R. Rouse and C. Rushton, *The Medieval Quest for Arthur*, Stroud, 2005, esp. ch. 3. For the passing interest shown by Edward III and especially Henry V in the legend of Joseph of Arimathea's mission to Glastonbury, see J.P. Carley, 'A grave event: Henry V, Glastonbury abbey and Joseph of Arimathea's bones', *Culture and the King: The Social Implications of the Arthurian Legend*, ed. M.B. Shichtman and J.P. Carley, Albany, New York, 1994, p. 129-48.

Henry's rebuilding of the abbey had begun in 1245, and several of his children who died young were buried there in the 1250s. In 1259 the king's will specified that his tomb should be placed in 'the Church of the Blessed Edward of Westminster' instead of in the New Temple church, London, its earlier destination. When Henry III died in 1272, he was even placed in the Confessor's old coffin, enveloped by his sanctity, while he waited twenty years for a tomb of his own.[40] There may also have been a conscious desire in England to emulate the French and their 'Most Christian king', Louis IX, by treating Westminster henceforward after the fashion of St Denis as a royal necropolis. Edward I may have been impressed by the attention which King Louis lavished on the royal burial church at St Denis. In 1263-4 Louis rearranged the eighteen royal tombs which had accumulated at St Denis since Carolingian times, providing them with new effigies and placing them in dynastic sequence to stress the unbroken descent of royal power in France.[41] It is doubtful that either Henry III or Edward I thought of Westminster in quite that way; in any case, where else should Henry and his family be buried now that Fontevrault was out of reach? In the longer term, however, the inauguration of hereditary succession in the male line at the accession of the nine-year-old Henry III in 1216 – even if it was more often than not honoured in the breach in the fifteenth century – exalted the royal blood and demanded appropriate dynastic burial arrangements when the time should come

It was Edward I, rather than his father, who sought to link these royal arrangements with Westminster abbey. In 1272 Edward was content to accept burial 'where our executors...shall appoint', but his ideas changed. Aside from the decision to bury at Westminster several of his children who died young, it was the extraordinary funeral ceremony and commemoration of his first queen, Eleanor of Castile, in 1290 that bade fair to elevate Westminster abbey into a royal shrine. The elaborate stone crosses that marked her last journey from Lincolnshire to London must surely have imitated similar markers which Philip III had recently erected at the places where Louis IX's body rested on its much shorter journey to St Denis. Other members of Edward's immediate family were buried in the abbey in the years that followed, so that in 1307 there was no question but that the body of the king himself, who died in the farthest corner of the kingdom, should be conveyed to a grave at Westminster.[42]

---

[40] Mason, 'Westminster abbey and the monarchy', p. 199-216, for the difference which Henry III made to relations between the monarchy and Westminster abbey; J.D. Tanner, 'Tombs of royal babies in Westminster abbey', *Journal of the British Archaeological Association*, 3rd series, 16, 1953, p. 25-31, for children of Henry III, Edward I and Edward III. A detailed description of Henry III's burial is in D.A. Carpenter, *The Reign of Henry III*, London, 1996, ch. 21; and for Henry's will of 1259, see Nicolas, *Testamenta Vetusta*, ii, p. 6.

[41] Hallam, 'Royal burial and the cult of kingship', p. 371-2; E.A.R. Brown, 'The Oxford collection of drawings of Roger de Gaignières and the royal tombs of Saint-Denis', *Transactions of the American Philosophical Society*, 78, part 5, 1982, passim. A sceptical view of French artistic influence is P. Binski, *Westminster Abbey and the Plantagenets: Kingship and the Representation of Power, 1200-1400*, New Haven and London, 1995, ch. 3 ('A royal fellowship of death: the royal mausoleum under Henry III and Edward I'). But for the context, see C. Beaune, *The Birth of an Ideology: Myths and Symbols of Nation in Late-Medieval France*, trans. S.R. Huston, ed. F.L. Cheyette, Berkeley and Los Angeles, 1991, p. 21, 29, 53, 63.

[42] D. Crook, 'The last days of Eleanor of Castile: the death of a queen in Nottinghamshire, November 1290', *Transactions of the Thoroton Society of Nottinghamshire*, 94, 1990, p. 17-28; P.G. Lindley, 'The sculptural memorials of Queen Eleanor and their context', *Eleanor of Castile, 1290-1990: Essays to Commemorate the 700th Anniversary of her Death, 28 November 1290*, ed. D. Parsons, Stamford, 1991, p. 69-92. See D.M. Pal-

A generation later, Edward III viewed the abbey as the royal necropolis of England. Although he declared in 1339 that, as the German emperor's vicar, he should be buried in Cologne, this was presumably a young man's artful diplomacy to secure allies in his war with France, for he soon resolved that burial among what he described as 'the royals' in Westminster abbey would be more appropriate. 'The most honourable places there for the tombs of us and our heirs' were accordingly reserved; he translated the body of his brother, John of Eltham, to rest beside Henry III and Edward I; in 1359 he resolved that he himself should lie alongside Edward I; ten years later Queen Philippa was interred with great ceremony close to Edward I's tomb; and in his last will of 1376, Edward III reaffirmed that he would indeed be buried at Westminster, 'according to the custom of our ancestors, kings of England'.[43] This was a misleading assertion, but by 1377 Westminster had become not only the burial church of the Plantagenet family but also a royal mausoleum that underscored the legitimacy of England's ruling house.

The chapel of the Confessor became the pre-eminent shrine of English kingship: of the twelve kings between Henry III and Henry VII, seven were buried in the abbey, mostly clustered round the Confessor's tomb; and at least one other intended that he should lie there. If Henry IV and Edward IV, the first kings of their respective, usurping regimes, preferred burial elsewhere, a passion for legitimacy was a powerful imperative for Henry V, who resolved to revert to Westminster. Moreover, Henry was uniquely king of England and heir to France, and when his chantry chapel was constructed by his son, according to Henry V's own plans, alongside its statue of St George was that of St Denis; while his effigy held two sceptres in its hands, those of England and France. The king's effigy, tomb and chantry, with its sculpted scenes from Henry's life, demonstrated both the continuity of English kingship and the dual monarchy of England-France.[44] Legitimacy also weighed with the first Tudor king. Henry VII originally contemplated burial in St George's chapel, Windsor, but in 1498 he changed his mind. The decisive reason was Henry's attachment to his murdered Lancastrian uncle, Henry VI, whose cult was now flourishing briskly and whose translation to Westminster abbey from Windsor was authorized by Henry VII. According to the abbot of Westminster, 'from its sanctity it was and is the place of sepulture of the kings and ancestors of Henry VI and as such it is reckoned by name and reputation publicly and notoriously'. What was important to Henry Tudor was the anticipated proximity of Henry VI's body, and the body of his mother, Katherine of Valois, who was Henry Tudor's grandmother, the daughter of Charles VI of France and the widow of Henry V – as if the seventh Henry's French lineage was as important to him as English royal descent which burial in Westminster abbey would symbolize. He reconstructed the chapel of the Virgin with its hallowed relics to create the most magnificent chantry in England; he planned his own and his wife's tombs at its centre and prepared to translate from Windsor the body

liser, 'Royal mausolea in the long fourteenth century (1272-1422)', *Fourteenth-Century England III*, ed. W.M. Ormrod, Woodbridge, 2004, p. 1-16, for Henry III's and Edward I's attitudes to Westminster abbey.

[43] A.P. Stanley, *Historical Memorials of Westminster Abbey*, 2nd edn, London, 1868, p. 570; Duffy, *Royal Tombs*, p. 103-4, 146-51 (noting the dynastic niches, with figures of his twelve children, on two sides of Edward III's tomb).

[44] C. Allmand, *Henry V*, London, 1992, p. 180-1, quoting W.H. St John Hope, 'The funeral, monument, and chantry chapel of King Henry the fifth', *Archaeologia*, 65, 1913-14, p. 153-6.

of his venerated Lancastrian forebear, Henry VI, and place it beside the chapel's altar. Henceforward, Westminster became the focus of Henry VII's ideology and iconography of kingship, for his own glorification and that of his dynasty. It is no coincidence or accident that the heralds recording royal funerals in the fifteenth and sixteenth centuries regarded that of Henry V in 1422 as their earliest exemplar – and so evidently did Henry VII.[45]

It is an explicable paradox that the two centuries – say, from Edward I's reign to that of Henry VII – that saw the greatest turbulence about the English throne also saw the elaboration of royal burial rites designed to enhance the continuity, pretensions and majesty of English kingship within a framework of traditional piety whose spiritual meaning, however, was being eclipsed by secular ideology.

[45] Nicolas, *Testamenta Vetusta*, ii, p. 26-7 (Henry VII's will of 1509); for a full discussion see M. Condon, '*God save the king*: piety, pomp and the perpetual memorial', *Westminster Abbey*, ed. Tatton-Brown and Mortimer, p. 59-98. For Henry VIII's funeral in 1547, see J. Loach, 'The function of ceremonial in the reign of Henry VIII', *Past and Present*, 142, 1994, p. 43-68, which does not comment on the decision to bury the king at Windsor, rather than at Westminster; in 1547 the emphasis was on spectacle rather than on 'the constitutional and symbolic importance' of the funeral – though at least Henry willed that 'the tombs and altars of King Henry the Sixth and of King Edward the Fourth, our great uncle and grandfather, be made more princely, at our charges' (Nicolas, *Testamenta Vetusta*, ii, p. 38).

La place des questions de succession dans la politique extérieure de Philippe III le Hardi

Xavier Hélary

Le règne de Philippe III (1270-1285) a été dominé de façon frappante par les questions de succession. Dans les familles liées à la lignée capétienne, plusieurs crises successorales rendirent en effet inéluctable l'implication du roi de France dans leur règlement. La conséquence principale en fut l'accaparement d'une bonne partie des capacités militaires françaises par des conflits avec d'autres royaumes chrétiens, au détriment d'une action décisive en faveur de la Terre sainte, que Philippe III avait pourtant certainement l'intention de conduire[1].

Une première succession contestée s'ouvrit en août 1271, avec la mort sans enfants et à quelques jours de distance d'Alphonse de Poitiers et de sa femme Jeanne, fille et héritière de Raymond VII. Philippe III fit aussitôt mettre en sa main les terres immenses de son oncle ; le Parlement, au terme d'une procédure longue et tortueuse, lui donna raison[2]. Philippe III, sans coup férir, étendit ainsi son emprise directe sur le Midi de son royaume de façon spectaculaire[3].

Menée avec brio, l'intégration des terres d'Alphonse au domaine royal ne rencontra guère d'oppositions. La première véritable crise procéda en 1274 de la mort du roi de Navarre et comte de Champagne Henri le Gros. Celui-ci était le frère cadet de Thibaud II, qui avait été avant lui roi de Navarre et comte de Champagne et de Brie[4]. Époux d'Isabelle, fille de Saint Louis, Thibaud était mort de maladie en décembre 1270, en Sicile, au retour de l'expédition de Tunis où il avait accompagné son beau-père. Sa couronne était alors passée à son frère, Henri, surnommé le Gros. Avant de mourir prématurément, en 1274, Henri avait eu le temps d'épouser Blanche d'Artois. Celle-ci était la fille de Robert (Ier) d'Artois, le frère de Saint Louis mort, au cours de la croisade d'Égypte, le 6 février 1250, à Mansourah. Saint Louis avait veillé sur les deux enfants que laissait son frère : un fils, Robert (II), qu'il

[1] Sur le règne de Philippe III, Ch.-V. Langlois, *Le règne de Philippe III le Hardi*, Paris, 1887 ; sur la politique de ce roi en direction de la Terre sainte, X. Hélary, « Les rois de France et la Terre sainte, de la croisade de Tunis à la chute d'Acre (1270-1291) », *Annuaire-Bulletin de la SHF*, 2005 (2007), p. 21-104.

[2] Sur le litige autour de l'héritage d'Alphonse de Poitiers, réclamé par son neveu le roi de France et par son frère cadet le roi de Sicile Charles d'Anjou, A. Lewis, *Le sang royal. La famille capétienne et l'État, France, XIe-XIVe siècle*, Paris, trad. fr., 1986, p. 224-228.

[3] Y. Dossat, *Saisimentum comitatus Tholosani*, Paris, Bibliothèque Nationale, 1966 (CDIHF, série in-8°, vol. 1).

[4] La dynastie champenoise de Navarre remontait à Thibaud (Ier en Navarre), père de Thibaut II et de Henri, et qui tenait lui-même ses droits de sa tante Blanche, épouse de Sanche le Fort († 1253).

fit émanciper de la tutelle de son beau-père, Gui de Châtillon, comte de Saint-Pol, et une fille, Blanche, qu'il maria à Henri de Navarre[5].

À la mort de Henri le Gros, Blanche d'Artois s'était trouvée bien seule en Navarre. Sa fille, la petite Jeanne, encore une tout jeune enfant, était en droit l'héritière de la Navarre. Blanche alla trouver son cousin germain le roi de France, Philippe III. À Orléans, en mai 1275, elle lui confia la garde de sa fille et du royaume de Navarre (elle-même gardait le comté de Champagne). Philippe III chargea alors son sénéchal de Toulouse, Eustache de Beaumarchais, de se rendre à Pampelune et d'y gouverner le royaume en son nom et au nom de Jeanne de Navarre. La situation du gouverneur, pris dans des luttes des factions ennemies, devint rapidement délicate, puis impossible. Assiégé dans une moitié de Pampelune par les habitants de l'autre moitié, il fut secouru par une armée envoyée par Philippe III et commandée par Robert d'Artois, le frère de Blanche et l'oncle de Jeanne de Navarre. Philippe III suivait avec le gros de l'armée royale. Robert d'Artois ramena l'ordre en Navarre, sans trop de ménagement (automne 1276)[6].

Les troubles de Pampelune n'avaient pas été causés seulement par l'arrivée d'Eustache de Beaumarchais ni par les rancœurs accumulées entre Navarrais. L'intervention des deux puissances voisines, la Castille et l'Aragon, qui entendaient profiter de l'affaiblissement circonstanciel de la Navarre, n'avait rien arrangé. Tant Alphonse X que l'infant d'Aragon Pierre, fils aîné de Jacques Ier, considéraient en effet que leurs prétentions sur le trône de Navarre n'étaient pas moins fondées que celles des autres compétiteurs. En Navarre, ce n'était donc pas moins de trois factions qui se disputaient le pouvoir, et chacune d'elles était liée à un des rois voisins, France, Castille, Aragon.

Dans un premier temps, c'est surtout avec la Castille que, du point de vue français, les choses s'envenimèrent, d'autant plus qu'une seconde crise de succession ne devait pas tarder à s'ouvrir[7]. Le 1er juillet 1275, Grégoire X avait ordonné à Simon de Brie, légat en France, de seconder l'archevêque d'Embrun, envoyé spécial du pape auprès de Philippe III, dans l'apaisement des difficultés surgies au sujet de la Navarre entre les rois de France et de Castille[8]. Alphonse X avait en effet abandonné les droits qu'il estimait avoir sur la Navarre à son fils aîné l'infant don Fernando de la Cerda, qui entreprit de les faire valoir en opérant sur les frontières entre les deux royaumes (septembre-novembre 1274). Alors qu'Alphonse X tentait d'amadouer le pape en vue de son couronnement impérial (entrevue de Beaucaire, mai-juillet 1275), différé depuis 1257, Fernando de la Cerda faisait face à une subite invasion

---

[5] Blanche reçut une dot de 23 000 l., dont seulement 3 000 furent versées par son frère le comte d'Artois, le reste venant de Saint Louis (H. d'Arbois de Jubainville, *Histoire des ducs et comtes de Champagne*, t. IV, vol. 1, Paris, 1867, p. 431-432).

[6] Langlois, *Le règne de Philippe III…*, p. 96-108.

[7] Du point de vue qui nous intéresse, le meilleur récit des événements se trouve dans Langlois, *Le règne de Philippe III*, dans G. Daumet, *Mémoire sur les relations de la France et de la Castille entre 1255 et 1320*, Paris, 1955, p. 17-135 (pour les règnes de Philippe III et Philippe IV) et dans l'article de R. P. Kinkade, « Alfonso X, *Cantiga* 235, and the events of 1269-1278 », *Speculum*, 67, 1992, p. 284-323; cf. aussi R. A. Mac Donald, « Alfonso the Learned and succession : a father's dilemma », *Speculum*, 40, 1965, p. 647-653 et, naturellement, A. Ballesteros Beretta, *Alfonso X el Sabio*, Barcelone, 1963.

[8] *Registres de Grégoire X*, éd. J. Guiraud, Paris, 1892-1906, n° 720.

maure[9]. Le 24 ou 25 juillet 1275, l'infant tomba malade et mourut[10]. Privés de leur chef, les Castillans furent écrasés à deux reprises (batailles d'Ecija, 7 septembre 1275, et de Martos, 20 octobre). Le fils cadet du roi, Sanche *el Bravo* (le farouche, plus que le brave) rétablit la situation en forçant les Maures à lever le siège de Séville[11]. Sanche acquérait ainsi une stature de chef de guerre. Ses neveux étaient encore de jeunes enfants, les « infants de la Cerda[12] ». Qui, dans ces conditions, de Sanche ou des fils de don Fernando, allait emporter l'héritage ?

Alphonse X se trouvait dans une situation difficile. Il était réputé malade – on attendit pourtant sa mort jusqu'en avril 1284[13]. Les difficultés s'étaient accumulées ; Alphonse devait affronter la révolte latente ou ouverte d'une grande partie de sa noblesse, entretenue par ses frères ; même arrêté par Sanche, le sultan de Grenade restait menaçant ; la candidature impériale, le grand rêve d'Alphonse, avait échoué piteusement, non sans avoir conduit les finances royales à la banqueroute. La mort de son fils aîné intervenait au pire moment. Il n'eut guère d'autre choix que de spolier ses petits-enfants en promettant sa succession à Sanche. Il priva également leur mère, sa belle-fille, de son douaire[14]. Celle-ci n'était autre que Blanche, sœur de Philippe III ; ses fils étaient les neveux de ce dernier.

Averti, Philippe III dépêcha auprès de son cousin Alphonse de Castille Jean d'Acre, bouteiller de France. Celui-ci était le fils du fameux roi de Jérusalem Jean de Brienne et de Bérengère de Castille. Par sa mère, tante d'Alphonse X et nièce de Blanche de Castille, il était le cousin des deux rois et il avait d'ailleurs vécu dans les deux cours[15]. Le choix qu'on avait fait de lui, dans une querelle de succession qui était par nature une querelle familiale, mérite d'être noté. Après des négociations animées, Jean d'Acre, à force de persuasion, réussit peut-être à repartir avec Blanche de France, mais sans ses enfants[16]. Philippe III ne pouvait pas ne pas réagir. Quand, en septembre 1276, il prit la route de la Navarre pour venir en aide à Eustache de Beaumarchais, Philippe III avait également l'intention de venger par les armes l'insulte qui avait été faite à sa sœur et à ses neveux. Les deux litiges succes-

[9] Kinkade, « Alfonso X... », p. 304.

[10] A. Morel-Fatio, « Chronique des rois de Castille (1248-1305) par Jofré de Loaisa », *Bibliothèque de l'École des Chartes*, 59, 1898, p. 325-378, aux p. 340-341 et n. 7 ; pour une discussion récente des sources relatives à la date de la mort de don Fernando, Kinkade, « Alfonso X... », p. 305.

[11] Kinkade, « Alfonso X... », p. 308.

[12] *La Cerda* était le surnom de leur père ; *cerda* signifie « crin » (de cheval) ; une origine du surnom est proposée par J. Craddock, « Dynasty in dispute : Alfonso X el Sabio and the succession to the throne of Castille and Leon in history and in legend », *Viator*, 17, 1986, p. 197-220.

[13] Sur la maladie d'Alphonse X, Kinkade, « Alfonso X... », p. 285.

[14] Le contrat de mariage prévoyait qu'au cas où Blanche survivrait à son mari, elle serait libre de repartir en France avec sa dot et en conservant son douaire (Daumet, *Mémoire sur les relations...*, p. 13 ; éd. des conventions du mariage en date de Saint-Germain-en-Laye, septembre 1266, pièce justificative n° IV, p. 150-153, à la p. 153).

[15] En attendant l'étude particulière que je me propose d'écrire sur Jean d'Acre, L. Carolus-Barré, *Le procès de canonisation de Saint Louis (1272-1297). Essai de reconstitution*, Rome, École française de Rome, 1994, p. 164-168 (Collection de l'École française de Rome, 195).

[16] Langlois, *Le règne de Philippe III...*, p. 100, dont le récit s'appuie essentiellement sur le chroniqueur Primat (dont le texte n'est connu que par la traduction qu'en fit Jean du Vignay), Recueil des Historiens des Gaules et de la France, t. XXIII, p. 92 ; voir aussi les *Grandes Chroniques de France*, éd. J. Viard, t. VIII, Paris, 1934, p. 56 ; certains historiens espagnols ont remis en cause la réalité de l'épisode tout entier : voyez à ce sujet Daumet, *Mémoire sur les relations...*, p. 28 et n. 1, mais on peut croire avec Daumet que « la simple vraisemblance contraint d'[en] admettre la réalité », d'autant plus que Jean d'Acre avait les liens de parenté que l'on sait avec Alphonse X.

soraux, en Navarre et en Castille, s'étaient donc rejoints. Mais l'ost royal s'enlisa sans gloire au pied des Pyrénées, à Sauveterre en Béarn (novembre 1276).

Pendant que cheminait l'armée royale vers les Pyrénées, Robert d'Artois, après avoir pacifié la Navarre, s'entretenait avec Alphonse X de Castille (« conventions de Vittoria », 7 novembre 1276)[17]. Une trêve, initialement provisoire, fut conclue entre France et Castille. La tension resta forte pendant quelques années, jusqu'à ce que la dégradation des relations franco-aragonaises entraîne par contrecoup un apaisement[18].

Grâce à leur grand-mère Yolande (ou Violante) d'Aragon, épouse d'Alphonse X de Castille mais également sœur de Jacques le Conquérant, les Infants de la Cerda avaient été conduits à la cour aragonaise, auprès du trouble Pierre III, qui avait succédé en 1276 à son père[19]. Pierre n'avait aucun intérêt à les voir partir : en détenant les neveux du roi de France, il disposait d'otages très précieux dans l'attente de la réalisation des desseins particulièrement tortueux que, sans doute dès cette date, il manigançait contre l'oncle de Philippe III, Charles d'Anjou, et de manière générale contre l'influence capétienne en Méditerranée. Pierre d'Aragon avait en effet épousé Constance, la fille de Manfred, le bâtard de l'empereur Frédéric II qui, à la mort de son demi-frère, le roi Conrad, avait usurpé la couronne de Sicile. Battu et tué par Charles d'Anjou (bataille de Bénévent, 26 février 1266), Manfred ne laissait qu'une seule héritière potentielle, Constance. En mars 1282, les Siciliens, plus ou moins manipulés par Pierre d'Aragon, se révoltèrent contre le pouvoir angevin et appelèrent ce dernier à leur aide (« Vêpres Siciliennes »). C'était, là aussi, au fond, une question de succession : qui devait recueillir la couronne de Sicile, de Charles d'Anjou, qui en avait été investi régulièrement par l'Église, ou de Pierre d'Aragon, héritier par sa femme des droits, très hypothétiques, du fils bâtard d'un excommunié ? Philippe III, évidemment, ne balança pas. L'aide qu'il fournit à Charles d'Anjou fut sans défaut. Le pape, soutien naturel de la dynastie angevine, déclara Pierre III déchu de ses titres de roi d'Aragon et de comte de Barcelone ; il en investit Charles de Valois, le second fils de Philippe III. Une nouvelle querelle successorale, de nature sensiblement différente, s'ouvrait ainsi avec le troisième royaume ibérique, compliquée par la présence contrainte des infants de la Cerda à la cour aragonaise. L'expédition dont le roi de France prit la tête, connue sous

---

[17] Les deux « conventions » ou « traités » de Vittoria : Arch. nat., J 599, n° 12 et J 600, n° 4, éd. Francisque Michel, *Histoire de la guerre de Navarre en 1276 et 1277 par Guillaume Anelier, poète toulousain*, Paris, 1856 (CDIHF), p. 651 et 653 ; ils ne furent pas ratifiés par Philippe III, sans doute parce que les conditions en étaient jugées trop avantageuses pour le roi de Castille (Daumet, *Mémoire sur les relations*..., p. 43-47).

[18] Sur les relations difficiles avec la Castille, Langlois, *Le règne de Philippe III*..., p. 109-124.

[19] Les circonstances précises de l'arrivée des infants de la Cerda à la cour aragonaise restent entourées de mystère. Craddock, « Dynasty in dispute... » , p. 199, et Kinkade, « Alfonso X... », p. 301, n. 61, pensent que leur grand-mère conduisit les Infants et Blanche en Aragon peu de temps après que les *cortes* de Ségovie se soient déclarés en faveur de Sanche (juin 1278) ; Kinkade ajoute plus loin, p. 321-322, que le départ des Infants fut le fruit d'un accord entre Sanche et son oncle Pierre III. Selon Daumet, *Mémoire sur les relations*..., p. 27, les *cortes* de Ségovie se tinrent en 1276 ; selon le même auteur, p. 29, Jean d'Acre n'aurait pas ramené avec lui Blanche, qui serait restée en Castille (« nous avons la preuve qu'elle demeura encore en Castille et ne regagna sa patrie qu'après avoir séjourné quelque temps en Aragon » ; Daumet n'indique pas cependant quelle est cette preuve) ; le départ de Yolande d'Aragon daterait selon de janvier 1277 (p. 48-52) ; Pierre III aurait accepté de laisser partir Blanche, mais pas ses enfants.

le nom de « croisade d'Aragon », échoua cependant (été 1285). À l'issue d'une retraite difficile, Philippe III mourut, de maladie, à Perpignan (6 octobre 1285)[20].

Les problèmes de succession dominent donc largement la politique de Philippe III (Toulouse, Navarre, Castille, Sicile, Aragon). Concentrés sur les royaumes espagnols et rejaillissant sur le Midi du royaume, ils lui donnent, au moins en apparence, son unité tout autant que son originalité. Pour nous en tenir aux règnes voisins, ni Saint Louis, ni Philippe le Bel, ne connurent de problèmes similaires. Dans les deux cas, les guerres que ces derniers entreprirent furent dominées par d'autres préoccupations : grossièrement, la croisade dans un cas, la mise au pas des grands fiefs dans l'autre.

Le récit des crises successorales qui scandèrent le règne de Philippe III met bien en évidence leur caractère fortuit : si la maladie n'avait pas emporté Thibaut II en 1270, Henri le Gros en 1274, Fernando de la Cerda en 1275, les choses auraient été certainement fort différentes. La part du hasard biologique est donc incompressible, au point d'ailleurs de provoquer des retournements inattendus : en 1274, Fernando de la Cerda avait cherché à déstabiliser le gouverneur établi en Navarre par son beau-frère Philippe III ; celui-ci se trouva bientôt dans l'obligation de défendre les droits de ses neveux privés de leur père… Il reste à déterminer cependant les raisons pour lesquelles Philippe III intervint dans ces affaires de succession : la solidarité familiale, qu'on postule dans ce genre de litiges, fut-elle la seule motivation de Philippe III ? En intervenant en Navarre, en Castille, en Aragon, Philippe III avait-il pour seul but de défendre comme mécaniquement les droits de sa cousine et de la fille de celle-ci, puis ceux de ses neveux, et enfin ceux de son second fils ? Faut-il y voir plutôt une manifestation d'un « impérialisme capétien » ? Ou faut-il rejoindre une tendance récente de l'historiographie en mettant l'accent sur le « rétablissement de l'honneur », ici celui du roi de France, qui aurait été bafoué par le mépris des droits de ses parents ?

I. Une manifestation de l'impérialisme capétien ?

L'explication traditionnelle ressortit au machiavélisme le plus naïf : l'orientation très méridionale de la politique de Philippe III serait due à une volonté délibérée de ce roi de franchir à tout prix les Pyrénées. Comme Louis XIV après l'accession de son petit-fils au trône d'Espagne, Philippe III aurait voulu dire : « Il n'y a plus de Pyrénées[21] ». On a pu démontrer, pour la période qui court jusqu'au « traité de Paris » de 1229, le caractère mythique de « l'impérialisme capétien[22] ». Il en va de même pour la fin du XIIIe siècle. Le roi de France n'a voulu annexer ni la Navarre, ni la Castille, ni même l'Aragon. En dépit des liens très étroits qui unissaient Philippe III aux papes de son temps, ceux-ci ne donnèrent leur accord aux combinaisons matrimoniales ou successorales préparées par la cour de France qu'à des

[20] Sur la croisade d'Aragon, Langlois, *Le règne de Philippe III…*, p. 150-163 ; A. Lecoy de la Marche, « L'expédition de Philippe le Hardi en Catalogne », *Revue des questions historiques*, 49, 1891, p. 62-127 ; J. R. Strayer, « The crusade against Aragon », *Speculum*, 28, 1955, p. 102-112.

[21] Sur ce mot prêté à Louis XIV, F. Bluche, *Dictionnaire des citations et des mots historiques*, Paris, 1997, p. 146.

[22] M.-B. Bruguière, « Un mythe historique : 'l'impérialisme capétien' dans le Midi aux XIIe et XIIIe siècles », *Annales du Midi*, 97, 1985, p. 245-267.

conditions très strictes : quand il fut question de marier un fils de Philippe III à la petite Jeanne de Navarre, Grégoire X imposa que ce ne fût pas l'aîné[23]. En 1284, au moment de conférer la couronne d'Aragon à un autre des fils du roi de France, Charles de Valois, le pape Martin IV assortit cette attribution d'une exigence non négociable : jamais les deux royaumes de France et d'Aragon ne devaient avoir, même au hasard des successions, le même souverain[24].

Certes, l'expansionnisme capétien n'était pas une idée absente des rêveries de certains contemporains. Le chantre des exploits de Philippe Auguste, Guillaume le Breton, quand il s'adressait au nouveau roi Louis VIII, l'exhortait à « reculer jusque là tes frontières », « jusque là » désignant les Pyrénées, pour faire valoir les droits que « Pépin » avait acquis en son temps[25]. Moins d'un siècle plus tard, Pierre Dubois allait encore beaucoup plus loin. La question dynastique posée par la mort de don Fernando se compliquait en effet des droits dont pouvait se prévaloir Philippe III à la couronne d'Alphonse X par sa grand-mère Blanche de Castille (fille aînée d'Alphonse VIII) : le trône avait même été proposé par des barons castillans à Louis VIII (ou plus exactement à un de ses fils)[26]. Quand elles rapportent l'affaire des infants de la Cerda, les chroniques du temps ne manquent pas de rappeler la chose, à l'instar des *Grandes Chroniques*[27], comme, plus curieusement, d'une chronique de Terre sainte connue sous le nom d'*Estoire d'Eraclès*[28]. À la toute fin du siècle, caressant l'idée d'une hégémonie du roi de France sur les rois européens, Pierre Dubois, à propos de la Castille, aménageait quelque peu la réalité en affirmant que Saint Louis avait assigné en dot à sa fille Blanche « l'Espagne » (*Hyspaniam*, c'est-à-dire, dans les habitudes du temps, la Castille), qu'il tenait lui-même de sa mère, par succession légitime (*racione matris sue, per successionem legitimam*)[29]. Dans cette perspective, les infants de la Cerda ne tenaient pas leurs droits de leur père, don Fernando, mais bien de leur mère, Blanche, fille de Saint Louis. Pierre

---

[23] La mort du fils aîné de Philippe III, Louis, en 1276, rendit cette condition caduque, puisque le second fils, Philippe, promis à Jeanne de Navarre, devenait, à la place de son frère, le *primogenitus*.

[24] Bulle de Martin IV, *Qui regna transfert*, en date du 27 août 1283 : Arch. nat., J 714, n° 305 (4) ; analyse, B. Barbiche, *Les actes originaux des Archives nationales de Paris*, t. II (1261-1304), Citta' del Vaticano, Biblioteca Apostolica Vaticana, 1978 (Commission internationale de diplomatique. *Index actorum Romanorum pontificum ab Innocentio III ad Martinum V lectum*, II), n° 1728 ; éd. F. Olivier-Martin, *Registres de Martin IV*, Paris, 1901-1935, n° 455.

[25] Voyez le passage des *Gesta Philippi Augusti* cité par Ph. Contamine, « Le jeudi de Muret (12 septembre 1213), le dimanche de Bouvines (27 juillet 1214). Deux 'journées' qui ont 'fait la France' ? », *La croisade albigeoise : actes du colloque du Centre d'études cathares, Carcassonne, 4, 5 et 6 octobre 2002*, dir. M. Roquebert, Carcassonne, 2004, p. 109-123, à la p. 115.

[26] A. Rodriguez-Lopez, « *Quod alienus regnet et heredes expellatur.* L'offre du trône de Castille au roi Louis VIII de France », *Le Moyen Âge*, 105, 1999, p. 109-128 : une série de neuf actes conservés aux Arch. nat. permet de reconstituer l'offre qui fut faite, par plusieurs membres de la haute noblesse castillane, à Louis VIII de mettre un de ses fils sur le trône de Castille, en raison du droit d'aînesse de Blanche de Castille (Arch. nat., J 599, n° 1/1 à 1/9 ; éd. ou anal., A. Teulet, *Layettes*, t. II, n° 1813-1821).

[27] *Grandes Chroniques*, t. VIII, p. 55 : « car le saint roy Loys avoit aucun droit au royaume d'Espaigne de par madame Blanche sa mère qui fu fille au roy de Castelle qui jadis fu ».

[28] « Car le roi de France chalengoit et demandoit por sien le roiaume de Castele, qui li estoit escheus de dame Blanche sa mere [sa grand-mère], qui estoit droit hoir du roiaume de Castele, et fille le roi » (*L'Estoire de Eraclès empereur et la conqueste de la terre d'Outremer, Recueil des historiens des croisades. Historiens occidentaux*, Académie des inscriptions et belles-lettres, t. II, Paris, 1859, p. 470).

[29] Voyez Rodriguez-Lopez, « *Quod alienus regnet…* », p. 114, n. 9, qui cite un passage du premier traité de Pierre Dubois, la *Summaria brevis et compendiosa doctrina felicis expedicionis et abreviacionis guerrarum ac litium regni Francorum*, éd. H. Kampf, Leipzig, 1936, p. 17.

Dubois n'est pas toujours d'une rigueur sans reproche ; mais il est probable qu'il se faisait l'écho d'une rumeur répandue à l'époque, alors que les Infants n'avaient pas encore renoncé à tout espoir de reconquérir la Castille ; une rumeur que les chroniques, en France et ailleurs, exprimaient de leur côté[30]. À notre connaissance, Philippe III ne se mit pas en avant, puisque de toute façon, c'était bien les droits de ses neveux qui étaient en jeu, et en tant que petits-fils d'Alphonse X et non de Saint Louis. Mais l'entourage du roi de France (comme sans doute celui du roi de Castille) avait connaissance de ces droits potentiels : Philippe le Bel y renonça en effet officiellement par le traité de Lyon, conclu avec les représentants de Sanche IV (13 juillet 1288)[31].

Mais en fait, quels que soient les petits arrangements avec la vérité historique des chroniqueurs et des « intellectuels » du temps, il est évident que ce sont les circonstances (une série de morts prématurées et imprévisibles) qui ont conduit Philippe III à s'intéresser aux royaumes espagnols. Cette orientation lui a été imposée de l'extérieur, sans qu'il l'ait lui-même désirée : jusqu'à la crise avec la Castille, en 1276, la politique du roi semble bien avoir été de mettre en œuvre une nouvelle croisade, sans doute avec le concours de son oncle le roi de Sicile, Charles d'Anjou[32]. Philippe III n'a nullement manigancé une politique qui devait inéluctablement aboutir au triomphe de ses intérêts. Il a simplement répondu à l'appel des circonstances. Cette remise en cause d'une volonté expansionniste de la part de Philippe III s'apparente à la critique faite par Jean-Marie Moeglin du concept traditionnellement admis par l'historiographie allemande de l'*Ausdehnungspolitik*, selon lequel les rois de France auraient sans cesse cherché à empiéter sur les frontières de l'Empire. En réalité, là aussi, ce sont les circonstances qui ont poussé les rois de France à intervenir – circonstances souvent provoquées par les communautés locales cherchant à jouer les puissances l'une contre l'autre, le roi de France contre l'empereur ou les princes.

II. Les conséquences de la politique matrimoniale de Saint Louis

À elle seule, l'hypothèse trop facile d'un « impérialisme capétien » ne peut donc suffire. Certes, même si nous n'en savons rien, Philippe III ne fut peut-être pas mécontent d'installer un gouverneur français à Pampelune, ou de faire de son deuxième fils un roi d'Aragon. Mais le moins qu'on puisse dire c'est qu'il semble avoir agi avec une grande circonspection. En témoignent ses hésitations en 1284, au moment des négociations avec le Saint-Siège, à propos de la dévolution de la couronne d'Aragon à son fils Charles : le pape Martin IV finit même par s'en émouvoir[33].

Il faut donc chercher dans une autre direction. Si l'on veut bien admettre que la politique de Philippe III à l'égard des royaumes de la péninsule Ibérique a été

---

[30] Daumet, *Mémoire sur les relations…*, p. 102, signale qu'un poète nommé Sordel avait déjà, sous le règne de Saint Louis, fait allusion aux droits qu'aurait possédés le roi de France sur la Castille (d'après É. Berger, *Histoire de Blanche de Castille*, p. 35-36).

[31] G. Digard, *Philippe le Bel et le Saint-Siège de 1285 à 1304*, Paris, 1936, t. I, p. 51-52 ; le texte du traité (Arch. nat., J 601, n° 22) est édité dans le t. II, p. 237-245.

[32] Je permets de renvoyer à mon article cité n. 1.

[33] Langlois, *Le règne de Philipe III…*, p. 147-148.

dominée, non par une volonté expansionniste, mais par le simple règlement de litiges de succession, il n'est pas mauvais de rechercher la cause antérieure de ces litiges. Comment et pourquoi les liens de famille avec les différentes dynasties espagnoles sont-ils devenus si étroits ?

À bien regarder, les guerres menées par Philippe III ne sont que la conséquence de l'échec – par nature, imprévisible – de la politique matrimoniale de Saint Louis. Dans l'esprit de ce dernier, les mariages devaient renforcer les liens des rois chrétiens entre eux en empêchant à l'avenir toute guerre qui opposerait nécessairement de proches parents ; une croisade générale devait en être facilitée[34]. C'est Saint Louis qui voulut le mariage de sa fille Blanche avec l'infant Fernando[35] ; c'est lui aussi qui voulut celui de sa nièce Blanche d'Artois avec Henri de Navarre, au frère duquel, Thibaud, il avait déjà marié sa propre fille Isabelle[36]. Cette politique eut des effets diamétralement opposés à ceux qu'avait espérés Saint Louis. Il en résulta en effet l'intervention française en Navarre, le conflit avec la Castille puis avec l'Aragon. D'autre part, sans même attendre que la guerre soit devenue presque générale à la suite des Vêpres Siciliennes (dans le déclenchement desquelles la politique matrimoniale de Saint Louis n'est guère en cause), la guerre avec la Castille et la tension croissante avec l'Aragon (à cause des Infants de La Cerda) empêchèrent Philippe III de reprendre ses projets de croisade, qu'il avait pourtant bien avancés. Par conséquent, et paradoxalement, ce sont bien les mariages organisés par Saint Louis en vue de la réussite de la croisade qui la rendirent impossible. Rien ne dit, certes, que les rois contemporains, aux personnalités plutôt ambiguës, particulièrement quand il s'agissait de la croisade (Alphonse X et Sanche IV de Castille, Pierre III d'Aragon, Édouard Ier d'Angleterre), auraient été disposés à partir avec Philippe III ; tout laisse même penser le contraire. Mais l'état de guerre presque généralisé à partir de 1282 empêchait radicalement le départ d'une nouvelle croisade : quelques années plus tard, en mai 1291, Acre tombait.

III. Quelle importance pour les liens familiaux ?

En tissant des liens matrimoniaux très forts entre plusieurs lignées concurrentes, Saint Louis mit en place les conditions d'un imbroglio familial dont la croisade fut la première victime. La solidarité pour une cousine chassée de son royaume ou pour des neveux spoliés imposa sa politique à Philippe III. Mais jusqu'à quel point ?

Même si leur œuvre demeure naturellement fondamentale, on peut reprocher aux grands historiens de la fin du XIXe siècle d'avoir trop systématiquement projeté les réalités de leur temps sur les événements des siècles antérieurs. Ils parlent volontiers de « traité » ou de « congrès », comme le faisaient leurs propres contemporains. Ils évoquent « la France » ou « la Castille », exactement comme s'il s'agissait des grandes puissances de leur temps. Georges Daumet dit par exemple : « en sacri-

[34] Joinville a rapporté ce que pensait Saint Louis des liens noués avec les Plantagenêts (Jean de Joinville, *Vie de Saint Louis*, éd. J. Monfrin, Paris, 1995, § 65, p. 33).

[35] Un premier projet de mariage avait été envisagé entre le prince Louis, fils aîné de Saint Louis, et une fille d'Alphonse X ; la mort du prince en 1259 rendit caduque ce projet (Daumet, *Mémoire sur les relations…*, p. 1-9).

[36] Voyez plus haut la n. 5.

fiant les infants de la Cerda, [Alphonse X] courait donc un danger presque certain, celui d'une rupture avec la France ». Le vocabulaire employé est significatif du biais donné à la réalité telle que nous l'apercevons à travers les sources. Si, à n'en pas douter, la France existe bel et bien au XIIIe siècle, on ne peut certes lui donner le sens dans lequel le mot est employé ici, ou dans lequel nous l'emploierions aujourd'hui, et qui est à peu près équivalent à « gouvernement ». On a parfois le sentiment que les historiens de la fin du XIXe siècle ne voyaient pas autre chose, dans les structures politiques du Moyen Âge, que le reflet de leur propre époque – où de fait, les souverains européens avaient atteint le même degré de consanguinité qu'aux derniers siècles du Moyen Âge. On peut penser que, chez Philippe III et les rois d'Europe ses cousins, les mêmes ressorts pouvaient jouer que ceux qui conduisaient la reine Victoria, le tsar ou le kaiser.

L'étude de ces crises de succession met de fait en évidence une solidarité familiale fondamentale. Ce n'est pas pour rien si c'est Jean d'Acre que Philippe III envoya dans un premier temps à Alphonse X : parent des deux rois, il avait de surcroît fréquenté assidûment les deux cours – il faut rappeler à ce propos qu'on pouvait être cousin germain sans s'être jamais vu. L'année suivante, l'armée chargée de dégager Eustache de Beaumarchais assiégé dans Pampelune était commandée par Robert d'Artois, l'oncle de la petite Jeanne, la fille de sa sœur Blanche. Une fois l'ordre rétabli en Navarre, Alphonse X « manda au conte d'Artois comme à son très cher cousin, par moult de prières, que il parleroit moult volentiers a li amiablement », nous dit une chronique proche de la cour[37]. On pourrait multiplier les exemples : il est certain qu'on se rappelait opportunément, quand le besoin s'en faisait sentir, des liens de famille qui existaient entre des adversaires. Comme on pouvait s'y attendre, les liens familiaux furent donc particulièrement mis en avant dans ces affaires de succession, qui impliquent toutes les familles royales du temps. Pour autant, est-ce là la seule motivation de Philippe III ?

IV. L'honneur

Au total, il ne fait pas de doute qu'une solidarité familiale élémentaire a compté, en poussant Philippe III à se tenir du côté de sa cousine, de ses neveux, de son oncle Charles d'Anjou. Mais on peut imaginer qu'elle a d'autant plus pesé que l'« honneur » de Philippe était en jeu. Tel que nous le décrivent les chroniques du temps, Philippe III n'apparaît pas insensible aux questions d'honneur. En 1272, apprenant que le comte de Foix avait osé violer un château royal pour y chercher un de ses ennemis qui y avait trouvé refuge, le roi « ot si grant despit en son courage que il en fu forment eschaufé et moult plain de grant ire ; meesmement pour ce que el commencement de son gouvernement telz genz, qui n'estoient de nulle comparoison au regart des roys de France, li avoient fait tel et si grant injure comme de avoir rompu son chastel pour tuer et murdrir ses prisonniers[38] ». Chez Guillem Anelier,

[37] Primat, p. 96.

[38] *Ibid.*, p. 89-90 ; cf. Guillaume de Nangis, *Vie de Philippe III*, Recueil des Historiens des Gaules et de la France, t. XX, p. 490-493 (versions latine et française).

le poète toulousain qui raconta en plusieurs milliers de vers les troubles que connut la Navarre en 1276, Philippe III est uniquement mû par l'honneur[39].

Il en va de même, toujours selon les chroniqueurs, au moment où Philippe III doit affronter la crise de succession castillane. Le roi ressentit durement l'humiliation faite, à la cour de Castille, à sa sœur Blanche, privée de son douaire, et à ses neveux, privés de leur héritage : il « fu mout couroucié et moult dolent en son cuer du desconfort de sa suer et du desheritement de ses neveus[40] ». Mais l'injure n'était pas faite qu'à sa sœur ou à ses neveux : elle était faite aussi à Philippe lui-même.

C'est d'ailleurs avec une remarquable précision que les chroniques insistent sur la légitimité des droits des Infants de la Cerda[41]. S'il avait vécu, leur père, don Fernando, aurait dû succéder à son propre père, Alphonse X, dont il était l'aîné ; la coutume de Castille allait dans ce sens ; en outre, le contrat de mariage de don Fernando et de Blanche de France l'avait confirmé. La question ne fait d'ailleurs pas de doute, Alphonse X l'ayant résolue dans les Siete partidas et, peut-être, dans les négociations préalables, aujourd'hui perdues, au mariage de l'infant avec Blanche de France[42] : don Fernando devait transmettre à ses fils ses droits à hériter. De fait, ce n'est qu'au prix d'une réécriture de l'histoire qu'Alphonse X tenta de légitimer sa décision, en modifiant les propres règlements qu'il avait édictés[43]. C'est donc « par son grant malice » que le roi de Castille a dépouillé ses neveux en faveur de son fils cadet – même si Primat, par exemple, ne manque pas de fournir implicitement une explication plus vraisemblable, en mettant en avant la « paralisie » d'Alphonse X : l'état de santé de ce dernier devait le pousser à trouver au plus vite un héritier adulte capable de lui succéder.

---

[39] Je me permets de renvoyer à ma thèse, *L'Ost de France. La guerre, les armées, la société politique au royaume de France (fin du règne de Saint Louis – fin du règne de Philippe le Bel)*, p. 327 et 334-335.

[40] Primat, p. 92.

[41] Voyez par exemple le long développement que Primat consacre à l'affaire, p. 91-92 : « Il avint environ celi temps, ès parties de Espaingne, que Ferrant, ainsné filz du roy de Castele, trespassa ; lequel Ferrant avoit espousée a fame madame Blanche, fille de noble memoire Loys, roy de France, des le temps que il vivoit ; et se il eust surveusqu son père, il n'est pas doubte que le royaume d'Espaingne ne li apartenist par droit heritage … [et ses enfants] estoient hoirs du royaume de Espaingne, se la tricherie et la très mauvaise cruauté de leur aïeul ne leur eust empeeschié. Car il ne voloit pas que l'ainsné succedast aprèz li el royaume, et alliegoit au contraire que la coustume du païs estoit telle, comment que il savoit bien le contraire ; que entre li et Loys, roy de France, el temps que il vivoit, el contrauct de mariage la condicion des convenances avoit esté telle que nulle succession de fraternité el temps avenir n'empeescheroit que le premier né des II enfans ne pourseist le royaume d'Espaingne sanz prejudice. Et pour ce que par son grant malice il fust veu oster du tout le droit de l'enfant, il fist son autre filz secont prendre les hommages des barons de Espaingne, et l'en revesti ; et aussi comme se il se vousist retraire de la cure et du gouvernement du royaume, comme celi qui estoit jà corrumpu de paralisie, mist celi filz secont en possession d'une partie du royaume ; et ainsi osta a force a ses neveux, filz de son filz ainsné, le droit que il avoient el royaume. Ne il ne assigna a madame Blanche, mere des enfanz et suer du roy Phelippe de France, nulles rentes, ne pour douaire ne pour vivre. Et ainsi celle noble dame desconfortée par la mort de son mari, laquelle dame aournée de nobles meurs remaint en sainte veuveté entre les habiz mal gracieux de ceulz de Espaingne, et fut illuec moult desconfortée aveuques ses filz entre les crueix et horribles regars des Espaignox. Et pour ce, le roy de France fut mout couroucié et moult dolent en son cuer du desconfort de sa suer et du desheritement de ses neveus » [Philippe III envoie ensuite à Alphonse X le bouteiller de France, Jean d'Acre].

[42] La citation pertinente des *Siete partidas* admettant le droit de représentation pour la succession royale est donnée notamment par Daumet, *Mémoire sur les relations…*, p. 21. Aucun des documents relatifs au mariage n'envisage le cas de la mort avant son père de don Fernando, sinon pour autoriser Blanche à repartir librement en France (*ibid.*, p. 24).

[43] C'est l'objet de l'art. cité plus haut de Craddock, « Dynasty in dispute… ».

Du coup, chez des chroniqueurs qui apparaissent pour une fois remarquablement renseignés, c'est bien l'honneur du roi qui est en jeu. Son honneur serait compromis si le roi ne réagissait pas devant un tel déni de justice infligé à ses neveux. De façon significative, quand Blanche parvient à se réfugier auprès de son frère, celui-ci, nous dit Primat, « retint mout honnourablement sa suer, et la garda moult convenablement, si comme il appartenoit, en sa sainte veuveté et en sa continence[44] ».

Assez rapidement, cependant, les Infants et leur mère disparaissent pour laisser place aux questions d'honneur. En 1276, peu de temps avant de se mettre en route pour la Navarre, Philippe III envoya une ambassade au roi de Castille, à ce « secont Pharaon endurci mauvaisement en son mauvais propos ». Devant le refus d'Alphonse de remettre à leur oncle les Infants de la Cerda, les messagers français le défièrent, comme le leur avait ordonné Philippe. Celui-ci réunit alors son ost et, en chemin, il fut rejoint par une ambassade castillane, qu'il fit attendre une semaine avant de consentir à la recevoir. L'attente n'avait pas mieux disposé les Castillans : ils « commencièrent à parler hautement et par grant orgueil, et à jangler », c'est-à-dire à débiter des fanfaronnades ; ils défièrent le roi. Ils ne réussirent pourtant pas à mettre Philippe III hors de lui : selon Primat, qui veut peut-être atténuer ce qui, à la lumière de ce qui allait se passer, pouvait passer pour de la témérité, « le roy leur respondit moult sagement et par moult grant atrempance, et ne se vantoit en riens ; mais dist que il entendoit, se il povoit, entrer el royaume de Navarre, et se il povoit, il entendoit bien assaillir le royaume d'Espaingne ».

Si, devant les Castillans, Philippe III avait gardé son calme, il n'en fut pas de même ensuite : « et dès celle heure, le roy fut forment esmeu, et par grant indignacion, pour ce que le roy de Castelle l'avoit deffié si orgueilleusement ; et donc ordena par ferme propos entrer comme anemi mortel el royaume d'Espaingne, et dit que ce seroit honte et reprouche a li et au royaume de France, se il ne vengoit ceste presumtion et ceste honte[45] ».

« Honte et reprouche » : la marche à la guerre est donc clairement retracée par Primat. Le sort de Blanche et des Infants est le point de départ d'une crise qui devient irréductible à partir du moment où le roi de France est personnellement mis au défi de faire respecter les droits de ses neveux, et où la question de l'honneur, par conséquent, prend le pas sur le sort des parties directement impliquées (une femme et ses deux jeunes garçons). Tout, jusque là, est négociable : les nombreuses ambassades échangées de part et d'autre le montrent ; tout le deviendra de nouveau quelque temps plus tard. Mais, pour le moment, l'honneur compromis du roi exige une réparation ; il exige la guerre.

V. Des motivations plus intéressées ?

La solidarité familiale, mais rapidement sublimée par les questions d'honneur, a donc joué un rôle central dans la politique suivie par Philippe III dans les affaires de succession qui le mirent aux prises avec les royaumes espagnols. Pour en avoir une vue complète, cependant, il est nécessaire de distinguer nettement l'attitude

---

[44] Primat, p. 92.

[45] Pour les trois citations : *ibid.*, p. 97.

du roi à l'égard des trois royaumes. En réalité, derrière une même cause apparente (une guerre pour des questions de succession), se dissimulent des situations assez différentes.

À l'égard de la Navarre, et même s'il ne fit que réagir aux circonstances, Philippe III semble n'avoir jamais perdu de vue les intérêts de sa couronne. S'il agit certes au nom de la petite Jeanne, il ne trouva rien de mieux que de la marier à son second fils, Philippe, qui, à la suite de la mort de son aîné, Louis, en 1276, devint roi de France en 1285. Mais c'est bien Louis, alors *primogenitus*, que Philippe III envisagea dans un premier temps de marier à Jeanne : Grégoire X refusa cet arrangement et imposa que le roi choisisse un autre de ses fils[46]. Les chroniqueurs, du reste, ne cachent pas l'intérêt que pouvait trouver le roi à marier un de ses fils à l'héritière de la Champagne et de la Navarre[47]. Derrière les grands principes, derrière la défense de la veuve et de l'orpheline, on distingue donc quelques considérations moins désintéressées. À tout prendre, cependant, la perspective pour Philippe III de doter le comté de Champagne d'un prince capétien devait être plus importante que le sort de la Navarre, un royaume qui devait lui paraître quelque peu exotique : du reste, la dévolution de la Champagne à Jeanne devenue majeure et mariée au futur Philippe le Bel en 1284 fut l'objet d'âpres négociations avec Blanche et son deuxième mari Edmond de Lancastre, frère du roi d'Angleterre. Mais ni Philippe III ni Philippe le Bel ne tentèrent une intégration de la Navarre au royaume de France : au contraire, le royaume pyrénéen conserva toujours ses coutumes et ses particularités. À la mort de Jeanne, en 1305, c'est son fils aîné, le futur Louis X, qui lui succéda comme comte de Champagne et roi de Navarre ; mais en 1328, si la Navarre fut attribuée à Jeanne, la fille de Louis X, en revanche la Champagne fut rattachée au domaine royal.

Avec l'Aragon, ce n'est pas à proprement parler une querelle de succession qui entraîna le conflit. C'est en effet à la suite de l'agression délibérée de Pierre III contre Charles d'Anjou et de la contestation de la légitimité de ce dernier comme roi de Sicile que Philippe III entra en guerre. Mais des tensions existaient bien avant que n'éclatent les Vêpres Siciliennes. À plusieurs reprises dans les décennies précédentes, on n'avait pas été loin de la guerre, notamment du fait des initiatives pour le moins agressives du fils aîné de Jacques le Conquérant, le futur Pierre III, à l'occasion désavoué par son père[48]. Les proscrits étaient nombreux à la cour de Barcelone : des Provençaux ou des Italiens ennemis de Charles d'Anjou, ainsi que des Languedociens hostiles au roi de France[49].

L'origine de ces tensions est à chercher dans d'autres affaires de succession. Pendant la croisade albigeoise, en 1213, lors de la bataille de Muret, le roi d'Aragon

---

[46] Langlois, *Le règne de Philippe III…*, p. 98.

[47] Ainsi Primat, p. 93 : « Et entretant le roy considera que la pucelle estoit née de très nobles parens et estoit descendue de royal ligniée de l'un costé et de l'autre, et que si noble seignourie li appartenoit… »

[48] À la nouvelle de la mort d'Alphonse de Poitiers, certains habitants de Toulouse auraient chercher à faire de Pierre d'Aragon leur comte, mais Jacques le Conquérant y aurait mis bon ordre (Langlois, *Le règne de Philippe III…*, p. 57-58).

[49] M. Aurell, « Chanson et propagande politique : les troubadours gibelins (1255-1285) », *Le forme della propaganda politica nel due et trecento. Relazioni tenute al convegno internazionale organizzato dal Comitato di studi storici di Trieste, dall'École française de Rome e dal Dipartimento di storia dell'Universita degli studi di Trieste (Trieste, 2-5 mars 1993)*, éd. P. Cammarosano, Rome, École française de Rome, 1994 (Collection de l'École française de Rome, 201), p. 183-202, particulièrement aux p. 191-192.

Pierre II avait été tué. Philippe Auguste avait alors mis la main sur les terres de ce dernier qui étaient situées dans le royaume, avant de récupérer également une partie des conquêtes de Simon de Montfort. En 1234 et en 1240-1242, la guerre avait failli éclater entre les rois de France et d'Aragon. Le traité de Corbeil, conclu le 11 mai 1258, mettait fin au conflit. Saint Louis renonçait à la suzeraineté (toute théorique) qu'il possédait sur le comté de Barcelone (l'ancienne marche d'Espagne des Carolingiens). En échange, Jacques d'Aragon abandonnait ses revendications sur les terres qu'avait possédées son père dans le royaume de France. Le cas de Montpellier, future pomme de discorde, était réservé. Une clause du « traité » prévoyait le mariage du deuxième fils de Saint Louis (le futur Philippe III, héritier du trône à la mort de son frère Louis en 1260) avec la fille du roi d'Aragon, Isabelle[50]. Celle-ci donna naissance, entre 1262 et 1270, à trois fils, Louis († 1276), les futurs Philippe le Bel et Charles de Valois[51].

En 1271, après la mort d'Alphonse de Poitiers, les Aragonais virent sans doute sans joie excessive la présence capétienne se renforcer au pied des Pyrénées, d'autant plus qu'en juin 1272, la rébellion du comte de Foix fut matée par l'armée royale avec à sa tête le roi en personne[52]. Pour Philippe III, c'était de fait l'occasion de manifester sa présence dans le Midi, en s'y montrant, mais également en exigeant le service militaire de ses nouveaux vassaux. Ces manifestations étaient destinées aux seigneurs du Midi, mais elles devaient aussi dissuader les Aragonais de loucher de ce côté des Pyrénées.

Par la suite, tout au long du règne de Philippe III, des incidents émaillèrent les relations franco-aragonaises. Localement, ces incidents entraînaient une tension qui, avec les querelles successorales, trouva son pendant au niveau le plus élevé, celui des relations entre les deux cours. Déjà, en 1270, sous sa tente, plusieurs renégats chrétiens conseillaient le sultan hafside de Tunis, alors que l'armée croisée commandée par Saint Louis campait à quelques lieues de là – un des corps d'élite de l'armée tunisienne était composé de Catalans et d'Aragonais[53].

Les troubles suscités en Navarre, la détention à peine déguisée des Infants de la Cerda, d'abord, puis les manœuvres du roi d'Aragon contre Charles d'Anjou, débouchant sur l'attribution à un fils du roi de France de la couronne d'Aragon, ne furent en quelque sorte que les multiples gouttes d'eau qui devaient faire déborder le vase : non pas un simple prétexte, toutefois, mais plutôt la franche occasion de régler par les armes un différend ancien et profond qui jusqu'ici était demeuré dans le vague : la politique du cauteleux Pierre III fut d'ailleurs un chef-d'œuvre d'hypocrisie. En un sens, au moins dans le cas de l'Aragon, les problèmes de succession furent l'occasion de la guerre sans en être la raison profonde ; à peine plus que l'élément déclencheur d'une guerre qui semble avoir été, par beaucoup d'aspects, inéluctable.

---

[50] J. Teyssot, « Politique et mariage chez les Capétiens. Le mariage royal de Clermont le 28 mai 1262 », *Le mariage au Moyen Âge (XIe-XVe siècles)*, 1997, p. 55-62. Le dossier du mariage de Blanche de France et de Fernand de La Cerda est bien documenté (Daumet, *Mémoire sur les relations...*, chapitre II, p. 10-16).

[51] Sur Isabelle d'Aragon, L. Carolus-Barré, « Le testament d'Isabelle d'Aragon, reine de Franc, épouse de Philippe III le Hardi (Cosenza, 19 janvier 1271), *Annuaire-Bulletin de la SHF*, 1983-1984, p. 131-137.

[52] Sur « l'ost de Foix », Langlois, *Le règne de Philippe III...*, p. 58-63.

[53] Sur les relations entre la Tunisie et les royaumes espagnols, R. Brunschvig, *La Berbérie orientale sous les Hafsides, des origines à la fin du XVe siècle*, Paris, 1947, t. I, ch. I, p. 1-70 ; C.-E. Dufourcq, *L'Espagne catalane et le Maghrib*, Paris, 1966, p. 95-104.

Avec la Castille, il n'existait pas comme avec l'Aragon de contentieux préalable. Il fallut vraiment que l'honneur du roi fût menacé pour que celui-ci se décide à entrer en campagne. Comme on l'a vu, plusieurs ambassades successives tentèrent de ménager un compromis. Le roi de France, si hardi qu'il ait été, ne manqua pas de prudence dans cette affaire compliquée, comme l'affirme Primat, qu'il vaudrait la peine de citer un peu longuement[54]. En réalité, donc, la guerre contre la Castille ne fut pas entreprise sans réticence, parce qu'il manquait à la querelle de succession un véritable fondement – en dépit même de l'évidence des droits des Infants. Au fond, l'expédition de Sauveterre était avant tout destinée à rétablir la situation en Navarre, alors sérieusement compromise. À l'égard de la Castille, le déploiement de l'armée royale ne devait sans doute être conçu que comme une démonstration de force.

C'est pourquoi, d'ailleurs, dans les affaires de Castille, la solution diplomatique fut assez rapidement privilégiée, sous la médiation successive ou simultanée du Saint-Siège, du roi d'Angleterre Édouard Ier et du prince de Salerne (l'un et l'autre apparentés aux deux parties). Alphonse de la Cerda, l'aîné des infants, se vit promettre par Alphonse X un royaume de Murcie qui aurait été vassal de la Castille. Sanche s'y opposa cependant et déposa son père en avril 1282, tout en refusant de prendre le titre de roi avant la mort de ce dernier, en 1284[55]. Il est à noter que Philippe III, de son côté, s'était également opposé à ce règlement et avait exigé, notamment lors des négociations de Dax (décembre 1280), le rétablissement entier des droits de ses neveux[56]. Mais ceux-ci, en définitive, furent assez facilement sacrifiés aux impératifs « géopolitiques » qui conduisaient à une guerre avec l'Aragon, et qui imposaient donc une réconciliation avec le roi de Castille, Sanche IV : en dépit de nombreuses prises d'armes, on ne lança pas de nouvelles opérations militaires. Philippe III pouvait d'ailleurs s'abriter derrière les menaces que faisaient peser sur lui les papes successifs[57]. En 1278, Philippe III accepta d'envoyer une délégation qui devait rencontrer à Toulouse, sous les auspices des légats pontificaux, les ambassadeurs castillans ; mais Alphonse X se déroba au dernier moment, et le Saint-Siège fut remplacé comme médiateur par Édouard Ier puis par le prince de Salerne, le fils de Charles d'Anjou[58]. Les négociations traînèrent en longueur. En 1285, une ambassade française se rendit à Tolède auprès de Sanche IV pour exposer les desseins de Philippe III qui s'apprêtait alors à entrer en campagne en Catalogne[59]. En 1293-1294, il fut question d'une alliance dirigée contre l'Angleterre[60]. Les Infants de la Cerda et leur mère ne purent jamais faire valoir leurs droits ; même libérés

[54] « Et le roy de France, jà soit ce que il fust moult meu par grant ire contre le roy d'Espaigne, si ne esmut il pas tantost son ost, mais ot conseil, avec ses loialz amis, et souffri ceste chose jusques à certain temps ; ce fu jusques à tant que il ot arrières envoié messages en Espaingne, pour essaier se par aventure il porroit retraire le courage de celi de son mauvais propos par les secons messages, et se il le peust amolier par ses amonnestements aussi comme en li deproiant à faire raison et droiture à ses neveux et à sa suer » (Primat, p. 92-93).

[55] Craddock, « Dynasty in dispute… » p. 199-200.

[56] Daumet, *Mémoire sur les relations…*, p. 70-71.

[57] Langlois, *Le règne de Philippe III…* ; Daumet, *Mémoire sur les relations…*, p. 53-63 ; voyez ce qu'en dit Primat, p. 98.

[58] Sur tout cela, Daumet, *Mémoire sur les relations…*, p. 64-74.

[59] *Ibid.*, p. 87.

[60] *Ibid.*, p. 112-113.

des prisons aragonaises, en 1288, ils traînèrent longtemps une existence d'aventuriers, avant de faire, sur le tard, leur soumission[61].

Les questions de succession étaient donc importantes en soi. En bon fils de Saint Louis qu'il était, Philippe III tendait sans doute spontanément à défendre la veuve et l'orphelin, particulièrement au sein de sa propre parenté. Une solidarité familiale élémentaire, associée au rétablissement de son honneur compromis, pouvaient le conduire à intervenir dans des royaumes lointains. Mais ses interventions n'apparaissent nullement avoir été désintéressées. Leur force était graduée en fonction de l'intérêt qu'il pouvait y trouver. Comme on l'a vu, la réponse du roi de France fut très différente selon les cas : ferme et non négociable en Navarre, où Philippe III défendait les intérêts de son fils autant que ceux de sa belle-fille Jeanne, tout en lorgnant sans doute sur la Champagne ; déterminée, après une phase d'hésitation, face à l'Aragon, dont le roi avait agressé Charles d'Anjou, l'allié inconditionnel, et dont la couronne pouvait être acquise en faveur de son autre fils Charles, au prix d'une expédition de grand style ; équivoque en Castille, où les intérêts du roi n'étaient pas directement en jeu. En d'autres termes, la politique de Philippe III fut moins hardie que ne le laisserait penser son surnom, et on ne saurait en aucun cas voir dans la ligne de conduite suivie par le roi de France une volonté expansionniste : elle ne fut pas décidée par des principes généraux mais dictée par les circonstances, et il ne fut jamais question d'annexer les royaumes ibériques. Il ne faut pas pour autant dissimuler le fait que Philippe sut utiliser à merveille les opportunités qui se présentaient pour étendre le rayonnement de sa couronne ; non sans succès, d'ailleurs, en dépit des échecs militaires répétés, puisque la Navarre entra pour longtemps dans l'orbite française[62].

Un pragmatisme du plus bel aloi caractérise donc le gouvernement de Philippe III, qu'on ne retrouve ni chez Saint Louis, chez qui la recherche d'une paix générale préalable à la croisade primait tout, ni chez Philippe le Bel, qui érigea le cynisme et la mauvaise foi en principes de gouvernement. C'est alors à une véritable réhabilitation que nous convie l'examen de la politique de Philippe III dans les multiples querelles successorales où il s'est trouvé impliqué malgré lui. Ce n'est pas sans doute pour rien si, comme le remarquait Charles-Victor Langlois, Philippe III

---

[61] Les Infants firent en partie souche en France. En 1288, le traité de Lyon leur fit miroiter le royaume de Murcie, que leur oncle Sanche IV acceptait de détacher du royaume de Castille ; leur mère Blanche se voyait restituer son douaire. Mais les infants refusèrent cet accord et choisirent de revendiquer leurs droits, les armes à la main. Blanche de France se retira à la cour de Portugal, avant de revenir à de meilleurs sentiments. Libérés dans l'été de 1288, les Infants défièrent Sanche IV. Déjà âgé, Alphonse, devenu seigneur de Lunel par son mariage avec Mahaut de Narbonne, fit sa soumission (1331). Le petit-fils d'Alphonse fut le célèbre favori de Jean le Bon, Charles d'Espagne, que Charles le Mauvais fit assassiner. Le père de ce Charles d'Espagne, Alphonse, fut très en faveur sous Philippe VI. Le frère de Charles, Louis d'Espagne, comte de Talmont, fut amiral de France et tenta de se constituer une principauté aux Canaries. L'arrière petite-fille de don Fernando de la Cerda et de Blanche de France, Juana, épousa Enrique, un des fils d'Alphonse XI, roi de Castille de 1312 à 1350, qui régna lui-même sous le nom d'Enrique II (1369-1379) : en un sens, les droits des La Cerda furent donc finalement reconnus.

[62] Le problème de succession fut réglé de manière radicale par le mariage, en août 1284, du futur Philippe le Bel et de Jeanne de Navarre, élevée depuis 1275 à la cour de France. Ce mariage faisait de Philippe le Bel le roi légitime de Navarre. À la mort de Jeanne, en 1305, c'est leur fils aîné Louis qui devint roi de Navarre. Les trois fils de Philippe le Bel portèrent le titre de « roi de France et de Navarre ». Le compromis de 1328 attribua le royaume de Navarre à Jeanne, fille de Louis X, épouse de Philippe d'Évreux, lui-même fils d'un frère de Philippe le Bel.

fut le roi sous le règne duquel le domaine s'agrandit le plus[63]. Même, en définitive, l'échec de la croisade d'Aragon se révéla utile, puisque Charles de Valois put monnayer son titre purement fictif de « roi d'Aragon » contre les comtés d'Anjou et du Maine, extorqués à Charles II d'Anjou, roi de Sicile (1295)[64].

VI. Conclusion

Le règne de Philippe III a été dominé par des affaires de succession, concentrées autour des Pyrénées (royaumes de Navarre, de Castille et d'Aragon, auxquels il faudrait ajouter l'intégration de l'héritage d'Alphonse de Poitiers). À la fin du règne, si l'on met à part la Navarre et le comté de Toulouse, les autres successions n'étaient pas vraiment réglées, ou, si elles l'étaient, ce n'était pas en faveur des candidats soutenus par le roi de France : les Infants de la Cerda étaient écartés, les Angevins en mauvaise posture, et Charles de Valois ne devait jamais être que le « roi du chapeau[65] ».

Philippe III n'a pas mené consciemment et délibérément une grande « politique ibérique », dont l'annexion de la Navarre, les guerres contre la Castille et contre l'Aragon auraient été les étapes successives et nécessaires. Tout laisse penser au contraire que le roi de France n'a pas cherché la guerre contre ces royaumes, mais qu'il n'a fait que répondre aux crises ouvertes par plusieurs morts prématurées (Thibaud de Navarre, Henri le Gros, Fernando de la Cerda). Ces crises vinrent aviver, en réalité, une situation déjà tendue du fait des progrès de la monarchie capétienne dans le Midi du royaume. Pierre d'Aragon fut mêlé de près ou de loin à toutes ces crises successorales ; la guerre devint inévitable quand il entendit réclamer les droits hypothétiques de sa femme Constance sur le trône de Sicile. Une guerre européenne en sortit, qui scella le sort de la Terre sainte.

Au cours de ces crises successives et fortuites, le gouvernement royal semble avoir agi avec un grand sens de l'opportunité. Philippe III amarra solidement la Navarre au royaume, tenta d'établir son fils Charles en Aragon et reconnut assez rapidement l'impossibilité pratique de soutenir la cause des Infants de la Cerda en Castille. C'est donc avec un incontestable pragmatisme qu'il conduisit sa politique, tout en ne perdant pas de vue l'intégration du Midi au domaine royal – une perspective particulièrement prégnante en ce qui concerne le différend avec l'Aragon. De ce point de vue, l'intervention en Navarre, l'ost de Sauveterre et la croisade d'Aragon (précédée d'une autre expédition dans la région dès 1283) prenaient la suite de l'ost de Foix de 1272 : il s'agissait certes de faire la guerre en dehors des frontières du royaume, mais également de les consolider de l'intérieur, en affirmant la présence du roi et en mobilisant chaque fois que nécessaire les contingents féodaux des sénéchaussées méridionales : ceux-ci se trouvèrent convoqués presque chaque année à partir de 1274 – une étape capitale dans l'évolution du service militaire amorcée par Philippe III et menée à son terme par Philippe le Bel, et dont

---

[63] Langlois, *Le règne de Philippe III…*, p. 168 ; R. Fawtier, *Les Capétiens et la France*, Paris, 1942, p. 37-38.

[64] J. Petit, *Charles de Valois*, Paris, 1900, p. 21-23.

[65] C'est le surnom que lui donne Muntaner : pendant l'expédition de Catalogne de 1285, faute d'une véritable couronne, le légat Jean Cholet aurait couronné Charles de son chapeau de cardinal ; comme beaucoup de choses chez ce chroniqueur, cette anecdote doit être prise avec une grande circonspection.

la vertu intégratrice pour la noblesse du Midi est incontestable[66]. De ce point de vue, qu'elles fussent des succès ou des échecs, le sort de ces expéditions importait finalement assez peu, d'autant plus que leur coût semble avoir été négligeable au regard des capacités financières presque inépuisables de la monarchie capétienne sous Philippe III.

Cette reconnaissance du pragmatisme qui semble avoir été le maître mot de la diplomatie de Philippe III conduit à une conclusion qui est évidente, mais qu'il n'est pas mauvais peut-être de rappeler : certains cousins l'étaient plus que d'autres. Qu'il l'ait voulu ou non, Philippe III fit plus pour la petite Jeanne de Navarre, qui n'était que la fille de sa cousine, que pour ses propres neveux, fils de sa sœur, les infants de la Cerda ; et plus que pour ceux-ci ou que pour Jeanne, il travailla pour son oncle Charles d'Anjou. Dans les affaires de succession, particulièrement, la proximité absolue créée par les liens de parenté était aménagée à la fois par les affinités électives et par les intérêts bien compris ; elle ne fonctionnait ni de manière automatique ni de manière absolument équivalente.

Ce dernier point mérite d'être approfondi. Dans le courant du XIIIe siècle, les familles royales européennes semblent saisies d'une véritable folie matrimoniale. La conviction de Saint Louis que les mariages garantissaient la paix n'y paraît pas étrangère. Cette théorie, du reste, ne cessa de prévaloir tout au long des siècles qui suivirent, en dépit des échecs évidents qu'elle suscita presque immanquablement. A partir du milieu du XIIIe siècle, les relations franco-anglaises furent jalonnées de mariages entre les deux familles rivales. Elles n'en furent guère améliorées pour autant, même quand Édouard Ier et son fils aîné épousèrent la sœur et la fille de Philippe le Bel. Au contraire, c'est bien le mariage d'Isabelle avec Édouard II qui fut à l'origine de la guerre de Cent ans… Sous Philippe III, paradoxalement, ce sont bien les mariages combinés par son père qui détournèrent la chevalerie française de la croisade : les liens familiaux créaient des obligations spécifiques en termes de solidarité et d'honneur, tout en se révélant incapables de suppléer au manque d'affinités personnelles entre individus : après tout, Philippe III ne fut pas en très bons termes avec son cousin germain Édouard Ier, pas plus qu'avec son beau-frère Pierre III d'Aragon, qui était pourtant l'oncle maternel de ses fils ; et il faut rappeler que son autre beau-frère, Fernando de la Cerda, venait, au moment de sa mort, de revendiquer la Navarre alors administrée par des officiers français. On choisit ses amis, on ne choisit pas sa famille ! Surtout, peut-être, la fin du XIIIe siècle voit s'imposer et s'opposer des logiques d'États qui sont déjà des logiques nationales : à cet égard, les liens familiaux entre souverains européens, pas plus à la fin du XIIIe qu'au début du XXe siècle, ne pouvaient contrebalancer les rivalités des nations.

Un seul point permettra de conclure. En les considérant uniquement du point de vue de Philippe III, on ne rend pas compte de l'ampleur de ces crises successorales pour les royaumes concernés. C'est généralement tout le système politique qui en fut bouleversé, en Navarre, en Castille, en Aragon et en Sicile. On peut n'en donner qu'un seul exemple. En 1282, Alphonse X, rattrapé par des remords tardifs, tenta de se dégager de la tutelle de son fils Sanche ; mais, abandonné par la plupart des barons, il dut alors se tourner vers celui qui était jusqu'alors son ennemi, le roi de France. Il promit à Philippe III de reconnaître son petit-fils Alphonse de la Cerda

[66] Je permets de renvoyer à ma thèse, *L'Ost de France*, p. 444-530.

comme son héritier. Dans son testament, il déshérita officiellement Sanche ; si les infants mouraient sans héritiers, c'est même le roi de France qui devait leur succéder. Visiblement désemparé, le roi de Castille demanda l'aide du sultan du Maroc, qui engagea Philippe III à apporter son aide à Alphonse X[67]. Une crise de succession avait des conséquences infinies. À partir de 1328, le royaume de France put à son tour l'expérimenter.

[67] Daumet, *Mémoire sur les relations*..., p. 79 et suiv., et, du même, « Les testaments d'Alphonse X le Savant », *BEC*, 77, 1906, p. 70-99 ; les deux testaments d'Alphonse furent expédiés à Philippe III ; c'est ainsi qu'ils nous sont connus (Arch. nat., J 601, n° 31 et 32) ; la lettre du sultan est également aux Arch. nat.

The Aragonese succession in the fourteenth century

Peter RYCRAFT

The disputed succession to the Crown of Aragon in 1410 is notoriously the subject of a continuing debate which is referred to constantly by specialists in other places. These commentators may not always realize how sensitive an issue it can still be or how unproductive it would be to hope for a consensus about what happened, let alone what should have happened; it would be unproductive to review it again.[1] Instead I want to focus in this paper on two questions: what were the limits of the discretion enjoyed by the tenant in possession to direct the future succession[2]; and what it actually was that the succession transmitted. I suggest that the Crown of Aragon is therefore an especially interesting case because of two distinctive structural features; it was a consciously synthetic political unit and that reflected among other things the role of the dynasty in making it.[3]

I propose to call four principal witnesses but before doing so it is necessary to recall the situation of 1410 in order that we can see what the range of choice then was. My case is that, despite the appearance of legal anarchy, it was in fact restricted by what had already happened; in the course of the previous century the issue had repeatedly been placed in front of the politicians and lawyers. Even so when Martin the Elder died in 1410 the situation was not straightforward. His son the King of Sicily had died the previous year leaving a son who had been legitimated. Canon law and the charter of Gregory XI ruled out the proposal that Frederic should be allowed to succeed in Sicily, let alone in the wider Crown of Aragon for which his eligibility had been ruled out in the act of legitimation itself.[4] Martin himself had been accepted as King in 1396 in preference to the daughters of his elder brother John I[5]; the elder daughter had claimed the throne on the grounds that the marriage contract under which she renounced any claim had not been honoured.[6] The

---

[1] R. Menendez Pidal, 'El Compromiso de Caspe; autodeterminación de un pueblo', *Historia de España*, dir. R. Menéndez Pidal, 15, Madrid, 1964, p. ix-clxiv; F. Soldevila *El Compromís de Casp*, Barcelona, 1965; M. Dualde Serrano and J. Camarena Mahiques, 'El interregno y el Compromiso de Caspe', *IV CHCA*, Barcelona, 1955, repr. Zaragoza, 1971.

[2] J. Goody, *Development of the Family and Marriage in Europe*, Cambridge 1986, discusses this balance in a wider context.

[3] T.N. Bisson, *The Medieval Crown of Aragon*, Oxford, 1986, and J.N. Hillgarth, *Problems of a Catalan Medieval Empire, EHR Supplement*, 8, 1975, set this out particularly clearly.

[4] A. García-Gallo, 'La sucesión del trono en la Corona de Aragón', *AHDE*, 26, 1966; V. Arias de Balboa, *El derecho de sucesión al trono. La sucesión de Martín el Humano*, dir. A. Perez Martin, Madrid, 1999, p. 281-9; E. Bagué, 'Dos documents sobre l'infant Frederic, fill de Martí de Sicília i l'afer de la sucesió', *Analecta sacra Tarraconensia*, 11, 1935.

[5] A.L. Javierre Mur, *María de Luna, reina de Aragón*, Madrid, 1942, p. 52-84.

[6] J. Miret i Sans, 'L'allegat de la Comtessa de Foix pera la successió a la Corona d'Aragó', *Butlletí del Centre Excursionista de Catalunya*, 7, 1897, p. 305-10; C. Bourret, *Un royaume transpyrénéen*, Estadens, 1998,

younger, now the wife of Louis II of Anjou, had executed a renunciation in favour of Martin and his descendants; her dowry remained unpaid and a vigorous campaign on her behalf, intermittently supported by French governments, was mounted after 1410. However, the princesses could only claim to reinstate a claim which was itself valid. If not, and women could not succeed in Aragon as they could in Castile[7] or if the deed of renunciation was retained, then the next move was to explore the heirs of the father of John and Martin, Peter the Ceremonious (1336-1387). In 1396 the decision had been made easier by the unpopularity of John 1 and his widow[8] and she was to mount an energetic campaign to ignore that decision[9] and regard the deed of renunciation as conditional on the unpaid dowry and restricted to Martin and his immediate descendants.[10] By Peter's last marriage there was a daughter who, whatever her original status, was canonically legitimated by her parents' subsequent marriage; she in turn was married to King Martin's cousin, James count of Urgel, for whom, however, the claim was not primarily made through her or as her husband.[11] Peter's sister had married John I of Castile (1379-90) and of their sons Henry III had died in 1406 leaving the infant John II to succeed him in Castile but without himself making any claim to a reversion of the Aragonese crown (not in his time an active possibility). He had however displaced Ferdinand as his heir in Castile before John's birth and installed his daughter as crown princess; when her brother succeeded she resumed the title and continued to use it as Queen of Aragon until the birth of the future Henry IV in 1425.[12] Supporters of Ferdinand's claim therefore had both to accept succession through his mother and displace the son of his elder brother; both arguments were vulnerable to challenge. If, however, as the wills and practice of Aragonese kings suggested[13], a relatively remote male-line claimant had priority then one might look elsewhere, to Urgel as the grandson of King Peter's brother or to the sons of King Peter's uncle, now Duke of Gandia and Count of Prades respectively.[14] In his long reign, however, Peter had further complicated matters by the precedents he set and the last section of this paper will concern itself with the implications of what he said and did.

My first witness is King Martin himself; he had intended to speak for himself but the chronicle he proposed to put out was never completed and we have instead a

p. 60-68.

[7] This was explicitly claimed by the incoming Queen Maria de Luna in 1396. ACA Chancery, reg. 2343 f. 57v; printed in Javierre Mur, *María de Luna...*, 57 n. and García-Gallo, 'La sucesión del trono...', p. 16.

[8] M. de Riquer, 'La Primavera de 1396 en Barcelona', *San Jorge*, 42, 1961; M. Mitja, 'Procés contra els consellers, domèstics i curials de Joan 1', *BABLB*, 27, 1958, p. 375-417.

[9] J.M. Madurell i Marimon, 'La reina Violante de Bar y el pleito sucesorio de la Corona de Aragón', *BABLB*, 19, 1946; F. Vendrell de Millas, *Violante de Bar y el Compromiso de Caspe*, Real Academia de Buenas Letras de Barcelona, 1992.

[10] The renunciation in ACA, pergaminos Martin, no. 324, copied in ACA, Generalitat, reg. 230, f. 9v-10v, 11-12v, from which García-Gallo, 'La sucesión del trono...', p.j. no 17.

[11] Arias de Balboa, *El derecho...*, p.166, 266-7; *id.*, *Corts de Catalunya*, vii, p. 85-6. For Isabella herself see A. Boscolo, *Sibilla de Forcia*, Barcelona, 1971, p. 23. For a scheme to marry her to Henry Bolingbroke in 1396 see: ACA, reg. 2239 f. 96v, 98vr; F. Vendrell de Millas and A. Masià de Ros, *Jaume el Dissortat, darrer comte d'Urgell*, Barcelona, 1956, p. 27-9.

[12] ACA, reg. 3223 f. I 16v.

[13] R. Andrés y Alonso, 'Relación de testamentos reales', *III CHCA*, Valencia, 1923, p. 37-64; A. García-Gallo prints the official texts prepared in 1412 for the use of the Compromisarios.

[14] For Gandia's claim see Corts, vii, p. 24-28, printed in *CODOIN*, i, p. 223-30.

probably libellous account of a man too decrepid to rule or to decide the destiny of his country.[15] Some six weeks before he died he wrote to the leaders of the Valencian church accusing them of sabotaging his efforts to resolve the problem of the succession and in doing so he made clear his own view of the limits on his discretion.[16] He had summoned representatives of the different estates in his kingdoms to join him in an investigation of the wills of the earlier kings in order to determine who the heir was under the law. They had failed to appear and Martin argued that only a comprehensive meeting of all the estates would be able to answer the question; each had its own laws and privileges and each had its own legal authority and only if they concerted their answer could a politically and legally watertight resolution be achieved. There was no question of an election however; the resources of the law were not yet exhausted and the job was to establish where they led. The letter in fact corresponds closely to the traditional last statement of Martin who was alleged to have responded to a deathbed enquiry whether he intended the crown to pass according to justice with a monosyllabic grunt which those around him chose to interpret as 'oc', meaning 'yes'.[17] The letter, however, makes clear that by the law he meant the family's successive entails not a general principle of property inheritance, whether civilian or customary.[18] Politically the object must be to transmit the Crown intact and the interregnum period was marked by a succession of deals intended to achieve that. High principle had little place here but there was a concern to remain together to avoid any move which might pre-judge the outcome in a way which closed the discussion.[19] Martin, far from being feeble, was being statesmanlike and twice it would seem he pulled back from moves which would have set the states against one another by imposing solutions unacceptable to one or other of them; first an implicit presumption of support for Frederic, and then Urgel was given and then deprived of the role usually occupied by the Crown Prince as Governor General and forbidden to use the dynastic name as his surname.[20] These were both too provocative for Martin to maintain. It was more difficult for him to erase the past applications of principles which were inconvenient in the new situation but which, like the manner of his own accession, could not be repudiated. His

---

[15] *Cronica del Regnat de Martí I*, ed. F.P. Verrié, Barcelona, 1951; cf. R. Tasis, *Pere el Ceremoniós i els seus fills*, Barcelona, 1953; M. Coll i Alentorn, 'El Rei Martí, historiador', *Estudis Romànics*, 10, 1962.

[16] ACA, reg. 2236, f. 171-171v; cf. Corts, vi, p. 426-8.

[17] J. Zurita, *Anales de la Corona de Aragón*, book xi, ch. 2, ed. A. Canellas López, Zaragoza, 1974, v. 14; D. Girona i Llagostera, 'L'Acte de darrer voluntat del rei en Mardi', *Revista Catalana*, 5, 1921; J. Coroleu, 'Martin I y la sucesión', *La España Moderna*, 1, 1889, p. 171.

[18] The rules for passing on inheritance which were to become so fundamental to Catalan society from the early modern period cannot be read back into this time: S. Sobrequés Vidal, *Els Barons de Catalunya*, Barcelona, 1955, and *id.*, *Els Castells Catalans*, 6 vols., Barcelona, 1967-79, provide examples of the anomaly of practice; *Furs de València*, iv, p. 18, on the limits on the current owner as envisaged by James I as legislator. At the lower levels of Catalan society see M. Aventi Puig's chapter in *Història agrària dels Països Catalans*, ii, Barcelona, 2004, p. 457-505.

[19] Menendez Pidal, 'El Compromiso de Caspe…', p. xli-cxix; M. Dualde Serrano, 'El compromiso de Caspe; continuidad y legitimidad en la crisis de una monarquía', *Arbor*, 30-32, 1948; *id.*, 'La concordia de Alcañiz', *AHDE*, 18, 1947; *id.*, 'La ciudad de Alcañiz y el Compromiso de Caspe', *Teruel*, 4, 1950.

[20] A. Miret i Sans, 'El darrer rei de la casa de Barcelona', *Homenatge a la memòria del rei Martí*, Barcelona, 1910, p. 1-17; A. Giménez Soler, 'Don Jaime de Aragón, último conde de Urgel', *Memorias de la Real Academia de Buenas Letras de Barcelona*, 7, 1899; L. Gonzalez Anton, 'Primeras resistencias contra el lugarteniente General-Virrey en Aragón', *Aragón en la edad media*, 8, 1989; ACA, Cartas Reales (Martin), nos. 1458, 1462.

father, Peter the Ceremonious, had made his own expedients so public that they could not but be visible and embarrassing to anyone inside the country.

My second witness was not worried by such inhibitions or by any very exact knowledge of the situation and history of the Crown of Aragon. He was a Castilian lawyer working for Ferdinand, Vicente Arias de Balboa, who by this time was bishop of Plasencia. His lengthy piece has recently been published in a legal context[21] but has not aroused overmuch concern among historians who have perhaps been sated with the contemporary and retrospective analyses of Catalan lawyers.[22] Arias has of course a brief to advance and the arbitrators under the Compromise of Caspe came down for Ferdinand on rather different grounds than those which Arias had advanced. First of all he attacked head-on the position which Martin himself was to adopt. He went through the wills of the Catalan kings and ruled out nearly all of them as invalid because they were in conflict with the natural order of succession or redundant because they confirmed it. The political compact on which Catalan writers laid such stress did not, for him, provide a guiding principle and although like most civilians he looked back to an initial act of election he did not consider the legendary foundation of the Aragonese monarchy which was to bulk so large later in the century.[23] The difficulty, of course, is the law which he assumes the successive kings to have ignored. He needs, and Ferdinand needs, some principle which will override the exclusively male route of succession which the kings had assumed was applicable in the Crown of Aragon as it certainly was not in Castile where most of his expertise was acquired.[24] He cites the Roman law and its Italian exponents; despite the statutory limitation on the use of the common law in the principality and Valencia, Catalan legists were very ready to appeal to the common law when their precedents were not adequate to resolve a case and Arias cannot be faulted for that.[25] Peter the Ceremonious' rejection of the rule was aborted and would in any case make it difficult to sustain Martin or Ferdinand as heir in preference to John's daughters. Arias also ruled out the will of the effective founder of the dynasty, James I, because that divided up the inheritance which Peter regarded as exceeding the power of any king who is, by definition, a life-tenant. He even extends that principle to the Pope; Benedict XIII could not, he argues, make Frederick of Sicily eligible to succeed there because he was tied by the charter of Gregory XI which confined the succession there to the legitimate descendants of the current king, Frederick IV.[26] If James I's will was not binding on the dynasty then the claims of the male line which rest on it fall and that would eliminate, he holds, Urgel, Gandia and Prades,

---

[21] *Vicente Arias de Balboa: El derecho de sucesión en el trono. La sucesión de Martín I el Humano*, ed. A. Pérez Martín, Madrid, 1999.

[22] As indicated by the lack of scholarly reviews in historical journals.

[23] R. Giesey, *If not, not*, Princeton, 1968.

[24] A. Wolf, 'Prinzipien der Thronfolge in Europa um 1400. Vergleichende Beobachtungen zur Praxis des dynastischen Herrschaftssystems', *Vortrage und Forschungen*, 32, 1987.

[25] F. Elías de Tejada, *Las doctrinas políticas en la Cataluña medieval*, Barcelona, 1950, ch. xii, revised in his *Historia del pensamiento político catalán*, Seville, 1963. In practice, they showed an interest in the issue of monarchical legitimacy only after the event as they moved into the challenge to the Trastamara kings; Callis and Marquilles and Socarrats were too canny to re-open an issue which had been successfully avoided, while Belluga, whose observations Perez makes much of, was devising constitutional theories for a new situation (on him most usefully see F.A. Roca Traver in *EEMCA*, 6, 1973; for the development of the idea of a founding contract in Aragon see A. García-Gallo, 'El derecho en el *Speculum principis* de Belluga', *AHDE*, 42, 1972).

[26] Perez Martin's Introduction gives an adequate outline.

all of whom claimed as direct male descendents. Of course it might not be essential to their case, though Arias claimed that it was, to rely on James I's will rather than more general principles derived from the civil law or the existing practice in other analogous countries; the difficulty here is that Catalan legislation in particular had ruled out appeal to foreign and common law where Catalan law covered the case and it is obvious that there was no vacancy unless the disqualification of the royal wills as incompatible with general principles of law overrode the local ruling, so recently expressed by the last king. At the same time Arias has to admit succession through a female if Ferdinand is to claim and he discusses at some length the way in which a woman can transmit a claim without having one in her own right. Again we are left with the problem of identifying the basis of authority on which these confident assertions are made. He relies heavily on the Code and on the Italian legal writers both civilians and canonists but the application of their rulings to the Crown was limited by the precedence claimed for local law. When compared with the local law books, which are equally familiar with the academic law of Bologna and Lerida, he is predictably short on the analysis of the fundamental laws of the different states. As one who had prepared commentaries on the standardizing legislation of Alfonso X (the Fuero Real) and Alfonso XI (the Ordinance of Alcala)[27], this is not unexpected and it is probably reasonable to assume a fairly cavalier attitude to local privilege and custom when incompatible with wider political objectives; such notoriously was the attitude of Castilian law codes which he had made his reputation by expounding. The legislation for private inheritance in the states of the Crown is full but it is not closely aligned with civil law and still less with Castilian law[28] and Arias seems to have felt no need to investigate it. For the succession of the Crown we are left with limited rules; the kings did not allow themselves or their successors to break the kingdom up and the integrity of its possessions is one of the terms of the accession oath and one which Martin, faced with the depredations of his father and his brother, committed himself to observe and regarded as a legal obligation to subjects who had advanced loans to the Crown assured that they would in future not be sublet from the king's direct jurisdiction.[29] Such provisions clearly ruled out any kind of partition and less clearly encouraged the reconstruction of his full inheritance which Peter the Ceremonious undertook[30]. The protection of the interests of younger siblings when a holding passed between generations prescribed for instance in book VI of the Furs of Valencia was largely evaded and cer-

[27] E.N. van Kleffens, *Hispanic Law until the End of the Middle Ages*, Edinburgh, 1968; A. García-Gallo, 'El libro de las leyes de Alfonso el Sabio', *AHDE*, 21-2, 1951; R.A. Macdonald, 'Law and politics, Alfonso X's programme of political reform', *The World of Alfonso the Learned and James the Conqueror*, dir. R.I. Burns, Princeton, 1985.

[28] J.M. Font Rius, 'El desarrollo general del derecho en los territorios de la Corona de Aragón (siglos XII-XIV)', *VII CHCA*, i, Barcelona, 1962, p. 289-328; A. García y García, 'La penetración del derecho clásico en España', *AHDE*, 36, 1966, p. 575-92; A. García-Gallo, 'El derecho local y el común en Cataluña, Valencia y Mallorca en la Edad Media', *Diritto comune e diritti locali nella storia dell'Europa. Atti del convegno di Varenna, 12-15 giugno* 1979, Milan, 1980, p. 229-49.

[29] M.T. Ferrer Mallol, 'El patrimoni reial i la recuperació dels senyorius jurisdiccionals en els estats catalano-aragonesos a la fin del segle XIV', *AEM*, 7, 1970-1.

[30] T. de Montagut Estragués, 'Pactisme o absolutisme a Catalunya: les grans institucions de govern (signlos XV-XVI)', *AEM*, 19, 1986, p. 669-79; M.V. Febrer Romaguera, 'El parlamentarismo pactista valenciano y su procedimiento foral de reparación de agravis y contrafurs', *AEM*, 34, 2004; J. Lalinde Abadía, 'El pactismo en los reinos de Aragón y de Valencia', *El pactisme en la historia de España*, Madrid, 1980.

tainly could not be regarded as binding on those who inherited a principality rather than a farm. Queen Violante's contemptuous reference to those who wanted the Crown to pass as if it was passing among peasants had some force, difficult though she would have found it to establish another way of arranging things within the legal sources of the country.[31]

The third witness is a senior member of the royal family. Alfonso de Aragon was successively Count of Denia and Ribagorza, Marquess of Villena and Duke of Gandia. He did on occasion put himself forward as the defender of constitutional propriety and a spokesman for the nation but he was more conspicuously anxious to attain a standing in income and influence which corresponded to his dynastic eminence.[32] It is necessary to pay attention to him as a politician and eventually a candidate but he is most useful to us as an example of the way in which the family treated its inheritance.[33] Peter the Ceremonious was not simply an over-confident king; indeed in personal terms he seems to have a very different personality. He was also a man operating within a family tradition and establishing how he saw the relationship between those two roles as a key to understanding the working of succession in this case. In 1388 he had been a conspicuous and resented opposition spokesman[34] while claiming the support of the king as the head of the family in his efforts to recover his son from captivity in England[35], but since then he had been mainly active in Castile where the Aragonese government had encouraged him to pursue his interests. The collapse of his political position in Castile had driven him home and in 1396 he was living in Gandia and giving a lead to the Valencian nobility. The political situation in the kingdom was already difficult when the sudden death of John I required them to define their attitude to Martin's claim to the throne. John I had aroused the hostility of the rulers of Valencia City and they in turn had demanded the removal of his leading Valencian advisors.[36] The rulers of the city, like those in control of Barcelona, welcomed Maria de Luna as the new Queen and encouraged her to take punitive action against her brother-in-law's advisors and precautionary action against his widow.[37] The Governor of the kingdom assembled the braz militar at Cullera and Villena on his own account took the lead; unusually we have a number of his letters to match with the responses of the chancery (which seems to have had no problem in accepting the succession).[38] He insisted that it would not be proper to recognize Maria and Martin until it had definitely been established that the widow, Violante of Bar, was not in fact pregnant. If she did have a further child then, he argued, only a full meeting of the combined federal Cortes could adjudicate on the future of the crown and the compensation due to John's daughters. This was not something properly to be decided by people

[31] ACA, reg. 2055 f. 92; for what she might mean see M. Aventín i Puig, *La societat rural a Catalunya en temps feudals: Vallès oriental, segles XIII-XVI*, Barcelona, 1996, part 3.

[32] A. Pretel Marín and M. Rodríguez Llopis, *El señorío de Villena en el siglo XIV*, Albacete, 1998.

[33] R. Sablonier, 'The Aragonese royal family about 1300', *Interest and Emotion*, dir. H. Medick and D.W. Sabean, Cambridge, 1982; J.E. Martínez Ferrando, *Jaime II de Aragón: su vida familiar*, Barcelona, 1948, i, p. 158-69.

[34] Zurita, *Anales*..., x. 43, ed. Canellas, iv, p. 732; ACA, reg. 1896 f. 118, 1947 f. 102v, 1957 f. 124-6.

[35] ARV, real 627, f. 8.

[36] J.M. Roca, 'Memorial de greuges que'ls missatgers de la ciutat de Valencia presentaren al Rey Johan I d'Aragó', *BABLB*, 11, 1924.

[37] Archivo municipal de Valencia (llibre de consell), A21 f. 48; ACA, reg. 2343 f. 85, 2345 f. 76.

[38] BUV, ms. 858 no. 2.

in the capital nor by a political alliance of the two major cities who financed the government. He went on to advise Maria, once she was established as the recognized government that she must tone down her prosecutions of the outgoing administration; unless she did so there would, at least in Valencia, be no probability of a constructive start for the new reign. It would, indeed, in his opinion be dangerously divisive to attempt to assemble a meeting, which could recognize Martin's accession, without an amnesty.[39] He went further; neither the Valencian feudal class nor he personally could respond to a summons, such as Maria had issued, to join in the defence of the northern frontier against the claims and forces of John's elder daughter now Countess of Foix. Their military duty was limited to defending their own kingdom and he had no property in Catalonia and could not be called on to serve there. He was in any case expecting an embassy from the King of Navarre to complete the negotiations for the marriage of his sister to Villena's son the Count of Denia and he offered his own claims on Foix; the implication was that this might help the crown as much as any military contribution would have done.[40] On the one hand he reckoned, with some plausibility, that the late count Gaston III had embezzled the ransom money which he was charged to deliver to the English and on the other adduced the principle of priority to assert that he was a nearer kinsman of Gaston III as a full cousin than the current count Matthew who was the grandson of a cousin. The formula was very much that which Gandia himself was to use in 1410 and it was taken over by his younger brother Prades in 1412 to exclude the second duke.

As an exemplar of dynastic propriety, however, Alfonso was not in a strong position at any time to lecture his kin. His lordship in Valencia and Aragon was not that originally granted to his father by James II. Peter of Aragon, clearly the strongest figure in his generation of the royal family, had originally been allocated the Catalan county of Ampuries but exchanged with his younger brother. He then followed the example of the eldest brother and entered religion, dividing his counties between Alfonso and his younger son Peter.[41] At this level clearly the restriction on the generation in possession did not figure at all irrevocably in their calculations. The complementary restraint on him was that his lordships within the Crown were held on the basis that they reverted to the main line of the family as soon as direct descendants of the grantee lapsed. Alfonso and his elder son had every reason to know what that meant. Lacking immediate access to any lordship of his own before his father's withdrawal, he had to look elsewhere to endow his heir. The scheme was for the younger Alfonso to marry the heiress of a cadet line of the royal family at Exerica. Peter the Ceremonious, however, claimed the reversion and gave the lordship to the incumbent lord's bastard. The planned marriage was no longer appealing and was allowed to lapse until the younger Alfonso was coming home twenty years later when it became the first of a series of aborted marriages out of which he was expected to buy himself.[42] A jaundiced view of family inheritance was clearly reinforced by his career in the meantime as the most notorious hostage in

---

[39] BUV, ms. 858 no. 7.

[40] BUV, ms. 858 no. 9.

[41] Dealt with summarily by Sobrequés Vidal, *Els Barons...*, p. 142-53. For Peter's career and reputation see Elías de Tejada, *Las doctrinas políticas...*, p. 110-24; and J.M. Pou i Martí, *Visionarios, beguinos y fraticelos catalanes (siglos XII-XV)*, Vic, 1930, repr. Alicante, 1996.

[42] BUV, ms. 858 no. 11.

the first phase of the Hundred Years' War.[43] The elder Alfonso took service in Castile and rode into Burgos with Henry II; he was rewarded with the marquessate of Villena, the inheritance of Henry II's wife, on condition that his two sons would marry the daughters of Henry II (not in fact the daughters of Queen Constance Manuel).[44] When Alfonso was captured by the English at Najera Henry acquired other debts in re-establishing himself in Castile. He made a contribution towards Alfonso's ransom but while he was a prisoner there was no means by which Alfonso could raise funds either from his real vassals in the Crown of Aragon or his theoretical vassals in Castile. The only way by which he could secure his own release to collect a ransom was to pledge both his young sons, one to the Prince of Wales to be held in England and the other to Gaston III to be held in Orthez as security for the payment within a year of the ransom to the Black Prince for which Foix offered security.[45] To treat boys of eight and six in this way was probably less scandalously unpaternal than it seems to us and it was certainly not the case that no effort was made over the next twenty years to secure the younger Alfonso's release.[46] The younger boy was bought out comparatively promptly although it subsequently became clear that Foix had never passed the money on and in 1390 for its own reasons the English government cancelled Foix's obligation to do so and went on to harry Alfonso for the balance.[47] The younger boy was now free to marry in Castile and did so; Alfonso cheerfully made him his heir in Villena, disregarding any claims the elder son might have; the arrangement could be justified on the old principle that a tenant who increased his inheritance was free to dispose of what he had gained but that was a principle which, as we shall see, the Aragonese family had resisted from the death of James I on. In any case Peter of Villena was killed in the Castilian army at Aljubarrota in 1385 leaving a young son whom his grandfather, who had now established himself in Villena after a series of quarrels with Peter the Ceremonious, seems to have envisaged as his principal heir, at least in Castile.[48] For obvious enough reasons, in pressing for the release of his elder son he presented himself as an Aragonese and called on the head of his family for the support due to a kinsman and a vassal but he was when in Valencia conspicuous for his political disaffection and John I encouraged him to go back to Castile when the King there, also John I, died unexpectedly leaving a place for a leading member of the aristocracy to assume the regency.[49] When the younger Alfonso was eventually released in the context of the English sale of their claims in Castile a number of dormant issues were revived. Both Navarre and Foix lay on his way home and both had claims which his father was reluctant to concede. Alfonso the younger was now free to

[43] E. Perroy, 'Gras profits et rançons pendant la guerre de Cent ans; l'affaire du comte de Denia', *Mélanges d'Histoire du Moyen Âge dédiés à la mémoire de Louis Halphen*, Paris, 1951; A. Rogers, 'Hoton versus Shakell', *Nottingham Medieval Studies*, 6, 1962; P. Tucoo-Chala, *Gaston Fébus et la vicomté de Béarn (1343-1391)*, Bordeaux, 1959, p. 284-9; P. Rycraft, 'The return of the Count of Denia', *XVIII CHCA*, Valencia, 2004.

[44] Archivo Municipal de Murcia, libro capitular 1394, f. 167.

[45] ARV, maestre rational 11601 f. 2.

[46] ARV, real 627, f. 2 and 4v, printed in J. Villalmanzo, *Documenta Ausiàs March*, Valencia, 1999, p.j. 43, 198; p.j. 49, 200-02.

[47] AD (Pau) E413.

[48] ARV, maestre rational 19610, f. 20, 23; ACA, reg. 2231 f. 110v, reg. 2243 f. 167.

[49] ACA, reg. 1873 f. 113, reg. 1958 f. 121; F. de Cascales, *Discursos históricos de la ciudad de Murcia y de su reino*, Murcia, 1621, p. 193.

marry the Castilian lady who had been waiting so long for him but on the way home he found it expedient to contract to marry the King of Navarre's sister[50]; it was not the happiest augury for entering into his paternal inheritance for Villena was for the first time taking an active role in Castilian politics and could not afford to default on the promised marriage on which his property in Castile was dependent. One or other of them must inevitably give back-word and the construction of a delicate enough relationship between father and son was obviously prejudiced. In 1394 the younger man's failure to marry in Castile was used as a reason for the Castilian crown to seize the marquessate on the pretext of compensating the spurned bride.[51] The marquess continued to use the title but his property in Castile had gone and he clearly knew who he held responsible for that; there was no money to finance the dowry, and Charles III of Navarre made clear that he was not expecting to meet the bills. The younger Alfonso, now entitled Count of Denia but explicitly denied any share of the revenue, was entirely dependent on an allowance made with notorious reluctance by his father. Denia and his wife had no estate to go with his title and a series of court cases and arbitrations failed to extract more than promises from his father. As heir Denia found himself with no resources and debarred from operating in any part of the estate.[52] A series of court cases between them marked an increasingly tense relationship as the old man's servants decided whether the heir's prospects were secure enough to move into his service. His uncles, the king and Peter of Urgel, sent him lengthy and eloquent treatises on his duty as a loyal heir to which he was understandably resistant.[53] When his mother died leaving her estates not to him but to the courtier with whom she had been enjoying a relationship for years, Alfonso of Denia had acquired a very specific view of what being an heir was. It was clearly reinforced by his father, who in the last few days of his life made a series of three wills, each more embittered than its predecessor and designed to disinherit the Count and allow the lordships to revert to the Crown.[54] This was in February 1412, when there was no King to take advantage of the offer and when Ferdinand became king he did not take up the option. To do so would perversely prejudice the sovereignty of the head of the family over the cadet lines whose heads could not alter the entail without his approval. The second duke made himself useful during the civil war in Catalonia in 1413 and clearly did not choose to echo his father's scruples about service outside the kingdom of Valencia[55] but it was made very clear to him, especially after the accession of Alfonso V in 1416, that the Gandia inheritance was at the disposal of the Crown. Officials were indeed encouraged to anticipate the Duke's expected death and there was no question of legitimate or illegitimate kin succeeding.[56] It is obvious that the inviolability of any rule of succession did not figure centrally in the calculation of the elder Alfonso nor for that matter in that of his son who distinguished himself by arresting and impriso-

[50] Archivo general de Navarra, comptos, cajon 40, no. 15.
[51] Archivo municipal de Murcia, libro capitular 1394, f. 1.
[52] ARV, maestre rational 9610 f. 160, 161, 9600 f. 56-8, 9601 f. 65; ACA, reg. 2279 f. 7v.
[53] ACA, reg. 2248 f. 240v, reg. 2180 f. 12; ARV, real 632 f. 250v.
[54] Archivo Histórico Nacional, section de Osuna 538, contains all three.
[55] ACA, reg. 2383 f. 18, 79v (how he must be appointed to command the Valencian army), reg. 2412 f. 17v; AMV, A25, f. 219v; ACA, cartas reales, Fernando 1, caj.3 nos. 218, 337; Generalitat, 635 f. 128v (his role in the surrender of Jaume d'Urgell).
[56] ACA, Cartas reales, Alfonso IV, caj. 3 no. 416, caj. 7 no. 1182, reg. 2674 f. 4-4v; J.L. Pastor Zapata, *Gandia en la baixa edat mitjana: la vila i el senyoriu dels Borja*, Oliva, 1992, p. 127-39.

ning his sister in order to prevent her inheritance passing out of his control.[57] In terms of the crown however both dukes chose to apply different rules in the expectation that they might profit. On the pattern we have so far seen this might be regarded as perfectly legitimate.

In this context it is inevitable that we turn our attention to Peter the Ceremonious. His autobiography and the abundant chancery material available for his reign which of course provided most of the recent precedents on which the men of 1410 could call justifies the extent to which this involves recalling stories and texts which have been in the public domain for some time.[58] As long as we resist the temptation to believe that what he is giving us is an authentic and unprejudiced narrative we can rejoice in the presence of abundant evidence for his attitude to problems of inheritance and succession. The chronicle was written for his sons and their subjects and aimed to show that despite appearances he had held together the inheritance and passed it on intact.[59] How did he behave and how did he represent himself as behaving? First of all he was clearly very conscious of the historical inheritance; he arranged for the composition of a number of works which displayed it and he was thoroughly soaked in the works of his predecessors. He represents himself as reading chronicles when he should have been campaigning[60] and he clearly modelled his account of his own early years on the chronicle of James the Conqueror. James clearly was in some danger of not making it through to effective rule let alone carrying his inheritance as he did to new heights; Peter's account of his own preservation and success is clearly tendentious but the case he makes has to be evidence for his attitude to the rules of succession. There are three strands to his position as he reveals it. Firstly he took the Crown of Aragon very seriously. In later years admittedly he fell into the temptation to regard it as a greater Catalonia to which all those regularly resident in Barcelona are liable but he started off very much as a King of Aragon; he was brought up there and his earlier advisors came from there. His reading and the works he commissioned both suggest that he saw himself as the heir to substantial power and was determined to live up to his inheritance - an inheritance which he defined in the achievements of his ancestors and their subjects expressed in his speeches on the glories of the crown[61] and recorded in the classic chronicles which he took steps to preserve and disseminate and to which he correctly anticipated that his own autobiography would be added. He saw himself as a second James I, legislator and state builder and creator of a great kingdom from unpromising beginnings, a task which would have to be undertaken again after the difficulties of his own reign. James' conquests of Valencia and Majorca were prejudiced and it was Peter's duty and destiny to recover them at

[57] ACA, cartas reales, Alfonso IV, cajon 2, nos. 197, 213, reg. 2667 f. 76.

[58] R. D'Abadal, 'Pedro el Ceremonioso y los comienzos de la decadencia política de Cataluña', *Historia de España*, dir. R. Menéndez Pidal, 14, Barcelona, 1966.

[59] Cf. J.N. Hillgarth's introduction to the English translation (*Chronicle of Pere III of Catalonia*, trans. M. Hillgarth, Toronto, 1980). The most accessible Catalan text in F. Soldevila, *Les quatre grans cròniques*, Barcelona, 1971, with useful notes. See also the accounts by M. de Riquer, *Historia de la literatura catalana*, Barcelona, 1961, p. 480-501, and J.M. Coll i Alentorn, 'Les quatre grans cròniques', repr. *Obres*, i, Montserrat, 1991.

[60] *Les quatre grans cròniques*, p. 1086-7; cf. Hillgarth, i, p. 374.

[61] S.E. Causey, 'King Pedro IV of Aragon; royal propaganda; the tradition of royal speechwriting', *JMH*, 25, 1999; *ead.*, *Kingship and Propaganda*, Oxford, 2002; *Parlaments a les Corts catalanes*, dir. R. Albert and J. Gassiot, Els Nostres Clàssics, 19-20, Barcelona, 1928.

whatever cost to his taxpayers and his kinsmen. and in the process to make Aragon great again despite the limited resources which he pointed out when he had no choice but to report limited success. Secondly he was the heir of Peter the Great, whose legacy was extolled by Desclot and Muntaner. It was a triple inheritance; as Crown Prince Peter had resisted James' intention of dividing the Crown. He had successfully objected to the idea of dividing the historic core of Catalonia and when he was king he had forcibly undone James's will which gave his younger brother a sovereign kingdom in Majorca, using the argument against the right of a sitting sovereign to dismantle his inheritance.[62] This was an argument which both Peter the Ceremonious and Vicente Arias used against James I's will but it went back a century before them to Peter the Great.[63] Secondly, Peter the Great had made good his wife's claim to Sicily and the element of election in the process was played down[64]; it was particularly important to avoid grounding the rights of the Sicilian branch of the house on the election of Frederick III to lead the Sicilians in defying the bargain struck over their heads by the King of Aragon and the Pope.[65] To read Peter the Ceremonious one would never suspect that the Sicilian connection was different in kind from the establishment of other cadet lines in Athens or Majorca or for that matter in Urgel and Denia. Peter's duty and achievement was to bring Sicily and the Catalan colony there back where they belonged - in the crown of Aragon. The adventure in the Far East which is at the centre of Muntaner's vision of an empire and the recovery of Athens, of which Peter was so inordinately proud[66], like the assumption of the protectorate over the Holy Places[67], served also to underline the third element of Peter the Great's legacy, the epic defiance of France. This was a proud inheritance, even if Peter's success in preserving it was more qualified than he chose to say. It was an inheritance which would be committed to the new dynasty in 1412 and they too would be judged by their success in defending it. The old dynasty had very largely invented the Crown of Aragon. Would the new one maintain it?

Alongside this highly developed consciousness of what he was the heir to, Peter the Ceremonious had something like paranoia about his vulnerability as heir. Viewed in hindsight it is difficult to take his concerns that seriously. If there is any principle of hereditary succession then his position seems unassailable; he became king at sixteen as the elder son of a king whose reign may have been short and even disappointing but was never questioned after his eccentric brother resigned as crown prince in 1319.[68] Peter was quite clear that if that had not happened his father and therefore Peter himself would have inherited only the county of Urgel as a

---

[62] F. Soldevila, *Pere el Gran*, Barcelona, 1950, p. li, 17-33.

[63] *Arias de Balbao...*, p. 204-6; *Proceso contra el rey Jaime III de Mallorca*, Colección de documentos inéditos del Archivo General de la Corona de Aragón, vols. 29-31, i, p. 15-37, 70, 221-3.

[64] G. La Mantia, 'Studi sulla rivoluzione siciliana del 1282', *Archivio Storico Siciliano*, 6, 1940; J.N. Hillgarth, *Problems of a Catalan-Aragonese Mediterranean Empire, EHR* Supplement 8, 1975; M. Coll Alentorn, Introduction to ENC edition of Desclot, reprinted in *Obres*, i, 1991, p. 171-291.

[65] V. Salavert i Roca, 'El tratado de Anagni y la expansión mediterránea de la Corona de Aragón', *EEMCA*, 5, 1952.

[66] *Documents per l'història de la Cultura Catalana Mig-eval*, ed. A. Rubió y Lluch, Barcelona 1908, repr. 2000, no. cccxi, p. 286-7.

[67] A. Rubió y Lluch, *Diplomatari de l'Orient català, 1301-1409*, 1947, repr. Barcelona, 2001, nos. dccviii-dccx.

[68] Martínez Ferrando, *Jaime II...*, i, p. 108ff.

reversionary appanage created by the Crown and scheduled to return to it.[69] He clearly did not see his position as at all secure and if he did not then we must entertain some doubts about the security of that principle in a world in which hereditary succession had been diverted or allowed to lapse more often than we choose to remember. Peter's claims of threats to him are not very convincing to us but he clearly wanted his sons and their subjects to believe in them and to appreciate the merciful dispensation by which he had escaped them. His account of the situation, however, leaves us with some problems; the first escape he describes is the least plausible. He claims that when his father set off for Sardinia his younger brother Peter of Ribagorza attempted to persuade James II that if Alfonso was killed in the campaign it would be more appropriate for him to be succeeded by the younger brother than by James's grandson who was clearly too young to rule in person. There are several difficulties with this; the abundant correspondence of James II's court does not hint at it and Prince Peter's reputation and subsequent conduct does not suggest that it is likely.[70] The dominant memory in the royal family was of the successful outcome of James I's minority and in 1324-5, when the incident is represented as taking place, James II's government was engaged in a debate on the Majorcan succession in which some of the same arguments might arise but it was persuaded to accept a minority.[71] It is of course clear that Peter's recollection was stoked up by his advisors at a rather later period of his life and given Prince Peter's central role in the middle years of the reign[72], we must assume that the allegation reflects political concerns then. After his coronation Alfonso remarried. His new wife was Leonor of Castile, originally betrothed to his elder brother and sent back in diplomatically embarrassing circumstances when he chose to renounce the succession and enter a religious order rather than go through with the marriage. Peter clearly detested and suspected her; she certainly planned to secure for her sons an inheritance carved out of the Crown but, subject to the overriding claim to reversion, that was usual enough for younger sons of the King. How else would Alfonso himself be count of Urgel? Peter might have a grievance at the scale and strategic importance of what was promised and he and his sons after him were increasingly sensitive about letting royal jurisdiction and revenue out of their immediate control.[73] His version was more uncompromising than that. He claimed that he and his brother had been taken to live in Aragon for their health and safety. A summons to their father's court, which they could hardly refuse to obey, carried the expectation that their stepmother would eliminate them to ensure the succession of her own sons. Their Aragonese advisors urged them to move closer to the French frontier so that they could escape if need be. Peter had to justify his treatment of his stepmother and his halfbrothers and the inexpediently poor relations with Alfonso XI of Castile which followed from that, but his story again raises questions. There is no doubt that throughout a very long life he was notoriously sickly and the Aragonese climate was regarded as genuinely healthy, conspicuously by James II. It is

[69] *Les quatre grans cròniques*, p. 1006-8, 1017-8; Hillgarth, i, p. 138-143, 172.

[70] D'Abadal, 'Pedro el Ceremonioso…'

[71] A. Santamaria Arández, 'Tensión Corona de Aragón-Corona de Mallorca; la sucesión de Sancho de Mallorca (1318-1326)', *En la España medieval*, 3, 1982, p. 423-96.

[72] His role is stressed particularly by D'Abadal.

[73] Ferrer, 'El patrimoni reial…'; *Cort general de Montsó (1382-1384)*, éd. I.J. Baiges i Jardí, Barcelona, 1992, p. 102.

also clear that in his earlier years Peter identified with Aragon rather than with Catalonia and his earliest presentation of his historical destiny reflected that.[74] At thirteen however his personal initiative would need to be demonstrated before we can read back his later concerns and build up his stepmother's ambitions to justify his behaviour as self-defence. There is no need to do so if we accept that he had reason to want to justify it just as we need not believe in his commitment to a constitutionally restrained form of monarchy on the grounds of his famous account of his father's rebuke to Queen Leonor when she suggested he should behave in Aragon as her brother would behave in Castile.[75] What matters in both cases is that a king whom his greatest admirers would call a pragmatic propagandist chose to present himself as vulnerable and law-abiding.

It is however necessary for us to go beyond what he said to what he did. His fifty years as king and his autobiography together constructed the model on which future succession was assessed. First of all we have to see that he was largely committed to explaining away failure. When he died at the beginning of 1387 it required strenuous effort to represent the story of his reign as the successful transmission of his inheritance; the Castilian civil wars and the humiliation of France had not seen the Crown of Aragon rising as her neighbours fell. On the contrary the Castilians had come very near to annexing Valencia and surplus troops from the French wars occupied their leisure in raiding into and across the territory of the Crown without the government there having the resources to deter them. While the jury is still out on how rapidly the Catalan economy passed its zenith, Peter's efforts to prove that it was still rising look like special pleading.[76] To show himself as a successful custodian of the inheritance he would have to focus the attention of his readers elsewhere and in doing so he tied himself into inconsistencies which greatly complicated matters fifteen years later. Like his cousin Villena he claimed a great deal of freedom of movement for the present holder of his office. As in many other respects he claimed more than he succeeded in achieving. Both his failure and his success are instructive for our purposes. In 1347 he found himself in precisely the dilemma his son was to encounter. He had at that stage no son but an adult brother who was expecting to succeed. Peter proposed that his daughter should displace James of Urgel as his successor. Naturally enough James objected and involved himself with the political opposition to Peter's rule developing for other reasons in Valencia and Aragon.[77] In Peter's political humiliation and eventual fortunate escape a great deal more was involved than the plan to divert the succession but the abandonment of that plan, eased by a new marriage and the birth of sons, and by the coincidentally fortunate death of Urgel[78], left the position clear enough for John I to specify in his will that his daughters were to be set aside in favour of his

[74] Cf. de Riquer, *Historia de la literatura…*, i, p. 480ff; J.F. Utrilla Utrilla, 'Historia y ficción en las crónicas aragonesas: cronistas y propaganda política en la edad media', *Aragon en la edad media*, 18, 2004.

[75] *Les quatre grans cròniques*, p. 1019-20 (Hillgarth, i, p. 179); R. Olivar Bertrand, *Bodas reales de Aragón con Castilla, Navarra y Portugal*, Barcelona, 1949, p. 91-108.

[76] Cf. Hillgarth's Introduction; J.E. Ruiz-Domenech, 'La crisis economica de la Corona de Aragón – realidad o ficción historiogràfica?', *Cuadernos de Historia*, 8, 1977.

[77] M. Dualde Serrano, 'Tres episodios zaragozanos de la lucha entre "Pere el del Punyalet" y la Unión Aragonesa, relatados por el monarca a su tío Pedro, conde de Ribagorza', *EEMCA*, 2, 1946; J. Caruana Gómez, 'Dos relaciones inéditas sobre sucesos de la Unión', *EEMCA*, 3, 1947-8, but the recognized narrative remains based on Zurita and King Peter's chronicle despite their obvious inadequacies.

[78] *Les quatre grans cròniques*, p. 1099-1101 (Hillgarth, ii, p. 416-21).

brother. The classic choice between daughter and brother was to recur. In Castile the rules were different; the elaborate arguments by which Arias explained away the notorious fact that the house of Barcelona ruled in Aragon because the Count of Barcelona had married the last native king's daughter were not needed in Castile where both Queen Urraca in the twelfth century and Queen Berenguela in the thirteenth had ruled and passed on the succession. Peter I's daughter Constanza had a more questionable claim but it was sufficiently impressive for her husband John of Gaunt to be bought off and her daughter brought to Castile as the bride of Henry III.[79] Henry III himself in his turn endorsed the practice and in 1401 proclaimed his daughter his heir in preference to his brother Ferdinand; ironically Ferdinand sought refuge and support from his mother's brother Martin of Aragon[80] and in due course mounted a claim to the Aragonese succession as the heir to his mother's rights there claiming precedence over Henry's young son John II of Castile as being nearer in line by a generation to the old royal house and on the grounds that Henry had never claimed any right in Aragon and therefore could not transmit one.[81] It is not clear that either argument would win other than political assent outside his immediate circle but Ferdinand won and his arguments cannot therefore be straightforwardly dismissed.

Nor can Peter's in the two cases where he did carry the immediate issue. Both in Sicily and in Majorca, his case rested on an interpretation of the hierarchy within the dynasty and its different branches. Sicily was the more straightforward and the more unambiguously to be attributed to him. Although the Sicilian line was founded in rebellion against Barcelona and owed its primary legal allegiance to the Papacy, Peter treated it as a cadet house which came under his supervision. As on other occasions he adopted a belt and braces theory of succession; he suggested to Frederick IV of Sicily that he was incompetent and should resign power to his abler sister, who just happened to be Peter's wife. On Frederick's death leaving a daughter, then the crown of Sicily might be regarded as reverting to the main line automatically, thus to its head King Peter, to him and then his sons acting on the rights of Queen Leonor; it would however be difficult in logic to give her precedence over Frederick's daughter Maria and any husband she might have unless reasons for debarring her but not her aunt could be established. Finally he took direct action to capture her and choose her husband; after some debate inside the royal family she was allocated to Martin the younger and steps were taken to enable him to acquire effective power in Sicily.[82] Peter was of course not to foresee how the Sicilian inheritance would figure later on. He was more aware of the long-term implication of his action in Majorca and took energetic steps to justify it; those steps may be held to have been vindicated by the definitive incorporation of Majorca within the Crown during the succession crisis.[83] As we have seen Peter the Great had successfully objected to his father's will setting up Majorca as an independent kingdom

[79] P.E. Russell, *English Intervention in Spain and Portugal*, Oxford, 1955, p. 495-525, and J.J.N. Palmer and B. Powell, *The Treaty of Bayonne*, Exeter, 1988.

[80] ACA, reg. 2244 f. 108v, reg. 2247 f. 32v.

[81] Zurita, *Anales…*, xi, 33, ed. Canellas, v, 101; *Corts de Catalunya*, vii, p. 208-9 and viii, p. 181.

[82] A. Boscolo, 'L'affermazione aragonesa en Sicilia dopo la morte di Federico il Semplice', *Homenaje a Vicens Vives*, i, Barcelona, 1965; *id.*, *Politica italiana di Martino il Vecchio, re d'Aragona*, Milan, 1962; Zurita, *Anales…*, x, 25 and x, 31, ed. López, iv, p. 660, 678.

[83] J.E. Martínez Ferrando, *Tràgica història dels reis de Mallorca*, Barcelona, 1960; A. Lecoy de la Marche, *Histoire des relations politiques de la France avec le royaume de Majorque*, Paris, 1892; J. Serra i Barceló, '*Lo rei*

and in the process partitioning historic Catalonia. James II of Majorca naturally tried to escape and his collaboration with France figures largely in the Catalan account of the epic defence of the principality; he was restored on the old terms and the senior branch of the family looked forward with enthusiasm to the extinction of the cadet line and the re-assembly of James I's inheritance which the dynasty's founder had so thoughtlessly broken up.[84] The story is too long and too complicated to rehearse in detail here but it cannot be passed by; James II of Aragon pressed Sancho of Majorca to recognize that he was unlikely to have legitimate sons; he read the wills as confining the succession in Majorca to a direct male line narrowly interpreted; if Sancho had no son then the Majorcan line was extinguished and James of Aragon stood to recover Majorca and he suggested that Sancho announce that at once.[85] Now Sancho had no son but he did have brothers, not of course mentioned explicitly in James I's will setting up the kingdom or Peter the Great's treaty subordinating it. The next brother had left a son and this boy was Sancho's chosen heir; he had been romantically brought back to Majorca by the treasurer of the Catalan company Ramon Muntaner and Muntaner's chronicle stressing the epic of the Catalan Mediterranean empire was to become very dear to Peter once he had eliminated the young James III. When Sancho died James of Aragon seems to have tried to secure Majorca's reversion but failed. As king, Peter found James III intolerable and James for his part was aware that in fourteenth century conditions a king who was subordinated to another was no king. He claimed that the dynastic arrangements were absurdities, because they deprived him of the rights natural to a king and were therefore illegal. Peter found grounds for confiscating the fief and disinheriting James and his heirs; naturally the house of Majorca and those who married into it continued to protest and Peter's record in his chronicle and in the legal process to deprive James presents him as a tyrant from whom it was his overlord's duty to deliver their joint vassals, as a rebel and perjurer in calling on the King of France to support his claims and as making claims incompatible with his duty to Aragon and the legal incorporation of his mainland provinces in Catalonia where his subjects were entitled to enjoy the rights specified in the Usatges as the entitlement of all Catalans, including those in the sub-kingdom given to the Kings of Majorca. In behaving in these ways James had, he argued, forfeited and he went on to claim that his own right to chastise him was not limited in any way. The Pope's efforts to intercede infringed the integrity of the Crown.[86]

The integrity of the Crown, synthetic and historically conditioned though it was, constituted the inheritance he had preserved; it was the work of his dynasty and protected in some measure by the dispositions made by its successive heads. By his own actions, however, Peter had shifted the situation in a way which endangered the legacy which he claimed to have received and planned to pass on. By confusing the law, such as it was, he opened the way to politics and however resolutely those who took over sought to present what they were doing as establishing the law of succession not choosing a king, their need to decide on a law and their inability to

qui fo; el context ideològic del destronament de Jaume III', *El regne de Mallorca à l'època de la dinastia privativa: XVI Jornades d'estudis històrics locals*, Palma de Mallorca, 1998.

[84] Martínez Ferrando, *Tragica historia…* ; Lecoy de la Marche, *Histoire des relations politiques…*; Serra i Barceló, '*Lo rei qui fo…*'

[85] Santamaria Arández, 'Tensión Corona…'

[86] *Proceso contra el rey…*, ii, p. 259-82, 291-320.

do so without recognizing the implication of their choice left any decision they made vulnerable. It was not surprising that a federal monarchy failed to grasp the nettle and prescribe preference for one principle of succession but looking around the rest of late medieval Europe does not encourage us to think that a less complex inheritance would have been passed without difficulty, certainly in the presence of so wayward an heir as Peter the Ceremonious.

La succession dans la Russie moscovite, 1425-1613*

« Nous sommes des princes dont le pouvoir est illimité dans notre royaume *par la volonté divine*, et nous possédons par nos *ancêtres* ce qui *nous a été donné par Dieu* » (Ivan IV, 1561)

Endre SASHALMI

I. Introduction : la succession dans la Russie moscovite et impériale – le contexte européen

Simon Dixon considère « l'absence d'une loi fixe de succession » comme l'un « des traits les plus anti-modernes » de la Russie au cours de la période qui va de 1676 à 1825[1]. Cette assertion est bien fondée, car au XVIIIe siècle, il était largement accepté, dans toute la chrétienté occidentale, que la succession princière devait être régulée par un statut, appelé, de manière conventionnelle, loi fondamentale (*lex fundamentalis*) du royaume, et comme tel relevant du droit public et non du droit privé[2]. De plus, la loi fondamentale d'un État devait être respectée par les autres États, si bien que le statut était également pertinent en droit international[3].

Avant le XVIIIe siècle, il ne semble pas, à première vue, que le contraste entre la Russie moscovite et la chrétienté occidentale ait été aussi grand dans le domaine de la succession princière. En Moscovie, entre 1339 et 1598, la détermination de la succession au trône se faisait sous la forme du testament princier. La succession moscovite fut toutefois influencée par d'autres facteurs : 1) une guerre dynastique (1425-1453) qui éclata à cause de la lutte entre des 2) principes conflictuels de dévolution (c'est-à-dire le principe de la séniorité contre celui de la primogéniture) 3) la suzeraineté tartare (jusqu'en 1448 ou 1462) 4) les luttes de pouvoir à la cour (1498, 1502). En ce sens, nous pouvons dire que, en Moscovie comme ailleurs en Europe, la succession était un « amalgame de principes », pour reprendre l'expression de Martyn Rady[4].

1 * Cet article s'intègre dans une recherche financée par le fonds hongrois OTKA (numéros de référence : T 043432 et TS 049775). Je remercie Professor Antony Lentin pour ses suggestions, qui ont grandement contribué à améliorer ce texte.

S. Dixon, *The Modernisation of Russia 1676-1825*, Cambridge, 1999, p. 7.

2 H. Monhaupt, « Die Lehre von der Lex Fundamentalis und die Hausgesetzgebung europäischer Dynastien », *Der Dynastische Fürstenstaat. Zur Bedeutung von Sukzessionsordnungen für die Enstehung des frühmodernen Staates*, dir. J. Kunisch et H. Neuhaus, Berlin, 1982, p. 3-33, en particulier aux p. 4-5.

3 *Ibid.*, p. 5.

4 Voir l'article dans ce volume.

Toutefois, des traits distinctifs apparaissent déjà au cours de la période moscovite et il faut les mentionner si l'on souhaite comprendre les différences entre la Russie moscovite et les États contemporains de la chrétienté occidentale. À bien des égards, ces traits présageaient le contraste du XVIIIe siècle. Dans la Russie moscovite, on ne trouvait ni institutions de droit public (assemblées d'états ou cours de justice comme le parlement français) ni statut réglant la succession. De plus, aucun traité théorique ne fut écrit sur des cas particuliers de succession princière ou sur les principes régulant la succession en général. Il est essentiel de rappeler que, dans ce contexte, l'idée qui, dans la chrétienté occidentale, fournissait le cadre d'une « discussion par les juristes de la succession aux royaumes » – que Magnus Ryan désigne comme « axiomatique » dans le cas des civilistes et des canonistes[5] –, c'est-à-dire l'idée selon laquelle « aucun roi ne doit aliéner les droits de son royaume », était inconnue en Moscovie. L'idée, bien entendu, était étroitement liée au concept de la royauté comme office public existant pour le bien commun (*bonum commune*) du peuple ; ce concept n'apparaît pas non plus dans l'idéologie moscovite[6]. Par conséquent, il n'y avait pas non plus de serment de couronnement dans le royaume moscovite[7].

Ce contraste entre la Russie moscovite et la chrétienté occidentale présente un « problème culturel » plus ample, qu'il est impossible de discuter ici dans le détail. Il suffira de dire que la Russie moscovite appartenait à un monde culturel différent, dont la compréhension est cruciale pour celle de toute l'histoire sociale et politique et de l'idéologie de la Moscovie. Le droit romain n'était pas du tout étudié ; le droit canon, dans le sens où il était compris en Occident – une discipline professionnelle étudiée dans les Universités –, n'existait pas non plus. Bien plus, il n'y avait pas d'hommes de loi, ni de science du droit. Il faut aussi mentionner l'absence d'un concept de droit naturel. Toutes ces différences faisaient qu'il n'y avait pas en Moscovie de distinction conceptuelle entre la sphère privée et la sphère publique (aucun document officiel ne mentionne le bien public avant 1682) ni d'explication rationnelle de l'origine et de l'objet de l'autorité politique. Cela ne doit toutefois pas surprendre si l'on rappelle que la pensée politique à proprement parler (sans même mentionner la théorie politique) était totalement inconnue en Moscovie.

---

[5] La communication de Magnus Ryan, « Royal sucession and canon law », n'a pu être incluse dans le présent volume.

[6] Pour toute cette question, voir mon article, « Some remarks on 'proprietary dynasticism' and the development of the concept of State in 17th-century Russia. (Richard Pipes' interpretation of Muscovy and the European perspective) », *Specimina Nova. Pars Prima. Sectio Mediaevalis* III, dir. M. Font, Pécs, 2005, p. 157-194. Analysant les testaments des grands princes, B. Chicherin concluait que : 1) « l'ordre de succession parmi les princes de Moscou suivait le *droit privé*, et, tout comme dans la succession des personnes privées à cette époque, le *principe dominant était la volonté personnelle du testateur* ». 2) « la *terre, comme entité sociale, ou le peuple ne sont suggérés nulle part* », car 3, « tout cela appartenait au prince, *lui appartenait en tant que propriété… en accord avec le droit privé et non le droit de l'Etat* ». Cité par R. Pipes, *Russian conservatism and its critics*, New Haven-Londres, 2005, p. 16 (les italiques sont de moi). Les débuts d'une distinction rudimentaire entre les affaires relevant de ce qui peut être appelé le droit public et celles qui relèvent du droit privé ne remonte en Russie qu'au milieu du XVIIe siècle. Il faut toutefois rappeler que la Russie d'avant Pierre le Grand ne connaissait pas ces termes, et c'est seulement vers 1700 que « la législation de Pierre, pénétrée de théorie légale occidentale, introduisit *publichnyj* (public) et *privatnyj* (private) dans le droit russe ». S. W. Dewey et A. M Kleimola, *Russian Private Law*, Michigan Slavic Papers n° 9, Ann Arbor, 1973 p. XV, XVI.

[7] Quant au couronnement du prince, il devint une pratique établie en Moscovie en 1547 seulement, lorsque Ivan IV fut couronné tsar de Russie.

La pensée sur le pouvoir existait, bien entendu, mais uniquement dans le cadre de la théologie orthodoxe.

C'est dans ce contexte intellectuel qu'il faut analyser la succession moscovite. Les paroles d'Ivan le Terrible citées dans le titre reflètent non seulement presque toutes les prémisses de la maturité de l'idéologie moscovite (comme sa simplicité) mais également les principes essentiels de la succession : un mandat divin manifesté dans la descendance. Et, comme nous allons le voir, le mandat divin ne pouvait être rendu manifeste que dans la descendance, dans le sang, et non dans le couronnement. Il ne faut pas toutefois en conclure de manière trop vague que nous pouvons, à partir des paroles d'Ivan, parler d'un « droit divin des rois » en Moscovie[8]. Car la descendance n'affectait pas la succession de la même façon que dans les monarchies occidentales héréditaires. Alors qu'en Occident le droit divin ne favorisait qu'une personne, identifiée par le degré de descendance, c'est-à-dire par la primogéniture, en Moscovie, c'était la dynastie en général qui était en jeu, plutôt qu'une personne avec un droit indéfectible au trône. Le principle d'hérédité était conçu de manière très large et n'était pas réduit à un degré particulier de descendance ; ce qui comptait, c'était la descendance en général, le fait même d'avoir du sang royal dans ses veines, en d'autres termes la naissance royale.

Bien plus, le droit divin moscovite ne connaissait pas le concept d'office du prince. Du coup, en Moscovie, par contraste avec la chrétienté occidentale, rien ne venait contrebalancer le pouvoir du prince, ce que H. H. Rowen a appelé le « dynasticisme propriétaire » : il a ainsi dénommé la vision qui consiste à faire du « pouvoir public » une « propriété dynastique[9] ». La royauté propriétaire et la royauté comme office ne doivent cependant pas être considérés de manière isolée et comme des principes s'excluant mutuellement, même en Occident ; plutôt, ils doivent être traités comme étant liés, comme les deux côtés d'une pièce de monnaie. Car H. H. Rowen a montré de manière convaincante comment les « notions de propriété » « pénètrent la théorie de la royauté comme office » : le trône par exemple était traité comme une « propriété d'un type particulier[10] ».

Dans l'Occident de l'époque moderne, la doctrine du droit divin des rois était également une preuve éloquente de la fusion du principe propriétaire-dynastique avec celui de l'office. Au cœur de cette doctrine, on trouvait l'idée de la succession héréditaire inaltérable de la royauté sanctionnée par Dieu : en réalité, il s'agissait d'un compromis entre les notions de dynasticisme propriétaire et de royauté comme office public. Le droit de la dynastie à l'office royal était reconnu mais la main du roi régnant était liée dans le domaine de la succession par le principe de la primogéniture en général ou même par une loi régulant l'ordre de succession au sein de la dynastie. L'existence d'une loi de succession pouvait même donner lieu, en France, à des déclarations selon lesquelles le trône français n'était pas héréditaire, car c'était la loi qui identifiait et faisait le roi.

À l'inverse, en Moscovie, l'idée que la succession princière relevait de la propriété ne fut jamais mise en question : il s'agit là d'une conséquence de l'héritage

[8] Une comparaison détaillée entre le droit divin des rois et le droit divin des tsars figure dans mon article mentionné plus haut, p. 186-193.

[9] H. H. Rowen, *The King's State. Proprietary Dynasticism in Early Modern France*, New Brunswick, 1980, p. 169.

[10] *Ibid.*, p. 21 et 23.

culturel différent de la Russie[11]. Considéré dans cette perspective, le contraste entre la succession dans la Russie du XVIIIe siècle et la succession en Occident surprend moins.

C'est sans doute un symptôme d'une succession problématique que le premier traité politique (1722) composé sur l'ordre d'un prince russe ait été écrit précisément en liaison avec la question de la succession. L'objet de ce traité, comme son titre, *La loi de la volonté du monarque en désignant un héritier à son royaume*, le montre bien, était de défendre le statut relatif à la succession de Pierre le Grand (1722), qui écartait le droit de naissance et déclarait de manière claire le droit incontestable du monarque régnant à nommer son successeur[12]. Pour reprendre les mots de Simon Dixon, « on aurait pu difficilement trouver un contraste plus fort avec la 'loi fondamentale' sensée garantir la succession dans de nombreux États occidentaux[13] ». De manière paradoxale, le statut est identifié par le traité comme étant le « statut principal » (*glavnyj ustav)* afin de souligner son importance et cette désignation « a le sens d'une loi 'de base' ou 'fondamentale'[14] ».

Le traité déduit le droit de nommer un successeur du simple pouvoir parental (parmi d'autres arguments, on cite ceux tirés du droit romain privé et de la Bible) comme du pouvoir monarchique – dans le cas des monarques, toutefois, ce droit est encore plus fort, dit le traité, pour la simple raison que le prince n'est pas seulement un père mais aussi un souverain en une seule et même personne[15]. Reflétant une certaine occidentalisation qui avait déjà pris place avant 1722, le traité (tout en citant de nombreux exemples tirés de l'histoire et de la Bible) utilisait des concepts politiques occidentaux tels que souveraineté, droit naturel, contrat de gouvernement, bien public, pour justifier le statut de Pierre le Grand[16]. Sa conclusion était que le pouvoir du prince était légalement illimité, ce qui, bien sûr, impliquait le droit de libre disposition du trône dans l'intérêt du bien commun. Car – et c'est l'argument du texte – le plus grand service et, en réalité, le devoir du prince qui recherche le bien public est de transférer son trône à la personne la plus adéquate[17]. La référence au bien public ne doit pas dissimuler le fait que le traité ne pouvait ou ne faisait pas consciemment une distinction bien articulée entre le prince comme personne privée et le prince comme personne publique[18]. On peut comprendre ce point si l'on rappelle que la Russie moscovite n'était pas familière

[11] Voir n. 5.

[12] Pour le texte et sa traduction anglaise, A. Lentin, *Peter the Great : His Law on Imperial Succession. The Official Commentary*, Oxford, 1996, qui comprend aussi la discussion la plus approfondie du traité sous de nombreux angles.

[13] Dixon, *The Modernisation of Russia…*, p. 14.

[14] Lentin, *Peter the Great…*, p. 17.

[15] Pour l' « arsenal » d'arguments, voir *ibid.*, p. 63-65.

[16] Reprenant l'expression d'A. Lentin, nous pouvons appeler cet ensemble d'idées un « cadre idéologique de référence » : *ibid.*, p. 28.

[17] *Ibid.*, p. 196-202.

[18] G. Gurvich, *Pravda voli monarshej Feofana Prokopovicha i eya zapadnoevropejksie istochniki*, Yurev, 1915. p. 17-18. Toutefois, la référence à la notion de *bien commun* en matière de succession contraste violemment avec l'esprit des testaments des grands princes (voir n. 5). Pour l'échec de la tentative d'introduction d'un système de droit public en Russie, voir H. J. Berman, *Justice in Russia*, Cambridge, Mass., 1950, p. 137-142.

de la « distinction légale sophistiquée » que les auteurs occidentaux opéraient entre le prince et son office, le corps naturel et le corps politique[19].

Le traité se fait l'avocat de la monarchie héréditaire comme la meilleure forme de gouvernement et, de manière assez curieuse, n'éprouve pas de difficulté à classer la Russie comme une monarchie de ce type non seulement eu égard au passé mais aussi par référence au statut de succession de 1722 ; et cela en dépit du fait que le statut de Pierre le Grand remplaçait le principe du sang par le « principe de l'utilité[20] ». Selon le traité, la monarchie héréditaire avait ses origines dans le contrat originel et éternel (irrévocable) entre le peuple et son premier gouvernant, contrat contrôlé et approuvé par Dieu de manière mystique et tacite[21]. Et le pouvoir entier et illimité du prince ainsi acquis incluait le droit pour chaque gouvernant de nommer un successeur.

Le statut de Pierre le Grand allait s'avérer être la source d'une instabilité et ouvrit une période de révolutions de palais après sa mort (Pierre mourut en 1725 sans avoir nommé de successeur) qui dura au moins jusqu'en 1762, et peut-être jusqu'en 1825, en dépit de la loi de succession de Paul en 1797. Cette loi introduisit le type de succession dit « autrichien » : une primogéniture masculine « avec une succession des femmes uniquement en l'absence d'héritier mâle[22] ». Ainsi, la loi de succession de Paul restaura non seulement le principe du sang mais, de manière plus spécifique, elle eut pour objet de faire du degré de descendance la base ferme de la succession russe. C'est la non-observance de cette règle qui conduisit à la crise de succession de 1825.

II. La succession moscovite jusqu'en 1425

En 1240, les Mongols occupèrent Kiev, l'ancien centre politique et religieux des principautés connues sous le nom collectif de *Rus'* ou « terre russe ». À cette date, le centre politique de la Russie kiévienne ou Rus' kiévienne, noms sous lesquels l'historiographie les connaît, s'était déplacé vers le nord-est dans la principauté de Vladimir. Le chef titulaire des principautés indépendantes portait le titre de « Grand prince de Vladimir ». Après la conquête mongole de la Russie kiévienne en 1240, la succession des princes dans les différentes principautés et la concession du titre de Grand prince de Vladimir dépendaient, en dernier ressort, de la volonté du khan. Par contraste avec les autres territoires conquis, les Mongols ne mirent pas fin aux dynasties régnantes dans les principautés du *Rus'* et respectèrent le principe de la dévolution au plus âgé ou de succession collatérale comme étant la coutume gouvernant l'héritage. La reconnaissance officielle de la succession princière appartenait cependant dans tous les cas au khan et elle était dictée par lui dans un document appelé *yarlyk*.

Depuis Ivan Kalita (Ivan de Bourse d'Or) (1325-1341), le premier prince de Moscovie à mourir en possession du titre de Grand prince de Vladimir (qui lui fut donné par le khan en 1328 en brisant le principe de séniorité), seuls les princes de

---

19 R. Wortman, *Scenarios of Power. Myth and Ceremony in Russian Monarchy*, Princeton, 1996, vol. 1, p. 405.

20 *Ibid.*, p. 64 et 66.

21 Lentin, *Peter the Great…*, p. 206-209.

22 Wortman, *Scenarios of power…*, p. 177.

Moscovie reçurent le *yarlyk* grand-princier. La succession moscovite devint donc la succession grand-princière. Et puisque les princes de Moscovie devaient être ceux qui allaient accomplir la tâche de « rassembler les terres russes » au XVIe siècle, la succession moscovite allait devenir la succession russe.

À partir d'Ivan Kalita, les princes moscovites dirigèrent la succession par des dispositions testamentaires[23], la reconnaissance de ces testaments par les khans demeurant toutefois une condition nécessaire. Dans son testament rédigé en 1339, Ivan Kalita désigne son fils aîné pour gouverner, et le testament fut confirmé par le khan comme l'atteste son sceau attaché au document. Il est plus que probable que l'intention d'Ivan était de voir son fils aîné lui succéder non seulement comme prince de Moscovie mais également comme Grand prince de Vladimir, mais le testament ne mentionne pas le trône grand-princier ! Son fils aîné, Semen, lui succéda en fait comme Grand prince en 1341.

Les Grands princes moscovites qui suivirent continuèrent à rédiger des testaments en suivant le modèle établi par Ivan Kalita : ils conféraient le droit de gouverner la Moscovie et créaient des apanages pour les fils cadets. Parfois, le hasard des naissances et des décès rendait ces testaments caduques et, de temps à autre, il devenait nécessaire d'en écrire de nouveaux pour s'ajuster aux nouvelles circonstances, comme en 1389, quand le second testament de Dimitri Donskoï (1359-1389) fut rédigé peu de temps avant sa mort. C'est dans le premier testament, qu'on peut sans doute dater de 1375, que pour la première fois on trouve une référence à l'héritage de la Grande Principauté de Vladimir qui devait être dévolu au fils aîné, Vassili (I)[24]. Le second testament confirme cette décision et ajoute la disposition suivante : si Vassili décède, le titre du trône grand-princier ira à son frère, Youri. Le second testament allait être l'objet d'un conflit sous Vassili Ier (1389-1425), quand pour la première fois dans l'histoire de la Moscovie la succession en ligne directe comme la succession collatérale s'avérèrent possibles[25]. Jusque-là, toutefois, on n'avait pu séparer succession latérale et succession verticale : en fait, les deux coïncidaient[26]. Vassili Ier souhaitait transmettre le trône à son fils, né en 1415 seulement, qui portait lui aussi le nom de Vassili (le futur Vassili II). Par ses testaments de 1417 et 1423, Vassili Ier léguait le trône grand-princier à son fils bien que dans le second testament la formulation soit, pour Howes, davantage l'expression d'un vœu, puisqu'elle contenait la clause de réserve « Si Dieu donne la Grande Principauté à mon fils[27] ».

Cependant, Youri, le frère de Vassili Ier, « prétendit que c'était lui l'héritier légitime au trône grand-princier, sur le base du principe traditionnel de la dynastie d'une succession latérale à l'intérieur de la génération plus âgée de la branche gouvernante[28] » – un principe hérité des temps de Kiev. Il pouvait également invoquer le second testament de leur père Dimitri pour renforcer sa prétention. Mais au moment où le testament fut écrit, en 1389, Vassili (I) n'avait pas encore de fils !

---

23 Les testaments ont été traduits en anglais avec un commentaire par R. C. Howes, *The Testaments of the Grand Princes of Moscow*, Ithaca-New York, 1967.

24 *Ibid.*, p. 19.

25 J. Martin, *Medieval Russia 980-1584*, Cambridge, 1995, p. 239.

26 *Ibid.*, p. 239.

27 Howes, *The Testaments of the Grand Princes...*, p. 23.

28 Martin, *Medieval Russia...*, p. 239.

Bien davantage, ce fut seulement à deux reprises (en 1325 et 1353) dans toute l'histoire de la Moscovie que le trône ne passa pas du père au fils, mais d'un frère à un autre frère. La succession verticale eut lieu quatre fois en Moscovie entre 1303 et 1389 (y compris à l'accession de Vassili), alors que la succession latérale ne prit place que deux fois ; et, dans ces deux cas, elle « eut lieu en l'absence de candidat dans la lignée verticale[29] ». Ainsi, le hasard des naissances et des décès « établit des précédents pour un système vertical de succession[30] ».

III. Le conflit des principes et l'aube d'une ère nouvelle

La période entre 1425 et 1453 fut une ère de conflit dynastique récurrent qui dégénéra occasionnellement en guerre civile. Ce n'est pas le lieu ici de décrire ces événements dans le détail[31]. Je me contenterai d'en rappeler les grands traits.

En 1425, Vassili II (1425-1462) succéda à son père sur le trône, une position qui fut stabilisée en 1428, avant tout grâce au soutien du métropolite russe (les métropolites avaient choisi Moscou comme résidence en 1326) qui intervint dans la querelle entre Vassili et Youri en menaçant d'excommunier celui-ci et ceux qui le soutenaient[32]. En 1431, les principaux appuis de Vassili II, le métropolite, et son grand-père, le Grand-Duc de Lithuanie, étaient morts tous les deux, et pour régler le conflit ravivé entre eux, Vassili II et Youri se tournèrent vers le khan[33]. Ils « se rendirent auprès de la Horde pour présenter leurs cas et des présents » au khan qui parvint à une décision presque une année plus tard en donnant une patente grande princière à Vassili II[34]. Youri refusa toutefois d'accepter la décision du khan. Il captura Vassili II, qui ne dut son salut qu'à la mort soudaine de Youri en 1434. Les prétentions de Youri furent toutefois reprises par l'un de ses fils, Vassili le Loucheur, qui n'avait pas de droit légal sur le trône : avec la mort de Youri, Vassili II devenait le gouvernant légitime même selon le principe de séniorité. Il captura son cousin en 1436 et le fit aveugler.

En 1446, un autre fils de Youri, Dimitri Shemyaka, tenta de saisir le trône en profitant de l'affaiblissement politique de Vassili consécutive à sa courte captivité aux mains des Tartares. Dimitri Shemyaka s'empara de la personne de Vassili II et le fit aveugler, mais son problème était, à nouveau, la légitimité. En 1448, après avoir recouvré la liberté, Vassili II réagit en faisant de son fils Ivan (III) son co-gouvernant, et cela sans la permission du khan. Ayant besoin de l'appui de l'Église russe dans sa guerre contre Dimitri, il était prêt à répudier la dépendance du métropolite russe à l'égard de Constantinople. L'office de métropolite était vacant depuis 1441, à la suite du refus de Vassili d'accepter l'union des Églises d'Orient et d'Occident signée au concile de Florence (1439). Lorsqu'Isidore, le métropolite russe (une des principales figures en faveur de l'union et responsable de sa signature) revint à Moscou en 1441 et proclama solennellement l'union, il fut jeté en prison sur

[29] *Ibid.*, p. 239.
[30] *Ibid.*, p. 239.
[31] Sur ce point voir R. Crummey, *The Formation of Muscovy 1304-1613*, Londres-New York, 1987, p. 69-77.
[32] *Ibid.*, p. 69.
[33] *Ibid.*, pp. 69-70.
[34] Martin, *Medieval Russia…*, p. 240.

l'ordre de Vassili ; plus tard, il put s'échapper de Russie grâce à des complices haut placés. À la demande de Vassili, le synode de l'Église russe élit un évêque russe métropolite de Kiev et de toute la Russie en 1448 sans l'aval du patriarche de Constantinople. Après 1589, les métropolites et patriarches russes allaient parfois jouer un rôle important dans la succession moscovite.

À la fin du règne de Vassili, il apparaissait que le « Grand prince était, sans contestation possible, à la tête de la maison régnante » dans toutes les affaires, y compris les affaires relatives à la succession telles la détermination des conditions dans lesquelles les membres de la dynastie tenaient leurs apanages : il était le « seul arbitre des affaires de la famille régnante[35] ».

Lorsqu'Ivan III (1462-1505) succéda à son père en 1462, il ne sollicita pas la confirmation du khan et continua la politique menée par son père d'affaiblissement des princes apanagés de la dynastie à la fois en termes de leurs aspirations au trône et de leur importance politique[36]. L'attitude d'Ivan III en matière de succession est un exemple clair du pouvoir accru du prince. Quand son fils aîné mourut en 1490, il fut possible, pour la première fois, que la succession ait lieu soit selon le principe strict de primogéniture, en transmettant le trône au petit-fils d'Ivan (qui descendait de son fils défunt), soit selon le principe de la dévolution au premier fils survivant. Dans ce dernier cas, cela signifiait la succession du fils appelé Vassili (III), né du second mariage d'Ivan avec Sophie Paléologue, la nièce du dernier empereur byzantin ! À cette dévolution prestigieuse, Ivan préféra, en 1498, la première solution, en faisant formellement de son petit-fils le co-gouvernant. Cet acte fut sanctionné par une grandiose cérémonie de couronnement calquée sur le couronnement des co-gouvernants à Byzance. Néanmoins, si le rite était byzantin, le successeur n'avait pas de sang grec mais russe, en dépit du fait que l'idée de la Russie comme héritière de Byzance était étroitement liée au mariage d'Ivan avec Sophie Paléologue. Le Sénat de Venise lui avait même écrit, en 1473 : « L'Empire d'Orient, capturé par les Ottomans, appartiendra, avec la fin de la lignée impériale masculine, à votre illustre personne, grâce à votre mariage fortuné[37] ».

Plusieurs raisons ont été avancées pour expliquer ce couronnement ; la plus plausible est sans aucun doute celle donnée par G. Majeska. En 1498 la succession ne suivait plus l'ordre du père au fils, comme cela avait le cas tout au long du XVe siècle, mais du grand-père au petit-fils, en sautant une génération[38]. Cette déviation sans précédent par rapport à la norme rendait nécessaire une grandiose cérémonie de légitimation[39], dans laquelle l'aide octroyée par le métropolite fut cruciale. Dans l'*ordo* de couronnement, Ivan justifie sa décision en ces termes :

> « Père, Métropolite ! Par la volonté divine cela a été une ancienne coutume chez nous (*starina nasha*), depuis nos ancêtres les Grands princes jusqu'à aujourd'hui que nos pères, les grands princes, donnent le trône grand-princier à leur fils aîné. Ainsi, je fus le premier fils de mon père, Vassili, qui me bénit (*blagoslavil*) avec le trône grand-princier à son côté. Par la volonté divine, toutefois, mon fils Ivan est mort, mais il nous a laissé son premier fils, Dimitri, et à présent je le bénis avec la Grande prin-

[35] Crummey, *The Formation of Muscovy...*, p. 81.
[36] Sur ce point, voir en particulier G. Alef, *The Origins of Autocracy. The Reign of Ivan III*, Berlin, 1986.
[37] Cité par P. Longworth, *Russia's Empires. From Prehistory to Putin*, Londres, 2005, p. 71.
[38] L'interprétation de Majeska est citée par Martin, *Medieval Russia...*, p. 247.
[39] *Ibid.*, p. 247.

> cipauté de Vladimir, Moscou et Novgorod après moi, et vous, père métropolite, bénissez-le aussi pour la Grande principauté[40] ! »

Ivan III renvoyait ici à l'ancienne coutume, à la tradition comme source de légitimité[41]. Dans ce cas, toutefois, il interprétait la tradition de manière assez libre, puisqu'elle était invoquée pour justifier quelque chose de relativement neuf. Car, pour Ivan, la continuité était incarnée dans le principe du « fils premier(-né) ». Ici, la primogéniture ne signifiait pas un héritage du père au fils, comme cela avait été le cas auparavant. En réalité, la tradition était une « tradition fictive », puisqu'Ivan « ne pensait pas qu'il était possible de créer une nouvelle source ce légitimité[42] ». Pour Zizikin, c'est ce traitement plutôt amorphe de la tradition qui explique que les Grands princes « n'aient pas choisi d'établir des principes juridiques généraux » au sujet de la succession, mais se soient, à la place, tournés vers la tradition, bien que de manière fictive[43]. Cependant, Ivan changea rapidement d'avis : en 1502, Dimitri fut privé de son droit à succéder à son grand-père, et le premier fils d'Ivan par son second mariage, Vassili (III), fut désigné comme l'héritier du trône. Les raisons de cette décision sont loin d'être claires, mais les ambitions de Vassili (il força sans doute cette décision par la menace d'une action militaire), et le fait que la mère de Dimitri ait été soupçonnée d'appartenir à l'hérésie sabbatiste sont des causes couramment citées.

J. Martin a justement dit que le règlement du confit entre le petit-fils d'Ivan et son propre fils, Vassili, montre « le succès de l'accumulation du pouvoir par un Grand prince » : « À l'opposé des luttes dynastiques plus anciennes, le règlement de cette querelle n'exigeait pas la guerre et ne fit pas non plus appel à une autorité extérieure plus haute. L'autorité finale appartenait au Grand prince, dont la décision fut finalement acceptée et respectée par la dynastie et toute la Moscovie[44] ». Les paroles qu'une chronique place dans la bouche d'Ivan reflète bien cet état des choses : « Ne suis-je pas libre de décider au sujet de mes fils et de mes petits-fils ? Je peux donner la principauté à qui je veux[45] ».

Au début du XVIe siècle, c'était le désir du Grand prince qui déterminait la succession et il n'était limité que par l'obligation de choisir un membre masculin de la dynastie. La formule officielle qui désigne la succession dans les testaments du XVIe siècle le confirme. La voici dans le testament d'Ivan III (1503-1504) : « Je bénis mon fils aîné… avec le patrimoine de la Grande Principauté avec lequel mon père m'a béni et qui m'a été donné par Dieu[46] ». Les documents d'État officiels qui renvoient à la succession disaient que le précédent prince « avait béni et désigné son héritier dans son testament[47] ».

Dans le statut de 1722, Pierre le Grand, qui déshérita son fils en 1718 et (comme nous l'avons mentionné plus haut) mit en pratique le droit du prince à désigner son successeur, invoque un précédent pour justifier cette démarche. Le précédent

---

[40] M. Zizikin, *Tsarskaya vlast' i zakon o prestonasledii v Rossii*, Sofia, 1924, p. 27.

[41] *Ibid.*, p. 28.

[42] *Ibid.*, p. 28.

[43] *Ibid.*, p. 28.

[44] Martin, *Medieval Russia…*, p. 248.

[45] Zizikin, *Tsarskaya vlast' i zakon o prestonasledii v Rossii*, p. 26.

[46] Howes, *The Testaments of the Grand Princes…*, p. 143. On peut comparer cette formulation avec la phrase d'Ivan IV citée comme une devise.

[47] Je remercie L. E. Morozova pour ce détail.

est celui d'Ivan III et les cas de 1498 et 1502, ainsi que des arguments tirés de l'histoire russe et de la Bible – l'histoire de Jacob et Esaü. Mais en 1722, contrairement à ce qui s'était passé en 1498, on ne chercha pas à donner au statut une apparence de compatibilité avec l'ancienne coutume. Pierre ne montrait aucun respect pour la tradition en tant que telle. Dans le statut, il appelle la primogéniture une « coutume mauvaise », qui doit être abolie, tout comme en 1714 il avait aboli la division des domaines au moment de l'héritage dans les familles nobles : par la suite, la propriété immobilière devait être héritée par un fils désigné par le père[48].

Au début du XVIe siècle, la désignation de l'héritier était le droit exclusif du Grand prince. Cela explique sans doute pourquoi la succession ne fut pas régulée par un statut en Moscovie. Vu sous cet angle, le statut de Pierre le Grand, qui ne faisait que mettre son droit en pratique, n'était pas aussi éloigné des principes moscovites que certains historiens aiment à le penser.

« Mais le décret de Pierre fut compris comme abolissant le principe de séniorité et requérant du monarque régnant de désigner son successeur, homme ou femme[49] ». Du coup, après 1722, en principe, l'héritier désigné pouvait être n'importe quelle personne (même une femme) sans aucun lien par le sang ou par le mariage avec la famille régnante. Dans cette mesure, le statut représentait une césure nette avec le passé, si l'on considère l'importance attribuée à la descendance dans la Russie d'avant Pierre le Grand[50]. De plus, le traité rédigé pour justifier la décision de Pierre investit clairement le prince « d'une autorité plus grande que jamais auparavant » : même les références bibliques étaient utilisées « pour étendre le rayon d'action de l'autorité du tsar donnée par Dieu, non pour la limiter aux confins des traditions moscovites[51] ».

IV. Une crise d'un type nouveau

À la suite de l'absence d'une loi fixe sur la succession, comme de la perception particulière du pouvoir en Russie, l'extinction de la dynastie combinée à des circonstances imprévues conduisit à une série de difficultés au tournant des XVIe et XVIIe siècles. Ces bouleversements sociaux et politiques finirent par être connus comme le « Temps des troubles » (1598-1613). En effet, la période était appelée « confusion » (*smuta*) ou « temps de confusion » (*smutnoe vremya*) par les contemporains eux-mêmes, et ses causes étaient attribuées au caractère illégitime de la dynastie régnante. Le nouveau type de crise n'était pas la conséquence d'un nombre trop élevé de candidats au trône. Au contraire, les difficultés que rencontrait la Russie étaient associées, dans l'esprit du peuple, à l'absence d'un véritable prince né du sang royal. Car l'extinction de la dynastie régnante en 1598 coïncida avec une dégradation du climat qui conduisit à des famines et à des soulèvements sociaux. Ce fut le contexte de l'apparition des faux tsars (renforcée par l'intervention étrangère des Polonais et des Suédois). Les faux tsars les plus notables, le premier Faux Dimitri (qui devint même un tsar reconnu en 1605-1606) et le second

[48] Lentin, *Peter the Great…*, p. 128-131.

[49] Wortman, *Scenarios of power…*, p. 66.

[50] Pour justifier l'autorité du prince, il suffisait de renvoyer simplement à Dieu et aux ancêtres : P. Miljukov, *Russia and its Crisis*, New York, 1962, p. 400.

[51] Lentin, *Peter the Great…*, p. 36, 40.

Faux Dimitri (1607-1610), prétendirent être le fils d'Ivan IV, appelé Dimitri (né du septième mariage, non canonique, d'Ivan), mort en 1591 dans des circonstances mystérieuses.

L'« identification du pouvoir avec la personne du prince[52] » et la croyance au prince comme personne sacrée nommée par Dieu étaient les conditions idéologiques préalables pour l'apparition du phénomène du faux tsar dans ces circonstances. L'adoption officielle du titre « tsar » en 1547 fit beaucoup pour sacraliser le prince, car ce titre exprimait, pour les Russes, la nomination divine[53] : un prétendant était ainsi dénommé *samotsar*, littéralement « tsar auto-(fait) », une personne qui veut devenir tsar de par sa propre ambition et non par son droit de naissance, ou *samozvanets*, c'est-à-dire une personne qui « s'appelle elle-même tsar » ou encore *nepravednyj tsar*, c'est-à-dire « celui qui n'est pas un vrai tsar » ou « pas un tsar réel[54] ». Les faux tsars qui ne bénéficiaient pas de la sanction divine étaient opposés au *pravednyj tsar*, ce qui veut dire le « vrai tsar » ou le « tsar réel », dont le synonyme était *prirozhdennyj tsar*, c'est-à-dire le « tsar né ». Car c'était la naissance qui faisait d'un membre donné de la dynastie régnante un « vrai tsar », un « tsar réel » : la grâce divine, comme on l'a dit, se manifestait dans la naissance, dans le sang royal.

La perception fortement personnelle du pouvoir (l'absence de concepts juridiques de la couronne ou de l'État, c'est-à-dire les « deux corps du tsar[55] ») faisait que l'on concevait chaque tsar comme l'oint de Dieu, dérivant son pouvoir directement de Dieu par ses ancêtres et non par des intermédiaires constitutifs comme l'Église, le peuple ou une institution de droit public (assemblée d'états).

« Pour cette raison, et en l'absence d'institutions intermédiaires et de corps constitués, la seule manière dont l'opposition pouvait s'organiser et se justifier était en clamant que la personne assise sur le trône était un "faux tsar" et en se rassemblant autour d'un "vrai tsar" considéré comme une alternative[56] ». Toutes les difficultés étaient attribuées à l'illégitimité du prince, et le remède était de trouver un « tsar vrai / réel », « celui qui portait le sceau d'approbation de Dieu (on pensait souvent qu'il s'agissait d'une marque sur le corps) et de soutenir son droit au trône[57] ». Boris Godounov fut le premier tsar sur le trône à devoir faire face à un tel défi.

En 1598, le tsar Fedor mourut sans aucun héritier direct de sexe masculin ou féminin, et avec lui mourut la branche de Moscou de la dynastie des Riourikides, plus précisément la dynastie des Danilovitch. Le patriarche déclara que le tsar défunt avait voulu que son épouse, la tsaritsa Irène, le suive sur le trône, et que le peuple lui prête allégeance[58]. « En réalité, dans les années 1590, par un acte sans précédent, Fedor avait formellement fait de son épouse un prince co-régnant avec lui, lui permettant de prendre part aux affaires publiques. Comme épouse légale

---

[52] Dixon, *The Modernisation of Russia*..., p. 194.

[53] B. A. Uspenskij, *Izbrannye trudy*, Moscou, 1994, vol. 1, p. 76-77, p. 118.

[54] *Ibid.*, p. 78.

[55] L'étude classique sur cette question est celle de M. Cherniavsky, *Tsars and People. Studies in Russian Myths*. New Haven-Londres, 1961.

[56] G. Hosking, *Russia and the Russians. A History*, Londres, 2000, p. 136. Pour le phénomène du « faux tsar » dans l'histoire de la Russie au XVIIe siècle, voir en particulier M. Perrie, *Pretenders and Popular Monarchism in Early Modern Russia*, Cambridge, 1995.

[57] G. Hosking, *Russia. People and Empire 1552-1917*, Londres, 1998, p. 110.

[58] Ch. L. Dunning, *Russia's First Civil War. The Time of Troubles and the Founding of the Romanov Dynasty*, University Park, Pennsylvania, 2001, p. 92.

et co-régnante, Irène avait un véritable droit sur le trône » – déclare Ch. Dunning[59].

La décision de Fedor soulevait cependant la question du gouvernement d'une femme, qui en effet était sans précédent, et du coup problématique pour la succession ! Les événements qui prirent place quelques jours plus tard sont, à mes yeux, le reflet éloquent du problème posé non par la possibilité théorique mais bien par la possibilité concrète d'un gouvernement par une femme. En fait, assez rapidement, Irène « entra au couvent et abdiqua en faveur du conseil des boyards[60] ». Selon Dunning : « Elle œuvrait pour soutenir son frère mais ne pouvait simplement lui transmettre directement sa légitimité[61] ». Finalement, après quelques luttes de pouvoir à la cour, son frère, Boris Godounov (1598-1605) fut déclaré tsar en 1598 par une « assemblée » (*sobor*) de tout le pays[62], laquelle n'était pas une assemblée d'états et n'agit pas dans l'esprit de ces institutions[63]. Bien au contraire, elle fut conçue comme une assemblée incarnant la communauté orthodoxe de Moscovie par l'intermédiaire de laquelle Dieu fit connaître sa volonté dans ce monde. La résolution officielle publiée après l'événement décrit ainsi l'« élection » de Godounov[64] : avant sa mort, Ivan IV a béni son fils, Fedor, comme le prochain tsar et, en même temps, il l'a remis au soin de Boris Godounov que le document appelle « un parent, qui appartient à la parenté tsariste par mariage[65] ». Il s'agit à l'évidence d'une allusion au mariage de la sœur de Godounov, Irène, avec Fedor. Le document dit aussi que sur l'ordre d'Ivan, Boris doit être tsar après la mort de Fedor, et que la décision d'Ivan a été appliquée et confirmée par un Fedor mourant : « Et le pieux Fedor Ivanovitch… avant de partir vers Dieu remit la fonction de tsar à la même personne, notre Grand prince, Boris Fedorovitch sur l'ordre de son père et mû par sa propre amitié. Et grâce à la bienveillance de Dieu et à la providence divine, la bénédiction des deux tsars est conférée à Boris Fedorovitch[66] ».

L'accent mis sur le lien de Godounov avec la famille du tsar et la bénédiction des deux tsars sont des points d'une importance cruciale, car le texte implique ainsi que les trois principales conditions de la succession dans la Moscovie du XVIe siècle (le prince nommait et bénissait son héritier, c'est-à-dire l'un de ses parents !) furent généralement remplies : généralement, parce que le successeur nommé était normalement le fils aîné (survivant) du prince. Pour étendre le rayon du concept « être parent » du tsar, il fallut introduire une nouvelle idée. Ce fut fait par l'intermédiaire de la personne de la tsaritsa : « La Tsaritsa comme prince et lien dynastique[67] ». On a avancé que du vivant du tsar Fedor une image avait été créée autour de son épouse Irène, qui la

59 *Ibid.*, p. 92.
60 *Ibid.*, p. 92.
61 *Ibid.*, p. 92.
62 *Ibid.*, p. 92-93.
63 Pour cette question, voir le travail récent de D. Ostrowsky, « The Assembly of the Land (*Zemskii Sobor*) as a Representative Institution », *Modernizing Muscovy : Reform and Change in Seventeenth –Century Russia*, éd. J. Kotilane et M. Poe, Londres, 2003, en particulier p. 117-141.
64 « Sobornoe opredelenie ob izbranii tsarem Borisa Fedorovicha Romanova - 1598 goda », *Rossijskoe zakonodatel'stvo x-xx vekov*, Moscou, 1985, vol. 3, p. 36-39.
65 *Ibid.*, p. 36.
66 *Ibid.*, p. 37.
67 I. Thÿrét, *Between God and Tsar. Religious Symbolism and the Royal Women of Muscovite Russia*, DeKalb, 2001, p. 80.

présentait comme un prince indépendant[68]. Cela signifie, pour Thÿrét, que l'idéologie moscovite adopta l'idée du gouvernement par une femme qui pouvait en même temps légitimer le gouvernement des Godounov par la continuité dynastique[69].

La marque finale de légitimité fut toutefois donnée à Godounov par la révélation directe de la volonté de Dieu par le peuple réuni dans l'assemblée :

> Et après plusieurs heures ils s'écrièrent tous en même temps : « Nous voulons que Boris Fedorovitch devienne tsar, et la fonction de tsar ne sera donnée à personne d'autre puisque Dieu également l'a choisi à l'avance. En effet, il a la bénédiction (*blagoslovenie*) des deux tsars sur lui et le cœur du tsar est dans la main de Dieu, et ce que les tsars ont dit était la volonté de Dieu. Comment peut-on défaire les décisions de Dieu ou qui serait capable de les rendre nulles et non avenues ? » Ayant entendu cela, le très saint patriarche dit : « Tout ce qui plaît à Dieu sera ainsi : car la voix du peuple est la voix de Dieu[70] ».

Cette justification fut mise à l'épreuve, et beaucoup en Russie ne la trouvèrent pas entièrement satisfaisante, ce qui explique le succès du premier Faux Dimitri qui prétendit au trône sous Boris Godounov.

Dans le cas de Michel Romanov (1613-1645) dont l'accession marqua la fin du Temps des troubles, les mêmes idées que celles qui avaient été utilisées pour justifier la succession de Godounov s'avérèrent plausibles. La consolidation politique ne pouvait commencer qu'après que les Polonais eurent été chassés de Moscou (1612) et que Michel eut été « élu » tsar (1613) par l'« assemblée (*sobor*) de tout le pays » (c'est-à-dire une réunion consistant du conseil de l'Église, des boyards et de personnes du peuple d'origines diverses (citadins, serviteurs militaires et même paysans) envoyées à Moscou). Avoir un tsar généralement reconnu comme vrai (c'est-à-dire réel) (*istinnyj tsar*) ou, en d'autres termes, un tsar de véritable naissance (*prirozhdennyj tsar*) était indispensable après les faux tsars et l'interrègne de trois ans (1610-1613).

En 1613, la « charte de confirmation » de Michel[71], un document officiel pénétré d'un certain pathétique, qui fut composé à partir de plusieurs sources pour justifier son accession, se fit l'écho des motifs qu'on avait utilisés pour légitimer l'accession de Boris Godounov : l'accent mis sur le fait d'être lié par un lien de parenté à la famille du tsar, la révélation de la volonté de Dieu par le peuple. Selon la « charte de confirmation », Michel Romanov, un parent distant du vrai dernier tsar[72], avait été choisi comme tsar par Dieu alors qu'il était encore dans le ventre de sa mère : et le peuple réuni dans l'assemblée de 1613 fut simplement inspiré par le Saint Esprit quand il proclama de manière unanime le nom de Michel, révé-

---

[68] *Ibid.*, p. 80.

[69] *Ibid.*, p. 102 et 117.

[70] « Sobornoe opredelenie... », p. 37-38.

[71] *Utverzhennaya gramota ob izbranii na gosudarstvo Mikhaila Fedorovicha Romanova*, éd. S. Belokurov, Moscou, 1906, p. 56.

[72] L'aïeul de Michel, Nikita, était le frère d'Anastasia, la première épouse d'Ivan IV. Le père de Michel, Fedor Nikitich Romanov et le dernier tsar, Fedor, étaient cousins puisque Fedor naquit du mariage d'Ivan avec Anastasia. Le lien de parenté du nouveau tsar, Michel, avec le tsar défunt, Fedor, est souvent mentionné dans *Utverzhennaya gramota*. p. 43, p. 56. etc. Toutefois, des références directes à Anastasia « comme lien dynastique » furent également cruciales pour légitimer l'élection de Michel ! Thÿrét, *Between God and Tsar...*, p. 58-60. Voir *Utverzhennaya gramota* p. 26, p. 49.

lant ainsi la volonté de Dieu. Le peuple supplia ainsi le jeune tsar, qui n'était pas présent et hésitait à accepter le poids du gouvernement :

> « Seigneur miséricordieux, Michel Fedorovitch ! Ne t'oppose pas à la providence du Très-Haut, mais obéis à sa volonté... car les tsars précédents ont également régné comme tsars choisis auparavant par Dieu (*predizbrannye Bogom*) et leur pieuse racine a conduit au pieux et vrai... tsar et Grand prince Fedor Ivanonovitch ; mais cette racine fut complétée et prit fin avec lui. Et à sa place Dieu te confie cet honneur de tsar, car tu es la fleur élue par Dieu (*Bogom izbrannyj tsvet*), spécialement liée à la famille tsariste... Comme Denys l'Aréopagite... l'a dit : Dieu a favorisé l'humanité avec l'honneur le plus précieux, c'est-à-dire l'honneur royal. Quiconque Dieu souhaite doter de cette faveur, Il le dote avec cet honneur déjà dans le ventre de sa mère et prépare la personne dès sa petite enfance. En effet, tu as été choisi à l'avance de la même manière... Michel Fedorovitch, et non pas par la pensée unanime du peuple, ou en accord avec le choix humain. Car c'est par le juste jugement de Dieu que tu t'es vu confier cette élection royale (*izbranie*)... car la voix de Dieu est la voix du peuple (ou dans l'autre version : la voix du peuple est la voix de Dieu)[73] ».

En 1613, le peuple réuni dans la cathédrale de l'Assomption fut à nouveau le moyen « d'exprimer et de confirmer la volonté de Dieu » ; l' « élection » par l'assemblée ne fut pas conçue comme « une base rivale pour une initiative politique ». L'« élection » n'existait pas en soi, elle était simplement le moyen par lequel la présélection divine était communiquée à ce monde[74].

V. Conclusion

Comme il n'y avait pas de statut régulant la succession en Moscovie, « le respect de la primogéniture était davantage une question de coutume que de constitution[75] ». Par conséquent, la succession du fils aîné entre 1502 et 1598 et à partir de 1613 jusqu'en 1682 fut plutôt une convention qu'une coutume ayant la force d'une loi. Comme nous l'avons vu, avant 1598, la succession au trône en Moscovie fut généralement, à partir d'Ivan Kalita, régulée par les dispositions testamentaires des grands princes. Cette pratique changea avec l'accession des Romanov : les tsars du XVIIe siècle ne semblent pas avoir rédigé de testaments, ou s'ils le firent, ces testaments n'ont pas survécu[76].

Une nouvelle méthode fut introduite pour identifier l'héritier du trône : la présentation. Elle prenait place le 1er septembre (qui était jusqu'en 1700 le début

---

[73] *Utverzhennaya gramota*, p. 56. L'idée de Dieu agissant par l'intermédiaire du peuple reçut un vernis occidental dans la *Loi de la volonté du monarque en désignant un héritier à son royaume* (1722). Pour cette question, voir mon article, « Contract theory and the Westernization of Russian ideology of power under Peter the Great », *Specimina Nova. Pars Prima. Sectio Mediaevalis* II, dir. M. Font, Pécs, 2003, p. 89-100, en particulier p. 98-100.

[74] V. A. Kivelson, *Autocracy in the Provinces. The Muscovite Gentry and Political Culture in the Seventeenth Century*, Stanford, 1996, p. 13.

[75] L. Hughes, *Russia in the Age of Peter the Great*, New Haven, 1998, p. 8.

[76] N. S. Kollmann, « Concepts of society and social identity in early modern Russia », *Religion and Culture in Early Modern Russia and Ukraine*, dir. H. S. Baron et N. S. Kollmann, DeKalb, 1997, p. 34-51, à la p. 46, n. 18.

de l'année). Lorsque celui dont on souhaitait faire son héritier, le fils aîné (survivant) atteignait l'âge de treize ou quatorze ans, le tsar le présentait officiellement au public et le nommait comme futur tsar[77]. Il y eut trois présentations entre 1613 et 1682. La première (la présentation du futur tsar, Alexis) prit place pendant le règne de Michel en 1642, alors que les deux autres eurent lieu pendant le règne d'Alexis (1645-1676) en 1667 et en 1674 (celle de Fedor), la dernière étant la plus grandiose[78]. La présentation s'explique par la légitimité fragile de la nouvelle dynastie : son objet était d'empêcher l'apparition de faux tsars ! Puisqu'en Moscovie il n'y avait pas de concept équivalent à celui des deux corps du roi, le pouvoir était identifié à la personne du gouvernant. Par conséquent, il était inévitable que le corps naturel du futur tsar reçoive une validation publique. L'inspiration venait peut-être de Byzance[79].

En Moscovie, la succession demeurait toutefois instable, comme le montrent de manière éloquente les événements qui suivirent la mort du tsar Fedor (1676-1682). Le respect de la coutume qui consistait pour le fils aîné survivant à hériter du trône fut négligée en 1682 après le décès sans enfants de Fedor. Fedor avait deux frères vivants, mais des difficultés liées à la succession s'élevèrent : le frère cadet de Fedor, Ivan (âgé de seize ans) était malade mentalement et physiquement, alors que le demi-frère de Fedor, Pierre, le futur Pierre le Grand (âgé de presque dix ans) était fort et capable. Pierre reçut l'appui du patriarche, « qui intervenait dans de telles questions en l'absence d'héritiers masculins d'âge adulte[80] ». Le patriarche se tourna vers le peuple de Moscou et les boyards assemblés au Kremlin :

> « Il est connu de tous que l'office de tsar russe... était sous le gouvernement du pieux Michel Fedorovitch, dont la mémoire soit bénie... et qu'après lui... le trône du tsar fut hérité par son fils... Aleksej Mikhajlovitch, dont la mémoire soit bénie. Et à sa mort il fut hérité par son fils Fedor Alekseevitch... Et à présent, par la volonté et sur l'ordre de Dieu... la question est de savoir qui, des petits-fils de Michel Fedorovitch, sera le successeur au trône et au sceptre de leur frère dont la mémoire soit bénie. Et faites connaître votre intention à ce sujet au très saint patriarche et au haut clergé par un accord et une réflexion unanimes[81] ».

En conséquence, Pierre fut proclamé tsar à la place de son demi-frère Ivan, qui était l'aîné mais incompétent. Cette décision fut bientôt annulée à la suite d'une lutte sanglante de pouvoir à la cour, et on en arriva à la proclamation de deux tsars : Ivan V devint le « premier tsar » (il mourut en 1696) et Pierre le « second tsar ». La personne qui tirait les ficelles en coulisse était en réalité la sœur d'Ivan, qui finit par « émerger comme régente de l'office double de tsar[82] ». La solution à la crise de succession introduisit ainsi le principe sans précédent d'un co-règne en Moscovie.

On ne peut exclure le fait qu'une des raisons expliquant la décision de Pierre d'édicter le statut « notoire » de succession de 1722 fut le mauvais souvenir de la succession de 1682. Toutefois, les problèmes de succession poursuivirent Pierre

---

77 J. T. Fuhrmann, *Tsar Alexis. His Reign and his Russia*, Gulf Breeze, Fl., 1981, p. 8.

78 Ph. Longworth, *Alexis. Tsar of All the Russias*, Londres, 1984, p. 15-16, 186, 214-216.

79 *Ibid.*, p. 186.

80 Hughes, *Russia in the Age of Peter the Great*, p. 8-9.

81 *Sobranie gosudarstvennykh gramot i dogovorov*, Moscou, 1828, vol. 4, p. 412-413.

82 Hughes, *Russia in the Age of Peter the Great*, p. 9.

toute sa vie : le premier qu'il dut résoudre fut en 1689, quand il écarta par la force du pouvoir sa demi-sœur Sophie.

Changing patterns of regnal succession in later medieval Ireland

Katharine SIMMS

The Old Irish law tracts, commonly termed the 'Brehon laws', have been transmitted to us in vellum manuscripts of the twelfth to the sixteenth centuries. In their present form they comprise original texts together with glosses and commentary. The texts themselves, which expound the customary laws of the Irish people, modified to suit a Christian society, were first compiled in church schools between the seventh and the ninth centuries. They continued to be transcribed and studied in later centuries, at first in the schools of Irish learning that existed on the much secularized church settlements of the tenth to the twelfth centuries, then after the Gregorian and Cistercian church reforms had brought the education of Irish churchmen into conformity with the Latinate curriculum of cathedral and monastic schools elsewhere in Europe, lay scholars continued to study and teach Irish poetry, history and law in secular bardic schools up to the sixteenth century.[1] Since the later scholars used a similar methodology to Latin schools of civil and canon law elsewhere in Europe, they expounded the original Old Irish texts by means of glosses and commentaries, dating from the eighth or ninth to the sixteenth centuries.[2] These texts form Ireland's unique contribution to our understanding of the society of early medieval Europe, because they are not records of the decrees of individual Irish kings, as with the codes of the Visigoths or the Anglo-Saxons, they are teaching hand-books for the instruction of lawyers and judges, like the Institutes of Gaius, or Paulus, or Justinian. They explain the principles behind the customary laws of the Irish, and the way in which these principles are to be applied in particular cases.[3] There are many similarities between Irish customary law and the customs of other non-Roman societies in Europe, but nowhere else are they so minutely analyzed, and academically studied by the people of their own time.

It has often been remarked that these Old Irish law tracts do not preserve a treatise specifically devoted to the subject of succession to kingship,[4] but the principles which govern succession can be seen in scattered passages occurring in

[1] F. Kelly, *A Guide to Early Irish Law*, Dublin, Dublin Institute for Advanced Studies, 1988, p. 225-63; D. Ó Corráin, L. Breatnach and A. Breen, 'The laws of the Irish', *Peritia: Journal of the Medieval Academy of Ireland*, 3, 1984, p. 382-438; K. Simms, 'The brehons of later medieval Ireland', *Brehons, Serjeants and Attorneys: Studies in the History of the Irish Legal Profession*, ed. D. Hogan and W.N. Osborough, Dublin, 1990, p. 51-76.

[2] L. Breatnach, *A Companion to the Corpus Iuris Hibernici*, Dublin, 2005, p. 338-53. I am very grateful to Liam Breatnach for reading a first draft of this article and suggesting some emendations, though I must bear sole responsibility for any remaining infelicities.

[3] K. Simms, 'The contents of later commentaries on the Brehon law tracts', *Ériu*, 49, 1998, p. 23-40.

[4] D.A. Binchy, *Celtic and Anglo-Saxon Kingship*, Oxford, 1970, p. 25-7; F.J. Byrne, *Irish Kings and High-Kings*, 2nd edn, Dublin, 2001, p. 36-7. For comment see T. Charles-Edwards, *Early Irish and Welsh Kinship*, Oxford, 1993, p. 95-6.

various tracts. In the tract *Do Astud Chirt ocus Dligid*, the exclusive right of a royal dynasty to the office of kingship, and the requirement of personal suitability in a candidate are made clear by the maxims 'A non-kinsman does not take possession to the detriment of a kinsman' and 'the chief of every kin is he who sustains them by virtue of wealth and morality'. There is also mention in this passage of a three-day session of the kingdom and kindred in the house of a *bóaire*, identified in an accompanying gloss as the *briugu* or 'hospitaller', and this is explained in both gloss and commentary as a reference to an assembly for the election of the local king.[5] These three principles of hereditary right, personal suitability and election by a combined council of the dynasty and the subjects, compare closely with the principles identified by Heinrich Mitteis and others as governing German royal and imperial elections before the rise of the Habsburgs, and indeed with the assumptions underlying a number of the successions discussed in this volume.[6]

Another Old Irish text, the fragmentarily preserved Status Tract from the collection known as the *Senchus Már*, 'the Great Tradition', contains a passage beginning '*FO-CRENAR AES LA FÉNIU ...*' 'SENIORITY IS RECOMPENSED AMONG THE IRISH'. The text, as elucidated by the accompanying glosses and commentary, indicates that leadership goes to that family member who is the richest and most powerful. Normally this person is assumed to be also the eldest family member, and if two claimants to the chieftainship are of equal wealth and status, the older one is rewarded for his seniority by receiving the headship. If the younger claimant has a slight advantage in wealth and clients, the two cast lots, as if to decide between those of equal age. However if the younger claimant is very much wealthier and more powerful, he takes precedence over his elder kinsman,[7] since a second maxim in this context holds that 'WORTH IS MORE VENERATED AMONG THE IRISH THAN AGE' a statement glossed as 'the one who has power of possessions is more noble than powerless age'.[8] Although the phrasing is ambiguous, it also seems to be implied that in cases where a junior kinsman takes the position of authority within the family because of his obviously greater wealth and more numerous dependents, he recompenses the senior kinsman by allowing him the choicest portion of the family lands. In later medieval and early modern genealogical tradition, this bargain is described on a number of occasions to account for the favoured position and privileges enjoyed by a powerful vassal-chief related to the local king, with the explanation that the vassal-chief's ancestor was in fact the elder kinsman, and received these hereditary favours from his junior kinsman, the ancestor of the royal line, in exchange for ceding his right to kingship. Thus of the eponymous ancestors of O'Keevan (Ó Caomháin) and his overlord O'Dowda (Ó Dubhda), we are told:

---

[5] Simms, 'The contents...', p. 35-8; Byrne, *Irish Kings*, 36; *Corpus Iuris Hibernici*, ed. D.A. Binchy, 6 vols., Dublin, 1978, i, p. 227-8; *Ancient Laws of Ireland*, 5, ed. R. Atkinson, Dublin, 1901, p. 438-41. See also B. Jaski, *Early Irish Kingship and Regnal Succession*, Dublin, 2000, 156. On the *briugu* or hospitaller, see Kelly, *A Guide...*, p. 36-7.

[6] For the early period see P. Grierson, 'Election and inheritance in early Germanic kingship', *The Cambridge Historical Journal*, 7, 1941, p. 1-22; H. Vollrath-Reichelt, *Königsgedanke und Königtum bei den Angelsachsen bis zur Mitte des 9. Jahrhunderts*, Kölner Historische Abhandlungen, 19, Cologne, 1971, p. 54-60.

[7] Binchy, *Corpus Iuris* 3, p. 796, l. 22, p. 797, l. 14; 4, p. 1289, l. 5-6, p. 1290, l. 18, p. 1292, l. 26; 5, p. 1545, l. 18-21. See Breatnach, *A Companion...*, p. 34, 66-7.

[8] 'AR ISRUITHIU FEIB LA- OLDAS AES .i. is uaisliu inti aca mbi feib tochusa ina aes cin feib' Binchy, *Corpus Iuris* 3, p. 867, l. 1-6.

> Caomhán was older than Dubhda and Caomhán thought that the kingship was his; but God did not will that there should be kings of his progeny; and they made an arrangement about the kingship, i.e. that Caomhán's representative should have a choice of territory as his patrimony and [the right to be at] the shoulder of the king of Uí Fiachrach always, [the possession of] his steeds and accoutrements when he is inaugurated, and [the right to] proceed around him three times after his inauguration; and the territory that he chose was from Tuaim Dhá Bhodhar to Gleoir.[9]

The reference to God's will concerning the succession in this passage may be an allusion to the result of casting lots among candidates whose property qualifications were approximately equal.

The local kingdom in early medieval Ireland, the *tuath*, was very small indeed, covering only a quarter or a fifth of the area of a modern Irish county, and within this small community, the free landowners in turn were organised into self-contained family units, each kindred ruled by a family head, a *cenn fine.*[10] This man had a certain control over the other householders in his family, exercising an authority similar to that wielded by a lord or patron over client freemen. For this reason, although the head of a non-noble kindred was not by birth a lord, he was termed in the laws *aire coisring*, 'freeman/noble of constraint'.[11] He was responsible for ensuring the payment of his family's tax to the king, leading the men of his family out to battle when the king summoned them to war, insisting that his family members paid their debts to outsiders, and demanding payment from perpetrators and their kin if one of his family was robbed or injured. The family of a free landowner was like a little state within a state, and the two law tracts I have been quoting so far do not differentiate between the principles for choosing the head of a family, and the principles for choosing a king of a *tuath.*

However the legal commentary added to the Old Irish passage 'FOCRENAR ÁES LA FÉNIU' at some date between the eleventh and the fourteenth century refers to another maxim '*Sinser la fine, febtu la flaith, eccna la heclais*', a saying which is quoted in other legal commentaries as if it came originally from an Old Irish law tract, the context now apparently lost.[12] In the mid seventeenth century the last of the traditional Irish men of learning, Dubháltach Óg Mac Firbhisigh in the introduction to his 'Great Book of Genealogies' refers to this maxim as 'this legal rule from *An Seanchus Mór* and from the *Féineachus* in general',[13] which is admittedly a little vague. Logically one might expect the tract from which it was drawn to have been written some time after the *Senchus Már*, the 'Great Tradition', dated to the

[9] *The Great Book of Irish Genealogies compiled (1645-66) by Dubhaltach Mac Firbhisigh*, ed. Nollaig Ó Muraíle, Dublin, 2003, p. 597. See also *ibid.*, 534; *The Genealogies, Tribes and Customs of Hy Fiachrach*, ed. J. O'Donovan, Dublin, 1844, p. 109 and note; N. Ní Shéaghdha, 'The rights of Mac Diarmada', *Celtica*, 6, 1963, p. 157, 164, 170 n. 26.

[10] Kelly, *A Guide…*, p. 12-14, 48; Charles-Edwards, *Early Irish and Welsh Kinship…*, p. 39, 96, 349, 426-7.

[11] *Críth Gablach*, ed. D.A. Binchy, Dublin, 1941, p. 11-12, 70; T. Charles-Edwards, 'Críth Gablach and the law of status', *Peritia,* 5, 1986, p. 53-73 at p. 56, 64, 66-7.

[12] Binchy, *Corpus Iuris…*, 3, p. 797 l. 12; 4, p. 1232 l. 25, p. 1289 l. 1; *Ancient Laws of Ireland* 4, ed. T. O'Mahony *et al.*, Dublin, 1879, p. 372-3; see Breatnach, *A Companion…*, p. 34, 51, 53, 66-7.

[13] *The Great Book of Irish Genealogies* 1, p. 185; *Genealogical Tracts I*, ed. T. Ó Raithbheartaigh, Dublin, 1932, p. 30. I am grateful to Liam Breatnach for drawing my attention to this indication of the maxim's possible source.

early eighth century,[14] because in this new maxim there is a distinction made between the headship of an ordinary landowning clan, the *cenn fine*, and the qualifications necessary for kingship.

Sinser la fine, febtu la flaith, eccna la heclais translates as 'Seniority for the family, worth for lordship, [Latin] learning for the church'. This saying was almost certainly originally intended to regulate succession to church office in a period when authority over rich church foundations like Armagh, Kells and Kildare was passing into the hands of hereditary ecclesiastical dynasties, such as the Clann Sínaich, who are notorious for supplying a succession of eight lay abbots to rule the church of St Patrick at Armagh from 965 A.D. until the early twelfth century.[15] The legal maxim is stating that whereas in a family of ordinary landowners, the elder kinsman should be the leader, and in the case of succession to kingship, the most powerful member of the family should be the ruler, there should be a different law when it came to church office. Within a clerical family that claimed the right to hold church office, authority should go to the one who was most knowledgeable in the Scriptures and in Latin learning generally, since the word *eccnae*, translated into Latin as *sapientia*, is very much associated with scriptural and ecclesiastical learning.[16]

After the great changes brought into Ireland by the twelfth century church reform, and the invasion and partial conquest of the island by the English, authority within the church passed into the hands of diocesan bishops, many of them appointed by the King of England, while at the same time the study of written texts on native Irish customary law moved from the church schools into the hands of hereditary lay judges.[17] In the later period the maxim *Sinser la fine, febtu la flaith, eccna la heclais* applied less to actual clergy than to the lay 'coarbs' and 'erenaghs', the hereditary stewards of church lands who in many cases can be shown to descend from pre-reform clerics. It may be significant that as late as the opening years of the seventeenth century the last representatives of this strange class are described as customarily learned in Latin.[18] Interest began to centre not so much on the qualification for succession to church office, but on the contrast between the rule for leadership of an ordinary family unit, where primogeniture and the relative ages of the individual candidates were decisive factors, and kingship within a royal dynasty, where personal political power was more important than age or primogeniture.[19]

Since we are now talking about Irish chieftainships in the high Middle Ages, we could well ask why the Irish did not simply switch to succession by primogeniture, with the leadership of each territory passing after the ruler's death to his eldest son,

---

[14] Breatnach, *A Companion...*, p. 354.

[15] T. Ó Fiaich, 'The Church of Armagh under lay control', *Seanchas Ardmhacha*, 5, 1969, p. 75-127, at p. 94.

[16] E.G. Quin, *Dictionary of the Irish Language*, Dublin, 1998, *sub voce*; K. McCone, *Pagan Past and Christian Present in Early Irish Literature*, Maynooth, 2000, p. 22, 24-6, 88, 149.

[17] K. Simms, 'Frontiers in the Irish church – regional and cultural', *Colony and Frontier in Medieval Ireland*, ed. T. Barry, R. Frame and K. Simms, London and Rio Grande, 1995, p. 177-200 at p. 191-3; Simms, 'The brehons...', p. 54-8.

[18] Simms, 'Frontiers...', p. 177.

[19] See K. Simms, 'Bardic poetry as a historical source', *The Writer as Witness*, ed. T. Dunne, Historical Studies 16, Cork, 1987, p. 58-75 at p. 64 for a bardic reference to this law in the first half of the fifteenth century.

as was happening not only in other parts of Europe at this time, but within Ireland itself, among the Anglo-Norman colonists?[20]

This did not happen for a number of good reasons. In the first place, there is the Irish king's role as a warrior. Both the division of Ireland into numerous small kingdoms, often at war with each other, and the continuing war of conquest being waged by the English colonists meant that the local Irish king's function as a military leader remained very important. No Irish community ever accepted a child as king, so the king's eldest son might not be old enough to succeed when his father died. Similarly, although it was the custom for a king's successor, or deputy, the *tánaiste*, to be elected at the same time as the king himself, this person was often the king's next brother, and if the king went on to live for a very long time, this *tánaiste* or deputy with the right of succession might be too old to act as a warleader by the time the kingship was again vacant, while on the other hand the king's own eldest son might already have been ruling in effect on his father's behalf for some years.[21] No one law fitted all cases, and the territorial council of nobles (the *airecht*) wanted to have some choice available to them.

If it was so important for the new king to be an effective war-leader, we could also ask why did the legal maxim, *Sinnser la fine, febtu la flaith* imply that there was now no need for the head of an ordinary land-owning family to be young and fit, and able to lead his kinsmen to war when the king summoned them, that instead it was felt leadership in this case should go to the oldest kinsman? It is possible to argue that circumstances had begun to change for ordinary free landowners as early as the eleventh to the fourteenth centuries, and that the kings were relying increasingly for their fighting force on bands of professional soldiers.[22] This may have given the heads of ordinary landowning families a more peaceful role, so that it was more important that they should be wise and experienced, able to control and advise their kinsmen, rather than to lead them to battle.

Another obstacle to the adoption of the system of primogeniture in the inheritance of kingship in Ireland lay in the marriage and inheritance customs of Irish secular law. Even after the twelfth century reform of the Irish church, the chieftains continued to have second and third wives, or perhaps concubines, while their first wife was still alive, and it could also happen that a chief's first wife might herself have a previous husband still living.[23] Customary Irish law had always allowed illegitimate sons to share in their father's inheritance, as long as their mothers were not slaves, prostitutes or female satirists. As a result of these customs, the eldest son of a king might be illegitimate and have a low-born mother, and the chief's most aristocratic union with, for example the daughter of a provincial king, might have taken place late in his career when he had already contracted a valid marriage in church with another wife who was still alive. Normally speaking, the sons of the king's most aristocratic wife were the ones who were most likely to succeed their

[20] A.J. Otway-Ruthven, *A History of Medieval Ireland*, London, 1968, p. 106.

[21] For some historical examples of these situations, see K. Simms, *From Kings to Warlords: The Changing Political Structure of Gaelic Ireland in the Later Middle Ages*, Studies in Celtic History VII, Woodbridge, 1987, p. 52-6.

[22] M.T. Flanagan, 'Irish and Anglo-Norman warfare in twelfth-century Ireland', *A Military History of Ireland*, ed. T. Bartlett and K. Jeffery, Cambridge, 1996, p. 52-75 at p. 65-6; K. Simms, 'Gaelic warfare in the Middle Ages', *ibid.*, p. 99-115 at p. 99-102, 110.

[23] K. Nicholls, *Gaelic and Gaelicised Ireland in the Middle Ages*, rev. edn, Dublin, 2003, p. 83-90; K. Simms, 'The legal position of Irishwomen in the later middle ages', *Irish Jurist*, n. s., 10, 1975, p. 98-111.

father in kingship, even if they were illegitimate in the eyes of the church, and even if their father already had older sons.[24]

The O'Donnell genealogies for the thirteenth and fourteenth centuries[25] are unusual because they keep a record of the names of the different mothers of the king's sons. They show clearly how important a mother was in determining what was described as the 'worth', the effectiveness or personal power of one prince in comparison with his brothers. In the thirteenth century succession passed from one to another of Domhnall Mór O'Donnell's three sons (**Fig. 1**). Each one in turn was killed in battle, and though the first two brothers left sons behind them, these may have been too young to succeed. The youngest brother, Domhnall Óg, was born after his father's death to Lasairfhíona daughter of Cathal Croibhdhearg O'Conor, the very wealthy and aristocratic daughter of the king of Connacht, and he was educated by the MacSweeny family of Argyle, who were suppliers of Scottish mercenary troops.[26] Both his mother's wealth and his foster-father's fighting men enabled Domhnall Óg to succeed to kingship when he was a mere seventeen years old.[27] His own first wife was the daughter of MacSweeny, and his second wife was the daughter of another Scottish mercenary commander, MacDonald of the Isles. When he died his two sons by these ladies fought for the kingship and we know that the second son was supported by his mother's family, the Scottish 'galloglasses' (or mercenary soldiers), of MacDonald of the Isles. The claim of this younger son was only ended by his death in battle against his brother in 1303.[28]

In the next generation the most aristocratic wife of Aodh O'Donnell, the chief who died in 1333, was again a daughter of a king of Connacht, Dearbhforgaill daughter of Maghnus O'Conor, from the Clann Mhuircheartaigh branch of the O'Conors,[29] and the warriors of her family took part in supporting the claims of her children to the kingship against Niall *Garbh*, a son whose nickname implies that he was physically large and aggressive, but whose mother belonged to the O'Gallaghers, then a middle-ranking clerical family in Donegal. A third claimant, Maghnus *Meabhlach* ('M. the Treacherous'), had a mother who was the daughter of another neighbouring king, O'Rourke of Leitrim. Forty years of civil war ensued in the mid fourteenth century, in which every king of Tír Conaill was killed by a close relative. At the end of this period the king who took power, Toirdhealbhach 'of the Wine' O'Donnell, is recorded as the father of eighteen sons by ten different women, but

[24] Jaski, *Early Irish kingship...*, p. 148, 154. The succession of Domhnall MacDonald, lord of the Isles in 1387 can be seen as an example of this custom, as he had older living brothers by his father's first marriage to Amy MacRuari. See *Acts of the Lords of the Isles*, ed. J. and R.W. Munro, Edinburgh, 1986, p. xxviii-xxix.

[25] *Beatha Aodha Ruaidh Uí Dhomhnaill: The Life of Aodh Ruadh Ó Domhnaill Transcribed from the Book of Lughaidh Ó Cléirigh* 2, ed. P. Walsh and prep. for publication by C.O. Lochlainn, Irish Texts Society, Dublin, 1957, p. 158-68.

[26] Simms, *From Kings to Warlords...*, p. 122-4. See D. Meek, 'Norsemen and noble stewards: the Castle Sween poem in the Book of the Dean of Lismore', *Cambrian Medieval Celtic Studies*, 34, 1998, p. 1-50.

[27] *The Poems of Giolla Brighde Mac Con Midhe*, ed. N. Williams, Irish Texts Society, Dublin, 1980, p. 74-81, 283-7.

[28] *Annála Connacht: The Annals of Connacht 1224-1544*, ed. A.M. Freeman, Dublin, 1944, p. 184-5, 204-5.

[29] See K. Simms, 'A lost tribe – the Clan Murtagh O'Conors', *Galway Historical and Archaeological Society Journal*, 53, 2001, p. 1-22.

his chief wife was the daughter of the Great O'Neill, the most powerful chief in Ulster.[30] Only her children succeeded to the kingship.

The neighbouring kingdom of Tír Eoghain shows a rather different picture in the thirteenth and fourteenth centuries (see end **Fig. 2**). We do not have such a full record of the wives and mothers of the O'Neill kings, and here we see emerging a clear tendency towards primogeniture, with the Latin term *primogenitus* or 'eldest son' occurring in the records as a title of authority in the O'Neill dynasty.[31] All those O'Neill princes who were officially called *primogenitus* either succeeded to the kingship of Tír Eoghain, or died earlier than the date of their father's death. The other message that is clear from a glance at the O'Neill family tree for the thirteenth and early fourteenth centuries is that the hereditary claim to kingship was not a question of a close relationship to the previous king, but of belonging to a royal line. Domhnall O'Neill, describing himself as king of Ulster, wrote to Pope John XXII in 1317 that sixty-one kings of his race had held Ireland from the coming of St Patrick to the English conquest.[32] He was not speaking only of his own direct ancestors, but of all the kings who could claim to be descendants of the fifth-century Niall of the Nine Hostages. In the thirteenth century the kings of Tír Eoghain were drawn from three separate but equally royal lines of descent.

So far, looking at the succession patterns of the O'Donnells and O'Neills to the end of the fourteenth century, one could argue that we were seeing a normal European-style evolution of succession customs from the chaos of the later Carolingians to the relative stability of the early Capetians, where the heirs were still in theory elected by the council of chief vassals, but in practice the king's eldest son was acknowledged as the successor before his father's death. However as we pass on to the fifteenth and sixteenth centuries, three very different kinds of pressure operated on the succession patterns of Irish chiefs, causing major contradictions to arise between the teaching of the native Irish lawyers and the practice of the chiefs themselves.

The first of these new factors was the end of the concept of kingship. In the Old Irish law tracts, about 700 A.D. the word king - in Irish *rí* - was used even for the rulers of a *tuath*, a tiny kingdom occupying a quarter or a fifth of the modern Irish county, but in later texts such as the Irish annals of the twelfth and thirteenth centuries, the rulers of these small areas were called in Irish *taoisigh*, that is, 'chieftains' or 'leaders', vassals subject to the kings of larger territories, corresponding to the modern Irish counties. As late as the thirteenth century even the English government called the Irish rulers of the larger territories 'kings' or 'kinglets' – *reges* and *reguli*, and the Irish themselves used the term *rí*, sometimes even *ardrí* or 'high-king' for those who were overlords of a number of chieftains or minor kings. However in the fourteenth century the English government changed their policy. They stopped giving Irish leaders any title at all, and by the fifteenth century even the Irish

[30] *Beatha Aodha Ruaidh* 2, p. 168. See K. Simms, 'Niall *Garbh* II O'Donnell', *Donegal Annual*, 12, 1977, p. 7-21 at 12.

[31] *The Register of Nicholas Fleming, Archbishop of Armagh 1404-1416*, ed. B. Smith, Dublin, 2003, p. 167; *Calendar of Patent Rolls, Richard II, 1388-1392*, London, 1902, p. 404; *Calendar of Close Rolls, Richard II, 1392-6*, London, 1925, p. 157; *Registrum Iohannis Mey*, ed. W.G.H. Quigley and E.F.D. Roberts, Belfast, 1972, p. 206.

[32] *Walter Bower – Scotichronicon*, ed. D.E.R. Watt *et. al.*, 9 vols., Aberdeen, 1987-99, vi, p. 386.

abandoned the title of *rí* or 'king' for their own rulers.[33] At first they called them 'lord', in Irish *tighearna* in Latin *dominus* and by the end of the fifteenth century they used simply the surname of the chief as a title. For example the fifteenth-century Henry O'Neill, who styled himself in Latin *Princeps Hibernicorum Ultonie* 'Prince of the Irish of Ulster' – was known in Irish simply as 'Ó Néill'. This end of the official title of kingship encouraged the native Irish lawyers of the sixteenth century to go back to the earlier succession custom which did not distinguish between the rules for the head of the family of ordinary landowners, and the rules for succession to kingship. Now however, instead of saying that even in ordinary free landowning families a younger son who was richer and more powerful should take authority over an elder kinsman, they applied the new view that an elder kinsman should always take precedence, as had become the custom meanwhile among the free landowning kindreds.

A later medieval legal digest found in the sixteenth-century British Library manuscript Egerton 88, dealing with the rules of succession and composed of a miscellany of quotations from the Old Irish tracts, is introduced by the compiler with the words 'By this book, if I can, in the name of God, I will bring the senior before the junior in every case', even though the first quotation cited is the *Sinser la fine, febtu la flaith* maxim which actually distinguishes between the rules for landowners and kings.[34]

Among the fifteenth-century O'Neill rulers of Clann Aodha Buidhe in south county Antrim it proved possible for Muircheartach *Ruadh* O'Neill *Buidhe*, whose chief qualification for kingship seems to have been his status as the eldest son of the previous chief Brian *Ballach* (d. 1425), to continue throughout his long life (with a brief intermission 1443-4) to be recognized as the head of his dynasty, even though clearly excelled in wealth, political power and military leadership by at least three junior kinsmen, his youngest brother Aodh *Buidhe* II, his other brother Henry, and his nephew Conn son of Aodh *Buidhe* II, each of whom in turn led their kinsmen in battle, exacted tribute from the neighbouring English colonists, and even received acknowledgement of submission and vassalage from all the neighbouring Irish chieftains, but were not given the title of head of the family as long as Muircheartach *Ruadh* was still alive.[35]

Apart from this growing attitude inside Irish society itself, which did not distinguish so sharply between ordinary noble landowners and those who held the public office of a territorial chief, the second new influence on succession to the chieftainship among the Irish was the practice, beginning in the late fifteenth century under the first Tudor king of England, Henry VII, and continuing under Henry VIII, of granting full rights under English Common Law to individual Irish chieftains, followed by a more general policy of surrender and re-grant, whereby the reigning chief of a territory, with or without the consent of his council of vassals, surrendered his office and territorial jurisdiction into the hands of the English king and received his authority back under a royal charter, which regulated future suc-

[33] Simms, *From Kings to Warlords…*, p. 32-9.

[34] Breatnach, *A Companion…*, p. 53. On BL MS Egerton 88, see Kelly, *A Guide…*, p. 30-1, 58.

[35] K. Simms, 'The medieval chieftains in County Antrim: Irish, English, Scots and Welsh', *Antrim: History and Society* (forthcoming); see also Simms, 'Bardic poetry as a historical source', p. 64-5.

cession to the office, normally insisting on a system of primogeniture, beginning with the eldest son of the reigning chief.[36]

However, this attempt to enforce the norms of English common law was often compelled to make exceptions, due to the difficulty of identifying who was the eldest *legitimate* son of the reigning chief, and due to the legal claims on the succession from the *tánaiste* or deputy-chief with right of succession, who was often a brother or cousin of the reigning chief, elected at the same time as the chief himself. Attempts by the English lawyers to make allowances for the peculiarities of Irish family structures led to some very strange arrangements and some bitter family disputes particularly in the succession of the O'Brien earls of Thomond and the O'Neill earls of Tyrone, both created in the 1540s.[37]

The third, and one of the most influential pressures on succession to chieftainship in fifteenth- and sixteenth-century Ulster, was the availability of regiments of mercenary soldiers, imported from the western Isles of Scotland.[38]

In the later sixteenth century we have a letter from Archbishop Miler Magrath in which he reviews the claims of various members of the O'Donnell and O'Neill dynasties of his native Ulster to hold supreme power within their respective territories. He considers the senior kinsman as clearly entitled to rule under Irish custom, and identifies the senior kinsman under Irish law as the kinsman who is physically the oldest family member in the inner circle of the dynasty, although such an individual is almost inevitably of retirement age. He is also prepared to consider those who are most closely related to the previous chief, for example, the sons of Shane O'Neill, in spite of the fact that Shane was assassinated and his lands confiscated and therefore his sons were landless, though politically well-connected.[39] He even mentions the claims of those who should inherit under English law, because they were the eldest sons of the chief who received a charter from the English king. But the actual chiefs of the O'Donnells and O'Neills at the time Magrath was writing in 1588 were Toirdhealbhach Luineach O'Neill and Aodh son of Maghnus O'Donnell, whom he describes as usurpers who had seized power 'rather by strength and policy, than by the right course according to the observations and customs of that country'.[40] Both of these men, by marrying the widow and the daughter respectively of a Scottish mercenary commander had acquired control of hundreds and sometimes thousands of mercenary troops[41] and were therefore the most powerful men in their family, and fully entitled to succeed to the kingship under the criteria of the Old Irish law tracts.[42] The archbishop was therefore apparently applying the customary law that suited ordinary landowners to the political chieftainships of

[36] See S.G. Ellis, *Tudor Ireland: Crown, Community and the Conflict of Cultures 1477-1603*, London and New York, 1985, p. 112; C. Brady, *The Chief Governors: The Rise and Fall of Reform Government in Tudor Ireland 1536-1588*, Cambridge, 1994, p. 27-9.

[37] Nicholls, *Gaelic and Gaelicised Ireland*, p. 157, 186; C. Brady, *Shane O'Neill*, Dundalk, Historical Association of Ireland, Life and Times series, no. 6, 1996, p. 22-3.

[38] G.A. Hayes-McCoy, *Scots Mercenary Forces in Ireland (1565-1603)*, Dublin, 1937, repr. Dublin, 1996.

[39] H. Morgan, *Tyrone's Rebellion : The Outbreak of the Nine Years War in Tudor Ireland*, Woodbridge, 1993, p. 20, 23, 74-5.

[40] *Calendar of State Papers: Ireland 1588-92*, p. 497-8; Morgan, *Tyrone's Rebellion…*, p. 92.

[41] Hayes-McCoy, *Scots Mercenary Forces…*, p. 98-102, 138.

[42] The arguably seventh-century tract, 'The Testament of Morann' does however warn that taking power with an army of outsiders results in a fleeting authority – when the army departs, love and fear of the ruler depart also. See *Audacht Morainn*, ed. F. Kelly, Dublin, 1976, p. 18-19, 68.

Ulster. An Anglo-Irish official describing the state of Ireland in 1515 had a more accurate view of the customs governing native Irish succession when he pronounced bitterly: 'he that hath strongyst armye and hardeyst swerde among them, hath best right and tytill'.[43]

The seventeenth-century genealogist Dubháltach Óg Mac Firbhisigh, shows his clear understanding of the overwhelming importance in the Irish regnal succession system of the pragmatic qualification of *idoneitas*, personal suitability, when he explains: 'the eldest of a family should be put at the head of that family, and the person with most clients and power, if he is equal in nobility to his elder, should be put into the sovereignty or lordship… There is a common quatrain that is recited to prove that it is lawful that a worthy junior be put in kingship ahead of numerous seniors who would not be legally suitable, as is said:

> If there were nine of a lineage
> Between a good son and kingship
> The proper course in right justice
> Is to make him king quickly [and] at once.'[44]

[43] *State Papers, Henry VIII*, pt 3, *Ireland*, 2 vols., London, 1834, sect. 1, p. 4.
[44] *The Great Book of Irish Genealogies* 1, p. 185.

Fig. 1: O'Donnell Succession

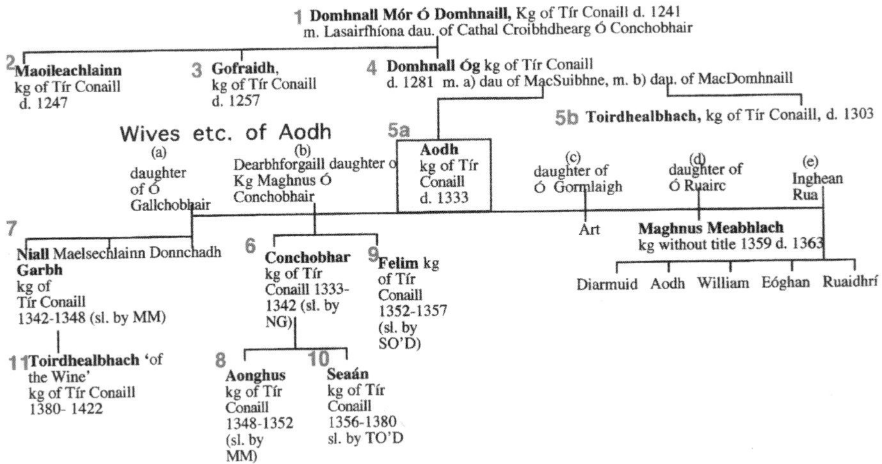

Fig. 2: O'Neill succession (sons recorded as 'primogenitus' underlined)

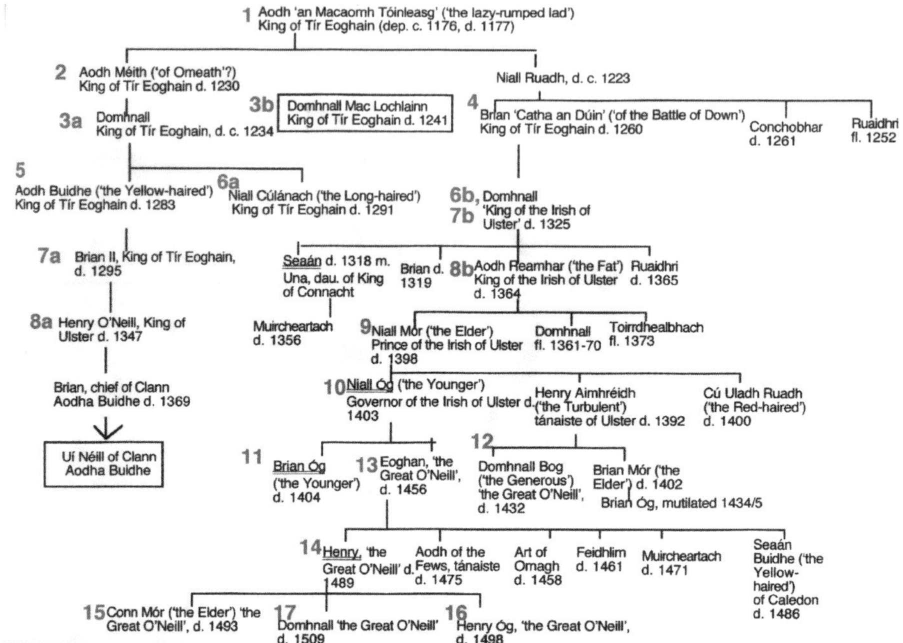

Intersections and influences / Recoupements et influences

Ecclesiastical succession: canon law and compromise in post-conquest England

Anne J. Duggan

Canon law from the fifth century promoted the principle of free election by the appropriate constituency, but the nature of that constituency evolved with the changing structure of the church, and freedom was not the only criterion. Equally important was suitability, in terms of personal morality, education, and age as well as acceptability to the diocese over which the bishop was to preside. Ecclesiastical office was a sacred charge, not to be acquired by inheritance;[1] or by purchase;[2] or by favour. The earliest ecumenical decree, canon 4 of Council of Nicaea (325), placed episcopal election in the hands of the bishops of the eparchy (province),[3]

> *Episcopum convenit maxime quidem ab omnibus qui sunt in provincia episcopis ordinari. Si autem hoc difficile fuerit, aut propter instantem necessitatem aut propter itineris longitudinem: modis omnibus tamen tribus in id ipsum convenientibus et absentibus episcopis pariter decernentibus et per scripta consentientibus tunc ordinatio celebretur. Firmitas autem eorum quae geruntur per unamquamque provinciam, metropolitano tribuatur episcopo.*

> It is especially fitting that a bishop should be appointed by all the bishops of the province. But if this is difficult, either through pressing necessity or because of the length of the journey, by all means, when at least three have assembled for the purpose and the absent bishops have also decided and given their consent in writing, let the appointment (*ordinatio*) be proclaimed. The confirmation, however, of the actions taken in each province belongs to the metropolitan bishop.

This was reinforced by canon 6:[4]

> *Illud autem generaliter clarum est, quod si quis praeter consilium metropolitani fuerit factus episcopus, hunc magna synodus definivit episcopum exsistere non debere. Sin autem communi cunctorum decreto rationabili et secundum ecclesiasticam regulam comprobato duo vel tres propter contentiones proprias contradicunt, obtineat sententia plurimorum.*

---

[1] Lateran II (1139), c. 16, forbade inheritance of ecclesiastical office: *Conciliorum oecumenicorum decreta*, ed. J. Alberigo *et al.*, 3rd edn, 2 vols., Bologna, 1973, i, p. 87-8; the same text, with the same pagination, is available with an English translation: *Decrees of the Ecumenical Councils*, ed. N.P. Tanner, 2 vols., Georgetown, 1990.

[2] Simony was one of the oldest offences, first exemplified by Simon Magus (whence the term), who tried to buy spiritual powers from the Apostles (Acts 8: 9-24, esp. c. 18 and 20). Condemned at Chalcedon (451), c. 2 (*Decrees of Ecumenical Councils*, i, p. 87-8), it was a major concern of the reform movement from Nicholas II's Lenten synod (1059) onwards.

[3] *Ibid.*, i, p. 7.

[4] *Ibid.*, i, p. 9.

> But it is generally clear, that if anyone is made bishop without the advice (consent) of the metropolitan, this great synod has determined that he should not be bishop. If, however, two or three by reason of personal rivalry dissent from the common vote of all, let the judgment of the majority prevail, provided that it is reasonable and according to the ecclesiastical rule.

But that early practice had given way by the mid-fifth century to a much more complex procedure which allowed for the involvement of four distinct interested parties: the clergy (of the cathedral city), the people, the other bishops of the province, and the metropolitan, expressed by Leo I (440–61) in a well-known response of 458/9 to Bishop Rusticus of Narbonne (427/430–61):[5]

> *Nulla ratio sinit ut inter episcopos habeantur, qui nec a clericis sunt electi, nec a plebibus expetiti, nec a comprovincialibus episcopis cum metropolitani judicio consecrati.*

> No law allows that they should be regarded as bishops who are neither elected by the clergy, nor desired by the people, nor consecrated by their fellow provincial bishops with the authority of the metropolitan.

This was a judgment reflected in another letter, addressed to Anastasius, bishop of Thessalonica:[6]

> *Cum ergo de summi sacerdotis electione tractabitur, ille omnibus praeponitur, quem cleri, plebisque consensus concorditer postularint: ita ut si in aliam forte personam partium se vota diviserint, metropolitani judicio is alteri praeponatur, qui majoribus et studiis juvatur, et meritis, tantum ut nullus invitis et non petentibus ordinetur, ne civitas episcopum non optatum aut contemnat, aut oderit, et fiat minus religiosa, quam convenit, cui non licuerit habere, quem voluit.*

> When therefore the election of a bishop is discussed, he whom the consensus of the clergy and people harmoniously request should be advanced: in such a manner that if the votes of some should be given to a different person, by the judgment of the metropolitan he is to be preferred to the other who is supported by the seniors[7] and by his zeal and merits, to the extent that no one should be appointed for the unwilling who did not request [him], lest the city should either disdain or hate the bishop whom it did not choose and become less religious than is fitting because it was not allowed to have the man it wanted.

These became the defining authorities which were transmitted in the Dionysio-Hadriana to Charlemagne in 774,[8] and thence by various channels, including the

---

[5] *PL*, 54, col. 1197-1209 no. 167, at 1203.

[6] *PL*, 54, col. 666-77 no. 14, at 673.

[7] Meaning the elder bishops: see B.C. Brasington, '*Congrega seniores provinciae*: a note on a Hiberno-Latin canon concerning the sources of authority in ecclesiastical law', *Plenitude of Power. The Doctrines and Exercise of Authority in the Middle Ages: Essays in Memory of Robert Louis Benson*, dir. R.L. Figueira, Aldershot, 2006, p. 1-10 at p. 4.

[8] *PL*, 67, col. 135-346: at 148, 148-9 (Nicaea); 286-98 at 288 and 291-8 at 293-4 (Leo I). This was a version of Dionysius Exiguus's sixth-century compilation of papal decretals and conciliar decrees: H. Mordek,

mid-ninth century Pseudo-Isidore,[9] across the Carolingian empire. It was an abbreviation of Pseudo-Isidore that Lanfranc of Bec brought with him to England when William I appointed him archbishop of Canterbury in 1070. His own manuscript can still be seen in Trinity College Cambridge (MS B. 16. 44 [405]), with *nota* marks in his own hand beside the references to the rights of metropolitans.[10] But the practice which had emerged across the Latin West in the intervening centuries was somewhat different from the ancient and venerable theory. Generally, the 'votes' of the people became designation by the ruler, emperor, king, or duke, with less or more consultation according to circumstances. In Merovingian Gaul and elsewhere the appointment of bishops became a matter of family honour and political influence;[11] and in the Carolingian and Ottonian empires, episcopal office became more and more a function of the state. Acceptable to the people, then, became acceptable to the people who ruled.[12]

In England, after the Conquest of 1066–9, the Norman kings combined their own ducal traditions of episcopal control with the practices of episcopal appointment inherited from their Anglo-Saxon predecessors, where, generally speaking, such appointment was made in the Witenagemot—the assembly of high clerics, nobles, and administrators which functioned as a judicial and legislative assembly. This was the practice under the penultimate Old English king, Edward the Confessor (1042–66), where 'vacancies were filled with monks and priests from the royal household in almost equal numbers', and the worldly Stigand, bishop of Winchester from 1047, held with it the archbishopric of Canterbury in scandalous plurality from 1152, while his earlier bishopric, Elmham went to his brother, Æthelmær.[13] There is little doubt that William I nominated all the bishops; but although the prelates so appointed were generally 'celibate, or at least respectable', their appointments served the king's political interests. They were all 'Norman', in the sense that they came from Normandy, and increasingly were promoted from his household clerks.[14] There was a policy of reform—of monastic and secular institutions—and

Kirchenrecht und Reform im Frankenreich. Die "Collectio Vetus Gallica", und die älteste systematische Kanonessammlung des fränkischen Gallien. Studien und Edition, Beiträge zur Geschichte und Quellen des Mittelalters 1, Berlin and New York, 1975, p. 241-9; L. Fowler-Magerl, *Clavis Canonum: Selected Canon Law Collections Before 1140*, Hannover, 2005, p. 44-5.

[9] *PL*, 130, col. 7-1177: at 257 (Nicaea); 890-1 and 858-9 (Leo I). See H. Fuhrmann, *Einfluss und Verbreitung der Pseudoisidorischen Fälschungen*, 3 vols., Schriften der MGH 24, Stuttgart, 1972–4, esp. i, p. 183–911 and *Decretales Pseudo-Isidorianae et Capitula Angilramni*, ed. P. Hinschius, Leipzig, 1863, repr. Aalen, 1963.

[10] Fuhrmann, *Einfluss*..., ii, p. 419-22; Fowler-Magerl, *Clavis Canonum*..., p. 44-5, 181-2.

[11] P.J. Geary, *Before France and Germany. The Creation and Transformation of the Merovingian World*, New York and Oxford, 1988, p. 210-3; P. Fouracre, 'Why were so many bishops killed in Merovingian Francia?', *Bischofsmord im Mittelalter. Murder of Bishops*, dir. N. Fryde and D. Reitz, Veröffentlichungen des Max-Planck-Instituts für Geschichte 191, Göttingen, 2003, p. 13-35, esp. 23-4.

[12] In twelfth-century France, archbishoprics and bishoprics in the royal domain were administered by the crown during vacancies and electors had to seek royal permission to hold a free election, which was subject to confirmation by the metropolitan (or, in certain circumstances, by the pope): L. Falkenstein, 'Alexandre III et la vacance d'un siège métropolitain: le cas de Reims', *Sede vacante. La vacance du pouvoir dans l'Église du Moyen Âge*, Centre de recherches en histoire du droit et des institutions, Cahiers 15, Brussels, 2001, p. 3-37, at 6-9; J. Gaudemet, *La collation par le roi de France des bénéfices vacants en régale des origines à la fin du XIVe siècle*, Paris, 1935.

[13] F. Barlow, *The English Church 1000–1066*, 2nd edn, London and New York, 1979, p. 76–81, 302–7, 309–10; *ibid.*, p. 76: 'In 1043 [Stigand] had been a respectable bishop by the standards of that age. By 1066 he had become a scandal even in England.'

[14] *Ibid.*, p. 58-9.

the beginning of the great building programme which has left some of the most impressive ecclesiastical buildings in England—but William introduced homage and fealty, investiture with ring and crosier, and precisely defined military service. Bishops and major abbots were thus assimilated to the secular aristocracy and held their estates *per baroniam*.[15]

The same practice continued under William II (1087–1100). He enjoyed virtual control over episcopal and abbatial appointment and indulged in widespread, 'probably blatant' simony. Herbert Losinga, abbot of Ramsey, paid 1,000 marks in 1091 to acquire the bishopric of Thetford for himself and the abbey of New Minster in Winchester for his father; and Ranulf Flambard had to pay for the bishopric of Durham in 1099.[16] And it was the same under Henry I (1100–35), at least down to 1125. Most of the thirty episcopal appointments came from his chapel, and Roger of Salisbury not only ran the royal government but founded a clerical dynasty.[17] With the exception of Rochester, which was a dependency of Canterbury, and Canterbury itself, 'the appointment took the form of a royal grant, and to each the chroniclers assumed, with more or less brutality of language, that the king supplied candidates at will.'[18] Twelfth-century pontificals provide equally illuminating testimony. In his prayer at the consecration of a new prelate, the archbishop of Canterbury proclaimed: [19]

> Our venerable brother N. has now been elected by our most pious lord N., king of the English, to this office, with the consent of the clergy and people (*Nunc autem a piissimo domino nostro N. Anglorum rege, consentiente clero et populo, electus est venerabilis frater noster N. in hoc opus*).

What meaning should be attached to the 'consent of the clergy and people' is a matter for speculation. The phrase may be no more than a pious nod towards what every bishop knew was the ancient tradition. Yet the later insertion of the adverb canonically (*canonice*) into a royal confirmation suggests increasing sensitivity to the requirements of the formal law,[20] as did Godfrey of Bath's claim to have been given the bishopric *gratuita munificentia [regis] post canonicam electionem*.[21] What this meant is indicated by the accounts in the Battle Abbey Chronicle, which describe the summons of deputations of clergy/monks to receive new pastors.[22] And the northern archbishopric was treated in the same manner. All three archbishops

[15] D.C. Douglas, *William the Conqueror*, London, 1964, p. 317-45 at p. 335-6; Barlow, *English Church 1066–1154*, p. 55-6, 57-9.

[16] F. Barlow, *William Rufus*, Newhaven, 2000, p. 173-85, esp. p. 180; *id.*, *English Church 1066–1154*, p. 67-73.

[17] *Ibid.*, p. 77-89, at p. 77-9. Two of Roger's nephews received bishoprics (Alexander: Lincoln [1123]; Nigel: Ely [1133]); one son (Roger) became King Stephen's chancellor; another (Adelelm) was Stephen's treasurer.

[18] M. Brett, *The English Church under Henry I*, Oxford, 1975, p. 104-12, esp. p. 104.

[19] *Ibid.*, p. 104.

[20] *Ibid.*, p. 104, n. 3; *Charters and Records of Hereford Cathedral*, ed. W.W. Capes, Cantilupe Society 1, Hereford, 1908, no. 5.

[21] Brett, *The English Church*, p. 104-5, n. 3.

[22] *Chronicon Monasterii de Bello*, ed. J.S. Brewer, London, 1846, p. 60, cited in Brett, *The English Church…*, p. 104, n. 3.

of York (Gerard, Thomas II, and Thurstan) were appointed by the king's word, and all came from the household.[23]

The only exception to the general trend was Canterbury. There, not only the prestige of the see but the existence of two competing electoral constituencies—the monks of the cathedral priory and the bishops of the province—created the possibility for wider resistance and the need for consensus. After Anselm's death in 1109, Henry I kept the see vacant until 1114; and when it came to it, his first choice fell on his physician, Faricius (of Arezzo), abbot of Abingdon. The monks approved; but the bishops and magnates wanted a secular clerk. Eventually, a compromise was reached. The bishops nominated Ralph of Rochester; the king agreed, provided that the monks were content: they were, and Ralph d'Escures (1114–23) was duly 'elected'.[24] In 1123, the part played by the bishops was even greater. Henry seems not to have proposed a candidate; instead he told the ecclesiastical council to choose. Again the monks held out—but the king ordered them to accept a list of candidates, from whom they chose the canon regular, William of Corbeil, 'presumably as the nearest they could have to a monk'.[25] Canterbury was recognized as exceptional, for whose election a consensus was required, and Henry I deferred to the consensus in 1114 and 1123.[26]

Stephen's reign saw some slackening of the controls,[27] but that was a measure of the king's weakness in the face of his rival the empress Matilda, the opposition of his own brother, Henry of Winchester, and his need at the beginning to placate the papacy. The appointment of Theobald of Bec to Canterbury in 1138 was probably a result of the influence of Cardinal Alberic[28]—and it turned out to have long-term consequences. Although a Norman monk, Theobald gathered round himself the most learned *familia* in England at the time, which included such luminaries as John of Salisbury and John *aux Bellesmains*, and it was he who brought the Roman lawyer, Magister Vacarius, to England. From Paris and Bologna and the papal Curia itself, these men brought knowledge of the latest ecclesiastical law and learning.

Meanwhile, the papal reform movement, which had been initiated at Nicholas II's Lenten synod of 1059, had gathered pace under Popes Urban II (1088–99) and Calixtus II (1119–24), whose councils reiterated the condemnation of simony, nicolaitism, and lay exploitation of ecclesiastical office and property,[29] including the

---

[23] *Ibid.*, p. 72-3: Gerard had been chancellor; Thomas II and Thurstan had been chaplains.

[24] *Ibid.*, p. 73; Barlow, *English Church 1066–1154*, p. 82-3.

[25] Brett, *The English Church...*, p. 74.

[26] The appointment in 1130 of Prior Robert of Llanthony to the see of Hereford was an example of royal consultation, but with a layman (Constable of Hereford), not the cathedral chapter: *ibid.*, p. 105.

[27] But not abandonment; see John of Salisbury, *Historia Pontificalis*, trans. M. Chibnall, London, 1956; rev. Oxford, 1986, p. 86-7, 88-9 (Silvester of St Augustine's and Richard Belmeis II of London: 1151).

[28] Brett, *The English Church...*, p. 93-4.

[29] Urban II: Piacenza (1095), Clermont (November, 1095), Nîmes (July, 1096): *Sacrorum conciliorum nova et amplissima collectio*, ed. G.D. Mansi *et al.*, 31 vols., Florence and Venice, 1759–98; repr. Paris, Arnhem and Leipzig, 1901-27; repr. Graz, 1960-1, xx, p. 801-920, 931-42. Mansi's texts must be used with some caution, however. For the decrees of Piacenza and Clermont, see F.J. Gossman, *Pope Urban II and Canon Law*, Catholic University of America Canon Law Studies 403, Washington, 1960, p. 3-11; cf. R. Somerville, 'The French councils of Pope Urban II: some basic considerations', *Annuarium Historiae Conciliorum*, 2, 1970, p. 56-65 (reprinted in *Papacy, Councils and Canon Law in the 11th and 12th Centuries*, Aldershot, 1990, no. V), which shows that the so-called council of Limoges dated December 1095 (Mansi, xx, p. 919-22) is a figment. For the complex textual traditions of the decrees of the council of Clermont, see *id.*,

repeated insistence on the canonical election of bishops. Calixtus II's First Lateran Council (1123) declared unambiguously that such election was an absolute prerequisite for episcopal consecration:[30]

> *Nullus in episcopum nisi canonice electum consecret. Quod si presumtum fuerit, et consecrans, et consecratus absque recuperationis spe deponatur.*
>
> No one shall consecrate as bishop one who has not been canonically elected. If anyone dare to do this, both the consecrator and the consecrated shall be deposed without hope of reinstatement.

Very soon afterwards, what became the principal compendium of canonical jurisprudence, Gratian's *Concordia discordantium canonum*, commonly known as the *Decretum*, presented, in Distinctions 62–63, a dialectical treatment of episcopal election, which reflected fairly accurately the historical development of law and practice.[31] Distinction 62 contains three capitula only: the Leo text, *Nulla ratio sinit*, that bishops should be chosen by their fellow-bishops; a short maxim from Celestine I, *Docendus est populus, non sequendus...*, to the same effect; and the Lateran decree, attributed to the pope rather than to the council. The much longer Distinction 63, however, provided material for debate. Its first part, with eight chapters (1–8), presented the case for lay exclusion. Its second, with nineteen (9–27), presented evidence of lay and imperial involvement—mostly from the Byzantine and Carolingian periods (9–25); but Gratian's own gloss (*dictum*) described that practice as *quondam*—a temporary phenomenon, which did not supersede the canonical tradition:[32]

> *Electiones quoque summorum pontificum atque aliorum infra presulum quondam inperatoribus representabantur, sicut de electione B. Ambrosii et B. Gregorii legitur. Quibus exemplis et premissis auctoritatibus liquido colligitur, laicos non excludendos esse ab electione, neque principes esse reiciendos ab ordinatione ecclesiarum. Sed quod populus iubetur electioni interesse, non precipitur aduocari ad electione faciendam, sed ad consensum electioni adhibendum. Sacerdotum enim (ut in fine superioris capituli Stephani Papae legitur)*[33] *est electio, et fidelis populi est humiliter consentire. Desiderium ergo plebis requiritur an*

The Councils of Urban II, 1: *Decreta Claromontensia*, Annuarium Historiae Conciliorum, Supplementum, i, Amsterdam, 1972; Bari (October, 1098) and Rome (April, 1099): Mansi, xx, p. 947-52, 961-70. Calixtus II: Toulouse (May, 1119): Mansi, xxi, p. 225-8; Lateran I (1123): *Decrees of Ecumenical Councils*, i, p. 190-4.

[30] *Ibid.*, i, p. 190, c. 3 ; for the council, see R. Foreville, *Latran I, II, III et Latran IV*, Histoire des conciles oecuméniques, 6, Paris, 1965, p. 44-68.

[31] There continues to be fierce debate about the nature and date of Gratian's work, with opinion broadly divided between the concept of two recensions, perhaps by two different authors (Winroth), and the concept of an evolving *texte vivant*, developing in up to as many as seven stages (Larrainzar). For an excellent summary, see J.M. Viejo-Ximénez, 'La composizione del decreto di Graziano', *Medieval Canon Law Collections and European* Ius commune *(Középkori kánonjogi gyűjtemények és az európai* ius commune*)*, dir. S.A. Szuromi, Budapest, 2006, p. 97-169. Cf. R. Weigand, 'Zur künftigen Edition des Dekrets Gratians', *ZRG Kan. Abt.*, 83, 1997, p. 32–51; A. Winroth, *The Making of Gratian's* Decretum, Cambridge, 2000; C. Larrainzar, 'La investigación actuel sobre el Decreto de Graciano', *ZRG Kan. Abt.*, 90, 2004, p. 27-59.

[32] D.63 *dictum post*, c. 25.

[33] D.63 c. 12.

> *clericorum electioni concordet. Tunc enim in ecclesia Dei rite preficietur antistes, cum populus pariter in eum acclamauerit, quem clerus communi uoto elegerit.*
>
> The elections of the supreme bishops [popes] and of the other lesser bishops *used to be* carried out by emperors, as we read in the election of St Ambrose and St Gregory. From these examples, and the authorities above, it can clearly be inferred that laymen should not be excluded from election nor should princes be repelled from the organization of churches. But although the people is commanded to take part in the election, it is not commanded to be summoned to carry out the election, but to give its consent to it. For, as we read at the end of the chapter of Pope Stephen [V, 885–91] above, the election belongs to the priests and it belongs to the faithful people to give humble consent. The wish of the people is required, therefore, or rather, it should agree with the election by the clergy. A bishop is then duly appointed in God's Church, when the people together acclaim him whom the clergy elects by common vote.

In the *Dictum ante* c. 28 Gratian explained the practice of imperial confirmation in papal and episcopal elections in terms of the need to prevent the election of schismatics and heretics; then, in the *dictum post* c. 28, borrowing material from the recent treatise of Placidus of Nonantula,[34] he concluded, on the analogy of King Hezekiah's breaking of the bronze serpent which God Himself had ordered Moses to fashion, that the Church had the authority to change practices introduced for good reasons in the past, which had become sources of error:[35]

> *Ac per hoc magna auctoritas ista habenda est in ecclesia, ut, si nonnulli ex predecessoribus et maioribus nostris fecerunt aliqua, que illo tempore potuerunt esse sine culpa, et postea uertuntur in errorem et superstitionem, sine tarditate aliqua et cum magna auctoritate a posteris destruantur.*
>
> And for this reason must such great authority be kept within the Church, so that if some of our predecessors and forefathers practiced some things which could at that time be observed without fault, and they were afterwards transformed into error and superstition, they may be removed by their successors without any delay and with great authority.

Thus the principle of free canonical election was being promulgated in contemporary conciliar legislation (Lateran I) and in the book which became the basis of the teaching of canon law at Bologna, but English practice remained largely immune. It is highly significant, indeed, that although the two legatine councils held at Westminster in 1125 (by Cardinal John of Crema)[36] and 1127 (by William of Corbeil, archbishop of Canterbury and papal legate) reiterate the First Lateran's condemnations of simony in all its forms, its c. 3 on canonical election is conspi-

---

34 *De honore ecclesiae* (1111), c. 69: *MGH LdL* ii, p. 597; *PL*, 163, col. 642–43.

35 D.63 *dictum post*, c. 28.

36 *Councils and Synods, with other Documents relating to the English Church*, I/i–ii, ed. D. Whitelock, M. Brett and C.N.L. Brooke, Oxford, 1981, I/ii, p. 738-41. Of the 17 canons, nos. 1, 4, 7, 9, 11, 13, and 16 reflect Lateran legislation: cf. *Lateran I*, c. 1, 8 and 18, 6, 4, 2, 7 and 9.

cuously missing;[37] and it was missing also from Cardinal Alberic of Ostia's 1138 Westminster council;[38] nor did 'canonical election' occur in the 'Charter of Liberties' which King Stephen granted to the English church in 1136, despite his declaration that he was conceding that 'Holy Church was to be free'—*sanctam ecclesiam liberam esse concedo.*[39]

In all areas Henry II (1154–89) ignored the hesitations and ambivalences of Stephen's reign. Stressing his hereditary right—through the empress Matilda—from Henry I, he emphasized the customs of his grandfather and the dignities of his crown. In 1156, in a letter to his old friend and patron, Abbot Peter of Celle, John of Salisbury mentioned the question of ecclesiastical elections as one of the points which had drawn down the new king's enmity:[40]

> If the English Church ventures to claim even the shadow of liberty in making elections or in the trial of ecclesiastical causes, it is imputed to me [...].

The king sometimes acceded to persuasion, but the process of what Edward Grim described as the 'divinely inspired' election of Thomas Becket to Canterbury makes very interesting reading. Having decided that his chancellor was to be elected, Henry sent a powerful delegation consisting of three bishops,[41] one abbot,[42] and the Justiciar, Richard de Lucy, to Canterbury to secure the votes of the monks; and it was the Justiciar who pronounced the licence to elect:

> *Hoc ... mandat vobis rex, diutius hac ecclesia orbata pontifice, non mediocre ovibus periculum imminere. Unde ipsius sciatis esse voluntatem, ut liberum etiam nunc, sicut pridem, habeatis in electione pastoris arbitrium; persona tamen talis provideatur quae tanto sufficiat oneri, digna sit honore, et regi complaceat.*

> This is the king's message to you: no small danger threatens the sheep the longer this church is deprived of a bishop. Therefore you should know that it is his will that you should now also have a free vote, as in the past, in the election of a pastor; but such a person should be chosen who is capable of the burden, worthy of the honour, and pleasing to the king.

and just in case Prior Wibert was emboldened to take the mandate to hold a 'free election' too literally, the messengers added:

> *Cum propria sit omnium vestrum voluntas regiis parere mandatis, consultius est ut talis eligatur, qui libere causam ecclesie vestrae tueatur, et qui vobis valeat in omnibus erga*

---

[37] Compare *Councils and Synods*, I/ii, p. 743-9, c. 1, 2, 4, 5, 10 and *Lateran I*, cc. 8, 1, 6, 7, and 4. Note that Henry I 'granted and confirmed' the council's decrees *auctoritate regis et potestate* (*ibid.*, p. 749).

[38] Compare *Councils and Synods*, i/ii, p. 768-79, c. 11 and 13 and *Lateran I*, c. 20, 7 and 18.

[39] *Councils and Synods*, i/ii, p. 764-6; *Select Charters and other Illustrations of English Constitutional History*, ed. W. Stubbs, 9th edn, rev. W.H.C. Davis, Oxford, 1913, p. 143-4.

[40] *The Letters of John of Salisbury*, i: *The Early Letters*, ed. and trans. W.J. Millor and H.E. Butler, rev. C.N.L. Brooke, London, 1955; corr. edn, Oxford Medieval Texts, Oxford, 1986, i, p. 32: *Quod in electionibus celebrandis, in causis ecclesiasticis examinandis uel umbram libertatis audet sibi Anglorum ecclesia uendicare, michi inputetur.*

[41] Hilary of Chichester, Bartholomew of Exeter, and Walter of Rochester.

[42] Walter de Lucy, abbot of Battle, the Justiciar's brother.

regiam maiestatem; nam si talis eligatur qui regi non placeat, in schismate eritis et discordia, sub tali pastore dispersionem, non refugium, habituri, cum e regione non modicum promotionis vobis accessisse experiemini, si in quo regi complaceat eligatur.

Although it may be the firm intention of all of you to obey the royal commands, it is more prudent if such a person is chosen who can freely protect the interests of your church and who will be valuable to you in all things in relation to the royal majesty; for if such a person is chosen who does not please the king, you will be in schism and discord and will have, not refuge, but dispersion under such a pastor; whereas, if you choose one who pleases the king, you will immediately enjoy no small advantage.'[43]

This was a neat combination of stick and carrot. With the monks' 'free election' safely in their pockets, the king's envoys repeated the process before a council of bishops and magnates at Westminster on 23 May. Prior Wibert announced the canonical election at Canterbury; the three bishops confirmed it; the whole assembly applauded the election; the young Prince Henry gave the formal royal assent; and Henry of Winchester sought and was granted discharge from legal liability for the archbishop-elect.[44] Although Gilbert Foliot, bishop of Hereford, raised some objection, he did not persist;[45] and Ralph of Diss (de Diceto), archdeacon of Middlesex (later Dean of St Paul's), recorded in his *Ymagines historiarum* that the election had been made *nemine reclamante* and *sine aliqua contradictione.*[46]

The form of canonical election by monks and bishops, confirmed by royal approval, had been scrupulously followed, and the magic word 'free' had been used in the king's mandate. If it had not been for the explosion of the Becket controversy, it is unlikely that anyone would have troubled to record the details of the king's intervention. The monks and bishops did what was required of them: they 'freely' elected the king's candidate—no doubt in the hope and expectation of a quiet life. None of them was prepared to challenge the young lion, then at the height of his power. While Becket was still *persona grata,* he secured the appointment of Robert of Melun to Hereford and the king's cousin Roger, to Worcester; but there were to be no more appointments to bishopric or abbey until after Becket's murder.

That Henry intended to re-establish the practices of his grandfather in this as in other aspects of church government was made clear in clause 12 of the Constitutions of Clarendon (January 1164), which read:[47]

Cum vacaverit archiepiscopatus, vel episcopatus, vel abbatia vel prioratus de dominio regis, debet esse in manu ipsius, et inde percipiet omnes redditus et exitus sicut dominicos. Et cum ventum fuerit ad consulendum ecclesiae, debet dominus rex mandare potiores personas ecclesiae et in capella ipsius domini regis debet fieri electio, assensu domini regis et consilio personarum regni, quas ad hoc faciendum vocaverit. Et ibidem faciet electus homa-

---

[43] Edward Grim, *Vita S. Thomae…*, *Materials for the History of Thomas Becket, Archbishop of Canterbury*, ed. J.C. Robertson and J.B. Sheppard, 7 vols., RS, 67, 1875-85, ii, p. 366-7.

[44] *Ibid.*, p. 367.

[45] *Ibid.*, p. 367.

[46] *Radulfi de Diceto decani Lundoniensis opera historica*, ed. W. Stubbs, 2 vols., RS, 68, London, 1876, i, p. 306-7. The *Ymagines* were compiled between *c.*1180 and January 1198: *ibid.*, ii, p. 159, 166.

[47] *Councils and Synods*, I/ii, p. 882; *Select Charters*, p. 166.

> *gium et fidelitatem domino regi, sicut ligio domino, de vita sua et de menbris et de honore suo terreno, salvo ordine suo, priusquam sit consecratus.*
>
> When an archbishopric, or bishopric, or abbacy, or priory in the king's lordship becomes vacant, it should be in his hand, and he should receive from it all revenues and profits as of his demesne. And when it comes to taking counsel about the church, the lord king shall summon the leading dignitaries the church, and the election should be conducted in the chapel of the lord king himself with the assent of the lord king and the advice of the dignitaries the kingdom whom he has summoned to do this. And there the elect shall pay homage and fealty to the lord king as to his liege lord, for his life, limbs, and earthly honour, saving his order, before he is consecrated.

The words 'free' and 'canonical' are conspicuously absent from this assertion of royal authority. One need not spell out the implication of election in the king's chapel—which meant, wherever the king happened to be—and it is clear that Henry was already poised to ensure the election, in conformity with his pleasure, of at least six new bishops just before Becket's murder.[48]

That outrage, and Henry's failure to control its consequences, created a new environment. The king was subjected to personal interdict and forced to a formal confession of moral responsibility for Becket's murder at Avranches, after which he renounced the evil customs which had been introduced against the church in his time. For the legates who supervised his reconciliation, that renunciation meant the Constitutions of Clarendon; but for Henry, the rejected customs amounted to 'few or none'.[49] Appeals to the papal curia were to be free, however (rescinding clause 8); and the episcopal elections were carried out under the scrutiny of the two legates who had supervised his public reconciliation at Avranches.[50] Independently of the *carta reconciliationis*, they secured his assent to something approaching canonical elections, and issued a mandate to that effect to all vacant cathedrals and monasteries:[51]

> *Inspirante Illo a quo bona cuncta procedunt, inductus est dominus rex ut ecclesiae vestrae secundum Deum celeriter ordinentur. Mandamus itaque vobis ut [...] de personis*

[48] *The Correspondence of Thomas Becket, Archbishop of Canterbury 1162–1170*, ed. and trans. A.J. Duggan, 2 vols., Oxford Medieval Texts, Oxford, 2000, ii, no. 311: 'Through Walter de Insula and by writs carried to England by him, the lord king of England has summoned Roger, so-called archbishop of York, Bishops Gilbert of London and Jocelin of Salisbury, and four or six clerks from each vacant church in England, to elect bishops in accordance with his will and the advice of the aforementioned bishops, and to send the bishops elected by his will and their advice to the Lord Pope for consecration…'.

[49] A.J. Duggan, 'Diplomacy, status, and conscience: Henry II's penance for Becket's murder', *Forschungen zur Reichs-, Papst- und Landesgeschichte. Peter Herde zum 65. Geburtstag von Freunden, Schülern und Kollegen dargebracht*, dir. K. Borchardt and E. Bünz, 2 vols., Stuttgart, 1998, i, p. 265-90; *The Letters of John of Salisbury*, ii: *The Later Letters (1163–1180)*, ed. and trans. W.J. Millor and C.N.L. Brooke, Oxford Medieval Texts, Oxford, 1979, p. 752-5 no. 309, at p. 754-5.

[50] For a succinct account of the elections, see *The Letters and Charters of Gilbert Foliot*, ed. A. Morey and C.N.L. Brooke, Cambridge, 1967, p. 291-3, which follows Gervase of Canterbury, *Chronica (The Historical Works of Gervase of Canterbury*, ed. W. Stubbs, 2 vols., RS, 73, 1879-80, i, p. 243. All but Bath were formally elected in a council held in London in late April 1173; but the new archbishop of Canterbury was not elected until 3 June (the fourth attempt).

[51] *Materials*, vii, p. 552-3 no. 789, at p. 553 (from Diceto, i, p. 366-7).

quae a sacris canonibus nullatenus respuantur, electiones facere maturetis, et taliter in tam necessario negotio procedetis, ut et Deus in omnibus honoretur, et saluti animarum vestrarum ac paci regni utiliter videatur esse provisum.

Under the inspiration of Him from whom all good comes, the lord king has been persuaded that your churches should be swiftly set in order according to God. Consequently we order [...] you to hasten to elect persons who are not rejected by the sacred canons, and you should so proceed in such necessary business that God is honoured in everything and the salvation of your souls and the peace of the realm is seen to be provided for.

This was described by Diceto:[52]

Ad instantiam cardinalium Alberti et Theodini Henricus rex pater regis in Anglicana ecclesia fieri liberas electiones et permisit et scripsit. Proinde vacantium ecclesiarum conveniente clero, sub paucorum interstito dierum, Ricardus Pictavensis archidiaconus ad Wintoniensem, Gaufridus Cantuariensis archidiaconus ad Helyensem, Gaufridus Lincolniensis archidiaconus ad Lincolniensem, Reginaldus Saresberiensis archidiaconus ad Batoniensem, Robertus Oxenefordensis archidiaconus ad Herefordensem; ad Cicestrensem ecclesiam Johannes ejusdem loci decanus electus est apud Westmonasterium, praesente justiciario regis et assensum praebente. [Mid-late April 1173]

At the instance of Cardinals Albert and Theodwin, King Henry the king's father allowed and wrote that there should be free elections in the English Church. Accordingly, after a short interval, the clergy of the vacant churches having been assembled, Richard archdeacon of Poitiers was elected to Winchester, Geoffrey archdeacon of Canterbury to Ely, Geoffrey archdeacon of Lincoln to Lincoln, Reginald archdeacon of Salisbury to Bath, Robert archdeacon of Oxford to Hereford, and John dean of Chichester to Chichester: at Westminster, *in the presence of the king's Justiciar and with his approval.*

Even as the dean of St Paul's tells it, there is more than a hint of ambiguity in the record; and the veil of canonical propriety was lifted when Richard of Canterbury, whose election had been particularly contentious,[53] was about to be consecrated (10 June 1173). King Henry's son, the young king, stopped the ceremony and challenged the whole electoral process: because he had not been consulted; and because the elections had not been free. All parties concerned appealed to Alexander III: and the young king inserted in his appeal letter the text of what he alleged was the writ which his father had sent to the Winchester monks:[54]

Henricus rex Anglorum, dux Normannorum et Aquitanorum, et comes Andegavensium, fidelibus suis monachis Guintoniensis ecclesiae, salutem, mando vobis ut liberam electionis habeatis et tamen nolo ut aliquem accipiatis nisi Richardum clericum meum, Pictvensem archidiaconum.

---

[52] Diceto, i, p. 367-8.

[53] Below, at n. 61-4.

[54] *Recueil des historiens des Gaules et de la France*, ed. M. Bouquet, *et. al.*, new edn directed by L. Delisle, 19 vols., Paris, 1869-80, xvi, p. 645.

> Henry king of the English, duke of the Normans and Aquitainians, and count of the Angevins, to his faithful monks of the church of Winchester, greeting. *I order you to hold a free election, but nevertheless I do not wish you to accept anyone except Richard, my clerk, the archdeacon of Poitiers.*

This probably conveys the sense of the mandate, if not the precise diplomatic form.[55] In any case, it bears comparison with the process which had secured Becket's 'free' election in 1162. 'Richard my clerk', that is Richard of Ilchester, had been duly elected to Winchester, as were three other prominent royal clerks (Geoffrey Ridel to Ely,[56] Reginald FitzJocelin to Bath, and John of Oxford, later, in 1175, to Norwich), as well as Geoffrey Plantagenet, the king's underage and illegitimate son, to Lincoln,[57] John Greenford to Chichester, Robert Foliot to Hereford, and Richard of Dover to Canterbury.

How free the elections were in practice is highly debateable.[58] Yet when the younger Henry raised his objection, many parties, including the king, strove to assure Pope Alexander that the elections had been free. The royal letter which pressed for confirmation of the election of Reginald FitzJocelin to Bath, for example, is explicit:[59]

> *Novit ecclesia Romana ex longo temporis tractu quantam libertatem antecessores nostri circa institutiones ecclesiarum habuerint; quam nos, intuitu Dei et precum vestrarum interventu, secundum admonitiones venerabilium virorum Al[berti] et Th[eodwini] legatorum vestrae sanctitatis, ad aequitatem canonicae moderationis temperavimus. Impraesentiarum itaque liberam electionem ecclesiae Anglicanae annuimus.*

> The Roman Church has long known the extent of the freedom which our ancestors had in relation to the institutions of the Church; this we have tempered according to the rule of canonical restraint, out of respect for God and at the intervention of your prayers, in accordance with the admonitions of the venerable Al[bert] and Th[eodwin], legates of your holiness. Accordingly we have now (? for the present) granted *free election* to the English church.

This paragraph has many points of interest. It confirms that English kings had had considerable freedom in respect of ecclesiastical appointments; that Pope

---

[55] Professor Vincent considers (correspondence, 13 March 2006) that it is 'either a poorly remembered version of a genuine text, or a forgery'.

[56] *Praestante principe*: R. Foreville, *L'Église et la royauté en Angleterre sous Henri II Plantagenet (1154–1189)*, Paris, 1943, p. 380.

[57] *English Episcopal Acta*, i, *Lincoln, 1067–1185*, ed. D.M. Smith, London, 1980, p. xxxvi-xxxvii, 182 no. 295; cf. *Gesta regis Henrici secundi Benedicti abbatis* (first draft of Roger of Howden's *Chronica*), ed. W. Stubbs, 2 vols., RS, 49, London, 1867, i, p. 271-2; Roger of Howden, *Chronica magistri Rogeri de Houedene,* ed. W. Stubbs, 4 vols., RS, 51, London, 1868-71, ii, p. 254-5; R.W. Eyton, *Court, Household, and Itinerary of King Henry II,* London, 1878, p. 238, 246. Only ten of his *acta* as bishop-elect have been found: *EEA*, i (*Lincoln*), p. 177-82 nos. 285–94.

[58] Foreville, *L'Église et la royauté*..., p. 380, thought that only the elections to Chichester and Hereford met the canonical criteria.

[59] *Materials,* vii, p. 553-4 no. 790. John Le Neve, *Fasti Ecclesiae Anglicanae, 1066–1300,* i–vii, compiled D.E. Greenway, London, 1968–2000, vii , Bath and Wells, p. 2.

Alexander had intervened directly through his legates;[60] and that Henry II had granted free election. But the assertion itself was part of the price Henry was prepared to pay for papal confirmation of his nominations, and the use of the word *impraesentiarum* raises doubts about the value of the grant. If it meant 'for the present', then Henry's grant was nothing more than a temporary concession, and ambivalent at that, as the long-drawn-out process of Richard of Dover's election to Canterbury demonstrates.

One might have expected that Henry would have been particularly careful of the canonical niceties of Canterbury, where the cult of the soon-to-be canonized St Thomas was gathering pace; but the record suggests that the old habits continued. Having received the licence to elect from the young King Henry, Odo, the prior of the cathedral community, went to see the old king in Normandy; but although he carried back to Canterbury the king's nomination of Henry, bishop of Bayeux, a secular and a Norman, he refused to agree to anything without the approval of his brethren. Meanwhile, Gilbert Foliot, the dean of the Canterbury province as bishop of London—and a stalwart supporter of King Henry in the Becket dispute—was given responsibility for organizing the bishops' compliance with the king's wishes. This is known from his embarrassed account. Having assembled a council at Westminster, Gilbert managed to persuade the bishops to elect Henry of Bayeux, but the monks refused their assent: 'Only the monks rejected what they knew you particularly wanted (*Soli monachi respuerunt quod vos praecipue velle cognoverunt*)', was his pointed report to the king.[61] Having rejected Henry, the monks named three monks, whom they would find acceptable; and they asked Richard de Lucy to obtain the king's consent. So it was that the council was re-convened in London in February 1173. The monks elected Abbot Roger of Bec (1149–79), whom Foliot, *multa tamen instantia et industria,* persuaded the bishops to confirm: but he refused the proffered honour (his election was annulled on Maundy Thursday); then, at another episcopal council in London, Prior Odo presented the second monastic candidate, Martin of Cerisy (*c.*1167–1185/90), whose election Gilbert secured against the opposition of all the bishops and abbots;[62] but the monks' insistence that their prior should have the office of declaring the election, while the bishops protested that the right belonged to them, brought the whole charade to an unseemly end. Again the matter was referred to the king, whom Foliot urged to override the chapter's rights.[63] The council gathered again (for the fourth time) on octave of Pentecost (3 June), and the monks (according to Diceto, who was almost certainly present) sought, *unanimiter,* to elect Prior Odo himself, but Gilbert Foliot, going apart with the bishops, declared the election of Richard of Dover (1173–84): and so it was done![64]

How far the 1173 elections conformed to the demands of the law is questionable; yet all parties combined to insist to the pope that they had been 'canonical', if not

---

[60] Alexander's concern at Anglo-Norman practices was not new. In October 1168 he had admonished Henry II to allow vacant bishoprics to hold elections 'as free as they are as canonical – *tam liberam quam canonicam*'; and he specifically excluded pre-nomination: *Materials*, vi, p. 503-5 no. 460, at p. 505.

[61] *Ibid.*, vii, p. 555-7 no. 792, at p. 556; *The Letters and Charters of Gilbert Foliot,* p. 291-5 no. 220, at p. 294 (May, 1173).

[62] *Ibid.*, p. 294: *Obtinui, ut si monachi Cantuar(ie) in electionis pronuntiatione episcopis regni uestri uel modicum exhibere uoluissent reuerentiam, in ipsum acquiescerent, et ne uester aduersus eos turbaretur animus rem hoc fine terminare permitterent.*

[63] *Materials,* vii, p. 557; *The Letters and Charters of Gilbert Foliot,* p. 294-5.

[64] Diceto, i, p. 368-9; Foreville, *L'Église et la royauté…*, p. 375-7: cf. Gervase of Canterbury, i, p. 240-4.

'free'. Foliot's letter, announcing Richard's election to the pope, lauded the *gloriam libertatis* of the election which the legates had obtained, and declared that it had been carried out *sanctorum statutis canonum diligentis obseruatis* and *totius conuentus sui et episcoporum, ceterarumque personarum in hoc concurrentibus uotis*, and urged the pope to confirm 'the work of his own hands'.[65] And he wrote in similar vein for Reginald of Bath and Robert of Hereford. [66] The word *libertas* occurs six times in the three short letters. But it is significant that it was not the freedom of the election, but the formal unanimity of the electors, that he stressed in his defence of Richard of Winchester,[67] Geoffrey of Ely,[68] and Geoffrey, the elect of Lincoln.[69] Equally, the prior and monks of Ely, who had sent three envoys to the Curia with notification of their election of Geoffrey Ridel, in early 1173, before the Young King's challenge, claimed that it was unanimous—*concurrentibus in unum omnium uotis approbate*; but they did not use the words 'free' or 'canonical'. [70]

At best, Foliot, who was the king's episcopal agent in the elections, glossed over unwelcome details; at the worst, he was party to concerted duplicity. But he was not alone. Bartholomew of Exeter,[71] John of Salisbury,[72] and Prior Odo and the monks of Canterbury[73] all defended Richard of Ilchester's election to Winchester, although only Bartholomew alleged that he had been both 'freely' chosen and 'canonically elected'.[74] In contrast, John's support of Richard of Canterbury[75] and Bartholomew's defence of Richard of Canterbury and Robert (Foliot) of Hereford[76] are effusive in their assertion of 'freedom', with more justification, perhaps. It is likely that Robert was the electors' choice at Hereford and Richard of Dover was the candidate upon whom all (bishops, monks, and king) eventually agreed for Canterbury.

There is no doubt that Henry had good reason to be pleased with the result: Ely, Salisbury and Winchester went to prominent members of his administration (and Norwich would join the pantheon in 1175); Chichester and Hereford were filled by uncontroversial career clerics; Canterbury received a monk whom Henry could work with; and Lincoln went to one of his illegitimate sons, although Alexan-

---

[65] *The Letters and Charters of Gilbert Foliot*, p. 295-6 no. 221, at p. 295.

[66] *Ibid.*, nos. 222 and 224; cf. no. 226.

[67] *Ibid.*, p. 297 no. 223: *uotis omnibus* [...] *nullo penitus contradicente uel reclamante.*

[68] *Ibid.*, p. 298-9 no. 225, at p. 298: *concordi omnium uoto, nullo reclamante aut contradictionem in aliquo mouente.*

[69] *Ibid.*, p. 300-2 no. 228, at p. 301: *concorditer.*

[70] *Papsturkunden in England*, ed. W. Holtzmann, 3 vols., Abhandlungen der Gesellschaft der Wissenschaften zu Göttingen. Philologisch-historische Klasse, i, n. s., 25, Berlin, 1930; ii, 3rd ser., 14-5, Berlin, 1935-6; iii, 3rd ser., 33, Göttingen, 1952, ii, p. 320-2 no. 130, at p. 321. King Henry had secured a papal pardon for Geoffrey in letters dated 9 September 1172: *ibid.*, ii, p. 318 no. 127.

[71] *The Letters of John of Salisbury*, ii, p. 780-3 no. 319 (to the pope).

[72] *Ibid.*, p. 776-81 nos. 316-8 (to Cardinals Albert and Theodwin, Humbald of Ostia, and the notary Gratian, *datarius*).

[73] *Ibid.*, p. 782-5 no. 320: to the pope.

[74] *Ibid.*, p. 782: *Conuenit in eum libere tota Wintoniensis ecclesia et, canonice facta electione, postmodum in praesentia nostra et fratrum nostrorum regius ei est datus assensus.*

[75] *Ibid.*, p. 768-73 nos. 313-14 (to the pope and to William of Sens), 770: *canonica sit electio*; *Cum enim dominus noster rex Anglorum praefatae ecclesiae* [...] *liberam concessissit eligendi sibi archiepiscopum facultatem* [...] *canonice conuenerunt.*

[76] *Ibid.*, p. 766-9, 784-5 nos. 312 and 321 (to the pope), p. 766: *unanimi consensu tota ecclesia libere et secundum institutionem sacrorum canonum*; p. 784: *pari uoto, unanimi consensu, libere et secundum instituta sacrorum canonum* [...] *in praesentia nostra et fratrum nostrorum* [...] *regius est datus assensus.*

der refused to authorize the consecration of the underage Geoffrey, despite Gilbert Foliot's assurance that he 'was claimed to be thirty years old'—the canonical age for episcopal consecration.[77] This certainly represented a compromise between a church 'longing for freedom' in Diceto's words[78] and a king anxious to maintain his influence; but it also demonstrated how far the effortless control of the Norman kings had been undermined.

The aftermath of Becket's murder made a small breach in the royal defences. Henry was persuaded to concede 'freedom of election' and to assure Pope Alexander that he had done so; and that formal requirement could, when invoked by a chapter courageous enough to appeal to it, prevent the appointment of an unwelcome nominee; but there is little evidence that Henry did indeed allow electoral bodies a genuinely free voice in the election of their prelates.[79] In the Canterbury election of 1184, for example, he went in person to Canterbury to plead for Baldwin of Forde, having set aside all three of the monks' candidates.[80] Richard I (1189–99) appointed bishops with virtual impunity; and so did King John (1199–1216), under whom the episcopate was filled largely with former royal clerics; but Winchester resisted in 1204, only to elect the king's candidate in Innocent III's presence; and Canterbury resisted in 1205. In that instance, the monastic deputation remained evenly divided, a circumstance which allowed the pope himself to promote Stephen Langton. But it was only when the king's authority was weakened in England by civil war and on the Continent by the conquests of Philip II of France, that John was compelled to grant freedom of election on 21 November 1214.[81]

> *qualiscumque consuetudo temporibus nostris et praedecessorum nostrorum hactenus in ecclesia Anglicana fuerit observata, et quicquid iuris nobis hactenus vendicaverimus in electionibus quorumcumque praelatorum, nos [...] liberaliter mera et spontanea voluntate, de communi cconsensu baronum nostrorum, concessimus et constituimus et hac praesenti carta nostra confirmavimus, ut de cetero in universis et singulis ecclesiis et monasteriis cathedralibus et conventualibus totius regni nostri Angliae, liberae sint in perpetuum electiones quorumcumque praelatorum majorum et minorum....*
>
> Whatever custom was hitherto observed in the English Church in our times and in those of our predecessors, and whatever right we have hitherto claimed in the elections of whatever prelates, we [...] freely, of our pure and spontaneous will, with the common consent of our barons, have conceded and established and by this our present charter have confirmed that for the future the elections of all major and minor prelates shall forever be free in each and every church and

[77] *The Letters and Charters of Gilbert Foliot*, p. 300-2 no. 228, at p. 301, *ad annum tricesimum ut asserunt* (those who had known him from his earliest days) *iam perductus.* Morey and Brooke (*ibid.*, p. 300) find it difficult to exonerate the bishop from suspicion of duplicity in this matter, since he must have known that Geoffrey was scarcely more than twenty in 1173, having been born *c.* 1153-4. The Pope granted a dispensation *tam aetatis quam nativitatis* in 1175 (Diceto, i, p. 401), but he remained 'elect' until Alexander forced his resignation in 1181: cf. n. 57 above.

[78] Diceto, i, p. 410.

[79] Foreville, *L'Église et la royauté...*, p. 476-88.

[80] Gervase of Canterbury, i, p. 311-24.

[81] *Select Charters*, p. 282-4 at 283-4. For the difficulties of implementation, see *Selected Letters of Pope Innocent III concerning England*, ed. and trans. C.R. Cheney and W.H. Semple, London, 1953, p. 198-201.

cathedral and conventual monastery in the whole of our kingdom of England....

This charter, more than Henry II's ambiguous assertions in 1173, helped to change the assumptions and expectations of all parties to episcopal elections. No longer were the king's *vis et voluntas*[82] sufficient to guarantee appointment. The establishment of the basic requirements of age (thirty), education, and moral life,[83] combined with the expectation that electors should have a rôle in the appointment, restricted the choices open even to a powerful king. The result was a *modus vivendi*; a compromise between canonical form, which was usually observed, and *realpolitik*. By rough calculation, about 55% of episcopal appointments from 1216 to 1307 went to royal clerks, some of whom remained in public office; but kings could not assume that their nominations would be successful. The powerful Edward I (1272–1307), for example, found that he could not force his most trusted clerk, Robert Burnell, the later Chancellor, upon unwilling chapters or an unwilling papacy. Before his accession, he secured Robert's election to Winchester in 1268, but Archbishop Boniface of Canterbury (1240–70) quashed it on the grounds of plurality; in 1270, he demanded his election to Canterbury in person, but the monks refused and appealed to Pope Gregory X, who provided Robert Kilwardby (1272–78); in 1275 the now King Edward secured Robert's election to Bath and Wells; in 1278, he sought papal translation to Canterbury, but Nicholas III appointed John Pecham (1279–92) instead; in 1280, Edward again secured his election to Winchester, but the pope ordered a new election—and Burnell, the father of various bastard children, had to be content with Bath and Wells until his death in 1192.[84]

[82] J.E.A. Jolliffe, *Angevin Kingship*, 2nd edn, London, 1963, p. 50-86.

[83] Restated in the Third Lateran Council (1170), c. 3: *Decrees of Ecumenical Councils*, i, p. 212.

[84] *Oxford Dictionary of National Biography*, 8, col. 898–901.

Heirs and non-heirs. Perceptions and realities amongst the English nobility, *c.* 1300-1500

Michael Hicks

The nobility of late medieval England held their lands and their honorific titles by inheritance. The longer a family endured, the more possessions it accrued from lines that had failed. The universal system was primogeniture – males in order of birth before their sisters, with priority to the main line over collaterals, even if it meant a direct female in preference to a male collateral, and partition between sisters. Primogeniture was modified considerably after 1300 by entails and especially entails in the male line, whether created by royal grant or by resettlement, and by enfeoffments to use (trusts). Entails could not be broken until almost the end of the period and even then rarely were.[1] By 1500, therefore, no great family held all its estates from one source or by one title. Should the direct line falter, there were multiple heirs and the estate was partitioned. When Thomas Earl of Arundel and Surrey died in 1415, his earldom and most of the Arundel estates passed to his male heir, but his Warenne estates and earldom of Surrey passed to his daughters and their issue.[2] The Great Berkeley Lawsuit originated in the rival claims of Elizabeth the daughter of Thomas Lord Berkeley (d. 1417) as heir general and his nephew James Lord Berkeley (d. 1463) as heir male.[3] When Warwick the Kingmaker died in 1471, his two daughters were coheiresses to the Beauchamp, Despenser and Montagu estates of him and his countess, but a nephew was heir male to his own Neville patrimony.[4] Hence disputed inheritances were commonplace. It was important therefore to keep track of one's pedigree and a record of the title not only to all one's own estate, but also to all those of other related families to which one might subsequently become heir. Knowing one's ancestors, one's closer and more distant kin also mattered for social and prestigious reasons.

Recording such genealogies was a pre-occupation of many of the new religious houses of the twelfth century. Such monasteries composed chronicles about their foundations, subsequent histories and acquisitions, and also of the descents of their founders.[5] Most of them collated their title deeds into cartularies, some of which

---

[1] K.B. McFarlane, 'The English nobility in the later Middle Ages', *id.*, *The Nobility of Late Medieval England*, Oxford, 1973, p. 270-4, 276-8.

[2] *GEC*, i, p. 246-7; xii, p. 512.

[3] *Ibid.*, i, p. 131n, 132.

[4] M.A. Hicks, 'Descent, partition, and extinction: the *Warwick Inheritance*', *BIHR*, 52, 1979, p. 117. Actually, the Beauchamp and Despenser inheritances belonged to his countess.

[5] E. Freeman, *Narratives of a New Order: Cistercian Historical Writing in England, 1150-1220*, Turnhout, 2002; see also e.g. W. Dugdale, *Monasticon Anglicanum*, ed. J. Caley, H. Ellis and B. Bandinell, 9 vols., London, 1817-30, v, p. 377-82 (Forde Abbey, Cistercian); vi, p. 314-17 (Norton Priory, Augustinian); vi, p. 344-55 (Wigmore Priory, Augustinian). (Only) 19 such chronicles are identified in www.ucl.ac.uk/history/englishmonasticarchives/archives/all_genre.php?genre+... as of 12/09/2006.

contain narrative material,[6] but regrettably the subsequent succession of founders was not (and is not) easily traced therein, both because such cartularies were arranged by place (topographically), and also because the founders often ceased to make donations and therefore no longer intruded significantly in the later histories of their monasteries. We must also presume what we cannot prove - that most houses recorded somewhere else the obits of their founders and their heirs and their places of burial – since until 1300 most monuments lacked the inscriptions or heraldry necessary to identify whose graves they marked. Such details may have been noted in the monastic books of hours, the martyrologies, or the *libri vitae* that so seldom survive. Bar the extended entry for 1216, the chronicle of Dunmow Priory from 1104 right up to 1501 comprised merely a list of obits and elections of priors and births, marriages, and deaths of the founding family.[7] Some chronicles, like that of Belvoir Priory, recorded exactly where family members were interred and how to identify their tombs.[8] St Albans and Tewkesbury abbeys carefully recorded the resting places of the principal victims of their local battles in 1455 and 1471.[9] Although founders' heirs always retained rights within their monasteries and some continued to exercise them, they often chose instead to patronise chantries and other more up-to-date objects of piety. Many moved away, from Shropshire to Sussex in the case of the FitzAlans, or changed their names through marriage. Although no longer involved daily in their monasteries or indeed readily identifiable, they were still entitled to the prayers of the inmates, as John Newland (d. 1515), abbot of St Augustine's Bristol explained:

> And also that the especiall remembraunce in prayers shuld be done for ever for all their fundatours and benefactours. Therefore full moche convenient it thinketh me, that all Religous men know bi name the fundatours and benefactours, for whom thei ought most devoutely pray for. [Therefore he had] taken uppon me to putte into writing the lineal and trew descent of Sir Robert FizHardinge ... And so lineally from him ... vnto William nowe lorde marquyes Berkley, for whom & all otheir of his noble ancestours we bene bounde specially to pray.[10]

Chroniclers of other houses also needed to research to whom it was that their prayers were due and to put them on record. Typically this was on rolls that take the form of family trees, each individual's name appearing in a roundel. Sometimes the text is in the roundel too, but more often it is grouped into blocks in the margin.[11]

---

[6] *Monasticon*, v, p. 559-60 (Sibton Abbey, Cistercian); vi, p. 303-4 (Christchurch Priory, Augustinian).

[7] *Ibid.*, vi, p. 147-8.

[8] *Ibid.*, iii, p. 289.

[9] C.L. Kingsford, *English Historical Literature in the Fifteenth Century*, Oxford, 1913, p. 376-8; C.A.J. Armstrong, 'Politics and the Battle of St Albans, 1455', *id.*, *England, France and Burgundy in the Fifteenth Century*, London, 1983, p. 70-2.

[10] I.H. Jeayes, 'Abbot Newland's Roll of the Abbots of St Augustine's Abbey', *Bristol and Gloucestershire Archaeological Society*, 14, 1889-90, p. 120. This contains the early part of the founder's chronicle and the biographies of the abbots. It was extracted from an original roll at Berkeley Castle which postdates 1492 and hence not included in the monumental *Catalogue of the Historical Muniments at Berkeley Castle*, ed. B. Wells-Furby, 2 vols., Gloucestershire Record Series 17 and 18, 2004. A post-medieval version containing all the secular history but not the abbots is College of Arms (London), MS Philipot 75 f. 175sqq.

[11] E.g. Neville, *Visitations of the North c. 1480-1500*, ed. W. Longstaffe, Surtees Society, cxliv, 1930, p. 23-9; Grey of Wilton, College of Arms (London) Wriothesley Pedigrees, f. 24.

A great many such chronicles appear to have existed. They were continued for much longer than is usually supposed. Some still do exist,[12] but most are known only through copies and later updates of medieval or post-medieval date. A chronicle of the Percies amongst the Harleian manuscripts, so the postmedieval copyist reports, 'I toke out of A fayre Roll conteyning a pedigree of all the Kings and of other noble Menn, which Rowle hath John Stowe of London, which, as it shold seem, was made by A Monk of Whytby'.[13] Typically these narratives record the direct line only – the descent of the estates and the patronage of their religious houses across the generations. Monks and canons were professionally interested in piety, both directed towards themselves – the foundation and subsequent benefactions of their particular monastery – and to other religious houses, in crusades and pilgrimages, and in the details of the founders' deaths and burials. Normally they recorded the most prestigious marriages and particular distinctions, such as promotions in rank or victories. Such chronicles were commonly taken up and continued into future generations: internal evidence often reveals a hiatus.[14] Most had ceased by the end of the fourteenth century. Some principally of the twelfth and thirteenth centuries were edited by Luard in his *Annales Monastici* of the Rolls Series and many others in Dugdale's *Monasticon.*[15] The Tewkesbury Abbey chronicle, surviving only in sixteenth-century versions but ending in 1477, is a late example.[16] Yet the need for such information within the monastery never ceased. Multiple copies were made of the Tewkesbury chronicle. The founders' history at nearby Bristol was laboriously amplified, translated, and extended beyond 1515.[17] Bristol and Tewkesbury may have been unusual in having active founders at such late dates. Although some founders did remain interested and involved themselves in the affairs of their monasteries right up to the dissolution, the patronage of many houses had passed to the crown, as Karen Stöber has shown,[18] and many no longer had founders to worry about.

Such monastic chronicles originally written in French or Latin appear to underpin many if not all of the very numerous family chronicles and genealogies of the later middle ages. Many were originally rolls. Most are known only through copies in collections of heralds and antiquaries, often in post-medieval translations.[19] They contain within themselves evidence of their monastic origins, of successive updatings, and changing purposes. Signposts forward and back, changes in tense and mood are often revealing. It is not unusual for different branches of the family to

[12] E.g. Oxford, Bodleian Library, MS Top. Glouc. d.2, 'Chronica de Theokesburie'; BL, MS Cotton Cleopatra CIII. These are fully discussed in J.M. Luxford, 'The Founders Book', *Tewkesbury Abbey. History, Art and Architecture*, dir. R.K. Morris and R. Shoesmith, Logaston, 2004, p. 53-64.
[13] E.g. *Cartularium Abbathiae de Whiteby*, ii, ed J.C. Atkinson, Surtees Society, lxxii, 1881, p. 690-7 (Percy); College of Arms (London) Roll 12/17; Oxford, Bodleian Library, MS Ashmole 831 f. 89v (Mowbray) and Dodsworth MS 121 f. 133sqq.
[14] 'Thus far my book' and 'Out of my old rolle of Petegrees' mark a hiatus in *Visitations of the North*, p. 28.
[15] *Annales Monastici*, ed. H.R. Luard, 5 vols., RS, 1864-9; *Monasticon*, passim.
[16] *Ibid.*, ii, p. 59-5; Luxford, 'The Founders Book', p. 54.
[17] Jeayes, 'Abbot Newland's Roll', p. 117-30.
[18] K. Stöber, *Late Medieval Monasteries and their Patrons. England and Wales c. 1300-1540*, Woodbridge, 2007.
[19] E.g. *Visitations of the North* and subsequent visitations, many published by the Harleian Society.

continue their parts of the genealogy in different directions.[20] Typically such chronicles and genealogies trace the family from the earliest origins by primogeniture in the direct line of husbands and wives down to the date of composition. However at that point all legitimate offspring, male or female, inheriting or not, are included in age order, even of they had died as infants, and are frequently accompanied with dates of death, details of marriages or ecclesiastical careers.[21] This is also the arrangement of the famous *Clare Roll* in rhyming verse of 1456, in which Osbert Bokenham's traced the patrons of his Austin friary at Clare in Suffolk from the founder Earl Gilbert de Clare in 1248 via Edward I's daughter Joan of Acre (d. 1307), Elizabeth de Clare (d. 1363) and her husband Lionel Duke of Clarence (d. 1368), and the Mortimers to the twelve children of Richard Duke of York, five of which had already passed 'by the path of dethe into the hevenly place'. Henry, as the eldest, was recorded elsewhere, but William, John, Thomas and Ursula are known only from this source.[22] Often such chronicles and genealogy are the only reminder of non-heirs. A few preserve the names of all children, including sons and daughters who did not inherit: examples are those of Sibton Abbey, Abergavenny and Brecon Priories.[23] Even they do not trace cadet lines into later generations. The *Salisbury Roll* is a partial exception here: it records not only the three daughters of Earl John (d. 1400), but their husbands, offspring, and in two cases sons-in-law.[24] That such data existed in some cases for earlier generations is shown by variants of the Neville and other genealogies that include this information that was apparently lacking in the original.[25]

Later versions of these chronicles superseded earlier ones, which usually no longer exist. Regrettably we lack any precursors that underpin the celebrated *Salisbury* and *Rous Rolls*, though much about the original *Salisbury Roll* can be deduced from the two versions of *c.*1463 and 1483 that do survive. Forensic scrutiny suggests that were at least four drafts – about 1357, coinciding with the Montagu-Monthermer marriage, about 1420 when Sir Richard Neville married the Salisbury heiress Alice Montagu, in 1463 to mark Earl Richard Neville's re-interment, and in 1483 when his grand-daughter, Anne Neville, was crowned as queen.[26] The canons of Bisham Priory, the Montagu mausoleum which is depicted in both rolls,[27] may have contributed to the compilation. John Rous' *Rolls of the Earls of Warwick* are more conventional in that they are confined to the direct line down to Earl Richard Beauchamp (d. 1439), Rous' original patron, whose short-lived son and all four daughters are included. Thereafter the *Roll* follows the line of the youngest daughter who succeeded, recording her husband, her two daughters and coheiresses, and their

[20] E.g. R.H.C. FitzHerbert, 'Original pedigree of Tailbois and Neville', *Genealogist*, n. s., 3, 1886, p. 31-5, 107-111; *Visitations of the North*, p. 29-32.

[21] Collateral details, e.g. College of Arms (London), MS Philipot 75 f. 175vsqq (Berkeley).

[22] *Monasticon*, viii, p. 1600-2; see also A.F. Sutton and L. Visser-Fuchs, *Richard III's Books*, Stroud, 1997, p. 23, 25.

[23] *Monasticon*, iii, p. 263-4; iv, p. 615-16; v, p. 559-60.

[24] A. Payne, 'The Salisbury Roll of Arms, *c.* 1463', in *England in the Fifteenth Century*, ed. D. Williams, Woodbridge, 1987, p. 197; *Medieval Pageant: Writhe's Garter Book: The Ceremony of the Bath and the Earldom of Salisbury Roll*, ed. A.R. Wagner, N. Barker and A. Payne, Roxburghe Club, London, 1993.

[25] 'Original pedigree', p. 31-5, 107-11.

[26] M.A. Hicks, *Warwick the Kingmaker*, Oxford, 1998, p. 9-11; *id.*, *Anne Neville, Queen to Richard III*, Stroud, 2006, p. 175. But see also the variant in *Visitations of the North*, p. 49.

[27] Payne, 'Salisbury Roll', Salisbury Roll plates 1 and 12.

husbands and children. It omits the husbands and issue of the other three daughters even though Elizabeth Lady Latimer (d. 1480), her son Sir Henry Neville and son-in-law Oliver Dudley were buried with the earl in his Beauchamp Chapel at Warwick.[28] Apart from the historic earls, Rous goes back to the legendary giant Guy of Warwick and even earlier mythical kings and earls, most of who, from Constantinus grandfather of King Arthur, are depicted bearing the ragged staff that featured in the Warwick arms.[29] Similarly the Montagu earls of Salisbury appropriated to their lines Richard I, Edward I, the first earl of Salisbury William Longespée (d. 1226), and the mythical Affrica Lady of Man, who was depicted with the lozenge that became the Montagu arms.[30] Back projection to Norman kings and Anglo-Saxon noblemen was to become commonplace.[31] Additionally, of course, there are numerous royal pedigrees traced back to Adam that were commercially produced in London and customised for particular families, such as the de la Pole dukes of Suffolk, who had themselves inserted.[32]

Family histories and genealogies were concerned to appropriate the connections, especial the royal connections, the mythical origins, the achievements and renown of previous generations. Himself a churchman and reliant on ecclesiastical sources, Rous made the most of the earls' benefactions to the Church and of other evidence of their piety, whether at Warwick and elsewhere, of their high offices and achievements, and especially of good works at Warwick itself.[33] His work was deliberately local. So too, probably, were others, that do not make it quite so apparent. A whole series were composed by feudal tenants of the honour of Richmond.[34] Within the register of the honour itself, extant in several surviving copies, there are three illuminations, of which one depicts both the original tenants in company with Alan, the first post-conquest lord of Richmond, when he received his charter from the Conqueror. Another marks with a banner the section of Richmond Castle that each tenant was obliged to guard.[35] Like other such chroniclers, Rous included as many kings as possible and royal princes and princesses, whom he described in the most magniloquent terms: 'the moost nobyll lady & princes borne of the ryall blode of dyuers realms lenyally descendyng from pryncys kyngys emperowris & mony gloryous seyntys'.[36] He also made the most of marriages into other great families. Rous appropriated the ancestral foundations at Oxford of the Oylli ancestors of Margery countess to the second Earl Henry (d. 1229). Elfleda, daughter of King

[28] J. Rous, *The Rous Roll*, ed. W.H. Courthope, London, 1859, p. 50-64, esp. p. 53; *GEC* vii, p. 480-1; *Calendar of Close Rolls 1476-85*, no. 754.
[29] *Rous Roll*, esp. no. 4.
[30] Payne, 'Salisbury Roll', p. 197 and pl. 4.
[31] Back projection, e.g. to Gilpatrick the Dane, *Visitations of the North*, p. 23; to Harold the Black, King of Man, *ibid.*, p. 49; and see *Gentleman's Magazine*, 1827, i, p. 217.
[32] See A. Allan, 'Yorkist propaganda: pedigree, prophecy and the *British History* in the reign of Edward IV', *Patronage, Pedigree and Power in Later Medieval England*, dir. C.D. Ross, Gloucester, 1979, p. 171-92.
[33] *Rous Roll*, passim.
[34] E.g. *Visitation of the North*, p. 23-9 (Neville of Middleham); BL, Cotton Ch. xiii. no. 32 and TNA, C47/9/13 (FitzHugh of Ravensworth); College of Arms (London), MSS L14 f. 209v-10; Philipot 75 f. 79v-81 (Scrope of Bolton).
[35] BL, MS Cotton Faustina B VII, esp. f. 72-132; *Registrum Honoris de Richmond*, ed. R. Gale, London, 1722. For modern reproductions, see *Early Yorkshire Charters*, iv and v *The Honour of Richmond parts I, II*, ed. C.T. Clay, Yorkshire Archaeological Society Record Series extra series I, III (1935-6), frontispieces. Several other copies survive, e.g. Oxford, Bodleian Library, MS Lyell 23.
[36] *Rous Roll*, no. 62.

Alfred and supposedly founder of Oxford University, crept into his *Roll* because of her building works at Warwick Castle.[37] Unashamedly partisan and loyal to his earls, Rous glossed over the disaster of 1471, which he attributed to 'froward fort[u]ne'.[38] Whilst including all Earl Richard's daughters and remaining interested in them personally, Rous tacitly accepted the victory of the youngest over her elder siblings in the Warwick inheritance dispute. He expressed only muted regret that this daughter, his patroness Countess Anne Beauchamp, had been ousted by her own daughters Isabel and Anne, the duchesses of Clarence and Gloucester. Once both they and their husbands had died, however, it was outright condemnation that he expressed.[39]

Several families are the culmination of different chronicles and genealogies. This is true for instance of the Courtenays, the Percies, and the house of York.[40] Three monasteries traced the De Bohuns at Brecon Priory down to 1230, at Llanthony down to 1360, and at Walden Abbey down to 1409 (*recte* 1400),[41] just before the family expired. The Bohuns were buried at Llanthony Priory until they inherited the estates of the earls of Essex and chose instead to be buried in the more prestigious Walden Abbey (Essex). Although the eldest coheiress Eleanor de Bohun (d. 1399) was allocated the eastern estates including the advowson of Walden Abbey, she lies buried at Westminster Abbey with her royal husband Thomas of Woodstock, Duke of Gloucester (d. 1397). Their short-lived son Humphrey and daughter Joan also rest at Walden, but their residual sister and heiress Anne Countess of Stafford (d. 1438) was buried at Llanthony. King Henry V, heir of the junior coheiress Mary de Bohun, redrew the partition of the Bohun inheritance to secure for himself the more attractive eastern estates, which included Walden, so Llanthony reverted to his Stafford cousin. The Countess Anne's in-laws, the Staffords, who had been traditionally interred at Stone Priory in Staffordshire, henceforth abandoned all their diverse mausolea and selected different burial places according to their individual tastes.[42]

The Neville pedigrees add a different dimension. A genealogy produced at the abbey of St Mary York was printed in Dugdale's *Monasticon*. It underpins the much longer genealogy of the Nevilles as lords of Middleham apparently produced by the Augustinian canons of Coverham Abbey in Richmondshire. This proceeded in Latin from Ribald, brother and feudal tenant of Alan lord of Richmond and himself the first Norman lord of Middleham, down to Ralph Neville (d. 1425), the 1st Earl of Westmoreland, at which point the direct line fanned out into collaterals. Earl Ralph was the first Neville earl, the husband of a royal princess (Joan Beaufort), and hence the brother[-in-law] to King Henry IV. He was the hero and the culmination of the

[37] *Ibid.* nos. 11, 35.

[38] *Ibid.* no. 57.

[39] *Ibid.* no. 56; A. Hanham, *Richard III and his Early Historians*, Oxford, 1975, p. 121; M.A. Hicks, *Richard III*, Stroud, 2000, p. 186-7; *id.*, *Anne Neville...*, p. 177-8.

[40] For the Courtenays, all to *c.* 1340, see Forde Abbey, Christchurch Priory to 1340, and Newnham Abbey, *Monasticon*, v, p. 377-8; v, p. 652sqq; vi, p. 303-4. For the Percies, see *Cartularium Whiteby*, ii, p. 690-7; Bodley Roll 5; *Monasticon*, v, p. 515-6. For York, see the Clare Roll and Wigmore chronicles in *Monasticon* vi, p. 344-5; viii, p. 1600-2; C. Given-Wilson, 'Chronicles of the Mortimer family, *c.* 1250-1450', *Family and Dynasty in Late Medieval England : Proceedings of the 1997 Harlaxton Symposium*, dir. R. Eales and S. Tyas, Harlaxton Medieval Studies, n. s., 9, Donington, 2003, p. 67-86.

[41] *Monasticon*, iii, p. 263-4 (Brecon); iv, p. 139-41 (Walden); vi, p. 231(Llanthony).

[42] *GEC*, ii, p. 389-91; v, p. 728-9; vi, p. 457-74; *Monasticon*, iv, p. 141; vi, p. 230-1.

pedigree, its cause and perhaps its commissioner.[43] He was also ancestor of almost the whole of the fifteenth-century nobility.[44] Thereafter the genealogy was repeatedly re-interpreted to focus on different lines – for Earl Ralph had 25 children – and was extended. Evidently the Middleham version was revised about 1443, to celebrate the unequal settlement of their junior Salisbury branch with the senior (Westmoreland) line,[45] the Latimer version in 1469,[46] and so on. As each updated their line, the others were discontinued. Although crystallising into different nuclear families, they all shared and took pride in their common ancestry and common renown, but also accrued their own connections.[47] At some point or probably points, however, the single line was broadened into four, to allow for the descent of Raby, Sheriff Hutton, and Brancepeth, the origins were pushed back before the conquest, and collaterals were inserted into every early generation. The chronicle text was not expanded however to accommodate them: nor was it extended beyond Earl Ralph.[48] The dominant version, that of Westmorland's favourite son Salisbury, contrasts with the bifurcating priorities of the Westmorland, Latimer, and Bergavenny Nevilles.

This is particularly obvious in the case of the Berkeley inheritance, which was disputed after 1417 between the heirs male – the Berkeleys – and the heirs general, descended from Elizabeth the daughter of Thomas Lord Berkeley. Violent though the quarrel was, the Berkeleys clung on to Berkeley itself and the patronage of the abbey of St Augustine at Bristol (now Bristol Cathedral). Probably the monks composed the Latin narrative extended to 1486. Collaterals are recorded only in the first generation. This chronicle firmly took their side and skates over the longest of all disputed inheritances. It reports how a previous Lord Berkeley 'entailed his lands unto his heirs male', how Elizabeth's husband 'with great force laboured to have her the barony of Berkeley and caused great trouble therefore', and how James Lord Berkeley 'succeeded his uncle Thomas lord of Berkeley by virtue of the entail'. This culminated with the most successful Berkeley, William sole Marquis of Berkeley, Earl Marshall and Earl of Nottingham. The chronicle was translated and further extended by Abbot Newland after William's childless death, which made the longstanding junior line, the Berkeleys of Beverstone, look like likely heirs and forced the intervening generations to be reconstructed. Again the marquis's attempts to advance himself at the expense of his heirs is overlooked. Whilst any Berkeley could find here the legendary origins of the family and intervening highpoints, only the most partial and incomplete account of the family vicissitudes appears.[49] Equally partial are the pedigrees that supposedly prove the precedence of Lord Fitzhugh at the Leicester parliament of 1426 and the title to the barony of de la Pole of the

[43] *Ibid.*, vii, p. 920-1; *Visitations of the North*, p. 28; see also Hicks, *Warwick*..., p. 15-16.

[44] J.R. Lander, 'Marriage and politics in the fifteenth century: the Nevilles and the Wydevilles', *id.*, *Crown and Nobility 1450-1509*, London, 1976, p. 95-7.

[45] Hicks, *Warwick*..., p. 16.

[46] The Neville of Latimer pedigree in BL, MS Harley 2096 was made in the lifetime of Sir Henry Neville (d. 1469).

[47] There are five Neville pedigrees in *Visitations of the North*, p. 220-30; see also M.A. Hicks, 'Cement or solvent? kinship and politics in late medieval England: the case of the Nevilles', *History*, 83, 1998, p. 30-46, esp. p. 45-6.

[48] *Visitations of the North*, p. 23-5 starts with all four lines; 'Original pedigree' includes all offspring.

[49] *Monasticon*, vi, p. 315; see also A. Sinclair, 'The great Berkeley lawsuit revisited 1417-39', *Southern History*, 9, 1987, p. 34-50.

issue of the (probably mythical) Jane, daughter of the younger Michael Earl of Suffolk (d. 1415).[50]

This raises the question of what the rolls were for. Although often visually attractive, they were narrow strips of parchment many feet long that could not be satisfactorily displayed – e.g. by pinning up on the wall – and reading them by unrolling the roll was scarcely an improvement. It is hard to perceive these as the main way of teaching about family genealogy. No wonder that the best known examples, the *Salisbury* and *Rous Rolls*, are no longer rolls, but bound up as a series of separates in books.[51]

Forty years ago K.B. McFarlane remarked that the deaths of noblemen without heirs under Edward I were rare: 'without issue, yes, often enough, but wholly without heirs, virtually never'.[52] It is not difficult to find instances where collaterals or cadet branches succeeded: this happened several times to the de Veres, whose line continued down to the 17th earl of Oxford, and to the Courtenay earls of Devon in 1485.[53] Often ladies became heiresses after their marriages: the Howards, still dukes of Norfolk, owe their eminence to such an occurrence.[54] Noblemen needed to know their pedigrees and to assert their claims to distant kin sharing common ancestors. How they did this is far from obvious. Easy enough if one shared a common and unusual surname, like Berkeley or Beauchamp. Even though their lines parted 150 years before, the Beauchamps of Powicke asserted hereditary rights on the expiry of the Beauchamps of Warwick.[55] But genealogies, as we have seen, did not trace cadet or collateral or female descents: marriages in the female line, yes. Of course the reversionary heir might possess his own genealogy back to a common ancestor or to a particular marriage, but that did not reveal the subsequent breeding of the main line or changes in the titles of its estates. The family chronicles and genealogies that we possess, therefore, do not seem to be particularly useful for tracing such claims although they did, of course, give direct descents and dates. Heraldry of course may have assisted in identifying kinship: a common quartering implies a common ancestor.[56] The Bridlington Priory chronicle supplied information in the Scrope and Grosvenor dispute.[57] Research, in short, was essential. Memorably, Henry IV had the chronicles searched in the hope of proving that one great-grandfather Edmund Crouchback, Earl of Lancaster (d. 1296) was the elder brother of another, Edward I.[58] Research underlay the deceptively laconic statements in inquisitions post-mortem that can occasionally be proved: in those of Henry Duke of

---

[50] *GEC*, xi, p. 443n; TNA, E 163/9/28; BL, MS Lansdowne 109 f. 193v-5v.

[51] BL, Add. MS 45133 printed in *Medieval Pageant*.

[52] K.B. McFarlane, 'Had Edward I a "policy" towards the earls?', *id.*, *Nobility...*, p. 250.

[53] Robert, Earl of Oxford (d. 1392) was succeeded by his uncle Aubrey and John (d. 1513) was succeeded by his nephew, another John: *GEC*, x, p. 233, 244. Edward Courtenay (d. 1509) of Bocannoc, who succeeded in 1485 as male heir, was great-grandson of Hugh, Earl of Devon (d. 1374) through a cadet line: *ibid.*, iv, p. 328-9.

[54] John Howard (d. 1485) who succeeded in 1483 was grandson of Thomas, Duke of Norfolk (d. 1399): *ibid.*, ix, p.610.

[55] M.A. Hicks, 'Between majorities: the *Beauchamp Interregnum*, 1439-49', *Historical Research*, 62, 1999, p. 34-6, 36n.

[56] J. Hughes, *Pastors and Visionaries. Religion and Secular Life in Late Medieval Yorkshire*, Woodbridge, 1988, p. 13-15. For examples, see the *Rous Roll* and *Salisbury Roll*, above notes 29, 30.

[57] J.L. Kirby, *Henry IV of England*, London, 1970, p. 65; *Chronicles of the Revolution 1307-1400*, ed. C. Given-Wilson, Manchester, 1993, p. 41.

[58] Hughes, *Pastors and Visionaries*, p. 17.

Warwick in 1446, for instance.[59] Abbot Newland at Bristol must have delved back into the abbey's records to fill in extra names and dates. John Rous reports that he had read many chronicles to drive the history further back into the past.[60]

Chronicles and genealogies are much better evidence for heirs than non-heirs. Their purpose was to record the direct line of descent and inheritance. Thus those who did not inherit were irrelevant. Such works nevertheless are one of the best sources we possess for the younger sons and daughters of the head of the family at the time of compilation. Those relatively few chronicles and genealogies that itemise the offspring of each generation are uniquely useful here. Usually they record the order in which such babies were born, sometimes death in childhood, the knightly or ecclesiastical careers of sons and the marriages and professions as nuns of daughters, but virtually nothing of any progeny of such junior offspring. They do record more siblings, even in such well-documented families as the Nevilles, than are otherwise known[61] – an indicator both of the numbers lost through infant mortality and also of the poor prospects of younger sons in the 'winner-takes-all' system that is primogeniture. They also record more clerical careers, both male and female, sub-episcopal and sub-abbatial, than are generally known. Of course many surviving wills record how desirous fathers were for the well-being of their daughters and younger sons. They supplied dowries for all their daughters, whether married or professed, and even found ransoms for younger sons who had no expectations and were strictly of no material worth.[62] Both those cadets who surrendered and their captors counted on the sentiment of fathers who appear otherwise to be hardnosed pragmatists. Just occasionally they divided their estates in their favour, as William Lord Lovell notoriously did for his younger sons,[63] but usually entails ensured that they could not. Surprisingly few cadet lines that lasted were established by younger sons of English noble houses.

A special category of non-heirs were the bastards. It is a commonplace that many noblemen had sex with ladies other than their wives and that bastards resulted. Though much more difficult to detect at the time, there must also have been children born by married women fathered by men other than their husbands. William the Conqueror himself and earls of Gloucester and Salisbury in the twelfth century were bastards who achieved eminence and hence feature in many later genealogies, but they are the exceptions. The status of noble bastards apparently fell later in medieval England.[64] They were illegitimate and could not inherit automatically either their fathers' lands or moveables. Virtually never do they feature in such chronicles or genealogies. Only more obscure than the bastards are their mothers, who are often both unidentified and unidentifiable. Yet bastards might be acknowledged by their fathers and assisted in their careers– the bastards of Henry V's three brothers, the bastards of Exeter, Arundel, Salisbury, Somerset and Fauconberg

[59] Hicks, 'Betwen majorities…', p. 36-8, 41.

[60] M. Lowry, 'John Rous and the survival of the Neville Circle', *Viator*, 19, 1988, p. 328-9.

[61] Of Earl Ralph's 25 children, we would know nothing of Henry, Thomas, and Cuthbert, who died young, and Joan the minoress without the genealogy: 'Original pedigree', p. 110.

[62] Walter, younger son of Walter Lord Hungerford, was ransomed for £3,000: McFarlane, *Nobility…*, p. 128.

[63] *Ibid.*, p. 71.

[64] C. Given-Wilson and A. Curteis, *The Royal Bastards of Medieval England*, London, 1984, passim.

are well known,[65] - but female bastards are much less so. It may be that those noblemen who served in the fifteenth-century phase of the Hundred Years War consoled themselves particularly in this way – whether distance from their wives or continental morals provoked them – but they were particularly anxious to provide for them in their wills.[66] Although Humphrey Duke of Gloucester and Warwick the Kingmaker financed their bastard daughters' marriages,[67] it was to prominent gentry, not the high nobility that were sought for legitimate children. John of Gaunt's four Beaufort bastards, who were legitimised after his marriage to their mother both at canon law and in parliament, appear to be unique. Very occasionally, where there was no other closer heir, a bastard inherited lands as the final remainder under an entail or under a last will for lands in trust. Colin Richmond's John Hopton is the example of this.[68]

Bastards were created also out of children born to married parents whose marriage was found invalid. Given the scope of the prohibited degrees, which banned marriage between those sharing a single great-grandparent or related in the same degree by marriage, and given the practice of intermarriage amongst both the high nobility and those of most localities (Kent, etc), there ought to be many such examples. Some later marriages were also invalidated by earlier contracts: John Wake, the son of Thomas Wake and Margaret Lucy, may well have been illegitimated by her prior contract to Thomas Danvers.[69] Inadvertent marriages within the prohibited degrees could be validated retrospectively. Many noblemen secured dispensations from Rome: as many as 2750 between 1447 and 1503.[70] Even within this period, there is probably too little information to be certain that any supposed marriage lacked a dispensation. Such data was crucial to prove title – that Sir Robert Plumpton and the Sumpter sisters Ellen and Christine were bastards were key issues in two fifteenth-century causes célèbres.[71] Warwick the Kingmaker was hyper-scrupulous about securing the validity of his daughters' marriages.[72] Yet strangely such dispensations virtually never survive amongst title deeds,[73] nor even apparently in cartularies. Apparently they were of temporary importance: later generations accepted the validity of ancestral marriages on trust. Proof of legitimacy and illegitimacy was simply not available to subsequent generations. The omission of bastards from family chronicles and genealogies may after all have been the key indicator.

---

[65] E.g. M.A. Hicks, 'Neville [Fauconberg], Thomas [*called* the Bastard of Fauconberg] (*d.* 1471), naval commander and rebel', *Oxford Dictionary of National Biography*; *GEC*, v, p. 736n.

[66] E.g. *Registrum Henrici Chichele*, ed. E.F. Jacob, ii, Canterbury and York Society, ciii, 1937, p. 393, 544.

[67] *GEC*, vi, p. 139n; Hicks, *Warwick…*, p. 234, 237.

[68] C.F. Richmond, *John Hopton. A Fifteenth Century Suffolk Gentleman*, Cambridge, 1981, p. 5-15.

[69] M.A. Hicks, *Edward V: The Prince in the Tower*, Stroud, 2003, p. 36.

[70] P.D. Clarke, 'English royal marriages and the papal penitentiary in the fifteenth century', *EHR*, 120, 2005, p. 1014-29.

[71] *Plumpton Letters and Papers*, ed. J. Kirby, Camden Society, 5th ser., viii, 1996, p. 8; *The Armburgh Papers. The Brokholes Inheritance in Warwickishire, Hertfordshire and Essex c.1417-c.1453*, ed. C. Carpenter, Woodbridge, 1998, p. 6.

[72] Hicks, *Warwick…*, p. 264, 266, 276; *id.*, *Anne Neville…*, p. 85-8.

[73] Professor Sayers found no private non-royal examples up to 1304: *Original Papal Documents in England and Wales from the Accession of Pope Innocent III to the Death* of *Pope Benedict XI (1198-1304)*, ed. J.E. Sayers, Oxford, 1999, nor are there any in TNA, SC 7 (papal bulls).

Un cas problématique de succession au Xe siècle. Le multi-abbatiat d'Odon de Cluny (vers 879-942)

Isabelle Rosé

I. Introduction

La plupart des chartes de réforme ou de fondation de la première moitié du Xe siècle consacrent une clause à la question de la succession abbatiale qui, selon la norme bénédictine, doit être réglée en vertu du principe électif par une majorité de moines, après la mort de l'abbé en titre[1]. Dans le contexte réformateur, la pratique est toutefois bien différente de cette fidélité théorique à la règle de saint Benoît. Le cas d'Odon, deuxième abbé de Cluny (vers 879-942), permet de s'interroger sur la complexité de la succession abbatiale à cette époque, phénomène que l'on peut saisir en creux, derrière le caractère extrêmement stéréotypé de la documentation. Le trait principal, le plus original et le plus méconnu du gouvernement d'Odon réside en effet dans son caractère multi-abbatial, c'est-à-dire qu'il se trouve simultanément à la tête de plusieurs établissements monastiques qu'il dirige en collaboration avec des co-abbés.

Dans sa grande majorité, le dossier documentaire se compose d'actes de la pratique. Il s'agit essentiellement de chartes organisant des fondations ou des réformes de monastères, mais aussi, lorsque les cartulaires ont été conservés, de simples documents qui évoquent dans leur dispositif la personne qui se trouve à la tête d'un établissement donné. Les textes narratifs viennent compléter ce corpus, notamment des chroniques monastiques ou des documents qui relèvent du genre des *Gesta abbatum*, souvent postérieurs d'au moins un siècle à la période étudiée, laissant ainsi présumer des phénomènes de réécriture[2]. Dans cette catégorie documentaire, la première *Vita Odonis*, écrite peu de temps après la mort d'Odon par son disciple italien Jean de Salerne, occupe une place à part. Si elle donne en effet de nombreuses informations sur l'itinéraire biographique d'Odon, elle présente également une forte dimension didactique qui en fait une sorte de « manuel de réforme » accordant une large place aux injonctions de la règle de saint Benoît[3].

---

[1] Sur l'élection du successeur de l'abbé dans la règle de saint Benoît, Benoît de Nursie, *La règle de saint Benoît*, éd. et trad. Ph. Schmitz, Turnhout, 1987, ch. LXIV, 3-6, p. 146-147.

[2] Sur le phénomène de réécriture des origines à Cluny, D. Iogna-Prat, « La geste des origines dans l'historiographie clunisienne des XIe-XIIe siècles », *Études clunisiennes*, Paris, 2002, p. 161-200.

[3] Pour l'édition du texte, Jean de Salerne, *Vita Odonis prima et maior*, *PL* 133, col. 43-86 [Désormais *VO^1*]. Sur la dimension didactique du texte, I. Cochelin, « Quête de liberté et réécriture des origines : Odon et les portraits corrigés de Baume, Géraud et Guillaume », *Guerriers et moines. Conversion et sainteté aristocratiques dans l'Occident médiéval (IXe-XIIe siècle)*, dir. M. Lauwers, Antibes, 2002, p. 183-233, aux p. 185-187; pour la citation, p. 186. Sur cette question, je me permets aussi de renvoyer à ma thèse de doctorat, soutenue en 2005 à l'Université de Nice Sophia-Antipolis sous la direction de Michel Lauwers : I. Rosé,

La nature du multi-abbatiat « odonien » pose avec acuité la question de la succession abbatiale et de sa définition, l'existence même des co-abbés soulevant le problème du véritable moment de la substitution d'un dirigeant à un autre. Comment sont choisis les co-abbés et peut-on les considérer comme des successeurs d'Odon ? Quelles sont les réalités du gouvernement abbatial, comment s'organise ce qui peut apparaître comme une dyarchie, voire une triarchie et de quelle manière cette pratique s'articule-t-elle avec les injonctions de la règle de saint Benoît ? Quelle est, enfin, la part de fiction juridique dans les sources dont nous disposons, dans la mesure où le gouvernement multi-abbatial n'apparaît souvent que lors de conflits où la personne la plus « prestigieuse » semble être mentionnée comme abbé ? Plus globalement, l'étude de la succession autour du multi-abbatiat « odonien » pose ainsi la question de l'exercice du pouvoir et des formes qu'il prend à une époque de transition entre le moment carolingien et la période seigneuriale, temps où les institutions sont encore balbutiantes.

Dans cette perspective, je m'attarderai d'abord sur l'arrivée d'Odon à la tête de certains établissements monastiques, c'est-à-dire sur sa propre dimension de successeur. J'envisagerai dans un deuxième temps le multi-abbatiat « odonien », en m'interrogeant plus spécifiquement sur sa dimension de succession par anticipation.

II. Odon successeur

La grande majorité des établissements dirigés par Odon lui ont été confiés à la suite de fondations / refondations, ce qui implique nécessairement l'absence d'un prédécesseur. Dans ces cas particuliers, il est donc difficile d'évoquer une succession au sens classique du terme. Pour cinq monastères sur dix-neuf, on ignore par ailleurs à qui Odon a succédé[4]. Dans six cas toutefois, Odon semble avoir pris la suite d'un abbé bien identifié, dans des circonstances distinctes. Si son arrivée à la tête de Fleury ou de Saint-Pierre-le-Vif de Sens est bien consécutive à la mort de son prédécesseur, il devient abbé des quatre autres monastères du vivant de l'abbé en titre. Ces derniers cas ont un point commun : le rôle majeur joué par son prédécesseur dans la procédure successorale.

Une succession selon le choix du prédécesseur : Cluny, Deols et Massay

La première succession à laquelle participe Odon est celle, relativement bien connue, de Bernon, premier abbé de Cluny (910-927), qui exerçait son autorité sur six établissements. Les actes de la pratique, notamment les chartes de Cluny, attestent que Bernon est mort en 927, probablement le 13 janvier, date donnée par

Odon de Cluny (vers 879-942). Itinéraire et ecclésiologie d'un abbé réformateur entre aristocratie carolingienne et monde féodal, p. 219-223.

[4] Pour les fondations / refondations : Thomières, Romainmôtiers, Chanteuges, Saint-Julien de Tours, Sarlat, Sainte-Marie-sur-l'Aventin, peut-être Saint-Allyre de Clermont-Ferrand. Pour les successions mal documentées : Saint-Géraud d'Aurillac, Ambierle, Charlieu, Saint-Paul-Hors-les-Murs et Saint-Élie de Nepi. Cf. carte 1 en annexe, « Odon successeur ».

les nécrologes[5]. Le dossier relatif à cette succession se compose de trois documents, de nature différente, qui présentent une version distincte des événements. La première source est une charte, transmise uniquement par les cartulaires de Cluny – où elle se trouve à une place de choix –, qui a été qualifiée de « testament » par l'historiographie. Selon cet acte, Bernon avait réglé sa succession avant son décès, attribuant à deux abbés distincts les établissements qu'il dirigeait[6]. La *Vita Odonis* de Jean de Salerne, une source narrative cette fois, évoque également le choix d'Odon du vivant de Bernon, mais au terme d'une élection par les moines – conforme aux injonctions de la règle bénédictine –, pour être abbé de Baume, et non de Cluny[7]. Le dernier document, la *Venerabilium abbatum Cluniacensium chronologia*, est beaucoup plus tardif puisqu'il a été intégré au cartulaire de Cluny élaboré sous l'abbatiat d'Hugues de Semur (1049-1109)[8]. Il décrit une succession en tous points conforme à la version du « testament ». C'est le premier document qui permet de cerner le plus concrètement les implications de la succession de Bernon.

Le testament de Bernon a pour objet de régler la situation future de l'ensemble des monastères qu'il dirigeait, notamment les modalités de leur vie conventuelle. La première clause concerne leur division en deux groupes, chacun confié à « deux de nos frères ». Le premier, cédé à Guy, parent de Bernon, se compose des monastères de Gigny, Baume et Mouthier-en-Bresse, dont dépend la celle de Saint-Lothain ; le second, remis à « son cher Odon » (*Oddonem dilectum, charissimus Oddo*), comprend les établissements de Cluny, Massay et Déols[9]. Bernon a donc réglé sa succession de son vivant, alors que l'acte de fondation de Cluny prévoyait une élection de son successeur, détachée de toute influence extérieure, par la communauté[10]. Le premier abbé de Cluny précise qu'il a pris sa décision *una cum fratrum consensu*, ce qui montre un attachement au principe bénédictin de gouvernement abbatial avec l'aide de l'ensemble des moines. Il est plus original que Bernon consacre la première partie de son préambule à légitimer le choix de son successeur de son

---

[5] *Synopse der cluniacensischen Necrologien*, éd. J. Wollasch, W.-D. Heim, J. Mehne, F. Neiske et D. Poeck, Munich, 1982, 2 vol., (*Münstersche Mittelalter-Schriften* 39), p. 26-27.

[6] Pour l'édition de l'acte, *Testamentum domni Bernonis abbatis* : M. Marrier et A. Duchesne, *Bibliotheca Cluniacensis, in qua SS. Patrum abb. clun. vitæ, miracula, scripta, statuta, privilegia, chronologiaque duplex, item catalogus abbatiarum, prioratuum, decanatuum, cellarum, et eccles. a clun. cœnobio dependentium, una cum chartis et diplomat. donationum earumdem*, Paris, 1614 [1915], col. 9 C–12 B (désormais *Testamentum domni Bernonis abbatis*). Sur la place du testament de Bernon dans les cartulaires de Cluny, Iogna-Prat, « La geste des origines... », p. 172-175 ; M. Hillebrandt, « Les cartulaires de l'abbaye de Cluny », *Mémoires de la Société pour l'Histoire du Droit et des Institutions des anciens pays bourguignons, comtois et romans*, 50, 1993, p. 7-18, aux p. 11-12.

[7] *Per illud videlicet tempus exitiali languore cœpit decumbere pater Bernus. Mox vicinos episcopos accersivit, et ab omni ordine se deposuit : insuper et flebili voce se reum indignumque tali ministerio proclamabat præfuisse. Rogabat inter hæc verba fratres, ut sibi quem vellent, patrem eligerent. Tunc manibus fratrum pater noster captus, et quasi violenter constrictus, ac proclamantibus omnibus ut ordinaretur, coram abbate suo vi est ductus [...]. Ordinatus itaque ille, intra modicum tempus pater Bernus migravit ad Dominum* : *VO*[1], I, 38, col. 60 C-D.

[8] Pour l'édition, *Venerabilium abbatum cluniacensium chronologia* : Marrier et Duchesne, *Bibliotheca Cluniacensis...*, col. 1617-1618 (désormais *Venerabilium abbatum cluniacensium chronologia*).

[9] Sur le testament de Bernon : Iogna-Prat, « La geste des origines... », p. 179-180.

[10] Pour l'acte de fondation de Cluny : *Post discessum vero eius (i.e. Bernonis), habeant idem monachi potestatem et licentiam quemcumque sui ordinis secundum placitum Dei adque* ***regulam sancti Benedicti*** *promulgatam* ***eligere maluerint abbatem adque rectorem***... : *Les plus anciens documents originaux de l'abbaye de Cluny*, éd. H. Atsma, S. Barret et J. Vezin, t. I, doc. 1-30 (Paris, BnF, Collection de Bourgogne, vol. 76, n° 2-5, 7-32), Turnhout, 1997 (*Monumenta palæographica Medii Ævi, Series gallica* 1) (désormais *Les plus anciens documents*), n° 4, p. 34, l. 18-19.

vivant, notamment par l'évocation du précédent de nombreux *nostri ordinis instructores*, y compris saint Benoît[11]. Récapitulant des travaux antérieurs, Isabelle Cochelin a souligné que, même si le principe du vote demeurait un idéal monastique à cette époque – ce qui explique probablement la présence de ce motif dans la *Vita Odonis* –, « les élections abbatiales [...] étaient exceptionnelles, voire inexistantes, au début du Xe siècle »[12]. La démarche de Bernon s'inscrit donc dans les pratiques de succession abbatiale des temps tardo-carolingiens.

La décision du premier abbé de Cluny de partager les monastères qui lui étaient confiés en deux groupes différents a d'ailleurs été souvent analysée dans le cadre des usages aristocratiques de transmission du patrimoine. Guy, parent de Bernon, obtient en effet Gigny et ses dépendances, qui étaient à l'origine une propriété familiale transformée ensuite en abbaye. Selon Rudolf Hiestand, l'ensemble remis à Odon correspondrait davantage aux établissements que Bernon dirigeait selon une logique personnelle. Plusieurs historiens ont en outre vu une certaine cohérence territoriale dans cette partition : le groupe de Guy serait dans la sphère d'influence des rois de Bourgogne jurane, tandis que celui d'Odon se trouverait dans celle du souverain franc[13]. La cohérence de l'ensemble confié à Odon semble cependant reposer avant tout sur son caractère guilhemide, puisque Cluny a été fondée par le duc d'Aquitaine et Déols par l'un de ses fidèles, avec son appui. Quant à Massay, malgré la pauvreté du dossier documentaire, sa localisation en Berry laisse également penser à une concession à Bernon par ou sous l'égide de Guillaume le Pieux[14]. Or, le fait qu'Odon ait été le *nutritus* de Guillaume d'Aquitaine dans sa jeunesse s'est probablement accompagné de l'instauration d'un lien de filiation spirituelle entre le duc et le jeune homme[15]. Le partage des monastères de Bernon en deux groupes est donc d'une très grande cohérence du point de vue des usages aristocratiques du haut Moyen Âge. Ce sont probablement moins des considérations géographiques qui y ont présidé que des logiques familiales, que ces dernières soient fondées sur une parenté charnelle ou spirituelle. Dans cette perspective, Isabelle Cochelin a d'ailleurs émis une hypothèse sur le choix d'Odon par Bernon. Remarquant la coïncidence chronologique entre la conversion tardive de l'ancien *nutritus* du duc d'Aquitaine (vers 908-910) et la fondation de Cluny, elle a en effet

[11] *Quod et beatum Benedictum, et alios quamplures nostri ordinis instructores fecisse, sibique successores, dum adviverent, elegisse, multa documenta probant* (*Testamentum domni Bernonis abbatis*, col. 9 C).

[12] Cochelin, « Quête de liberté... », p. 193-194.

[13] Pour tout ce qui précède, M. Pacaut, *L'Ordre de Cluny*, Paris, 1986, p. 83 ; J. Wollasch, *Cluny, Licht der Welt. Aufstieg und Niedergang der klösterlichen Gemeinschaft*, Zürich-Düsseldorf, 1996, p. 33 ; R. Hiestand, « Einige Überlegungen zu Anfängen von Cluny », *Mönchtum, Kirche, Herrschaft, 750-1000. Joseph Semmler zum 65. Geburtstag*, dir. D. R. Bauer, R. Hiestand, B. Kasten et S. Lorenz, Sigmaringen, 1998, p. 287-310, aux p. 305-306.

[14] L'abbatiat d'Odon à Déols est confirmé par la chronique du monastère, qui signale sa mort en 942 : *Obiit sanctus Odo, secundus abbas Dolensis. Chronicon Dolensis cœnobii*, éd. A. J. H. Grillon des Chapelles, *Notice sur l'abbaye de Déols*, Paris, 1857, p. 286. Le testament de Bernon est le seul document à évoquer l'abbatiat d'Odon à Massay, de manière purement théorique.

[15] Sur Odon, *nutritus* de Guillaume le Pieux : ... *sed intra domum Guillelmi robustissimi ducis Aquitaniæ est alitus* (*VO^1*, I, 3, col. 45 B). Également : *Factum est autem, cum adolevissem ego, quem modo vetulum intueris ac turpem, strenuum prædicabant et conspicabilem juvenem : cœpitque pater meus per incrementa temporum me ab ecclesiastico subtrahere ordine, et militaribus exercitiis applicare ; qua de re intra domum Guillelmi me tradidit serviturum comiti* (*ibid.*, I, 8, col. 47 A). Cf. aussi les analyses de M. Chaume, « En marge de l'histoire de Cluny », *Revue Mabillon*, 30, 1940, p. 33-62, à la p. 44.

supposé que Guillaume le Pieux, Bernon et Odon avaient décidé dès le départ que ce dernier succèderait au premier abbé de l'établissement[16].

Les circonstances qui ont poussé Bernon à procéder à ce partage posent problème. La datation du testament en 926 résulte en effet du recoupement entre la mention, qui clôt l'acte, *anno quarto, regnante Radulpho rege* – identifié avec le roi des Francs Raoul (923-936) – et la *Chronologia*, qui le place à cette date[17]. Il est néanmoins possible de donner une fourchette chronologique plus précise pour la rédaction du testament, en tenant compte de la date du sacre de Raoul, en juillet 923. La quatrième année de son règne commence donc au mois de juillet 926, ce qui place le document entre cette date et celle de la mort de Bernon, en janvier 927. La décision de Bernon de régler sa succession a donc peut-être été influencée par le contexte de la deuxième moitié de l'année 926. Au cours de cette période, les neveux de Guillaume le Pieux, Guillaume le Jeune († été 927) et Acfred († octobre 927) s'étaient en effet révoltés contre l'autorité du roi Raoul[18]. Or, si Guillaume le Jeune avait été à l'origine de nombreuses donations au monastère bourguignon, tout en souscrivant à plusieurs reprises celles d'autres bienfaiteurs, Acfred semble en revanche ne s'y être jamais intéressé : il n'apparaît dans aucune charte de Cluny, y compris dans l'acte de fondation. Cette absence – étonnante – du dernier des Guilhemides parmi les donateurs de Cluny peut s'expliquer par le fait qu'il ne devient duc d'Aquitaine et comte de Mâcon que quelques mois avant son décès. Il n'aurait donc pas eu le temps de combler l'établissement de ses bienfaits. Il est également possible qu'il n'ait pas voulu appuyer le monastère ou, plus probablement, qu'il ait tenté de recouvrer l'ancien patrimoine familial[19]. Le fait qu'Acfred n'ait pas poursuivi l'œuvre de son oncle, comme l'avait fait son frère, a alors pu être interprété par Bernon comme un danger potentiel pour la jeune fondation. En procédant à sa succession de son vivant, il voulait vraisemblablement éviter qu'Acfred ne devienne abbé laïque de Cluny ou ne tente de mettre la main sur ce patrimoine.

Après avoir été mis sur le même plan, Guy et Odon sont qualifiés de manière distincte dans le testament : ils apparaissent d'abord comme « deux de nos frères »

---

[16] Cochelin, « Quête de liberté… », p. 200-201.

[17] *Anno 926. Amantissimus pater Berno obitus sui imminere prænoscens diem, omnem congregationem suam sibi adstare iubens, patri Odonis Clunicense, Masciense atque Dolense cœnobium commisit regendum* (*Venerabilium abbatum Cluniacensium chronologia*, col. 1617 C) ; *Anno quarto, regnante Radulpho rege* (*Testamentum domni Bernonis abbatis*, col. 12 B). Les données chronologiques de la *Chronologia* sont toutefois extrêmement approximatives, notamment pour la date de la mort de Bernon, indiquée en 926, ou celle d'Odon, située en 944. Malgré l'existence de trois souverains du nom de Rodolphe / Raoul (*Rodulphus* ou *Radulphus*) pour la période concernée, seul Raoul, roi des Francs, permet des recoupements avec les différentes données du texte. Le souverain de Bourgogne jurane, Rodolphe Ier (888-912), ne peut en effet être pris en compte, car le testament aurait été écrit en 892, à un moment où Cluny n'avait pas été fondée. Son successeur, Rodolphe II (912-937) ne correspond pas non plus au roi nommé dans le document, car son règne situerait le testament en 916, date à laquelle Déols n'existe pas encore. L'indication des ides de janvier, à la fin du paragraphe que la *Chronologia* consacre aux dispositions prises par Bernon, ne saurait cependant être retenue pour dater le testament, mais seulement la mort de l'abbé de Cluny, advenue toutefois l'année suivante.

[18] Sur la révolte des deux derniers Guilhemides en 927, cf. J.-P. Brunterc'h, « La succession d'Acfred, Duc d'Aquitaine (927-936) », *Quæstiones medii ævi novæ*, 6, 2001, p. 196-239, aux p. 201-207. Pour la date de la mort de Guillaume le Jeune, sujette à caution, *ibid.*, p. 202, n. 54.

[19] Cochelin, « Quête de liberté… », p. 206-207.

(*duos ex nostris fratribus*), puis sont désignés par le terme générique de *prælati* et enfin par celui de *priores utriusque loci*, ce dernier terme étant compris comme un synonyme d'*abbas* dans la règle bénédictine. En revanche, ils portent des titres différents dans les souscriptions : tandis qu'Odon se désigne comme *abbas*, Guy se dit *modernus abbas*, abbé récent[20]. Cette distinction renvoie vraisemblablement à la réalité du gouvernement abbatial au moment où Bernon a rédigé son testament. Odon semble en effet être entré en fonction avant la mort du premier abbé de Cluny. Une charte du monastère bourguignon, conservée en original et datée d'avril 926 par ses derniers éditeurs, mentionne en effet Odon, et non Bernon, comme abbé de l'établissement, ce qui signifie qu'il exerçait déjà une fonction abbatiale à cette date[21]. Plus exactement, il était vraisemblablement le co-abbé de Bernon à Cluny, au moins depuis 926, alors que Guy n'a dû devenir abbé que tardivement, peut-être très peu de temps avant la rédaction du testament.

Dans les dernières clauses, le testateur invite les frères des deux groupes à vivre dans l'harmonie et à se conformer à certains usages monastiques : la psalmodie et le silence, la qualité de la nourriture et des vêtements, le mépris des biens propres. Malgré la séparation des établissements, Bernon insiste en effet sur leur dévotion commune à « un même seigneur, saint Pierre », et sur la conformité à une même observance de la part de tous les moines. Plus que leur direction précédente par un même homme, ces deux éléments suggèrent l'existence d'une seule communauté dont les deux nouveaux chefs assurent la direction selon le principe d'une collaboration étroite. Cette notion émerge de la dernière clause du dispositif : « Mais si, Dieu nous en garde, on s'était trompé obstinément à cause de l'un d'eux, nous ordonnons qu'en vertu de l'autorité de la sainte règle, les abbés (*priores*) de chaque lieu s'épaulent mutuellement (*mutuo*) pour corriger cette erreur[22] ». Bernon ne s'appuie ici sur aucun passage de la règle bénédictine. S'il ne fixe pas de manière claire le rôle de ses successeurs, ni ne définit réellement le fonctionnement de leur gouvernement, il semble le comprendre comme le *partage* par deux hommes d'une même responsabilité vis-à-vis d'un ensemble de moines réunis par une observance commune, ce qui induit leur collaboration, notamment dans le domaine de la correction des frères.

Une succession mouvementée du vivant du prédécesseur : Tulle

La réforme de Saint-Martin de Tulle constitue un autre cas, relativement bien documenté, dans lequel Odon apparaît comme le successeur immédiat d'un autre abbé. Jean-Pierre Brunterc'h a révisé la reconstitution des faits établie par Jean Dufour[23]. Cette restauration monastique est attestée à la fois par un diplôme du roi

---

[20] *Signum Vuidonis, **moderni abbatis**, qui hoc consensit. Signum Oddonis **abbatis*** (*Testamentum domni Bernonis abbatis*, col. 12 B).

[21] *Les plus anciens documents…*, n° 5, p. 40-42. Sur la datation par les éditeurs, p. 40.

[22] *Si autem, quod absit, ab aliquo eorum fuerit pertinaciter erratum, præcipimus, per sanctæ regulæ authoritatem, ut utriusque loci priores ad corrigendum errorem sibi mutuo suffragentur* (*Testamentum domni Bernonis abbatis*, col. 11 B-12 A).

[23] Brunterc'h, « La succession d'Acfred… », p. 217-221 et p. 230 pour la redatation du diplôme de Raoul. Sur les commentaires de Jean Dufour, utilisés dans tout mon développement sur Tulle, *Recueil des actes de Robert Ier et de Raoul, rois de France (922-936)*, dir. R.-H. Bautier, éd. J. Dufour, Paris, 1978 (*Chartes et diplômes relatifs à l'Histoire de France*) (désormais *Recueil des actes de Robert Ier*), n° 21, p. 91-94. Les premières conclusions sur cette réforme sont celles d'E. Albe, « Titres et documents sur le Limousin et le

Raoul, sans doute octroyé le 13 décembre 931, et par certaines chartes du cartulaire de l'abbaye. Le but principal du premier document est de concéder à Saint-Martin de Tulle une immunité royale qui vient couronner quatre autres clauses : le changement de statut du monastère (qui passe d'une soumission à Saint-Savin-sur-Gartempe à la protection du souverain), le refus de toute domination temporelle sur ses biens (y compris celle du roi), la libre élection de l'abbé par les moines, enfin l'affirmation des droits de l'établissement sur la mense abbatiale que l'ancien abbé laïque, un certain Adémar (*Ademarus*), doit conserver jusqu'à sa mort.

En examinant la première clause, Jean Dufour a souligné qu'il s'agissait de la seconde intervention de Raoul pour restaurer ce monastère. Sollicité par deux aristocrates, Adémar, identifié au comte ou vicomte Adémar des Échelles († après 941), abbé laïque de l'établissement, et Ebles Manzer (*Ebalus*) († vers 934), comte de Poitiers, le roi avait en effet d'abord soumis l'abbaye de Tulle à Saint-Savin-sur-Gartempe et l'avait confiée à un abbé Aimon (*Aimo*)[24]. Cet homme est sans doute le destinataire de la *Vita Geraldi*. Odon l'a probablement connu lors de ses années d'apprentissage auprès de Guillaume le Pieux, ou plus tard, par l'intermédiaire de son frère, Turpion, évêque de Limoges, qui l'avait ordonné prêtre et à la demande duquel il avait écrit les *Collationes*[25]. Dans sa *Commemoratio abbatum Lemovicensium*, catalogue biographique des différents abbés de Saint-Martial et des évêques de Limoges, Adémar de Chabannes († 1034) confirme d'ailleurs les liens d'Odon avec les deux frères[26]. Cette première restauration, qui a lieu entre novembre 929 et juin 931 – dates fournies par différentes pièces du cartulaire de Tulle où Aimon est désigné comme abbé – a vraisemblablement tourné court. Dès mai 931, un mois avant la fin de l'abbatiat d'Aimon, Odon prend la tête de l'abbaye où il est ensuite attesté jusqu'en décembre 935[27].

Quercy », *Bulletin de la Société scientifique, historique et archéologique de la Corrèze*, 40, 1918-1919, p. 179-183.

[24] *Quapropter notum sit [...] quod ego, de statu religionis redintegrando sollicitus, Tutelense cœnobium in regulari proposito, ut olim fuerat, reparare decrevi [...]. Precibus autem nobilis vir Ademari, qui locum ipsum eatenus tenuerat, suggerente etiam Ebalo comite, cuidam religiosissimo abbati nomine Aimoni locum eundem ad restaurandum regulare propositum commendaveram atque cœnobium Sancti Savini subjectum feceram* (*Recueil des actes de Robert I*[er], n° 21, p. 95). La date de 928 a été proposée par Jean Dufour pour la première réforme, en écartant tous les actes de Saint-Martin de Tulle qui ne contiennent pas d'éléments de datation fiable : cf. *Cartulaire des abbayes de Tulle et de Roc-Amadour*, éd. J.-B. Champeval, Brive, 1903 (désormais *Cartulaire des abbayes de Tulle*).

[25] Sur la dédicace de la *Vita Geraldi* : *Libellum, venerabilis pater [Aymo], quem de conversatione et miraculis beati hominis Geraldi, me, qualitercunque possim, dictare tam imperiose nuper suaseras, jam, licet tremens, aggredior* (Odon de Cluny, *Vita sancti Geraldi comitis aureliacensis, PL* 133, *Epistola nuncupatoria*, col. 639 A-640 A). *Siquidem et domnus Turpio episcopus, et dilectissimus mihi ac venerabilis abbas Aymo, cum aliis quampluribus multa vi precum me cœgerunt, ut hæc aggrederer* (*ibid.*, *Præfatio*, col. 642 A-B). Sur les liens entre Odon et les frères Turpion et Aimon, je me permets de renvoyer à ma thèse, *Odon de Cluny...*, p. 120, 165, 364-365.

[26] *Octavus abbas Aimo prefuit annis VI : obiit nonas maii. Hic amiciciam habuit cum sancto Odone, Cluniacensi abbate, cui jussit edere vitam sancti Geraldi. Hic Turpionem, episcopum Lemovicensem, fratrem suum, summo amore excoluit et tercio post obitum ejus anno, idem sanctus episcopus obiit VII kalendas augusti* (Adémar de Chabannes, *Commemoratio abbatium Lemovicensium* : *Chroniques de Saint-Martial de Limoges*, éd. H. Duplès-Agier, Paris, SHF, 1874, p. 3-4).

[27] La charte de mai 931 atteste d'ailleurs l'abbatiat récent d'Odon à Tulle : *Damus Tutelensi coenobio, ubi* ***moderno tempore Oddo abbas*** *cum norma monacorum rector vel gubernator ibidem Domino famulantium praesse videtur...* (*Cartulaire des abbayes de Tulle*, n° 216, p. 129-130). La dernière charte de Tulle dans laquelle Odon apparaît comme abbé est la n° 297 (*ibid.*, p. 177, décembre 935). Je ne comprends pas pourquoi Jean-Pierre Brunterc'h n'a pas pris en compte la charte de mai 931 dans sa chronologie de la réforme

Ici, la succession est donc orchestrée du vivant de l'abbé en titre qui semble renoncer volontairement à sa direction abbatiale au profit d'Odon. Selon Jean Dufour, l'acte de Raoul avait en partie pour but de faire reconnaître les droits d'Odon sur Tulle, où il avait pris la succession d'Aimon – peut-être à la demande de Turpion. Rien n'atteste toutefois clairement l'intervention de l'évêque de Limoges pour la seconde réforme de l'établissement. Tout porte néanmoins à croire que la décision de confier Tulle à l'abbé de Cluny a émané des milieux aquitains, peut-être d'Ebles Manzer ou d'Adémar des Échelles, si l'on se réfère au déroulement de la première réforme.

Cette succession est remarquable d'un triple point de vue. Tout d'abord, l'arrivée d'Odon à Tulle semble répondre à une situation de crise qui touche l'abbaye et qui est apparemment liée à la soumission de l'établissement à Saint-Savin-sur-Gartempe. Le diplôme de Raoul, malheureusement fort elliptique, affirme seulement « que l'expérience a prouvé que cette sujétion fait obstacle à la vie monastique (*religio*) », ce qui a conduit le souverain à prendre le monastère sous sa propre protection, en lui conférant l'immunité royale[28]. Par ailleurs, les différents protagonistes de cette réforme sont tous des connaissances d'Odon, ce qui incite à penser que son choix comme abbé de l'établissement résulte de son insertion dans des réseaux d'*amicitia* aristocratiques, sans que l'on puisse cependant déterminer qui était véritablement à l'origine de son arrivée. Une certaine continuité est enfin établie dans la direction de l'établissement par la présence d'*Adacius*, désigné dans les chartes comme abbé de Tulle avant l'arrivée d'Aimon, pendant le gouvernement abbatial de ce dernier, de même que sous celui d'Odon, jusqu'en 948. Pendant la période 931-935, il apparaît ainsi comme le co-abbé d'Odon à Saint-Martin de Tulle.

Dans les rares cas où elles sont documentées, les pratiques successorales auxquelles participe Odon permettent donc de cerner le rôle déterminant qu'y joue son insertion dans des réseaux aristocratiques qui reposent sur une parenté charnelle ou spirituelle et sur des liens d'*amicitia*. Orchestrées avec l'appui de la noblesse laïque et ecclésiastique, ces successions permettent à l'abbé de Cluny de diriger certains établissements monastiques, phénomène qui s'amplifie peu à peu avec la construction progressive d'un multi-abbatiat de grande ampleur.

III. Le gouvernement multi-abbatial d'Odon de Cluny : une succession anticipée ?

Le cadre multi-abbatial des restaurations monastiques à l'époque d'Odon s'inscrit dans la droite ligne des pratiques de Benoît d'Aniane, comme l'ont montré les travaux de Dietrich W. Poeck et de Dominique Iogna-Prat[29]. Lorsqu'Odon intervient pour rétablir la vie religieuse, il agit à titre personnel – et non en tant qu'abbé

de Tulle et fait commencer l'abbatiat d'Odon en juillet 931, date de la charte n° 574, p. 311. Le fait que la chronologie des deux abbatiats se recouvre pendant les mois de mai-juin 931 est vraisemblablement due à l'installation du nouvel abbé.

[28] *Sed quoniam experimento probatum est, quod eadem subjectio religioni obstat, eidem religioni penitus consulere volentes, saniore consilio decernimus, ut antiquo more solius regis tuitione, non autem dominatione teneatur* (*Recueil des actes de Robert Ier*, n° 21, p. 95).

[29] D. W. Poeck, *Cluniacensis Ecclesia. Der cluniacensische Klosterverband (10.-12. Jahrhundert)*, Munich, 1998 (*Münstersche Mittelalter-Schriften*, 71), p. 214-218 ; D. Iogna-Prat, « Odon, Romainmôtier et l'Église clunisienne des origines », *Études clunisiennes*, p. 151-160, aux p. 154-155.

de Cluny –, à la demande de grands laïques ou ecclésiastiques dont il a fait la connaissance de diverses manières[30]. Le caractère personnel de ces démarches est attesté par le fait que, dans les actes de la pratique, il est en général désigné comme abbé de l'établissement concerné (par exemple, *abbas monasterii dolensis*), et non comme *abbas monasterii cluniensis*[31]. L'importance numérique des établissements confiés à Odon – quatorze monastères, peut-être dix-neuf – pose toutefois le problème de la direction effective de chacun d'entre eux, qui rejoint ainsi directement la question de la succession abbatiale.

Le gouvernement multi-abbatial « odonien »

Pour désigner les auxiliaires locaux d'un multi-abbé, le terme de *coabbas* semble impropre pour le Xe siècle. Une recherche menée dans le CD-rom de la *Patrologie latine* atteste que le mot est extrêmement rare aux époques carolingiennes et tardo-carolingiennes, puisqu'il ne se trouve, avec le sens requis, que dans une *Vie* de saint écrite par Bède le Vénérable. Il apparaît de manière exceptionnelle dans un canon conciliaire du VIIIe siècle, où il semble signifier « abbé d'un même rang social » et non « abbé d'une même abbaye »[32]. Ce n'est qu'à partir des XIe-XIIe siècles que le terme surgit parfois dans la documentation diplomatique ou narrative[33]. Dans le cas précis du multi-abbatiat « odonien », il apparaît dans la *Destructio* d'Hugues de Farfa, écrite autour de 1050, et dans la chronique des abbés d'Aurillac, rédigée au XIIe siècle[34]. Le seul terme utilisé au Xe siècle pour désigner un auxiliaire d'Odon se trouve dans la *Vita Odonis* : lorsqu'il évoque la réforme de Saint-Élie de Nepi, l'hagiographe désigne, par le terme de *præpositus*, un certain Théotard (*Theotardus*), qui serait « l'un de nos frères » établi par Odon dans l'établissement[35]. *Præpositus*, prieur, renvoie ainsi

[30] Sur la dimension personnelle des réformes de Benoît d'Aniane, cf. la mise au point historiographique de D. Geuenich, « Kritische Anmerkungen zur sogenannten 'anianischen Reform' », *Mönchtum, Kirche, Herrschaft…*, p. 99-112, aux p. 102-103 ; J. Semmler, « Réforme bénédictine et privilège impérial. Les monastères autour de saint Benoît d'Aniane », *Naissance et fonctionnement des réseaux monastiques et canoniaux. Actes du premier colloque international du CERCOM, Saint-Étienne, 16-18 novembre 1985*, Saint-Étienne, 1991, p. 21-32.

[31] La remarque avait déjà été faite par Iogna-Prat, « Odon, Romainmôtier… », p. 154.

[32] On trouve le terme avec le sens que je lui ai donné pour le Xe siècle dans Bède le Vénérable, *Vita V sanctorum abbatum, PL* 94, livre I, col. 721 A. On le trouve également avec la signification d'« abbé de même rang », dans une collection de canons conciliaires confectionnée en Espagne au VIIIe siècle : *Capitula selecta ex antiqua canonum collectione, PL* 96, Canon 16, col. 1283 B.

[33] Pour la documentation diplomatique, une recherche menée sur la base de données des *Chartae Burgundiae Medii Aevi*, en cours de constitution à l'Université de Bourgogne, n'a permis de trouver qu'une seule charte, datée de 1200, employant le terme *co-abbas* : *Testes sunt dilecti* ***coabbates*** *nostri B. de Fontineto, et B. de Moris qui similiter presentes fuerunt et sua cum nostris apposuerunt sigilla* (*Cartulaire de l'Évêché d'Autun*, éd. A. de Charmasse, Paris, 1880, n° CXXXIII, 1ère partie, p. 137).

[34] Par exemple, dans la chronique de Saint-Géraud d'Aurillac, qui date du XIIe siècle : *Habuit* ***coabbatem*** *ARNULFUM* (*Breve Chronicon abbatiae seu Gesta abbatum Aureliacensium* : *Vetera Analecta, complectentia varia fragmenta et epistolia scriptorum ecclesiasticorum, tam prosa, quam metro, hactenus inedita, cum adnotationibus et aliquot disquisitionibus*, éd. J. Mabillon, vol. 2, Paris, 1723 [1ère édition : 1676, p. 237-247], p. 349). On peut faire le même constat pour la *Destructio monasterii Farfensis*, texte écrit dans la première moitié du XIe siècle : ***Ibi denique preposuit discipulum suum venerabilem abbatem Balduinum*** *nomine, cui successit in regimine suus condiscipulus atque* ***coabbas*** *Aligernus almificus pater…* » (Hugues de Farfa, *Destructio Monasterii Farfensis* : Gregorio di Catino, *Il Chronicon Farfense*, éd. U. Balzani, Rome, 1903 (*Fonti per la Storia d'Italia* 1 et 33), p. 40.

[35] *Eodem tempore concessit nobis jam præfatus Albericus princeps monasterium sanctæ Eliæ, quo Subpentoniæ dicitur […].* ***Ordinavit*** *autem pater noster in eodem cœnobio* ***præpositum unum*** *ex nostris fratribus, nomine Theo-*

à la règle de saint Benoît qui consacre un chapitre entier à cet office dont le titulaire doit seconder l'abbé (LXV). Jean de Salerne suggère donc encore une fois des usages conformes aux prescriptions bénédictines, avec une nette hiérarchie entre Odon, abbé, et le prieur. La documentation diplomatique permet toutefois d'entrevoir le phénomène du co-abbatiat de manière sensiblement différente.

Seuls deux actes précisent qu'Odon se fait aider sur place par un autre homme dont on connaît la fonction par une périphrase. Dans la charte de fondation de Saint-Marcellin de Chanteuges, après l'évocation de la charge abbatiale confiée à Odon, il est ainsi précisé que, « puisque ce dernier est accaparé ailleurs de plusieurs manières, nous déléguons (*delegamus*) un homme vénérable, le seigneur abbé Arnulf, pour accomplir cette tâche (*negotium ad agendum*) »[36]. Le diplôme de Raoul pour Saint-Martin de Tulle évoque par ailleurs Adacius, « dont le vénérable Odon a demandé la mise en place pour le suppléer » (*ad vicem suam supplendam*)[37]. Alors que l'on ne dispose d'aucun autre document pour Chanteuges, Adacius apparaît ensuite dans les chartes de Tulle comme s'il était abbé en titre de l'établissement, sans qu'Odon ne soit mentionné. L'acte de Raoul pour Tulle, par l'expression « *ad vicem suam supplendam* », exprime d'ailleurs la notion de substitution d'un homme à l'autre, ce qui laisse penser que l'on se situe bien dans une perspective de succession. Le cartulaire de l'abbaye montre toutefois une *alternance* d'Adacius et d'Odon, au moins jusqu'en 935, date à partir de laquelle seul le premier continue à apparaître comme abbé[38].

Le reste du corpus diplomatique n'évoque qu'une seule personne à la tête de l'établissement : c'est seulement lorsque le nom d'Odon surgit dans la documentation d'un monastère particulier que l'on peut supposer sa présence comme abbé en titre, notamment dans des contextes de crise. La maigre documentation dont on dispose ne présente donc jamais de gouvernement dyarchique, à une exception près. Un acte problématique, une charte du comte de Périgueux, Bernard, organise en effet la fondation de l'abbaye de Saint-Sauveur de Sarlat, sans doute en 937. Le document a été édité à la fois dans la *Gallia Christiana* et dans l'ouvrage d'un érudit du XVIIe siècle, le chanoine Jean Tarde († 1636), sans que la provenance de cette charte ne soit mentionnée. Ces éditions divergent sur un seul point : la qualification du gouvernement abbatial. Dans la version de la *Gallia Christiana*, le fondateur explique qu'il « transfère ce lieu à Dieu et au seigneur Odon, abbé de Cluny, à Adacius, son co-abbé, et aux moines qu'ils auront amenés ou rassemblés ici, afin qu'eux-mêmes et leurs successeurs tiennent, sans aucune opposition tant ce monas-

tardum (*VO[1]*, III 7, col. 79 D-80 A). Un homme de ce nom souscrit plusieurs chartes de Cluny dans les années 934-940, sans que l'on sache quel est son statut : *Recueil des chartes de l'abbaye de Cluny*, éd. A. Bernard et A. Bruel, vol. 1, Paris, 1876-1903 (CDIHF) (désormais *CLU*), n° 422, 438, 514, 515.

[36] Pour Saint-Marcellin de Chanteuges : *Communiter autem decernimus, ut hujus rei causam et executionem domino Odone, venerabili abbati, committamus, et* ***quoniam ipse alias multipliciter occupatus est, idcirco reverendissimum virum dominum Arnulfum abbatem prædictæ rei negotium ad agendum delegamus*** (*Cartulaire de Brioude*, éd. H. Doniol, Clermont-Ferrand, 1863, n° 337, p. 345).

[37] Pour Saint-Martin de Tulle : …*Adacium, quem isdem venerabilis Odo sibi* ***ad vicem suam supplendam*** *ordinari petiit…* » (*Recueil des actes de Robert Ier*, n° 21, p. 96).

[38] Pour Tulle, Odon apparaît dans les chartes : *Cartulaire des abbayes de Tulle*, n° 216, p. 129-130 (mai 931) ; n° 574, p. 311 (juillet 931) ; n° 229, p. 133-134 (mai 932) ; n° 297, p. 177 (décembre 935, dernier acte de Tulle mentionnant Odon). Adacius apparaît dans les chartes : *ibid.*, n° 204, p. 125-126 (février 931) ; n° 282, p. 163 (mai 933) ; n° 296, p. 176 (933-934) ; n° 218, p. 130 (934) ; n° 70, p. 59 (avril 934) ; n° 299, p. 177 (avril 934) ; n° 281, p. 161-162 (août 934) ; n° 223, p. 132 (avril 934/935) ; n° 578, p. 312 (avril 935) ; n° 298, p. 177 (mai 935) ; n° 341, p. 198 (juin 935).

tère que toute cette abbaye... [39] ». En revanche, dans l'édition de Jean Tarde, la concession est faite « au seigneur Odon et au seigneur Adacius, abbés (*abbatibus*) », au pluriel[40]. Chacune de ces versions pose problème et laisse planer un doute sur l'authenticité du document. Celle de la *Gallia* contient deux hapax : la qualification d'Odon comme abbé de Cluny dans un monastère dans lequel il intervient à titre personnel et le terme de *co-abbas* qui, comme je l'ai souligné, n'apparaît pas dans la documentation du Xe siècle. L'édition de Jean Tarde, pour sa part, présente un gouvernement abbatial véritablement dyarchique, ainsi que le laisse supposer le terme *abbatibus*, absent du reste du corpus diplomatique.

Il n'existe donc aucune structure unissant les différents établissements, qui ont pour seul point commun un même abbé venu théoriquement pour instaurer une règle unique, celle de saint Benoît, ainsi que le laissent supposer la plupart des actes. Plus globalement, cette pratique du co-abbatiat semble en porte-à-faux avec la règle bénédictine qui insiste sur la présence d'un supérieur unique dans la communauté, auxquels sont soumis le prieur et les doyens[41]. En l'absence de tout texte expliquant le fonctionnement de cette pratique, seules quelques hypothèses permettent d'entrevoir la gestion concrète des abbayes.

Bien que souvent tardifs, les textes narratifs donnent une version de la direction abbatiale beaucoup plus cohérente que celle des actes de la pratique, sans doute parce qu'ils reflètent une idéologie bénédictine profondément attachée à la question d'un gouvernement abbatial unique et à la pratique de l'élection pour choisir le successeur. Ainsi, la première *Vita Odonis* présente toujours un seul abbé à la tête des établissements, qu'il s'agisse de Bernon à la tête de Baume, ou d'Odon à la tête de Cluny, puis de Fleury. Cet attachement à la direction abbatiale unique conduit d'ailleurs Jean de Salerne à une description qui pourrait sembler incohérente : bien qu'il précise qu'Odon a reçu du pape la charge abbatiale de Saint-Paul-hors-les-Murs, c'est un autre homme, du nom de Baudouin (*Balduinus*), qu'il désigne ensuite comme abbé à deux reprises[42]. Les *Miracula sancti Benedicti*, écrits par Aimoin de Fleury au XIe siècle, évoquent quant à eux une succession claire à Saint-Benoît-sur-Loire: Archembaud, n'apparaît comme abbé qu'après la mort d'Odon[43].

---

[39] *Igitur, ut dictum est, trado prefatum locum Deo et domno Oddoni* ***Cluniacensi abbati****, atque Adacio* ***coabbati*** *ejus, et monachis quos ibi vel adduxerint vel congregaverint, ut videlicet ipsi et successores eorum tam cœnobium quam omnem abbatiam sine ulla contradictione teneant...* : *Gallia christiana in provincias ecclesiastica distributa..., opera et studio domni Dyonisii Sammarthani [et al.]*, Paris, 1715-1865, n° 1, vol. 2, *Instrumenta*, col. 495 C.

[40] *Igitur, ut dictum est, trado præfatum locum domno Odoni et domno Adacio* ***abbatibus*** *et monachis quos ibi vel adduxerint vel congragaverint, ut videlicet successores eorum* : Jean Tarde, *Les chroniques de Jean Tarde, chanoine théologal et vicaire général de Sarlat, contenant l'histoire religieuse et politique de la ville et du diocèse de Sarlat, depuis les origines jusqu'aux premières années du XVIIe siècle, annotées par le vicomte Gaston de Gérard et précédées d'une introduction par Gabriel Tarde*, Paris, 1887, p. 44.

[41] Benoît de Nursie, *La règle de saint Benoît*, LXV, p. 148-153.

[42] Pour l'attribution de la réforme de Saint-Paul à Odon : *Ante hoc fere quinquennium dum pater Odo Romam pergeret, ut* ***monasterium intra ecclesiam beatissimi Pauli apostoli****, ut olim fuerat, reædificaret,* ***cogente domno papa*** *et universis ordinibus sacræ sedis...* (*VO*[1], I, 27, col. 55 A). Pour le passage désignant Baudouin comme abbé de Saint-Paul : *Dum essemus apud beatum Paulum Romæ, rogavit eum domnus* ***abba Balduinus*** *ut...* (*ibid.*, II, 22, col. 72 D). Pour le passage désignant Baudouin comme abbé de Sainte-Marie sur l'Aventin : *In adventino monasterio fuit pater noster. Rogatus est autem a domno* ***Balduino abbate****...* (*ibid.*, II, 21, col. 72 C). Sur le rôle de Baudouin à Saint-Paul, B. Trifone, « Serie dei prepositi, rettori ed abbati di S. Paolo di Roma », *Rivista Storica Benedettina*, 28/4, 1909, p. 101-113, ici p. 110.

[43] *At eo [Odone] migrante, et Archembaldo hujus sacri ovilis sollicitudinem excipente* (Aimoin de Fleury, *Miracula Sancti Benedicti. Les miracles de Saint Benoît, écrits par Adrevald, Aimoin, André, Raoul Tortaire et Hugues de Sainte-Marie*, éd. E. de Certain, Paris, 1858, SHF, livre II, ch. 4, p. 101-102).

Pourtant, en confrontant ces sources à la documentation diplomatique parvenue jusqu'à nous, la situation est bien plus ambiguë. Dans les monastères de Fleury et plus encore de Tulle, les chartes montrent une claire alternance d'Odon et de son co-abbé, chacun étant alors désigné comme *abbas* unique[44]. La question se pose alors de cerner ce qui détermine la mention de l'un des deux abbés dans la documentation. On peut supposer que le nom de l'abbé désigné dans ces documents n'est pas celui de la personne qui dirige le monastère concrètement, mais dépend des privilèges accordés, du destinataire et surtout des liens personnels que celui-ci entretient avec Odon. Dans le cas de Fleury, ce dernier apparaît en effet tout d'abord comme abbé dans une bulle de Léon VII, pape qui a octroyé plusieurs diplômes à Odon[45]. Cette hypothèse du jeu des liens personnels dans la désignation de l'abbé « fleurisien » en titre est confirmée par l'acte de confraternité établi en février 942 entre Odon, abbé de Fleury, Aimon, abbé de Saint-Martial de Limoges, et Géraud, abbé de Saint-Pierre de Solignac[46]. J'ai déjà souligné les liens d'*amicitia* qui unissent Odon et Aimon. Pour Géraud, abbé de Solignac, une charte du cartulaire de Tulle atteste qu'il a passé avec ce monastère, dont Odon est l'abbé en titre, un acte de cession en juin 940 ou 941[47]. Odon semble donc intervenir en tant qu'abbé de Fleury uniquement dans des actes dont l'importance nécessite le jeu de ses relations personnelles, tandis qu'Archembaud apparaît dans une charte dont les implications sont avant tout locales. Cette hypothèse est confortée par le cas de Saint-Pons de Thomières : dans plusieurs documents relatifs à l'abbaye, Otgar semble être l'abbé en titre, excepté dans un diplôme du roi Louis IV d'Outremer, où Odon est le seul à être désigné comme supérieur du couvent[48]. Or, Louis IV intervient en faveur d'Odon à trois reprises pour d'autres établissements[49].

La documentation diplomatique laisse enfin parfois deviner le caractère extrêmement flou de la fonction exercée par Odon. Les chartes contemporaines de son

[44] Pour Fleury, une charte mentionne Odon en janvier 938 : *Recueil des chartes de Saint-Benoît-sur-Loire*, éd. M. Prou et A. Vidier, 2 vol., Paris, 1900 (*Documents publiés par la Société historique et archéologique du Gâtinais* 5) (désormais *Recueil des chartes de Saint-Benoît-sur-Loire*), n° 44, p. 110-114 (il s'agit de la bulle de Léon VII rééditée par H. Zimmermann). Une charte de septembre 940 mentionne ensuite Archembaud comme abbé : *ibid.*, n° 46, p. 119-120. Un dernier acte de 942 mentionne à nouveau Odon comme abbé : *ibid.*, n° 49, p. 123-125. Pour Tulle, cf. *supra*, n. 38.

[45] Bulles octroyées en 936 par Léon VII : H. Zimmermann, *Papsturkunden, I. 896-1046*, Vienne, Österreichische Akademie der Wissenschaften, 1984 (*Denkschriften* 174), n° 73, p. 125-126, n° 74, p. 126-128 et n° 75, p. 128-129. Pour les bulles octroyées en 938 : *ibid.*, n° 81, p. 137-138, n° 82, p. 138-140 et n° 83, p. 140-142.

[46] *Recueil des chartes de Saint-Benoît-sur-Loire*, n° 49, p. 123-125. Sur les liens de confraternité entre différentes communautés monastiques, K. Schmid, « Mönchtum und Verbrüderung », *Monastische Reformen im 9. und 10. Jahrhundert*, dir. R. Kottje et H. Maurer, Sigmaringen, 1989 (*Vorträge und Forschungen* 38), p. 117-146.

[47] *Cartulaire des abbayes de Tulle*, n° 305, p. 180.

[48] Pour les actes où Otgar est mentionné comme abbé : Cl. Devic et J. Vaissete, *Histoire Générale de Languedoc avec des notes et les pièces justificatives*, Toulouse, 1730-1745, n° 67-LXIII, vol. V (désormais *HGL* V), col. 173-175 ; n° 69-LXV, col. 176-179 ; n° 74-LXIX-I, col. 185-187 ; n° 74-LXIX-II, col. 187-188 ; n° 77-LXXI, col. 190-192. Pour l'acte dans lequel Odon apparaît comme abbé de Saint-Pons de Thomières : *...suum monasterium quod est in pago Narbonense situm, nomine Tomerias, in honore sanctæ Dei genitricis Mariæ sive sanctorum apostolorum Petri et Pauli et beati Pontii martyris fundatum,* ***ubi præest domnus Oddo abba*** *una cum norma monachorum ibidem Deo famulantium...* (*Recueil des actes de Louis IV, roi de France (936-954)*, éd. M. Prou et Ph. Lauer, Paris, 1914, *Chartes et diplômes relatifs à l'Histoire de France*, désormais *Recueil des actes de Louis IV*, n° XI, p. 33-34).

[49] *Recueil des actes de Louis IV*, n° X, p. 30-32 pour Cluny ; n° XVII, p. 42-45, pour Chanteuges ; n° XX, p. 49-51, pour Déols.

abbatiat à Fleury nous sont en effet parvenues par le biais du cartulaire de Perrecy, un prieuré dépendant de Saint-Benoît-sur-Loire. Un acte de novembre 941, date à laquelle Odon et son co-abbé Archembaud dirigent sans aucun doute le monastère, ne mentionne toutefois aucun abbé à la tête de l'établissement. Cette absence révèle probablement la dimension intermittente et peu formelle du gouvernement abbatial dans la première moitié du Xe siècle, notamment du point de vue d'un prieuré.

Dans ce cadre où le pouvoir d'Odon est avant tout personnel, se pose le problème de la succession, liée à la disparition physique de la personne qui était investie du pouvoir grâce à son insertion dans les réseaux nobiliaires. La fragilité de cette construction multi-abbatiale induit donc nécessairement la recherche de solutions de continuité, incarnée par les co-abbés.

Les co-abbés : des successeurs d'Odon ?

Les co-abbés apparaissent en effet souvent comme des successeurs d'Odon par anticipation. Cette caractéristique est d'ailleurs confirmée par le fait que les personnes mises en place en tant qu'auxiliaires demeurent abbés après sa mort, ce qui signifie que, pour l'abbé de Cluny, ces hommes étaient sans doute bien destinés à le remplacer, décision qu'il a prise de son vivant.

Dans la très grande majorité des cas, en effet, c'est Odon qui semble à l'origine du choix de son co-abbé, dans la mesure où les hommes qu'il met en place apparaissent comme ses disciples les plus proches. Ainsi, Adacius, co-abbé d'Odon à Saint-Martin de Tulle et peut-être à Lézat, tout comme Archembaud, adjoint d'Odon à Fleury, sont décrits dans un chapitre de la *Vita Odonis* comme « deux hommes vénérables de cette même communauté [...], assurément très illustres et désormais devenus pères de nombreux moines »[50]. De la même manière, Arnulf, co-abbé d'Odon à Saint-Marcellin de Chanteuges et à Saint-Géraud d'Aurillac et qui a de surcroît joué un rôle important dans la mise en place de la communauté de Saint-Pons de Thomières, est l'exact homonyme d'un *Arnulfus* mentionné dans la *Vita Odonis* comme l'un des « maîtres » de Jean de Salerne qui a accompagné Odon dans ses pérégrinations à de multiples reprises[51]. Par ailleurs, Otgar, abbé de Saint-Pons, ne fait sans doute qu'un avec *Othegarius*, le copiste qui aide Odon à corriger un manuscrit des *Dialogi* de Sulpice Sévère à Saint-Paul-hors-les-Murs, selon l'hagiographe[52]. Enfin Baudouin, placé à la tête de Saint-Paul-hors-les-Murs et de Sainte-Marie sur l'Aventin, semble avoir été d'abord *prior* de Cluny, d'après une

---

[50] *Contigit ut duo venerabiles viri ex eadem congregatione, nescio qua de causa, mitterentur Turoniam. Unus eorum* ***Archambalbus*** *vocabatur, mihique bene notus ; alter vero ignotus, et dicitur* ***Adalasius*** *(sic) ; viri nempe opinatissimi, et multorum monachorum patres nunc sunt effecti* (*VO*[1], II 12, col. 67 A).

[51] *Ego tamen Jesum testor, quia multa de eo mihi præter hæc quæ narro,* ***magister meus Arnulfus*** *jurejurando solitus erat recitare, quibus se testatus est interfuisse* (*ibid.*, I 2, col. 45 B-46 A).

[52] *Ante hoc triennium dum essemus apud beatum Paulum Romæ, rogavit eum domnus abba Balduinus, ut librum quem de vita beatissimi Martini episcopi more dialogi Gallus et Postumianus composuerunt, ei corrigeret, et glosulis elucidaret. Cujus videlicet voluntati statim assensum præbuit, et accersito fratre* ***Othegario*** *emendandi operam dedit* (*ibid.*, II, 22, col. 72 D-73 B). Otgar apparaît comme abbé de Saint-Pons de Thomières : *HGL* V, n° 67-LXIII, col. 173-175 ; n° 69-LXV, col. 176-179 ; n° 74-LXIX-I, col. 185-187 ; n° 74-LXIX-II, col. 187-188.

charte de 935[53]. Le fait que ces hommes soient les sources principales de Jean de Salerne, en raison de leur proximité avec Odon, laisse supposer qu'ils appartiennent en fait au petit cercle de disciples qui accompagne l'abbé dans ses déplacements, un phénomène bien mis en valeur pour Maïeul par les historiens du *Gruppensuchprogramm*[54].

Le problème de la succession d'Odon se complique encore lorsque l'on s'aperçoit que la plupart de ses co-abbés deviennent à leur tour des multi-abbés[55]. Si Otgar, supérieur de Saint-Pons de Thomières, semble être à la tête d'un seul monastère, tous les autres contrôlent au moins deux établissements. L'exemple le plus significatif de ce phénomène est sans doute celui de Baudouin, co-abbé d'Odon à Saint-Paul-hors-les-Murs et à Sainte-Marie-sur-l'Aventin, qui se voit ensuite confier la réforme du Mont Cassin[56]. Qu'en est-il alors de la réalité de la direction abbatiale dans chacune de ces trois abbayes, interrogation qui se pose également pour Arnulf, Adacius et Archembaud ? Aucun de ces co-abbés n'est toutefois à la tête d'un nombre d'établissements comparable à celui d'Odon : ils en contrôlent vraisemblablement seulement deux ou trois, signe probable d'une fragmentation plus globale du pouvoir. Dans ces cas de « micro » multi-abbatiat, la continuité de la direction abbatiale est sans doute assurée par le prieur de l'établissement en cas d'absence de l'abbé. Il n'y a toutefois aucune trace de ce rôle joué par le *præpositus* ailleurs qu'à Cluny, ce qui s'explique sans doute par l'importance numérique des chartes du monastère bourguignon. Ainsi, en janvier 929, Béranger [*Berengarius*], *prepositu[s] monasterii cluniacensis*, contracte un échange, *vice domni Odonis*[57].

Au moins deux cas laissent toutefois supposer l'intervention complémentaire de pouvoirs extérieurs dans la désignation du co-abbé. J'ai déjà mentionné le rôle de Raoul à Tulle en 931, qui reconnaissait les droits d'Odon sur le monastère, mais aussi la fonction exercée par Adacius : le roi des Francs se portait donc garant du rétablissement de la vie régulière, en donnant son aval à l'abbé et à son co-abbé. La réforme de Saint-Pierre-le-Vif de Sens par Odon, en 937, n'est connue que par

[53] *Quapropter notum omnibus fieri volumus placuisse ac convenisse inter* ***domnum Badinum nomine, Cluniacensem priorem, vice domni Odonis abbatis***... (*CLU*, n° 513, p. 499). La charte a été redatée par Maurice Chaume en 935 (et non en 940) : M. Chaume, « Observations sur la chronologie des chartes de l'abbaye de Cluny », *Revue Mabillon*, 19, 1939, p. 81-89, à la p. 82.

[54] Essentiellement M. Hillebrandt, « Abt und Gemeinschaft in Cluny (10.-11. Jahrhundert) », *Vom Kloster zum Klosterverband. Das Werkzeug der Schriftlichkeit. Akten des Internationalen Kolloquiums des Projekts L 2 im SFB 231 (22-23 Februar 1996)*, dir. H. Keller et F. Neiske, Munich, 1997 (*Münstersche Mittelalter-Schriften* 74), p. 147-172, ici p. 169-171. Voir aussi J. Wollasch, « Prosopographie et informatique. L'exemple des Clunisiens et de leur entourage laïque », *Informatique et prosopographie (table ronde du CNRS, Paris, 1984)*, Paris, 1986, p. 209-218 ; *Id.*, « Wer waren die Mönche von Cluny von 10. bis zum 12. Jahrhundert ? », *Clio et son regard. Mélanges d'histoire, d'histoire de l'art et d'archéologie offerts à Jacques Stiennon à l'occasion de ses vingt-cinq ans d'enseignement à l'Université de Liège*, éd. R. Lejeune et J. Dekkers, Liège, 1982, p. 663-678.

[55] Cf. carte 2 en annexe, « Multi-abbatiat des successeurs d'Odon ».

[56] Sur le Mont Cassin en général : H. Bloch, *Monte Cassino in the Middle Ages*, t. I, Rome, 1986, p. 9 ; M. Dell'Omo, *Montecassino, un'abbazia nella storia*, Montecassino, 1999, p. 33-34. Sur la réforme du Mont Cassin par Baudouin : T. Leccisotti, « Una lacuna nella storia di Montecassino al secolo X », *Studia Benedictina in Memoriam gloriosi ante saeculo XIV transitus S.P. Benedicti*, Rome, 1947 (*Studia Anselmiana* 18-19), p. 273-281 ; *Id.*, « Il secolo X e l'influsso della riforma monastica romana a Montecassino », *Archivio della società Romana di Storia Patria*, 103, 1980, p. 79-89.

[57] *Ideoque omnibus intra matris ecclesiæ gremium degentibus notum esse decrevimus placuisse ac convenisse inter Berengarium monachum atque ea tempestate* ***prepositum monasterii Cluniacensis, vice domni Oddonis***... (*CLU*, n° 375, p. 353).

un seul document, la *Chronicon sancti Petri vivi Senonsis*, également appelée *Chronique de Clarius* et rédigée au début du XIIe siècle, une compilation qui s'appuie sur des sources aujourd'hui disparues[58]. Après avoir pris la tête de l'abbaye, Odon aurait fait « venir l'archevêque Guillaume, et [placé] à la tête du monastère, avec le consentement des moines de Saint-Pierre, l'abbé Arigaud (*Arigaudus*), un moine de Saint-Benoît dévôt et craignant Dieu »[59]. Cet homme apparaît bien dans la documentation diplomatique de Fleury : un certain *Aregaudus* est le rédacteur d'une première charte datée de novembre 907 ; en août 924, un personnage du même nom souscrit un acte d'échange, immédiatement après son abbé, un indice de son importance à Saint-Benoît[60]. Contrairement aux autres cas de co-abbatiat, Arigaud ne semble donc pas être un disciple de longue date de l'abbé de Cluny, mais plutôt un homme influent des régions ligériennes, rallié à Odon à la suite de sa réforme difficile de Saint-Benoît-sur-Loire[61]. Lors du choix du co-abbé à Sens, on remarque par ailleurs l'intervention de trois protagonistes : Odon, qui apparaît comme le principal responsable de la désignation d'Arigaud ; la communauté monastique, qui donne son consentement, sans doute pour afficher une fidélité à la règle de saint Benoît ; enfin l'archevêque de Sens Guillaume. L'intervention de ce dernier est certes d'abord liée à la nécessité de consacrer le nouvel abbé, mais elle s'explique aussi par les circonstances de la réforme de l'établissement, qui a eu lieu à la suite d'un conflit entre ce prélat et les moines, lequel masque vraisemblablement des oppositions liées à l'affirmation de l'emprise robertienne sur Sens[62]. Il est en effet probable qu'Hugues le Grand n'ait pas été étranger à l'arrivée d'Odon à la tête de Saint-Pierre, d'abord parce qu'il était le maître de Sens, ensuite parce qu'il entretenait des liens avec Odon auquel il venait de confier Fleury, enfin parce qu'il était proche de l'archevêque. L'intervention de Guillaume dans le choix du co-abbé reflète ainsi sans doute l'élargissement des ambitions robertiennes à toute la *Francia Occidentalis* dans les années 930, phénomène souligné par Yves Sassier et Hélène Noizet[63].

---

[58] Sur la notice de la chronique, *Chronique de Saint-Pierre-le-Vif de Sens, dite de Clarius. Chronicon sancti Petri vivi Senonensis*, éd. R.-H. Bautier et M. Gilles, Paris, 1979 (*Sources d'Histoire médiévale*), p. VII-XII, XXXVI-XL, L-LIII. Sur la date de cette réforme : E. Sackur, *Die Cluniacenser in ihrer kirchlichen und allgemeingeschichtlichen Wirksamkeit bis zur Mitte des elften Jahrhunderts*, Halle, 1892, vol. 1, p. 91 92.

[59] *Recuperata autem pace in sancta Dei æcclesia, donnus abbas Sanson migravit de hoc mundo, sepultusque est in basilica Sancti-Petri. Cui successit sanctus Odo, abbas primus Clugniacensis cœnobii ; accersiens igitur idem Odo Willelmum archiepiscopum, cum consensu monacorum Sancti Petri, prefecit eidem cœnobio Arigaudum, abbatem religiosum et timentem Deum, monachum Sancti Benedicti* (*Chronique de Saint-Pierre-le-Vif de Sens*..., p. 76-77).

[60] Pour l'acte de 907 : *Recueil des chartes de Saint-Benoît-sur-Loire*, n° 35, p. 95-97, à la p. 97. Pour l'acte de 924 : n° 40, p. 104-105, à la p. 105.

[61] Sur la difficulté de la réforme de Fleury, J. Nightingale, « Oswald, Fleury and Continental Reform », *St Oswald of Worcester : Life and Influence*, dir. N. Brooks et C. Cubbit, Londres-New York, 1996, p. 23-45.

[62] La *Chronique* de Saint-Pierre-le-Vif relate en effet, juste avant la réforme, un conflit autour de reliques qui est évoqué également par un texte composé après 1032. Il s'agit des *Exerciciuncule de gestis sancti Saviniani*, éd. L.-M. Duru, *Bibliothèque historique de l'Yonne ou collection de légendes, chroniques et documents divers, pour servir à l'histoire des différentes contrées qui forment aujourd'hui ce département*, t. II, Auxerre, Société des sciences historiques et naturelles de l'Yonne, 1863, p. 354-384, aux p. 357-360. Sur la date de composition de ce texte, *Chronique de Saint-Pierre-le-Vif de Sens*..., p. 75, n. 5.

[63] Y. Sassier, « Thibaud le Tricheur et Hugues le Grand », *Pays de Loire et Aquitaine de Robert le Fort aux premiers Capétiens. Actes du Colloque international tenu à Angers en septembre 1987, Société des Antiquaires de l'Ouest 1997*, dir. O. Guillot et R. Favreau, *Mémoires de la Société des Antiquaires de l'Ouest*, 4, 1997, p. 146-157; H. Noizet, *La Fabrique de la ville. Espaces et sociétés à Tours (IXe-XIIIe)*, Paris, Publications de la Sorbonne, 2007 (Histoire ancienne et médiévale, 92), p. 69-71.

Ces différents exemples révèlent donc un double phénomène : d'une part l'insertion du co-abbé dans les réseaux de pouvoir de l'abbé en titre – bien visible avec le cas d'Arigaud ; d'autre part le rôle prépondérant d'Odon dans le choix du co-abbé, déjà mis en lumière lorsque l'abbé de Cluny succédait à Bernon ou à Aimon. En installant ses disciples comme co-abbés, Odon assoit donc son autorité de manière concrète au sein de monastères divers. Ces deux éléments permettent également d'éclairer le type de pouvoir exercé par Odon qui s'appuie lui-même sur un réseau, dont la nature diffère légèrement de celui qui lui a permis d'accéder à la tête de divers établissements. La construction multi-abbatiale repose en effet avant tout sur des liens spirituels entre un abbé et ses disciples. La légitimité du co-abbé, futur successeur, découle de sa proximité personnelle avec Odon : seul un homme dont l'abbé de Cluny est garant peut à son tour exercer un pouvoir abbatial et être reconnu comme tel par ceux qu'il dirige.

IV. Conclusion

Odon meurt le 18 novembre 942, à Tours, puis se fait inhumer dans l'établissement de Saint-Julien. Avec lui disparaît le seul lien qui existait entre les divers monastères qu'il avait restaurés au cours de sa vie. Seul un établissement qu'il avait pris en charge dans les espaces bourguignons, Charlieu, est également dirigé par son successeur à Cluny, Aymard, qui obtient la charge abbatiale, à partir du 27 février 941 au moins[64]. Ailleurs, les co-abbés instaurés par Odon continuent à exercer leur fonction jusqu'à leur mort, ce qui atteste l'impact de la décision abbatiale initiale dans le choix du successeur.

Dans un article récent, Franz Neiske s'est attaché à démontrer la dimension charismatique des premiers abbés de Cluny, terme qui renvoie aux analyses de Max Weber[65]. Selon ce dernier, le problème majeur de ce type de pouvoir réside dans la disparition physique du porteur du charisme, qui entraîne ses disciples à rechercher des solutions de continuité, processus graduel qui aboutit à terme à la « routinisation du charisme », c'est-à-dire à une pérennisation et à une institutionnalisation des qualités du chef charismatique[66].

[64] Pour l'échange d'Aymard, qualifié d'*abbas* : *CLU*, n° 524, p. 510-511. Pour les documents citant Odon par la suite : *ibid.*, n° 531, p. 516-517 ; n° 534, p. 520-521 ; n° 544, p. 528-529.

[65] F. Neiske, « Charismatischer Abt oder charismatische Gemeinschaft ? Die frühen Äbte Clunys », *Charisma und religiöse Gemeinschaften im Mittelalter. Akten des 3. Internationalen Kongresses des „Italienisch-deutschen Zentrums für vergleichende Ordensgeschichte" in Verbindung mit Projekt C „Institutionelle Strukturen religiöser Orden im Mittelalter" und Projekt W „Stadtkultur und Klosterkultur in der mittelalterlichen Lombardei. Institutionelle Wechselwirkung zweier politischer und sozialer Felder" des Sonderforschungsbereichs 537 „Institutionalität und Geschichtlichkeit" (Dresden 10.-12. Juni 2004)*, dir. G. Andenna, M. Breitenstein et G. Melville, Münster, 2005 (*Vita regularis* 26), p. 55-72, aux p. 61-62.

[66] Sur le charisme et sa routinisation, M. Weber, *Économie et société I. Les catégories de la sociologie*, Paris, 1995, p. 320-336. Cf. aussi la relecture de Max Weber par certains sociologues contemporains, synthétisée dans J.-P. Willaime, « La construction des liens socio-religieux à partir des modes de médiation du charisme », *Le religieux des sociologues. Trajectoires personnelles et débats scientifiques. Colloque de l'association française de sociologie religieuse, Paris, 3-4 février 1997*, dir. Y. Lambert, G. Michelat et A. Piette, Paris, 1997 (*Religion et sciences humaines. Faits religieux et société*), p. 97-108, ici p. 102-106. Cf. aussi K.-S. Rehberg, « Rationalisierungsschicksal und Charisma-Sehnsucht. Anmerkungen zur „Ausseralltäglichkeit" im Rahmen der institutionellen Analyse », *Charisma und religiöse Gemeinschaften im Mittelalter...*, p. 3-23 et A. Kehnel, « Alter – Stigma – Charisma », *ibid.*, p. 45-52.

Dans les pratiques successorales abbatiales de la première moitié du Xe siècle, on ne cerne jamais ce que Max Weber a défini comme un « charisme de fonction » (*Amtcharisma*), forme la plus aboutie du processus de « routinisation », dont la légitimité découle de la fonction occupée par acquisition de vertus lors d'un rituel. La référence constante à l'élection abbatiale bénédictine par « toute la communauté » ou par « une petite partie de [cette dernière] au jugement plus sage », pourrait être analysée pour sa part comme une « désignation du successeur par la direction administrative qualifiée administrativement et à sa reconnaissance par la communauté »[67]. Ce mode de succession qui, s'il était respecté, serait un signe de « routinisation » intermédiaire, semble toutefois purement idéal. Il n'apparaît en effet que dans des textes narratifs – soucieux de correspondre à la norme de saint Benoît –, ou dans la documentation diplomatique pour régler les modalités de succession *après* la mort d'Odon et celle de son co-abbé. La mention constante de la règle bénédictine, qui suppose une pérennisation théorique des communautés monastiques, vient ainsi s'articuler à des pratiques sociales où seules la proximité et la caution du porteur de charisme permettent une continuité du gouvernement abbatial.

Pour tous les cas rencontrés dans cette étude, la transmission du charisme découle en effet, en termes weberiens, de la « désignation du successeur par celui qui détenait jusqu'alors le charisme et de sa reconnaissance par la communauté », signe d'une absence de routinisation, puisque la seule source de légitimité du successeur demeure le porteur de charisme lui-même. Cette absence permet de souligner encore le caractère extrêmement fragile et proto-institutionnel de l'ensemble multi-abbatial « odonien » : sa continuité est en effet soumise à l'existence de relations personnelles et spirituelles entre un maître et ses disciples. Toutefois, la constance de la référence à l'élection du successeur selon la norme bénédictine, ainsi que la continuité des pratiques multi-abbatiales – bien qu'à une échelle parfois plus restreinte –, apparaissent comme les marques d'une recherche de pérennisation, indépendante de la personne du porteur de charisme, qui n'aboutit qu'autour de l'an Mil avec la mise en place de l'*Ecclesia cluniacensis*[68].

Plus largement, l'étude de la succession dans le cadre des pratiques abbatiales de l'abbé de Cluny permet d'appréhender l'une des formes prises par le pouvoir aristocratique au Xe siècle : le multi-abbatiat, qui résulte de l'insertion des abbés dans les réseaux nobiliaires, tissés à partir de liens de nature distincte. Très loin des normes d'administration et de succession fixées par la règle bénédictine et sans cesse rappelées, le croisement de la documentation laisse entrevoir des pratiques de gouvernement abbatial caractérisées à la fois par le partage – clairement affirmé dans le « testament » de Bernon – et par la dissémination de l'autorité. Ces deux traits ne sont pas sans évoquer le chorépiscopat – pratique courante en Auvergne à la même époque, par laquelle l'évêque en titre choisit avant l'heure son successeur pour assurer la continuité dans le gouvernement du diocèse –, et surtout le

[67] *Ut hic constituatur quem sive omnis concors congregatio secundum timorem Dei, sive etiam* ***pars quamvis parva congregationis saniore consilio*** *elegerit* (Benoît de Nursie, *La règle de saint Benoît*, LXIV, 1, p. 144-145).

[68] Sur l'*Ecclesia cluniacensis*, cf. la synthèse de D. Iogna-Prat, *Ordonner et exclure. Cluny et la société chrétienne face à l'hérésie, au judaïsme et à l'islam (1000-1150)*, Paris, 1998, p. 35-36.

phénomène de co-seigneurie qui émerge à partir du XIe siècle[69]. Par de nombreux aspects, le multi-abbatiat s'apparente donc aux pratiques seigneuriales dont il semble constituer une sorte de laboratoire, au cours de la période de transition qu'est la première moitié du Xe siècle.

[69] Sur le chorepiscopat en Auvergne, C. Lauranson-Rosaz, *L'Auvergne et ses marges (Velay, Gévaudan), du VIIe au XIIe siècle. La fin du monde antique ?*, Le Puy-en-Velay, 1987, p. 238-242. Pour une approche comparative avec le chorépiscopat en Bavière à la même époque : G. Bührer-Thierry, « Les Chorévêques en Bavière. Leurs activités dans la première moitié du Xe siècle », *Zeitschrift für bayerische Landesgeschichte*, 48, 1985, p. 479-488.

Carte 1 : Odon successeur

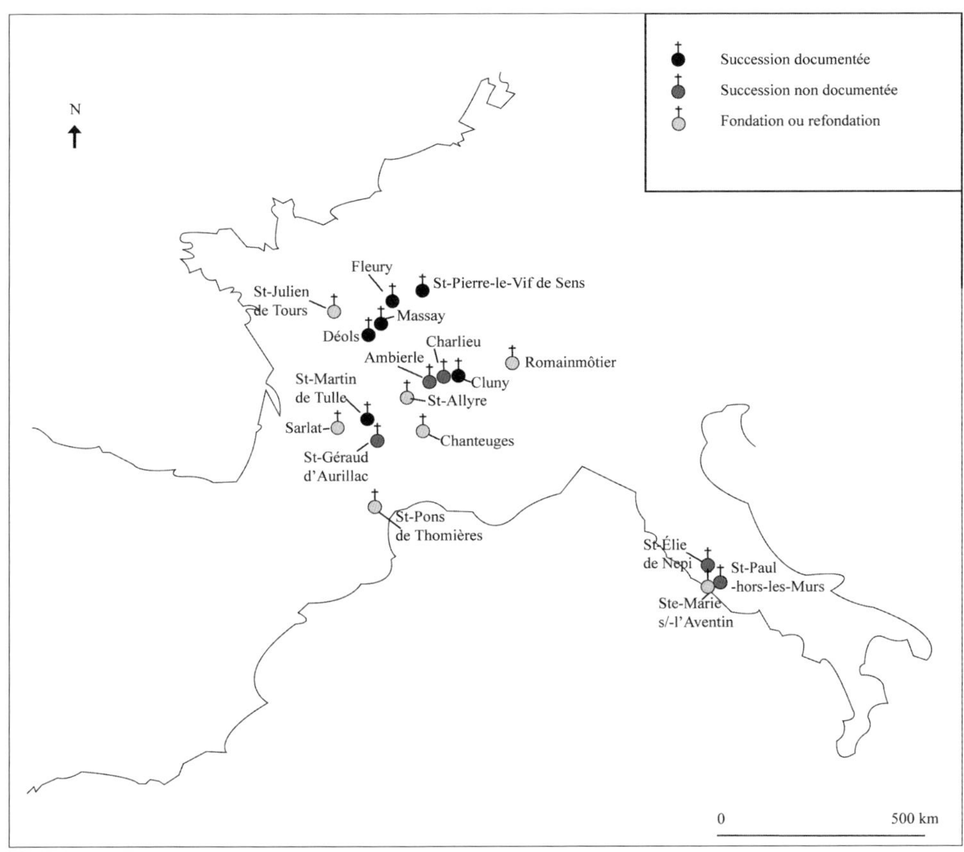

Carte 2 : Multi-abbatiat des successeurs d'Odon

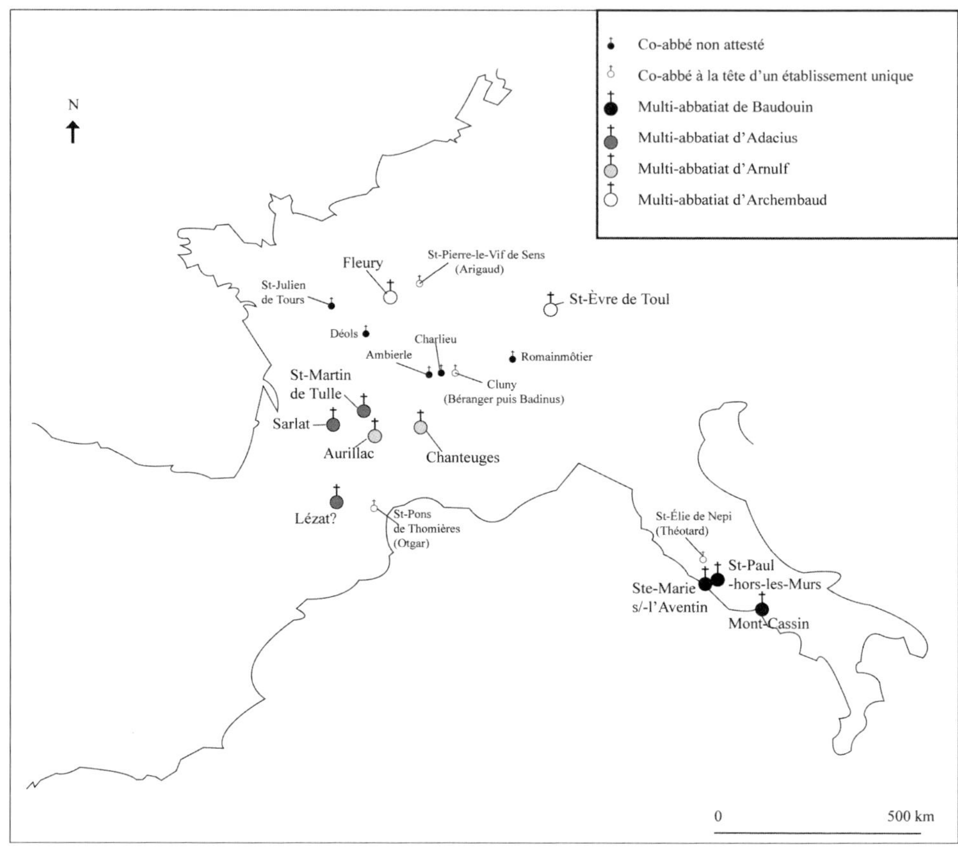

La succession au comté de Nevers (XIe-XIIIe siècle)

Yves Sassier

L'objet de cette étude est de suivre le mode de succession à la tête d'un ensemble territorial qui, sans constituer une principauté de la taille de la Bourgogne, ni même de la Champagne voisine, a joué pendant plus de deux siècles un rôle non négligeable dans la vie du royaume capétien. Cet ensemble territorial, qui se forme entre 990 et 1060, se compose de trois entités à l'origine distinctes situées aux franges occidentales du duché de Bourgogne : les comtés de Nevers, d'Auxerre et de Tonnerre. Des années 1060 jusque vers la fin du troisième quart du XIIIe siècle, ces trois comtés formeront le plus souvent un ensemble homogène et non séparé dont les détenteurs successifs identifieront, dans leurs chartes, leur titre comtal en n'y accolant systématiquement que le premier de ces trois toponymes : *comes Nivernensis.* Une œuvre narrative assez tardive, datant probablement du XIIe siècle, l'*Origo vel historia comitum Nivernensium,* attribue le parachèvement de cette unité au comte de Nevers Guillaume Ier (1040-1098) : ce dernier, est-il dit, ajouta le comté de Tonnerre aux comtés de Nevers et d'Auxerre, et assura ainsi l'union des trois : *unum de tribus componens*[1]. Cette tournure lapidaire ne rend compte que du résultat sans dévoiler la forme que revêtit cette acquisition ; surtout, le résultat présenté est quelque peu simplifié en comparaison de ce que fut la réalité : ni cette expression, ni même le récit dont elle est extraite ne traduit le jeu fort complexe, parce qu'évolutif, des pratiques successorales qui ont permis la formation, le maintien deux siècles durant, et finalement le démantèlement de ce grand comté de Nevers. Un jeu complexe dans lequel ces pratiques se modifient pour répondre à l'impératif majeur que sont d'abord l'acquisition de la puissance, ensuite la conservation de celle-ci, et aussi pour s'adapter aux incidents liés à la démographie familiale comme aux défaillances affectant la solidarité du sang. C'est ce jeu évolutif des pratiques successorales que l'on souhaite ici dégager en considérant successivement les deux temps qui marquent la vie du grand comté : le temps de la formation, correspondant aux années 990-1060, sur lequel nous porterons l'essentiel de notre propos, le temps de l'unité couvrant, sauf en de rares et courtes exceptions, plus de deux siècles jusqu'au démantèlement qui intervient en novembre de l'année 1273.

I

On n'évoquera guère, ici, la période précédant ces années 985-990 au cours desquelles apparaît en Nivernais le fondateur de la lignée comtale, un personnage

[1] *Origo vel historia comitum Nivernensium,* éd. R. B. C. Huygens, *Monumenta Vizeliacensia,* Turnhout, 1976, p. 235-240, particulièrement p. 238 : *Dilatavit* [Guillaume Ier] *et ipse terminos intra fines Lingonum, comitatum Tornodorensium apponens comitatui Nivernis et Altissiodori, unum de tribus componens.*

bien connu, notamment pour avoir été caricaturé de façon féroce par l'évêque Adalbéron de Laon dans son *Rythmus satyricus*. Il a pour nom Landri, et il est issu d'un lignage chevaleresque présenté par l'*Origo* comme originaire du Poitou et implanté depuis une à deux générations dans les deux châteaux nivernais de Metz et de Monceaux[2]. Autour de 987, ce Landri apparaît comme témoin dans deux actes du duc Henri de Bourgogne, frère de Hugues Capet, avec le titre de *gloriosus miles*, signe que, sans être alors comte de Nevers, il possède une *virtus* personnelle et une position sociale suffisantes – un membre du groupe cognatique aurait été, d'après l'*Origo*, évêque d'Autun à la fin du IXe siècle – pour figurer au tout premier rang des vassaux ducaux. Quelques années plus tard, en 991 ou 992, Landri est devenu comte, et il semble avoir remplacé dans cette fonction Otte-Guillaume, alors beau-fils du duc Henri[3]. Ce personnage, Otte-Guillaume, dont la mère fut la deuxième épouse du duc Henri, est connu des médiévistes pour ses ambitions à l'échelle du duché dont nous reparlerons ; il est aussi connu pour ses illustres ancêtres – il appartient à la descendance directe des Béranger-Adalbert, rois d'Italie – et pour être détenteur, parmi d'autres *honores*, du comté de Mâcon acquis à partir de 981 grâce à son mariage avec Ermentrude de Roucy, veuve d'un comte Albéric dont le lignage tenait Mâcon depuis trois générations[4]. Il n'est pas inintéressant de souligner ce mode d'implantation d'Otte-Guillaume à Mâcon qui se fait de toute évidence avec l'aval du duc, son parâtre, et dénote assez bien l'absence de contraintes strictes (avantage à la lignée paternelle et hiérarchisation des droits) régissant la dévolution d'un tel *honor*. Otte-Guillaume, en effet, a épousé une veuve avec enfants nés du premier mariage, non une héritière ; et c'est cependant leur descendance commune, non celle de l'unique survivante des enfants du comte Albéric et d'Ermentrude, qui tiendra l'*honor* de Mâcon. Même absence de contrainte lignagère et d'application d'une règle successorale précise, avec certes des effets bien différents, s'agissant cette fois de la dévolution du comté de Nevers : c'est, semble-t-il, un mariage – ou une promesse de mariage – entre Landri et une fille encore très jeune d'Otte-Guillaume nommée Mathilde, et c'est aussi très probablement l'aval du duc de Bourgogne, qui permettent au premier d'accéder vers 990-992 au comté de Nevers ou qui accompagnent cette accession. Or, nous savons qu'à cette date Otte-Guillaume a au moins un fils et probablement deux, ce qui renforce l'idée qu'aucune hiérarchisation stricte des droits au sein du groupe familial (prévalence des fils sur les filles, aînesse) ne semble s'imposer à lui. Dans un contexte où, vraisemblablement, la dévolution de certains *honores* continue de se faire avec le consentement du chef du *regnum*, une autre logique guide l'action du comte de Mâcon : celle du renforcement du groupe de solidarités dont il est le centre, de la recherche de fidélités étroites et utiles ; cette autre logique le conduit à prendre le parti de l'abandon d'un de ses *honores* et, en dépit de l'existence d'héritiers masculins, de l'adoption ponctuelle d'un mode de transmission de l'*honor* par les femmes qui garantira

---

[2] Sur ce personnage, voir C. Hohl, « Le comte Landri de Nevers dans l'histoire et dans la Geste de *Girart de Roussillon* », *La chanson de geste et le monde carolingien. Mélanges René Louis*, Saint-Père-sous-Vézelay, 1982, avec édition du *Rythmus satyricus*. Voir aussi C. Brittain Bouchard, *Sword, Miter and Cloister. Nobility and the Church in Burgundy, 980-1198*, Ithaca et Londres, 1987, p. 341-343, et le tableau généalogique des comtes de Nevers, p. 342.

[3] Brittain Bouchard, *Sword, Miter and Cloister...*, p. 341 et sources citées.

[4] *Ibid.*, notice et arbres généalogiques des comtes de Macon du Xe siècle (p. 261-264), et du XIe siècle (265 et suiv.).

la fidélité prioritaire du bénéficiaire choisi. Voilà un comportement qui, me semble-t-il, s'inscrit assez en retrait des tendances lignagères qui, en cette fin du Xe siècle et depuis parfois plus d'un siècle, se dessinent aussi bien en Bourgogne que dans le reste du royaume[5].

Une fois acquis le comté de Nevers par Landri, il est très probable que la pratique successorale s'est aussitôt orientée vers cette hiérarchisation des droits évoquée plus haut avec application d'un droit d'aînesse au sein de la descendance de Landri et de Mathilde : lorsque meurt Landri, en 1028, c'est en effet Renaud, l'aîné des trois enfants connus du couple, qui devient comte de Nevers, et il semble bien que les autres n'aient rien eu de bien important en matière d'héritage[6]. Il reste que l'extension de la puissance des comtes de Nevers par acquisition du comté d'Auxerre est la conséquence d'une sérieuse entorse, par une autre lignée, et non la moindre puisqu'il s'agit de la dynastie capétienne, à cette stratégie lignagère qui triomphe dans la plupart des familles aristocratiques avec, notamment, quel que soit l'ordre des naissances, l'exclusion systématique des filles au profit de leur(s) frère(s). La chronologie de cette acquisition du comté d'Auxerre par la maison de Nevers pose quelques problèmes, d'abord parce que certains indices montrent que Landri a acquis des droits et des biens en Auxerrois dès les années qui ont suivi sa promotion au comté de Nevers[7]. Nous ne pensons cependant pas qu'il ait jamais légitimement – c'est-à-dire en vertu d'une reconnaissance officielle des autorités ducale ou royale – tenu le comté et la cité d'Auxerre qui nous semblent, si l'on excepte une période de moins de trois ans, avoir toujours appartenu aux ducs, aussi bien au temps du

[5] Sur ces tendances lignagères aux IXe et Xe siècles, voir R. Le Jan, *Famille et pouvoir dans le monde franc, VIIe-Xe siècle*, Paris, 2002, p. 250 et suiv. Dans le cas du Nivernais, on retrouve certains points communs avec ce qui s'était pratiqué une à quatre décennies plus tôt au sein de la famille heribertienne. Le roi Lothaire, à la mort du comte Herbert III (vers 982), avait partagé les biens de celui-ci entre Herbert de Troyes, neveu d'Herbert III par son père, et Eudes Ier de Blois, son neveu par sa mère, en excluant d'autres parents agnatiques tout aussi proches, voire plus proches. Trente cinq ans plus tôt, le duc des Francs Hugues le grand, qui venait d'éliminer – très provisoirement – le roi Louis IV, père de Lothaire, avait arbitré le partage de la principauté d'Herbert II en y intéressant non seulement la descendance agnatique de ce dernier, mais le comte de Blois Thibaud le Tricheur, mari d'une fille d'Herbert et père du comte Eudes Ier (voir, pour la succession d'Herbert III, Le Jan, *Famille et pouvoir...*, p. 261). Ici, en présence d'héritiers masculins, on accepte un mode de transmission par les femmes, et l'on conserve donc une certaine valeur à la parenté cognatique.

[6] Il est vrai que Landri, outre ces trois enfants connus, a eu deux autres fils, Bodo (qui serait devenu comte de Vendôme par mariage) et son homonyme, Landri (seigneur de Metz et de Monceaux ? Voir Lespinasse, *le Nivernais et les comtes de Nevers*, Paris, 1909), qui apparaissent pour la première fois dans les chartes de leur père en 1001 et 1003 (Y. Sassier, *Recherches sur le pouvoir comtal en Auxerrois du Xe au début du XIIIe siècle*, Auxerre-Paris, 1980, p. 35, n. 153, réf. des sources dans cette note), longtemps avant les fils de Mathilde. La comtesse Mathilde n'ayant pu naître avant 982, il est assez improbable, comme l'a fort bien souligné Constance Brittain Bouchard (*Sword, Miter and Cloister...*, p. 343), qu'elle puisse être leur mère. Remarquons, pour conforter cette improbabilité, que les prénoms Bodo et Landri, qui seront abandonnés dès la génération suivante, viennent exclusivement de la branche paternelle (ce qui peut surprendre dans le cadre d'une alliance si notoirement source d'élévation sociale et de prestige qu'est pour le comte Landri son mariage avec la fille d'Otte-Guillaume) ; tandis que les prénoms Renaud et Guy portés par deux des trois enfants de Mathilde, et le prénom Guillaume systématiquement porté, comme les deux précédents, par les descendants du comte Renaud, viennent des familles d'Otte-Guillaume et de son épouse et seront de même très usités au sein de la descendance mâconnaise de ces derniers.

[7] Sassier, *Recherches sur le pouvoir comtal...*, p. 21-23. Voir aussi dans Y. Sassier, *Structures du pouvoir, royauté et* res publica *(France, IXe-XIIe siècle)*, Rouen, 2004, notre article sur « Seigneuries d'églises, pouvoirs locaux et mauvaises coutumes en Auxerrois (début X^e^-fin XIe siècle) », p. 33.

duc Henri (qui fut inhumé à Auxerre) qu'au temps où le duché tomba sous la puissance du roi Robert le Pieux : Helgaud de Fleury, le biographe de Robert le Pieux, fait d'Auxerre, à la veille de la mort du roi, une *sedes regni*, un « siège royal » au même titre que Paris, Orléans, Senlis, Melun, Dijon, ou Avallon, autres villes notoirement tenues par le deuxième Capétien[8]. Nous savons d'ailleurs que le roi Robert put compter, à Auxerre, sur la fidélité de l'évêque du lieu, Hugues, qui était aussi comte de Chalon et exerça jusqu'en 1031 une sorte de vice-royauté sur l'ensemble de la Bourgogne.

Mais nous savons aussi que cette emprise royale sur le duché, après la mort du duc Henri, oncle du roi Robert, fut acquise laborieusement en raison des prétentions d'Otte-Guillaume, le beau-père du comte Landri, à la succession d'Henri, et en raison de la formation d'une coalition anti-royale dont l'un des personnages-clés fut notre comte Landri. Dans les semaines qui suivirent la mort du duc Henri, le comte de Nevers occupa Auxerre et parvint, semble-t-il, à s'y maintenir jusqu'en 1005[9]. L'un des éléments de la pacification qui, dans les années qui suivirent, mit fin à cette guerre de succession au duché fut très certainement le mariage, ou plutôt une promesse d'alliance matrimoniale entre l'aîné des enfants de Landri et de Mathilde avec une très proche parente du roi Robert. Gênés par des contradictions de sources, les médiévistes ont longtemps hésité sur l'identité de la promise : sœur du roi Robert selon certaines sources en provenance de Vézelay ; fille de celui-ci selon Raoul Glaber, plus proche et même contemporain de l'événement mais non exempt, il est vrai, d'inexactitude lorsqu'il s'agit de généalogie. Dans notre livre sur le comté d'Auxerre aux Xe-XIIIe siècles paru en 1980, nous pensons avoir démontré qu'il faut ajouter foi au témoignage de Raoul Glaber[10], mais certains auteurs, comme Constance Brittain Bouchard, persistent à considérer que Raoul Glaber ne peut que se tromper en matière de généalogie – même lorsqu'il s'agit de la progéniture d'un roi qui lui fut contemporain ! – et à privilégier d'autres témoignages eux-mêmes fort douteux[11]. Selon nous, et selon d'autres historiens comme Andrew W. Lewis[12], c'est une fille du roi Robert, nommée Advisa, née vrai-

---

[8] Helgaud de Fleury, *Vie de Robert le Pieux*, éd. R.-H. Bautier et G. Labory, Paris, 1965, p. 102-103 : *Quis autem ei mos fuerit dande helemosine* ***in sui regni sedibus****, non preterittimus. In Parisius civitate, Silvanectis, Aurelianis, Divione,* ***Autissiodero****, Avalone, Miliduno, Stampis, in unaquaque sede, CCCtis, vel quod est verius, mille pauperibus dabatur panis et vinis habundancia*.... Voir notre commentaire de ce texte dans Sassier, *Recherches sur le pouvoir comtal*..., p. 35-38 et surtout n. 154.

[9] J. Richard, *Les ducs de Bourgogne et la formation du duché*, Dijon, 1954, p. 6-7.

[10] Sassier, *Recherches sur le pouvoir comtal*..., p. 31 et suiv. et surtout, n. 145, le passage du livre IV, 9 de Raoul Glaber : *Raynaldus comes ejusdem civitatis* [Auxerre]..., *qui filiam Roberti regis duxerat uxorem*....

[11] Par exemple, ceux de l'*Origo* (qui donne à l'épouse de Renaud un nom qui n'est pas celui que l'on trouve dans une charte des années 1030) et de la *Chronique de Vézelay* qui ne sont pas contemporains de l'événement. Faisant état de la mort du roi Robert, la *Chronique de Vézelay* restitue ce qui nous semble être la bonne parenté entre Robert le pieux et l'épouse (toujours mal nommée) du comte Renaud de Nevers, mais invente aussi une filiation entre « Hugues, évêque et comte d'Auxerre » (Hugues de Chalon) et le roi défunt. Faut-il vraiment préférer une telle source à Raoul Glaber ? Et lorsqu'une source très fiable, les *Gesta Pontificum Altissiodorensium*, montre qu'un petit-fils de Landri, le comte Guillaume Ier de Nevers, était le *nepos regis Henrici, Philippi patris*, faut-il nécessairement traduire *nepos* par cousin (qui n'est pas le tout premier sens de *nepos*) pour mettre l'information en concordance avec ce que disent les sources de Vézelay ? (Brittain Bouchard, *Sword, Miter and Cloister*..., p. 344 et n. 184-185.)

[12] A. W. Lewis, *Royal Succession in Capetian France. Studies on Familial Order and the State*, Cambridge, Mass., 1981, p. 24 et n. 74.

semblablement vers 1004-1006[13], qui fut promise à l'aîné des fils du comte Landri et de Mathilde, lui-même vraisemblablement né vers l'an mil ou peu après. Nous ignorons quand fut célébré le mariage – certainement avant 1023, année ou Renaud apparaît avec son épouse (non nommée) dans un acte du comte Landri pour Cluny[14] – mais nous savons que dans les années qui suivent la mort du roi Robert, son gendre devenu comte de Nevers depuis 1028 apparaît comme comte d'Auxerre[15], ce qui implique évidemment que son épouse Advisa ait été partie prenante à la succession du roi.

Ce qu'il faut bien comprendre de cette participation d'Advisa et de Renaud Ier à la succession du roi Robert le Pieux, c'est à quel point elle est en rupture avec une vieille tradition de comportement patrilinéaire au sein de la famille robertienne-capétienne qui aboutissait à exclure les filles de la succession aux *honores* au seul profit des héritiers masculins et surtout de l'aîné. Il est certes arrivé qu'un cadet de la lignée hérite d'un *honor* : ainsi Otton, frère cadet de Hugues Capet, s'implanta en Bourgogne et en devint le duc, pour partie en héritant une petite poignée d'*honores* (l'abbatiat de Saint-Germain d'Auxerre et le comté de cette cité) de son père, le duc des Francs Hugues le Grand, et pour une plus notable partie en épousant l'une des filles du principal comte de Bourgogne, vassal d'Hugues le Grand. Mais on n'avait jamais vu, au Xe siècle, une fille issue du lignage robertien détacher un *honor* important de l'héritage familial pour l'apporter à son époux[16]. C'est pourtant bien cette anomalie qui se produit en 1031 : elle se produit en présence de trois descendants masculins issus du roi Robert le Pieux, dont le troisième, soulignons-le, n'aura droit à aucun *honor* important relevant du domaine capétien ; et elle se produit au détriment du deuxième fils, Robert, déjà duc en titre d'une Bourgogne que gouverne toujours le roi, mais qui ne saurait, en raison du contexte mouvementé de son acquisition, se trouver à terme absorbée dans le domaine royal. Il faut bien sûr une raison grave pour justifier une telle anomalie. Elle pourrait résider, comme le suggère le raccourci chronologique – la prise d'Auxerre par le roi, le mariage de Renaud et la cession de la cité se trouvent concentrés sur l'année 1002 – du chroniqueur de Vézelay, dans une stratégie de pacification et de basculement d'alliances au lendemain de la « guerre de Bourgogne ». Un mariage avec promesse d'*honor* serait venu annuler les effets d'un mariage antérieur : pour se fidéliser le comte de Nevers et le détacher de son beau-père, le roi Robert le Pieux aurait accepté, en même temps que le mariage de sa fille avec le fils de Landri, la concession à terme de la cité d'Auxerre.[17] Mais il y a d'autres hypothèses plausibles, telles qu'un mariage sans promesse de concession d'*honor* suivi, des années après, d'un abandon d'Auxerre sous la pression de nouveaux impératifs : par exemple la recherche, par le roi Robert, d'alliances contre ses deux aînés révoltés contre lui en 1030 ; notamment contre le deuxième, Robert, qui, impatient de prendre en main cette Bourgogne dont il était le duc en titre mais que son père gouvernait

---

[13] Elle pourrait être l'aînée des six enfants de Robert le pieux et de Constance d'Arles, mariés depuis 1003. Rappelons que les trois premiers fils, Hugues, Henri et Robert, sont nés en 1007, 1008 et 1011.

[14] *Recueil des chartes de l'abbaye de Cluny*, éd. B. Bruel, 6 vol., Paris, 1876-1903, vol. 3, n° 2781 : *S. Landrici comitis, S. Rainaldi filii ejus, et uxoris ejus.*

[15] Voir les références rassemblées dans Sassier, *Recherches sur le pouvoir comtal…*, p. 32, n. 135.

[16] Sur l'implantation de Hugues le Grand en Auxerrois, voir Sassier, *Recherches sur le pouvoir comtal…*, p. 15 et suiv. et Y. Sassier, *Hugues Capet. Naissance d'une dynastie*, Paris, 1987, p. 104. Sur l'implantation robertienne dans le reste de la Bourgogne, *ibid.*, p. 119 et suiv., et 143-145.

[17] Sassier, *Recherches sur le pouvoir comtal…*, p. 33-37.

toujours directement, s'était emparé des deux cités d'Avallon et de Beaune. Pour parvenir à vaincre son deuxième fils, ce qu'il fit avec le concours de certains grands de Bourgogne, Robert le Pieux aurait fort bien pu, cette année-là, abandonner la cité d'Auxerre à son gendre.

Quelque hypothèse[18] que l'on puisse retenir, cette concession, même acceptée après sa mort, en 1031, par le roi Henri Ier (évidemment enclin à respecter la volonté paternelle en vue d'affaiblir la position de son cadet dans l'ouest de la Bourgogne), demeure une singulière entorse à cette pratique déjà admise chez les Robertiens de l'exclusion des filles, en présence d'héritiers mâles, des grands *honores*, et elle sera ressentie comme telle par le duc Robert de Bourgogne. En 1040, dans les mois qui suivent la mort de l'évêque d'Auxerre Hugues de Chalon, gardien vigilant des arrangements antérieurs, le duc Robert prend les armes contre Renaud Ier de Nevers « à cause du comté d'Auxerre », précise l'*Origo*[19]. Cette guerre coûte la vie au comte Renaud, et le duc Robert met la main sur Auxerre qu'il tiendra jusque dans le courant des années 1050. C'est alors qu'une très habile intervention royale touchant l'évêché d'Auxerre (1052) favorisera le retour de cette cité aux mains du comte de Nevers Guillaume Ier, le fils aîné de Renaud, en même temps que le basculement définitif de toute la frange occidentale du duché dans l'orbite royale[20].

Deux mariages prestigieux (ils rattachent Landri et sa descendance non seulement aux ancêtres glorieux d'Otte-Guillaume, mais à des lignages royaux – Ottoniens, Capétiens – toujours en place), et deux comportements successoraux montrent que les femmes, encore au tournant du Xe et du XIe siècle, peuvent ainsi, en présence de successibles masculins, être les vecteurs permettant la dispersion d'*honores* vers l'extérieur du groupe agnatique. On peut comprendre un tel comportement chez Otte-Guillaume qui est nouveau venu en Bourgogne, ne doit pas ses *honores* à son lignage et n'a donc pas de compte à lui rendre. Il est en revanche assez remarquable qu'une solution de ce genre s'aperçoive au sein de cette dynastie robertienne-capétienne où, pourtant, comportements agnatiques et pratique de l'aînesse ont longtemps prévalu, et surtout qu'elle s'aperçoive au moment même où semble définitivement s'imposer, non sans les tiraillements que l'on sait, cette pratique de l'aînesse dans la succession royale. Cela laisse entendre que nous sommes encore en un temps où des usages apparemment bien établis peuvent, même très momentanément, s'effacer devant l'expression d'une volonté contraire et qu'ils n'ont donc pas encore acquis le statut de normes juridiques s'imposant au groupe.

Deux mariages aux deux premières générations, et un troisième mariage à la troisième : l'acquisition du comté de Tonnerre, peut-être préparée dès la fin des années 1030 par le comte Renaud Ier de Nevers[21], est le résultat de l'union du fils

---

[18] Dans notre étude sur le pouvoir comtal en Auxerrois, nous n'avions pas proposé la seconde hypothèse, mais nous avions émis une autre possibilité, celle de l'abandon de l'Auxerrois à Renaud par le roi Henri Ier, en 1031. (*ibid.*, p. 41).

[19] *Origo vel historia comitum Nivernensium*..., p. 238.

[20] Sassier, *Recherches sur le pouvoir comtal*..., p. 41-62. Un basculement particulièrement bénéfique pour la royauté : les comtes de Nevers, devenus vassaux du roi pour le comté de Nevers et pour la partie d'Auxerre qu'il tiennent *intra muros* (ils seront vassaux du duc pour la partie située à l'est de l'Yonne), se comporteront, sans la moindre défaillance, en fidèles alliés des rois du XIe et du XIIe siècle.

[21] Deux actes de 1036 et 1039 nous montrent le comte Renaud et son fils Guillaume dans l'entourage du comte Renard de Tonnerre, dont la fille, Ermengarde, épousera bientôt Guillaume (M. Quantin,

de Renaud, Guillaume Ier, avec l'unique héritière de ce comté qui eut peut-être lieu autour des années 1045-1050. C'est à la suite de cette union que le comte Guillaume Ier aurait, d'après l'*Origo*, rassemblé les trois comtés en un seul : *unum de tribus componens*. Le chroniqueur exprime bien ici une stratégie lignagère, dont le mariage du chef de lignage est un élément essentiel dans une perspective d'accroissement de territoires et de puissance.

II

Mais l'expression suggère surtout, durant cette deuxième époque qu'il nous faut rapidement considérer, la pérennité de ce comportement lignager qui avait déjà prévalu non seulement au temps de Renaud Ier pour le seul comté de Nevers – Renaud héritant, semble-t-il, du tout – mais encore après la disparition dramatique de ce dernier : c'est au seul comte Guillaume, le premier d'une fratrie composée d'au moins trois enfants de sexe masculin, qu'au terme de la crise qui vit Robert de Bourgogne mettre la main sur Auxerre, était revenu l'ensemble de l'héritage de son père et de sa mère[22]. Et cependant, cette expression *unum de tribus componens* ignore un fait bien réel. Guillaume Ier, probablement autour des années 1070, attribua chacun de ses trois comtés à l'un de ses trois fils : Renaud II, l'aîné, semble avoir porté sous son père le titre de comte de Nevers qu'il prit dans une charte de Philippe I[er][23], Guillaume, le deuxième, fut comte de Tonnerre[24] et le troisième, Robert, aurait été en même temps évêque et comte d'Auxerre[25]. S'agissant tout au moins du Nivernais et de l'Auxerrois, cette partition n'hypothéquait guère la poursuite d'une stratégie lignagère : elle n'était évidemment pas faite pour durer, et la double accession à l'évêché et au comté d'Auxerre d'un cadet, dont on pouvait par ailleurs être sûr qu'il n'aurait pas d'héritier légitime, répondait remarquablement aux exigences d'une telle stratégie en consolidant l'implantation et l'influence du lignage en Auxerrois. La partition entre Nivernais et Auxerrois, si elle eut lieu, ne dura guère plus de dix-huit ans car, en 1092 ou 1093, l'évêque Robert mourut. Renaud II, frère aîné de Robert, était mort trois ans plus tôt en laissant deux fils, et le comte Guillaume Ier, toujours en vie, gouverna les deux comtés, et probablement aussi le troisième en raison de la mort survenue vers le même temps de Guillaume de Tonnerre.

Autre élément caractéristique, et très classique, d'une stratégie lignagère : l'exclusion de la succession des deux filles du comte Guillaume Ier qui trouvent époux dans l'ouest du royaume, au Mans et en Normandie[26]. Mais l'abandon du Tonner-

Cartulaire général de l'Yonne, 2 vol., Auxerre, 1854-1873, vol. 1, p. 171 et 177).

[22] *Recueil des chartes de l'abbaye de Cluny*, vol. 4, n° 3580 pour l'un des frères de Guillaume nommé Guy, qui fut moine de La Chaise-Dieu. Sur l'autre frère, Robert le Bourguignon, voir Brittain Bouchard, *Sword, Miter and Cloister*..., p. 345 et n. 192 et O. Guillot, *Le comte d'Anjou et son entourage au XIe siècle*, Paris, 1972, p. 113 et 119.

[23] M. Prou, *Recueil des actes de Philippe Ier*, Paris, 1908, n° 95, acte de1079.

[24] J. Laurent, *Cartulaire de l'abbaye de Molesme, ancien diocèse de Langres (916-1250). Recueil de documents sur le nord de la Bourgogne et le midi de la Champagne*, 2 vol., Paris, 1907-1911, vol. 1, p. 28.

[25] Voir les sources citées dans Sassier, *Recherches sur le pouvoir comtal*..., p. 49 et n. 212. Robert devint évêque en 1076.

[26] Ces mariages avec un vicomte du Mans (célébré en 1069 en présence de Philippe Ier) et un comte d'Évreux servent surtout les intérêts royaux et sont un témoignage parmi d'autres de cette fidélité sans

rois à un puîné, Guillaume, infirme le passage de l'*origo* : le comte Guillaume Ier n'est pas allé jusqu'au bout d'une logique lignagère. Il est vrai que son petit-fils Guillaume II, l'aîné des deux fils de Renaud II, qui succède à Guillaume Ier en 1098, donne l'impression de revenir à une logique plus rigoureuse : Guillaume de Tonnerre, nous dit l'*origo*, a eu une fille qui a épousé un sire de Bourbon, Aymon ; et cependant, le comte Guillaume II, qu'une chronique nous montre en guerre dès 1099 contre Aymon[27], a recouvré Tonnerre, ce qui signifie qu'il a imposé par la force et à son profit (nous sommes ici dans le champ du politique et des ambitions personnelles, non dans celui du droit) une solution assez comparable à celle que l'on verra naître deux siècles plus tard au sein du lignage royal. Il n'y a donc pas eu, à la fin du XIe siècle, de transmission par les filles du comté de Tonnerre qui est resté aux mains du cercle agnatique. Précisons : d'un membre du cercle agnatique et non définitivement du chef du lignage, car si le comte Guillaume II a tenu seul[28] les trois comtés durant près de cinquante ans, il a finalement procédé, en 1147, à un partage entre ses deux fils : à l'aîné, Guillaume III, revinrent les deux comtés de Nevers et d'Auxerre, au second, Renaud, revint le comté de Tonnerre. L'on ne sait si Renaud tint son comté en fief de son aîné, sorte de « chef parageur » du lignage, ou – hypothèse plus sérieuse étant donnée l'importance du fief – s'il prêta hommage au seigneur dont relevait directement ce comté et qui était l'évêque de Langres. Le parage, que combattra bientôt Philippe Auguste, est, nous le savons bien, l'un des éléments essentiels d'une stratégie de maintien de la solidarité, malgré la dispersion des biens, au sein de la famille et par conséquent de maintien de la puissance aux mains du « chef parageur ».

Quoiqu'il en soit, la partition ne dura pas, car Renaud, parti avec son aîné pour la deuxième croisade, trouva la mort moins d'un an plus tard, en janvier 1148, dans l'embuscade des monts Cadmos au cour de laquelle Louis VII faillit subir le même sort[29]. C'est donc de façon tout à fait fortuite que Tonnerre fit retour à Guillaume III. L'histoire chaotique des deux générations suivantes qui virent deux frères, Guillaume IV et Guy, se succéder comme chefs du lignage et, finalement, le grand comté de Nevers échoir, après extinction de la descendance masculine de Guy, à l'unique fille survivante de ce dernier, pose quelques problèmes liés à des contradictions de sources. La fusion du Nivernais et de l'Auxerrois au profit de l'aîné ne fait aucun doute. Mais certaines sources pourraient laisser entendre qu'un détachement du Tonnerrois (ou de certains éléments du comté ?) se serait produit au profit d'un troisième frère, Renaud, disparu en 1191. Si Renaud n'apparaît pas comme comte de Tonnerre, son épouse semble avoir porté du vivant de son mari le titre de comtesse de Tonnerre[30]. Cependant, on sait aussi – et les textes sont très nets sur ce point – que la veuve du comte Guy, Mathilde, fut comtesse de Tonnerre,

faille (et sans le moindre nuage) dont feront preuve les comtes de Nevers tout au long des XIe et XIIe siècles.

[27] *Annales Nivernenses* (s. a. 1099), *MGH SS*, t. XIII, Leipzig, 1925, p. 91.

[28] Il avait un frère, Robert, avec qui il se croisa en 1101 (*PL* 166, col. 620), mais dont on perd toute trace vers ce temps.

[29] Sassier, *Louis VII*, p. 179. Louis VII, dans une de ses lettres, et Eudes de Deuil, dans le récit de la deuxième croisade, font de Renaud un comte de Tonnerre.

[30] Brittain Bouchard, *Sword, Miter and Cloister…*, p. 347 et n. 201. Renaud fut par ailleurs seigneur de Decize en Nivernais. Dans les chartes de son aîné, il n'apparaît jamais avec le titre de comte de Tonnerre (Quantin, *Cartulaire général de l'Yonne…*, vol. 2, n° CCXIII (1171) et CCXLVIII (1175). N'aurait-il pas tout simplement été, après la mort du comte Guy, une sorte d'administrateur du comté en l'absence de

très probablement au titre de son douaire. En 1192, Mathilde ayant abandonné ce douaire pour devenir moniale, le comté fit retour à l'héritière du comte Guy, Agnès, qui avait épousé quelques années plus tôt un prince capétien, Pierre de Courtenay. Il existe donc un très sérieux doute sur le maintien de cette tradition d'affectation de l'un des trois comtés aux puînés de la famille[31], ce qui signifie que, très vraisemblablement, la dernière génération de la lignée issue de Landri a finalement opté pour l'union des trois comtés.

III

Que dire, au terme de ce rapide survol, de l'expression *unum de tribus componens* utilisée par l'auteur de l'*Origo*, sinon qu'elle traduit peut-être davantage une continuité territoriale bien réelle, et assez remarquable, entre les trois comtés qu'elle ne reflète, au temps où fut écrite ce récit, c'est-à-dire autour des années 1140-1150, l'entière réalité d'un schéma de dévolution qui ne s'oriente que très tard vers l'unité absolue de l'héritage, c'est-à-dire vers la préservation de l'intégralité de cet héritage dans la famille agnatique. L'héritage a certes été conservé intact, mais ce fut, deux générations durant, grâce au hasard des décès. Le détachement épisodique du comté de Tonnerre qui, pour au moins deux générations de comtes, semble être la solution adoptée pour doter les puînés[32], n'est pas le seul symptôme de ce flottement : l'on sait que l'entrée en religion constituait un moyen d'exclusion de l'héritage, et il est assez frappant que seules les deux premières générations, sur les six qui se sont succédées à partir du comte Renaud Ier, aient vu un puîné du lignage voué à la vie monastique ou orienté vers une carrière ecclésiastique. Ce dont se contente le lignage, c'est d'une pratique successorale constante, et qui relève sans doute bien d'une stratégie lignagère, faisant des deux comtés de Nevers et d'Auxerre un ensemble homogène et indivisible revenant à l'aîné – lequel, rappelons-le, portera toujours, même dans les chartes et notices auxerroises, le seul titre de *comes Nivernensis.* Des années 1050 jusqu'en 1273, il n'y aura donc pas eu de partition – ou tout au moins de partition programmée pour se perpétuer – entre les deux premiers comtés acquis par la maison de Nevers. Certes, en 1199, le comte de Nevers Pierre de Courtenay, veuf de la comtesse Agnès et père de Mathilde, l'unique héritière du grand comté, sera contraint d'opérer une partition : vaincu dans une guerre contre un de ses puissants vassaux, Hervé de Donzy, il est obligé de marier sa fille au vainqueur et de lui abandonner le Nivernais. Pierre conservera sa vie durant les deux comtés d'Auxerre et de Tonnerre[33], mais ceux-ci reviendront à sa mort à sa fille Mathilde de Courtenay, puis, à la mort de Mathilde, en 1257, à une autre Mathilde, arrière-petite-fille et unique héritière de celle-ci pour les trois comtés.

sa titulaire viagère, la comtesse Mathilde, veuve du comte Guy , qui s'était remariée dès les premiers mois de ce veuvage ? (*infra,* n. 31).

[31] E. Petit, *Histoire des ducs de Bourgogne de la race capétienne,* 9 vol., Paris-Dijon, 1885-1905, vol. 3, p. 318-319. Voir aussi dans L. Chantereau Le Febvre, *Traité des fiefs et de leur origine,* 2 vol., Paris, 1662, vol. 2, p. 32, une déclaration de Pierre de Courtenay évoquant *domina mea Mathilde comitissa Tornodorensi.*

[32] Jusqu'au temps de Renaud de Decize (*supra,* n. 30), les sources ne mentionnent guère la concession aux puînés de forteresses du Nivernais ou de l'Auxerrois.

[33] Sassier, *Recherches sur le pouvoir comtal…,* p. 173 et suiv.

Quelle influence cette exception fugitive – elle dura une vingtaine d'années, ce qui est bien peu comparé à plus de deux siècles d'indivisibilité effective du Nivernais et de l'Auxerrois – eut-elle sur la décision que prit en novembre 1273 le Parlement royal saisi de la succession de la dernière comtesse Mathilde ? Celle-ci, décédée un an plus tôt, avait eu trois filles de son mariage avec un fils du duc Hugues IV de Bourgogne. L'aînée, Yolande, épouse du comte de Flandre, prit possession du tout et son mari fit les hommages usuels pour les différents comtés. Dans les mois qui suivirent, la plus jeune, Aelis, réclama le partage à trois, soutenant que le grand comté était en réalité formé de trois comtés distincts et se fondant sur les *consuetudines locorum in quibus dicte terre site sunt.* Devant la juridiction royale, Yolande et son mari reprirent presque la formule de l'*Origo*, soutenant que les trois comtés n'en formaient qu'un, par principe indivisible (*dictos tres comitatus esse unum comitatum ac tunc non debere dividi*), et ils conclurent que ces trois comtés devaient revenir à Yolande *ratione primogeniture.* Après enquête, le Parlement royal trancha, attribuant un comté à chacune des trois sœurs sans même retenir la tradition d'indivision des deux comtés de Nevers et d'Auxerre[34].

Bien que, selon son habitude, le Parlement n'ait pas motivé sa décision, l'on doit admettre qu'une telle solution est liée à la « féminité » des successibles. Rompant avec ce droit de l'aîné qui avait jusqu'alors prévalu soit pour la plus grande part, soit pour le tout, elle tend, sans l'atteindre de façon absolue, vers ce principe d'égalité entre héritières déjà connu dans certains recueils coutumiers du XIIIe siècle comme la *Summa de legibus Normanniae* et que connaîtront, dans leurs rédactions du XVIe siècle, les coutumes de Nevers, d'Auxerre, ainsi que celle de Sens dont relève le comté de Tonnerre[35] ; sans l'atteindre de façon absolue car, contrairement à ce qui se passait alors entre filles en Normandie, et à ce qui se passera en Nivernais, Auxerrois, Tonnerrois dans les temps à venir, le partage ne se fit pas selon un principe de stricte égalité. Les lots n'étaient pas de même valeur et, s'agissant de grands *honores*, il ne pouvait être question de les désintégrer pour fabriquer des lots équivalents. Le résultat est que l'aînée, Yolande, a, par une sorte de *preciput*, conservé le comté de Nevers, le plus grand et de loin le plus riche en revenus ; la deuxième, absente et non représentée au procès, s'est vue attribuer le comté de Tonnerre sur lequel, ont expliqué les juges royaux, elle aurait certainement jeté son dévolu si elle avait été présente, car ce comté était plus riche en revenus que celui d'Auxerre, attribué en conséquence à la benjamine, Aélis.

Mais la décision de la cour royale est aussi, très vraisemblablement, liée au fait que le « grand comté » n'était pas un *regnum*, comme l'Aquitaine et la Bourgogne, et ne fut jamais une principauté comparable à la Flandre ou à la Champagne, deux ensembles territoriaux considérés au XIIe siècle, malgré une pluralité de mouvan-

---

[34] M. Quantin, *Recueil de pièces pour faire suite au cartulaire général de l'Yonne*, Auxerre-Paris, 1873, n° 678.

[35] L'on sait que, dans la Champagne voisine, la primogéniture s'appliquait entre filles en l'absence de mâles pour la succession aux fiefs. Voir pour la Normandie la *Summa de legibus*, C, 11 et R. Besnier, « Les filles dans le droit successoral normand », *Tijdschrift voor rechtsgeschiedenis*, 10, 1930, p. 488-506. Pour les trois comtés de Nevers, Auxerre et Tonnerre, voir *Nouveau coutumier général ou corps des coutumes générales et particulières de France*, éd. C. A. Bourdot de Richebourg, 8 vol. en 4 t., Paris, 1724, t. III, ch. 35, art 1 de la coutume de Nivernais (1534), art. 255 de l'ancienne coutume d'Auxerre (1507), art. 195 de l'ancienne coutume de Sens (1506). Ces trois articles affirment le même principe : « point de droit d'aînesse entre filles » et partage rigoureusement égal.

ces, comme indivisibles[36]. On ne peut cependant s'empêcher de s'interroger – tout en étant conscient que toute « raison » politique n'est probablement pas non plus exclue de la solution adoptée par le Parlement royal : *divide ut imperas !* – sur ce qu'il serait advenu de la coutume applicable dans cette situation précise si, comme en Normandie, Flandre ou Champagne (principautés réputées indivisibles malgré, parfois, une pluralité de mouvances : Flandre, Champagne), les comtes de Nevers avaient adopté une stratégie lignagère excluant plus systématiquement tout précédent rompant l'unité des trois comtés, et si le comte Pierre de Nevers n'avait pas, en 1199, perdu sa bataille contre Hervé de Donzy.

[36] La maison de Blois, beaucoup plus puissante que celle de Nevers, a connu au XIe et au XIIe siècles une pratique évolutive des partages conciliant droit de l'aîné et dotation des puînés. Jusqu'aux premières années du XIIe siècle, l'aîné était comte de Blois et de Chartres, détenait certains comtés et châtellenies en Champagne ainsi que la charge de comte palatin, et il parvint à deux reprises au moins à réunir sous sa puissance l'ensemble de l'héritage. Le partage survenu au milieu du XIIe siècle entre les trois héritiers du comte Thibaud IV de Blois-Champagne fit de la Champagne un ensemble définitivement homogène (bien que tenu de multiples seigneurs différents : roi de France, archevêque de Reims, duc de Bourgogne, duc de Lorraine, évêque de Langres, etc.) revenant, avec le titre de comte palatin, à l'aîné, Henri le Libéral.

La succession aux offices royaux en France à la fin du Moyen Âge

Romain Telliez

Les offices royaux ne relèvent à proprement parler d'aucun des deux ordres de la succession couramment évoqués, c'est-à-dire d'une part le politique (succession à la tête des seigneuries ou des États) et d'autre part le droit privé (succession dans la propriété des biens des personnes), tout en participant à la fois de l'un et de l'autre. Sont en effet officiers royaux, pour reprendre les termes d'une célèbre ordonnance de Louis XI, tous ceux qui administrent la chose publique au nom du roi[1]. Mais l'office est aussi, pour son détenteur, l'équivalent d'un bien matériel produisant un revenu, soit sous forme de salaire (les gages), soit par la perception des droits royaux dont les officiers font l'avance au Trésor par le biais de la ferme.

Si l'office peut être considéré comme un bien, les serviteurs du roi n'en ont pourtant que l'usufruit : non la propriété, qui n'appartient qu'à la couronne. En toute logique, ils ne devraient donc pas pouvoir le transmettre à autrui. Il faut ici, sans doute, parler de *transmission* plutôt que de succession, car les officiers ne se succèdent, la plupart du temps, qu'au regard de la chronologie : l'un est le successeur de l'autre mais n'a pas d'autre rapport avec ce dernier que de venir immédiatement après lui. À propos des officiers, évoquer la *succession* au sens où l'entend ce colloque implique la *transmission* de l'office, c'est-à-dire le passage des mains de son titulaire aux mains du titulaire suivant. L'héritage n'est qu'un cas particulier de cette transmission, infiniment moins fréquent que l'aliénation, gracieuse ou — le plus souvent — onéreuse au profit d'un étranger à la famille.

La transmission vénale ou héréditaire des offices étant la règle à l'époque moderne, les historiens considèrent volontiers, à la suite de Roland Mousnier, que l'origine du phénomène remonte à la fin du Moyen Âge[2]. Qu'en est-il ? Il faudrait pouvoir envisager la question depuis le milieu du XIIIe siècle ; c'est en effet l'époque où s'affirme en France, dans le droit commun laïque, la notion d'office qui s'impose par la suite : un emploi purement contractuel n'impliquant pas la contrepartie matérielle globale et la délégation générale de pouvoir caractéristiques du service fieffé. Les charges fieffées — il en subsiste quelques unes à la fin du Moyen Âge — s'opposent en effet au commun des offices, fermiers ou à gages, par leur caractère patrimonial[3]. Or la documentation ne permet d'étudier en détail le

---

[1] *ORF*, t. XVII, p. 27 (1467). Sur la définition de l'office, voir F. Autrand, « Offices et officiers royaux en France sous Charles VI », *RH*, 242, 1969, aux p. 294-296.

[2] R. Mousnier, *La vénalité des offices sous Henri IV et Louis XIII*, 2e éd. rev. et aug., Paris, 1971.

[3] Roland Mousnier (*ibid.*, p. 15-22) présente les choses d'une manière aussi confuse qu'erronée en rangeant indistinctement parmi les formes de vénalité les offices fieffés et les offices fermiers, concluant pour ces derniers de l'identité des termes (on « vend » les offices fermiers) à l'identité des institutions.

monde des offices qu'à partir du début du XIVe siècle. Les années 1520 s'imposent comme *terminus ad quem* de l'étude, parce que les travaux d'histoire administrative sur la fin du Moyen Âge ne vont guère au-delà mais surtout — ceci explique en partie le constat précédent — parce que la conception même du service du roi connaît à cette époque une mutation profonde qui se traduit par l'institution de la vénalité publique[4].

Après avoir éclairci les deux procédures par lesquelles un officier peut légalement transmettre sa charge, nous retracerons ici l'évolution par laquelle des offices tenus au départ de façon précaire et temporaire sont peu à peu entrés dans le patrimoine de leurs détenteurs, au point d'en venir à pouvoir être transmis, à l'extrême fin du Moyen Âge, par voie d'hérédité.

I. Comment transmettre l'office : résignation et survivance

Nul ne saurait contraindre le roi dans le choix de ses serviteurs : les offices ne relevant que de l'autorité qui les confère, ils ne peuvent en principe faire l'objet d'une cession, ni entre vifs ni par voie testamentaire. L'officier sortant de charge, soit volontairement soit par mort, peut néanmoins influer sur le choix de son successeur, par le biais de la *resignatio in favorem* ou par celui de la survivance.

Inspirée de la pratique des bénéfices ecclésiastiques, la *resignatio in favorem* permet au titulaire d'un office de s'en démettre pour le restituer à son collateur — ici le roi — tout en désignant l'homme qu'il souhaite voir lui succéder.

La décision finale demeure donc à l'autorité : le résignant propose, le roi dispose. Ainsi pour les offices majeurs, ceux dont le choix du titulaire importait au gouvernement, devait-on préalablement à toute initiative obtenir des lettres royaux autorisant à résigner l'office en faveur d'un tiers[5]. Pour les charges subalternes, on pouvait se contenter de conclure devant notaire l'acte de résignation, mais la validité de cet acte demeurait conditionnée à l'approbation royale[6]. La réticence du pouvoir à reconnaître une quelconque part d'initiative des officiers dans le choix de leurs successeurs apparaît d'ailleurs clairement dans les formules de chancellerie qui présentent jusque en plein XVe siècle la *resignatio in favorem* comme une démission pure et simple, rois et princes affectant de choisir ensuite de leur propre chef le nouvel officier même si celui-ci est le fils, le gendre ou le beau-frère du résignant[7].

---

[4] Sur cette question, voir R. Descimon, « Modernité et archaïsme de l'État monarchique : le Parlement de Paris saisi par la vénalité (XVIe siècle) », *L'État moderne : genèse. Bilans et perspectives. Actes du colloque du CNRS, Paris, 19-20 septembre 1989*, dir. J.-Ph. Genet, Paris, 1990, p. 147-161.

[5] Cf. par exemple F. Aubert, *Histoire du Parlement de Paris, de l'origine à François Ier*, Paris, 1894, vol. 1, p. 61-67 (pour les conseillers au Parlement) ; G. Dupont-Ferrier, *Les origines et le premier siècle de la cour du Trésor*, Paris, 1936, p. 71 (pour les avocats du roi à la cour du Trésor).

[6] Cf. X1a 13, fol. 105 v°, n° 82 (3 juin 1351) : le Parlement déclare valide la résignation passée par un huissier du Parlement aux mains de deux notaires du Châtelet, puisque l'acte mentionne que cette résignation est soumise à l'approbation royale. Toutes les cotes d'archives renvoient aux Archives Nationales.

[7] Exemples : X1a 15, fol. 164 v° (26 novembre 1353) ; Z1a 6, fol. 233 (16 juillet 1416). Cf. J. Bartier, *Légistes et gens de finances au XVe siècle. Les conseillers des ducs de Bourgogne Philippe le Bon et Charles le Téméraire*, 2 vol., Bruxelles, 1955-1957, p. 87-92 ; B. Guenée, *Tribunaux et gens de justice dans le bailliage de Senlis à la fin du Moyen Âge (vers 1380 - vers 1450)*, Paris, 1963, p. 170.

Or si le résignataire peut être un parent ou familier du résignant, il est plus souvent encore un tiers, en faveur de qui l'on résigne moyennant finances. On peut alors parler de vénalité privée, pour distinguer ce système de la vénalité publique où le prix de l'office est versé non à son titulaire précédent mais au trésor royal. Notons que vénalité privée et transmission familiale de l'office ne s'excluent nullement puisque la transaction est souvent conclue par deux membres d'une même famille, ou de familles alliées.

Le montant de l'office devait en tout cas garantir aux officiers sortis de charge un revenu suffisant pour leurs vieux jours[8]. On en stipulait donc volontiers le versement sous forme de rente viagère[9]. Un autre système consistait à transmettre d'abord — mais gratuitement — l'office proprement dit, c'est-à-dire la charge de travail qu'il impliquait, puis, après quelques années, les gages ou revenus de cet office. La résignation n'était alors gratuite que sur le papier, le résignant percevant pendant quelque temps des revenus qu'aurait dû toucher le résignataire pour salaire de son labeur[10]. Un tel arrangement impliquait l'absolue confiance du résignataire envers le résignant, que rien ne forçait après tout à céder finalement ses gages ; c'est pourquoi on y recourait surtout dans le cadre intra-familial. Mais il présentait un avantage certain pour le résignant : éviter le risque de se trouver démuni, car dépourvu à la fois d'emploi et de revenu, en cas de mort précoce de son héritier.

Tel était en effet l'inconvénient de la *resignatio in favorem* : si l'officier vieillissant se hâtait trop de transmettre sa charge, le prix de celle-ci ne pourrait lui assurer une retraite décente jusqu'à son décès. Une rente viagère pouvait certes y remédier, mais notre homme risquait alors de voir le résignataire, quoique plus jeune, décéder avant lui. À l'inverse, s'il tardait trop, la mort pouvait le surprendre avant d'avoir résigné l'office ; celui-ci, déclaré vacant, était alors perdu pour ses héritiers. Or les juges royaux veillaient à ce que les résignants fussent encore en possession de toutes leurs facultés : pour couper cours au soupçon, aucune résignation ne pouvait être reçue d'un malade ou d'un moribond[11].

La *resignatio in favorem* ne garantissait donc ni au résignant une retraite assurée, ni au résignataire la certitude absolue d'obtenir l'office. C'est pourquoi on imagina très tôt plusieurs palliatifs. Ainsi les gens du Parlement, intransigeants dans leur condamnation des résignations *in articulo mortis*, admettaient parfaitement en revanche que le résignant se réservât, à titre viager, tout ou partie de ses gages, ou encore un droit de retour dans l'office en cas de prédécès du résignataire, voire la

[8] Sur la rareté des gages à vie et des pensions de retraite allouées par les princes, voir É. Gonzalez, « L'heure de la retraite a sonné : les serviteurs de l'Hôtel du duc d'Orléans en fin de carrière (fin XIVe – fin XVe siècle) », *Les serviteurs de l'État au Moyen Âge, 29e congrès de la SHMES (Pau, mai 1998)*, Paris, 1999, p. 257-268 ; C. Decoster, « Service du roi et privilèges : le statut des officiers royaux dans la législation de Charles VI », *RHDFE*, 83, 2005, aux p. 607-608.

[9] Exemple : X1a 12, fol. 209 (10 mai 1347), résignation d'un office d'examinateur au Châtelet de Paris sous condition d'une pension viagère de 5 s. par semaine les deux premières années et 7 s. par semaine les années suivantes.

[10] Cf. H. Jassemin, *La Chambre des comptes de Paris au XVe siècle*, Paris, 1933, p. 37.

[11] Les registres de la Cour des aides fourmillent de procès de même origine : un élu ou procureur ayant résigné en faveur d'un de ses parents, un tiers prétend avoir obtenu l'office déclaré vacant et attaque la validité de cette résignation en invoquant la maladie du résignant. Néanmoins la Cour reconnaît presque toujours la validité de la résignation et condamne l'opposant aux dépens, affirmant ainsi le bien fondé de la transmission familiale des offices. Z1a 3, fol. 36 v°, fol. 43 v° et fol. 55 v° (7 et 14 mars, 8 avril 1405) ; fol. 40 et fol. 49 v° (11 mars et 1er avril 1405), etc.

possibilité d'exercer lui-même l'office jusqu'à son décès[12]. Les notaires et secrétaires du roi, qui touchaient à la fois un fixe (les gages) et des émoluments proportionnels au volume de leurs écritures (les bourses), résignaient volontiers en faveur d'un fils ou d'un gendre soit les gages soit les bourses, le résignataire devenant immédiatement notaire de plein droit mais ne percevant l'ensemble du traitement qu'à la mort du résignant[13]. Certains officiers, résignant en faveur de leur fils mineur, obtenaient du roi l'autorisation de continuer à exercer jusqu'à la majorité de celui-ci, ou de faire desservir l'office par un lieutenant s'ils venaient à mourir avant cette date[14].

De tels aménagements nous rapprochent singulièrement de la survivance, second système de transmission de l'office dont la faveur va croissant au tournant du Moyen Âge et de l'époque moderne. Son principe est simple : l'officier désignait un tiers avec lequel il exercerait désormais en commun, du moins nominalement, l'office devant rester au survivant seul en cas de décès de l'un ou de l'autre. Chacun bénéficiait ainsi d'une parfaite sécurité. En outre, pour l'administration royale, la survivance présentait l'intérêt de garantir un service continu de l'office en cas de défaillance passagère (maladie) ou définitive (décès inopiné) d'un des co-titulaires, l'autre pouvant immédiatement assurer le relais[15] : avantage particulièrement appréciable pour les gens de finances, dont la gestion complexe courait sur le long terme et mêlait aux deniers publics des avances et créances privées, si bien que l'apurement des comptes s'avérait pratiquement impossible à la mort de l'officier si son successeur n'avait exercé quelques années avec lui[16].

Il reste à déterminer ce qui, dans la survivance comme dans la *resignatio in favorem*, relève de la transmission successorale et ce qui relève de la transaction économique pure et simple. En d'autres termes, à mesurer les parts respectives qu'y prennent la vénalité d'une part, et d'autre part le désir de transmettre un bien — l'office — à un descendant ou familier.

La chose est d'autant plus difficile que ces deux logiques peuvent fort bien interagir, un accord financier accompagnant par exemple la dévolution de l'office à un parent, dans le cadre « d'arrangements de familles » où peuvent aussi intervenir d'autres modes de partage du patrimoine : donation, legs testamentaire, mariage avec constitution de dot... En pareil cas, l'absence de mention d'un paiement quelconque n'exclut pas une vénalité privée bien réelle ; ainsi lors de résignations en faveur d'un fils qui recevra une moindre part d'héritage, ou en faveur d'un gendre moyennant renonciation à tout ou partie de la dot[17].

---

[12] Aubert, *Histoire du Parlement...*, p. 254-256.

[13] O. Morel, *La Grande chancellerie royale et l'expédition des lettres royaux de l'avènement de Philippe de Valois à la fin du XIVe siècle*, Paris, 1900, p. 70-72 ; G. Tessier et G. Ouy, « Notaires et secrétaires du roi dans la première moitié du XVe siècle d'après un document inédit », *BPH du CTHS*, 1963, p. 881.

[14] Exemple : X1a 17, fol. 27 v° (11 août 1361), pour un huissier sans gages au Parlement et gardien de la porte du Palais, dont le fils est âgé d'environ quinze ans. Cité par F. Aubert, « Les huissiers du Parlement de Paris, 1300-1420 », *BEC*, 47, 1886, p. 391.

[15] Cf. Dupont-Ferrier, *Les origines et le premier siècle...*, p. 57 et p. 65-66.

[16] Cf. J. Kerhervé, *L'État breton aux 14e et 15e siècles. Les ducs, l'argent et les hommes*, 2 vol., Paris, 1984, p. 779-783.

[17] Cf. F. Autrand, « Vénalité ou arrangements de familles : la résignation des offices royaux en France au XVe siècle », *Ämterhandel im Spätmittelalter und im 16. Jahrundert (Actes du colloque de Berlin, 1-3 mai 1980)*, dir. I. Mieck, Berlin, 1984, p. 69-81.

La vénalité privée reste de toute façon discrète au regard des sources. Même si les pouvoirs publics ne la condamnent qu'en principe, lui accordant de fait une large tolérance, ceux qui la pratiquent en font rarement état[18]. Elle n'éclate au grand jour que lorsque deux prétendants au même office portent leur cause devant un tribunal. Les archives de la Cour des aides, par exemple, montrent à la fois que la vénalité privée est très répandue, peut-être générale à partir du début du XVe siècle, et qu'elle demeure honteuse : les plaideurs ne l'admettent jamais qu'en protestant qu'il s'agit d'un usage commun, que l'argent versé au résignant représente moins le prix de l'office qu'une sorte de contre-don, amical et facultatif[19]. Elle ne semble en fait moralement justifiable que lorsqu'il s'agit de pourvoir aux vieux jours du résignant[20].

Il est vrai que la législation royale manque à la fois de vigueur et de précision : de rares ordonnances portant défense générale de vendre les offices alternent avec d'autres, plus nombreuses, qui ne l'interdisent expressément que pour les offices de judicature, au nom du principe qu'on ne peut « vendre la justice », et l'autorisent pour les offices mineurs[21]. La liste des charges de judicature ne peut toutefois être arrêtée avec précision puisque certains officiers, entre autres les élus et procureurs du roi sur le fait des aides, exercent des fonctions judiciaires sans être « juges jugeants ». Or les mêmes cours de justice où l'on répète à l'envi que de tels offices ne peuvent être vendus[22] se montrent indulgentes dans la répression de leur trafic : alors que les ordonnances prescrivent la confiscation des sommes versées et la pri-

[18] Cf. Guenée, *Tribunaux et gens de justice…*, p. 170 ; R. Fédou, *Les hommes de loi lyonnais à la fin du Moyen Âge. Étude sur les origines de la classe de robe*, Lyon, 1964, p. 398 et suiv. ; Kerhervé, *L'État breton…*, p. 770-771.

[19] Exemples : Z1a 3, fol. 93 (18 juillet 1405), un élu soupçonné d'avoir résigné son office « par prouffit » ; Z1a 3, fol. 93 v° (18 juillet 1405), un autre accusé par la partie adverse d'avoir acheté l'office, « contre raison et les ordonnances » ; Z1a 3, fol. 185 (24 avril 1406), Jean Godeau est devenu élu de Tours par résignation de Jean Senglier dont il a épousé une parente, « et en recompensacion de ce ledit Goudeau dona audit Senglier argent pour avoir un cheval ; n'a pas declairié quelle somme. Ou temps de lors c'estoit une chose comme toute notoire de avoir offices par teles manieres. Dit qu'il ne l'achetta oncques mais seulement donna ce qui lui pleust audit Senglier ».

[20] Cf. Z1a 2, fol. 361 (19 juillet 1404) : La validité d'une résignation est contestée au motif que le résignataire est plus âgé de vingt ans que le résignant. Ce dernier répond que l'argent lui a tout de même été donné « pour soy retraire en son pays ».

[21] L'ordonnance de février 1328 sur les notaires du Châtelet (*ORF*, t. II, p. 6) est la seule qui l'interdise pour ce type d'office, et ne semble guère avoir été appliquée. Celle du 24 janvier 1387 (*ORF*, t. XII, p. 150) autorise la cession des « sergenteries et autres telz menus offices » ; celle du 7 janvier 1409 (*ORF*, t. IX, p. 288, art. 31) l'interdit pour les offices de justice et de finances ; celles de juillet 1493 et mars 1498 (*ORF*, t. XX, p. 386-411, art. 68, 73, et t. XXI, p. 177-207, art. 40) pour ceux de justice seulement. L'ordonnance Cabochienne (1413) l'interdisait pour tous les offices quels qu'ils soient (*ORF*, t. X, art. 202, p. 119). Les plaideurs invoquent volontiers le bien fondé de ces défenses. Exemple : Z1a 3, fol. 55 (7 avril 1405), « Oultre dit que selon droit escript et raison l'en ne doit point achetter offices de judicature car il est presumpcion que a tort et sanz juste cause les achetteurs prendroient de toutes mains pour eulx restituer ».

[22] Exemples : Z1a 2, fol. 361 (19 juillet 1404), un avocat cite plusieurs arrêts privant de leur charge un procureur du roi, un élu et un receveur convaincus de l'avoir achetée ; Z1a 3, fol. 101 (12 août 1405) et fol. 193 (11 février 1407) ; Z1a 3, fol. 330 v° (16 avril 1407), « selon les instructions nul esleu ne peut vendre ne achetter son office sanz auctorité du roy », etc.

vation de l'office[23], la Cour des aides se contente généralement d'amendes très modérées[24].

Il est vrai que même en l'absence de tout lien familial entre un officier et son successeur, l'achat d'un office n'est jamais seulement un placement spéculatif : il s'agit certes d'en vivre, mais en faisant le service du roi. Même pour ceux de greffier ou notaire, généralement baillés à ferme et dont le fort *turnover* suggère que ceux qui les briguent y cherchent avant tout matière à revenus[25], il fallait justifier des compétences nécessaires et remplir soi-même les fonctions de l'office[26]. Ainsi pour les résignations de charges dépendant du Parlement, même les plus modestes comme celles d'huissier, la Cour s'assure-t-elle toujours des capacités des résignataires avant leur entrée en charge[27]. Quant aux offices de sénéchaux, de baillis, de prévôts ou de juges, dont on pouvait esquiver les obligations de service en se faisant suppléer par des lieutenants, ce sont précisément ces offices de judicature dont la vente est interdite, et les lieutenants que l'on peut y mettre feront de toute façon l'objet des mêmes interdictions qui frappent leurs titulaires[28].

Les modes de transmission de l'office que nous venons de décrire se perpétuent tels quels pendant tout le bas Moyen Âge, au moins dans leurs principes. Ils n'ont pourtant pas touché de manière identique chaque époque et chaque type d'office.

II. De l'office précaire à l'office patrimonial

Au XIVe siècle, on admet encore communément que le seigneur est seul maître du choix de ses officiers. Transmettre l'office serait donc impossible, voire impensable puisque celui-ci est non seulement vacant à la mort du roi mais également révocable par lui *ad nutum*, c'est-à-dire à tout moment et sans justification[29]. Lorsque, par extraordinaire, des lettres royaux concèdent un office à titre viager, elles

---

23 *ORF*, t. II, p. 6 (février 1328) ; t. IX, p. 288, art. 31 (7 janvier 1409). Voir également le cahier présenté au roi par les états de 1484 : *Recueil général des anciennes lois françaises, depuis l'an 420 jusqu'à la révolution de 1789*, éd. Mrs Jourdan, Decrusy et Isambert (ci-après abrégé *Recueil général...*), t. XI, p. 62, art. 24.

24 Z1a 3, fol. 55 et fol. 79 (7 avril et 5 juin 1405) : pour un office d'élu payé 510 l.p., la Cour prononce la confiscation de cette somme, 200 l.p. d'amende pour le vendeur et 100 l.p. pour l'acheteur. Z1a 5, fol. 108 (21 février 1411) : 60 l.p. d'amende pour l'achat d'un office d'élu.

25 Cf. Tessier et Ouy, « Notaires et secrétaires du roi... », p. 879.

26 Un thème rebattu par les ordonnances : *ORF*, t. III, p. 32, art. 22 (28 décembre 1355) ; t. IV, p. 410, art. 2 (25 novembre 1361) ; t. XII, p. 162 (5 février 1389) ; t. XIV, p. 304, art. 86 (avril 1454) ; t. XXI, p. 191, art. 69 (mars 1498)

27 X1a 13, fol. 61 (28 juillet 1351) : la Cour s'est informée *de ydoneitate et sufficiencia* du résignataire. X1a 23, fol. 93 v° (23 juin 1373) : *de fidelitate, sufficiencia et ydoneitate*. X1a 15, fol. 222 (19 mai 1354) : autorisation de résigner un office d'huissier du Parlement *dum tamen ille in quem translatum fuerit sit persona sufficiens et ydonea pro dicto officio exercendo*, etc. Cf. Aubert, *Histoire du Parlement...*, p. 64.

28 *ORF*, t. XIV, p. 305, art. 88 (avril 1454) ; t. XXI, p. 186-187, art. 48 à 51 (mars 1498)

29 Ce dernier argument peut être encore soutenu au XVe siècle mais ne correspond plus à la réalité. Cf. G. Dupont-Ferrier, *Les officiers royaux des bailliages et sénéchaussées et les institutions monarchiques locales en France à la fin du Moyen Âge*, Paris, 1902, p. 102-103 ; A. Bossuat, « Les lieutenants généraux du bailli de Saint-Pierre-le-Moûtier au siège de Cusset dans la première moitié du XVe siècle », *Bulletin historique et scientifique de l'Auvergne*, 67/534, 1947, p. 147 : le roi n'a « donné l'office senon soubz ces motz : tant qu'il nous plaira ». Font exception les notaires et secrétaires du roi, dont l'office est viager de droit et non vaquant par la mort du roi (Morel, *La Grande chancellerie...*, p. 72-73).

insistent sur le caractère exceptionnel de ce privilège, motivé par des services spéciaux rendus au roi[30]. À la fin du siècle encore, un avocat au Parlement comme Jean le Coq soutient qu'aucun office ne peut être perpétuel, en invoquant non les ordonnances mais le droit romain et le bien de justice : assurer quiconque d'un office à vie serait lui promettre l'impunité, l'engager sur « la voye de convoitise et de avarice [...] et seroit donner occasion de delinquer »[31].

Tout autre est la situation à la fin du XVe siècle : la transmissibilité des offices paraît être devenue la règle, en même temps que s'est affirmée leur stabilité, c'est-à-dire le droit de leurs titulaires à les exercer si ce n'est à titre viager du moins durablement : nul ne peut désormais être privé de son office à moins d'encourir quelque reproche, dont il sera admis à se défendre par voie de justice[32]. Cette stabilité est un idéal politique, qu'expriment aussi bien les ordonnances de réforme que les plaidoiries devant le Parlement[33]. Il est vrai que les mêmes princes qui promettaient à leurs officiers cette sécurité de l'emploi n'hésitaient pas à les « remuer » à leur guise, particulièrement au moment de leur avènement au trône et lors des crises politiques[34]. Mais ces disgrâces, pour spectaculaires qu'elles fussent lorsqu'elles touchaient de grands serviteurs du pouvoir, ne frappaient qu'un nombre infime d'officiers[35] : l'idéal de stabilité n'en continua pas moins à s'affirmer, y compris à l'encontre des faits eux-mêmes puisqu'il connut un premier renforcement à l'issue des crises du milieu du XIVe siècle[36], une confirmation après la guerre civile[37] et sa consécration solennelle sous Louis XI[38].

[30] Exemple : JJ 66, fol. 194 v°, n° 486 (novembre 1330), Philippe VI, ayant donné à son clerc l'office de garde du sceau de la sénéchaussée de Périgord *quamdiu Nostre placuerit voluntati*, le lui donne à vie par privilège spécial (*ex certa scientia et de gratia speciali* [...] *tenendum, regendum et exercendum perpetuo quamdiu vitam duxerit in humanis*).

[31] M. Boulet, *Questiones Johannis Galli*, Paris, 1944, p. 206-212, q. 178 ; plaidoirie devant le Parlement éd. *ibid.*, p. 207-210. Les arguments du plaignant, selon qui « en pays de droit escript les jugeries vont par hoirie » et qui prétend que le maire d'Arras et le prévôt de la cité de Laon tiennent leur charge à vie, sont parfaitement fallacieux comme suffit à le montrer l'examen des listes de ces officiers (cf. H. Gruy, *Histoire d'Arras*, Arras, 1967, p. XX ; G. Dupont-Ferrier, *Gallia regia ou état des officiers royaux des bailliages et des sénéchaussées de 1328 à 1515* (ci-après abrégé *Gallia regia*), t. VI, p. 137-140 ; H. Waquet, *Le bailliage de Vermandois aux XIIIe et XIVe siècles. Étude d'histoire administrative*, Paris, 1919, p. 198-199).

[32] Sur la stabilité des offices, voir principalement J. Kubler, *L'origine de la perpétuité des offices royaux*, Nancy, 1958 ; Autrand, « Offices et officiers royaux... », p. 324-331.

[33] Exemples : *ORF*, t. XX, p. 403, art. 73 (juillet 1493) ; plaidoirie de 1435 cité par Bossuat, « Les lieutenants généraux... », p. 146-147. Voir également l'opinion d'un Eustache Deschamps (*Œuvres complètes*, éd. marquis de Queux de Saint-Hilaire et G. Raynaud, t. VI, ballade 1247), celle des députés aux états de 1484 (*Recueil général*..., t. XI, p. 51).

[34] Cf. Jassemin, *La Chambre des comptes*..., p. 46-49 ; Kerhervé, *L'État breton*..., p. 783-797.

[35] Guenée, *Tribunaux et gens de justice*..., p. 167, souligne qu'au bailliage de Senlis, pas une seule destitution d'officier ne peut être observée même lors des vagues massives qui suivent l'avènement de Louis XI.

[36] Cf. A. Rigaudière, « Destitution d'officiers et reconstitutions de carrières au milieu du XIVe siècle », dans *Nonagesimo anno, Mélanges en hommage à Jean Gaudemet*, dir. Cl. Bontems, Paris, 1999, p. 837-873.

[37] Cf. *Recueil général*..., t. IX, p. 145-147 (27 mai 1446) : les offices qui ont été donnés à plusieurs personnes à la fois en raison des divisions du royaume depuis 1418 ne pourront être retirés à ceux qui les ont exercés pendant cinq ans et plus.

[38] On sait que l'ordonnance de 1467 n'a pas l'importance que lui ont prêtée les juristes de l'âge moderne et leurs successeurs : elle ne fut qu'une déclaration de circonstance visant à calmer les mécontentements nés de la valse des offices au début du règne de Louis XI. Elle n'interdit nullement la destitution des officiers et se borne finalement à reconnaître un principe de stabilité depuis longtemps consacré par l'usage. Voir la vigoureuse mise au point de Guenée, *Tribunaux et gens de justice*..., p. 167, n. 364 bis.

Le droit de conserver durablement son office et celui de le transmettre semblent d'ailleurs indissociables, sans qu'on puisse dire *a priori* lequel des deux détermine l'autre : les charges sont-elles devenues transmissibles parce que leur stabilité a fini par fonder un droit de propriété sur l'office, ou est-ce au contraire la possibilité de cession, héréditaire ou vénale, qui fonde la propriété donc la stabilité de l'office ? Les deux évolutions paraissent concomitantes mais leur rythme est difficile à saisir, d'autant plus qu'elles ne touchent pas chaque office de la même façon.

Observons tout d'abord qu'on peut relever dès le début du XIVe siècle, si rares soient-ils à cette époque, des offices viagers ainsi que des transmissions d'offices. Au bailliage de Senlis par exemple, la *resignatio in favorem* apparaît dès le règne de Philippe VI pour les offices mineurs (sergents, notaires) et gagne certains offices plus importants dans la deuxième moitié du siècle[39]. Le même phénomène s'observe en Lyonnais, où la cession des offices qui n'étaient pas « de grand prix » fut tolérée de bonne heure[40].

Mais comme l'a montré Olivier Martin[41], c'est à partir du milieu du XIVe siècle que ces exemples commencent à se multiplier. D'abord en faveur de familiers du roi, autorisés à résigner en faveur d'un tiers moyennant une contrepartie pécuniaire payable en une seule fois[42]. Par ce privilège, le roi récompense ses serviteurs tout comme il le ferait par le don d'une rente, d'un bien foncier ou de quelque autre échoite venue en sa possession[43]. Ainsi lorsque, après la prise de Calais en 1347, nombre de fidèles sujets du roi se retrouvèrent sans ressources, celui-ci décida-t-il de leur réserver désormais les offices à vaquer[44]. Tous les Calaisiens ne pouvaient exercer eux-mêmes ces fonctions — n'a-t-on pas conservé mémoire d'une habitante de la ville pourvue d'une sergenterie du Châtelet ? — et devaient donc les faire desservir par des lieutenants[45]. C'était un premier pas vers la transmissibilité de l'office puisque on admettait désormais que son titulaire, lorsqu'il ne pouvait s'acquitter des obligations de sa charge, était tout de même fondé à en tirer un profit, soit en la conservant soit en la cédant[46]. Le roi autorisa bientôt tel ou tel à transpor-

[39] *Ibid.*, p. 170.

[40] Fédou, *Les hommes de loi lyonnais…*, p. 398.

[41] « La nomination aux offices royaux au XIVe siècle d'après les pratiques de la Chancellerie », *Mélanges Paul Fournier*, Paris, 1929, p. 487-501.

[42] Exemple : X1a 16, fol. 346 v° (20 septembre 1357), un huissier du Parlement est autorisé à résigner en faveur d'un autre, *recipiendo semel ab ipso comodum quod habere posset*, en raison de son âge, de sa faiblesse et des longs services gratuits qu'il a rendus au roi.

[43] Exemples : JJ 82, fol. 233 v°, n° 343 (25 août 1354), don d'une sergenterie à un barbier et valet de chambre du roi, en raison des bons services qu'il a rendus depuis sa jeunesse ; X1a 16, fol. 304 (13 février 1357), autorisation de résigner donnée à Jean du Pré le jeune, qui a bien servi et longtemps mais ne le peut plus car il doit subvenir aux nécessités de son père qui, ayant longtemps suivi les guerres à ses propres coûts, est désormais vieux et impotent.

[44] *ORF*, t. IV, p. 606 (8 septembre 1347). Faute d'indication contraire, on doit considérer que ces offices n'étaient pas pourvus à titre héréditaire ni même viager, mais tacitement *ad nutum* comme pour toute autre provision d'office ordinaire à cette époque.

[45] Autre exemple : JJ 82, fol. 273, n° 401 (février 1354), autorisation donnée à un clerc et notaire du roi, secrétaire du dauphin Charles, de transférer *in aliam personam ydoneam* la sergenterie héréditaire que le roi lui avait donnée, et permission pour son nouveau titulaire d'en faire exercer les fonctions *suis periculis per aliam personam ydoneam.*

[46] Martin, « La nomination aux offices… », p. 96-99. Les textes cités pour le début du XIVe siècle (p. 95, n. 40-42) ne permettent pas de conclure à la vénalité privée des offices dès cette date mais seulement à la possibilité pour certains titulaires d'offices de faire desservir ceux-ci par des lieutenants ; ce n'est pas avant le milieu du siècle que l'on rencontre les premières attestations du phénomène décrit ici.

ter son office « en quelcunques personne qu'il lui plaira par en prenant tel prouffit comme il en pourra avoir », ledit profit pouvant résulter d'une vente simple ou d'une transaction plus complexe (*titulo vendicionis aut aliter prout sibi placuerit*) mais relevant toujours d'un accord privé où la puissance publique n'avait pas à intervenir, pas plus qu'elle n'avait à connaître du montant de la transaction[47].

Il est clair que dès cette époque, certains firent commerce d'offices qu'ils avaient brigués dans le seul but de les résigner ensuite. Ainsi pour Raoul de Noyelle, familier du chambellan Robert de Lorris — un favori de Jean le Bon[48]: ayant échoué en 1350 à obtenir la charge d'un huissier du Parlement récemment décédé[49], il obtint l'année suivante grâce à son protecteur un office identique, confisqué à son titulaire pour certaines fautes. Moins d'un mois plus tard, Raoul résignait cet office en faveur d'un tiers et, n'en doutons pas, moyennant finances[50]. À la même époque un autre spéculateur, Ravesson du Chesne, familier du Chancelier, briguait l'office qu'un huissier du Parlement, malade, avait déjà résigné en faveur d'un autre. Il dut finir par avoir gain de cause puisque moins de trois ans plus tard, il cédait à son tour un office d'huissier au familier d'un autre membre du conseil du roi, l'évêque de Laon Robert le Coq[51]. De telles pratiques semblent encore rares au milieu du XIVe siècle, et nécessitent comme on l'a vu de solides appuis[52] ; elles attestent néanmoins que la vénalité privée n'est pas chose absolument nouvelle à l'époque où le phénomène connaît sa floraison.

Quel est précisément ce moment ? Les dernières années du XIVe siècle en constituent la première étape. Ainsi le premier cas de survivance en Lyonnais remonte-t-il à 1391[53]. Un second cap est franchi vers le milieu du XVe siècle : à cette date les résignations vénales sont monnaie courante dans l'administration des aides parmi les receveurs, grenetiers, procureurs du roi, en même temps qu'apparaissent les premiers cas de transmission familiale des offices d'élus ou de receveurs[54]. C'est aussi vers le milieu du siècle que cesse l'opposition des gens de la Chambre des comptes à la vénalité privée[55] : si l'usage des survivances y était encore *de facto* prohibé par des lettres royaux en 1438[56], il s'y introduit quelques années plus tard,

[47] X1a 15, fol. 222 (19 mai 1354) : Ravesson du Chesne a résigné en faveur d'Oudard Farnique « pour certain et competent prouffit que ledit Ravesson en confessa avoir heu et receu dudit Oudart, et dont il se tint a bien paié ». Voir aussi X1a 23, fol. 93 v° (23 juin 1373) : Jean de la Porte, portier du Palais et huissier du Parlement, a résigné en faveur d'Étienne *Fabri, mediante certo commodo per dictum Johannem de Porta ob hoc a prefato Stephano de Nostris licencia et auctoritate et assensu habito et recepto.*

[48] Sur ce personnage, voir R. Cazelles, *Société politique, noblesse et couronne sous Jean le Bon et Charles V*, Genève, 1982, p. 77-80.

[49] X1a 12, fol. 422 v°, n° 36 (30 janvier 1350). C'est le fils même du défunt qui obtint cet office.

[50] X1a 13, fol. 61 (27 juin et 28 juillet 1351).

[51] X1a 13, fol. 105 r° et v°, n° 80 et 82 (3 et 25 juin 1351) ; X1a 15, fol. 222 (19 mai 1354). Sur Robert le Coq, voir Cazelles, *Société politique…*, *passim.*

[52] On ne peut admettre les extrapolations rétrospectives de Roland Mousnier, pour qui les phénomènes caractéristiques de l'âge moderne étaient nécessairement la règle dès le Moyen Âge, même si aucune source ne le montre, sous prétexte que les hommes du XVIIe siècle semblent « imprégnés de sentiments médiévaux » (*La vénalité des offices…*, p. 21).

[53] Fédou, *Les hommes de loi lyonnais…*, p. 401 et 459 (il s'agit du greffe général des terres de l'église cathédrale).

[54] G. Dupont-Ferrier, *Études sur les institutions financières de la France à la fin du Moyen Âge*, t. I : *Les élections et leur personnel*, Paris, 1930, p. 84-89, 113-114, 130, 144, 178.

[55] Jassemin, *La Chambre des comptes…*, p. 37-39.

[56] Celles-ci visaient les commissaires extraordinaires qui tentaient d'obtenir des offices ordinaires par lettres de provision du premier office vacant. Cf. Jassemin, *La Chambre des comptes…*, p. 35-37.

d'abord parmi les clercs (le premier exemple remonte à 1453) puis parmi les maîtres[57].

Que ces pratiques se soient généralisées sous Louis XI, comme l'indiquent certains auteurs, est une assertion tout aussi mal fondée que la légende noire de ce monarque. En réalité, les indices d'une patrimonialisation croissante des offices se multiplient partout dans le royaume, et de façon spectaculaire, dans toute la seconde moitié du siècle. C'est alors qu'on voit l'autorisation de résigner *in favorem* entrer de plain pied dans les mœurs, y compris pour des offices majeurs et politiquement sensibles comme ceux des parlements[58], voire pour les baillis et sénéchaux, parmi lesquels les premiers exemples de résignation apparaissent dans le dernier quart du siècle[59]. Les lettres de provision d'office mentionnent désormais elles-mêmes cette faculté, à présent reconnue aux officiers dès leur entrée en charge et qui semble de plus en plus partie intégrante du droit général des offices[60].

Ce phénomène s'observe pareillement et à la même époque dans les principautés et y compris, à une échelle plus réduite, pour des offices non-royaux comme ceux des seigneuries ecclésiastiques du diocèse de Lyon. Il ne fera que se poursuivre, avec une accélération notable, au début du XVIe siècle[61].

Il est vrai que tous les types d'offices ne sont pas également touchés. Faute d'études d'histoire administrative régionale suffisamment nombreuses, faute aussi d'une documentation homogène couvrant l'ensemble des offices, on doit s'en tenir sur ce point à quelques comparaisons. Leurs conclusions sont néanmoins très claires. Ainsi pour les huissiers au Parlement la transmissibilité s'est-elle affirmée très tôt — dès le milieu du XIVe siècle semble-t-il[62]. Dans la sénéchaussée de Lyon, la vénalité privée ne touche en revanche les offices de judicature qu'à l'extrême fin du XVe siècle, alors qu'on l'observe cent ans plus tôt dans les offices de finances[63]. Même constat dans le duché de Bretagne où les petits offices de finances sont gagnés de bonne heure par la vénalité, mais les offices militaires et de judicature pas avant le milieu du XVe siècle[64]. En outre, même vers 1500, certains offices continuent à ignorer une vénalité désormais répandue[65].

Il faudrait cependant pouvoir quantifier l'importance du phénomène, en rapportant le total des transmissions d'offices au volume global des *collations* d'offices.

---

[57] *Ibid.* Même floraison des survivances à partir du règne de Charles VII selon Guenée, *Tribunaux et gens de justice*..., p. 177.

[58] A. Viala, *Le parlement de Toulouse et l'administration royale laïque, 1420-1525 environ*, vol. 1, Albi, 1953, p. 134-135

[59] Dupont-Ferrier, *Les officiers*..., p. 105-107.

[60] Cf. L. d'Alauzier, « Les viguiers de Figeac du début du XIVe au milieu du XVIe siècle », *BPH du CTHS*, 1961, p. 462, § 20 et p. 463, § 26, 27.

[61] Cf. Kerhervé, *L'État breton*..., p. 772-773 ; Bartier, *Légistes et gens de finances*..., p. 88-90 ; O. Mattéoni, *Servir le prince. Les officiers des ducs de Bourbon à la fin du Moyen Âge (1356-1523)*, Paris, 1998, p. 284-290 ; Fédou, *Les hommes de loi lyonnais*..., p. 399 ; Guenée, *Tribunaux et gens de justice*..., p. 175-178, p. 433.

[62] Aubert, « Les huissiers du Parlement... », aux p. 373-376. Cette étude jette un éclairage sans équivalent sur la succession dans un office précis. Il faut noter l'originalité que constituent ici, dès les années 1340, les provisions *sub expectacione* d'offices à vaquer, sur le modèle des grâces expectatives en usage pour les bénéfices ecclésiastiques. Celles-ci sont tout de même dénoncées comme un abus : X1a 9, fol. 82, fol. 96 v° (7 mai 1340) ; X1a 12, fol. 167 v° (19 janvier 1348) ; fol. 422 v°, n° 36 (30 janvier 1350).

[63] Fédou, *Les hommes de loi lyonnais*..., p. 400-401, 403-405, 460.

[64] Kerhervé, *L'État breton*..., p. 770-771.

[65] Cf. Éd. Maugis, *Essai sur le recrutement et les attributions des principaux offices du siège du bailliage d'Amiens de 1300 à 1600*, Paris, 1906, p. 23.

La documentation ne le permet évidemment pas. Mais à partir des sources disponibles, on peut conjecturer que la transmission des offices demeure globalement marginale jusqu'à la fin du Moyen Âge. Au parlement de Paris par exemple, ce sont seulement 3,5 % des carrières qui s'achèvent par une résignation[66]. Sur cent-dix-sept mandatures de baillis du duché de Bourgogne, on ne compte que quatre dévolutions par succession familiale[67]. Pour des offices plus modestes, nous obtiendrions certainement des chiffres plus conséquents, mais rien n'indique que la transmission des charges y soit devenue la norme avant l'âge moderne[68].

Ni, *a fortiori,* qu'il existât une forte tendance à l'hérédité de ces offices. La transmission à un descendant n'est en effet qu'un cas particulier de la succession.

III. La succession par hérédité

Observons tout d'abord qu'une forte tendance à l'hérédité existe dans le monde des métiers ; les statuts de certains reconnaissent d'ailleurs comme un droit l'accession à la maîtrise pour les fils de maîtres. C'est aussi le cas pour des professions relevant de la chose publique comme la frappe des monnaies. Les monnayeurs, sans être considérés comme des officiers, se transmettent leur charge de père en fils, si bien qu'un nouveau venu dans la profession doit obtenir des lettres royaux pour que ses héritiers puissent exercer après lui, lorsqu'il n'est pas lui-même fils de monnayeur[69].

De même, le roi pouvait par privilège spécial conférer un droit héréditaire sur certains métiers intéressant la chose publique, tels le service du poids des marchandises dans les ports et places de commerce — un enjeu fiscal important[70] —, ou des emplois de garnison militaire dans les places fortes royales, si toutefois leurs détenteurs avaient un fils, frère ou neveu aptes à leur succéder[71].

Tel est en effet, pour l'administration royale, le facteur primant toute autre considération : peu importe le choix de l'officier pourvu qu'il soit compétent[72]. Or compétence et hérédité, loin de paraître antinomiques, semblaient aller volontiers de pair : on agréait un certain népotisme s'il donnait l'assurance que le fils ou le neveu, instruits par le père ou par l'oncle, pourraient d'autant plus efficacement

66 Autrand, « Vénalité ou arrangements… », p. 71. Cette statistique porte sur les années 1345-1454.

67 J. Bouault, « Les bailliages du duché de Bourgogne aux XIVe et XVe siècles », *Annales de Bourgogne,* 2, 1930, p. 7-22.

68 Cf. Morel, *La Grande chancellerie…*, p. 70-72 ; R. Fédou, « Les sergents à Lyon aux XIVe et XVe siècles : une institution, un type social », *BPH du CTHS,* 1964 (*Actes du 89e Congrès national des Sociétés savantes*), p. 289.

69 Cf. JJ 65A, fol. 48, n° 57 (avril 1328). Sur le statut des monnayeurs, « à mi-chemin entre la bourgeoisie des métiers et l'administration royale », voir C. Barralis, « Résistance à l'autorité et formation d'une identité collective : la revendication d'un statut privilégié par les monnayeurs royaux de France entre 1250 et 1370 », *Hypothèses,* 2003, aux p. 251-253.

70 JJ 65A, fol. 149 v°, n° 222 (juillet 1328) : concession perpétuelle à Jean Camelin, bourgeois de Rouen, et à ses héritiers, de l'office du petit poids de la laine à Rouen. Le roi lui avait déjà concédé à titre viager puis à titre héréditaire perpétuel l'office du grand poids de la vicomté de l'eau de Rouen.

71 JJ 70, fol. 203, n° 359 (septembre 1337) : privilège concédé aux 40 sergents et au chapelain du château de Lille.

72 Cf. Autrand, « Offices et officiers royaux… », p. 318-319 : en cas de procès devant le Parlement pour l'obtention d'un office, le critère de compétence importe davantage que la production de lettres royaux.

lui succéder[73]. *A fortiori* si ces hommes pouvaient convaincre par eux-mêmes de leurs qualités. Jean Ier, Guillaume et Jean II de Montcalm par exemple, qui se succèdent apparemment sans interruption comme juges mages de Beaucaire entre 1474 et 1553, sont peut-être grand-père, fils et petit-fils, en tout cas parents ; ils n'en sont pas moins tous trois docteurs en lois[74].

Dans leur cas, comme pour beaucoup d'autres, nous ignorons à vrai dire comment cette succession s'opéra : *resignatio in favorem*, survivance, ou simple recommandation familiale auprès du roi ? Dans la course aux offices vacants, le fils du défunt jouit de toute façon d'un avantage certain car en lui concédant l'office, le roi peut s'acquitter de manière posthume d'une dette de rémunération, ou de reconnaissance, envers son prédécesseur[75]. Mais c'est surtout par le biais de la survivance que l'hérédité des offices s'introduit à la fin du XVe siècle, la *resignatio in favorem* se cantonnant de plus en plus aux cessions vénales hors de la famille[76].

Plus souvent encore qu'aux héritiers directs, l'office se transmet du frère au frère, du beau-père au gendre, de l'oncle au neveu[77]. La succession directe peut en effet se heurter à plusieurs difficultés qui la rendent au total plus rare qu'on ne pourrait penser. D'abord l'absence d'héritier mâle en âge d'exercer l'office, ou au contraire la concurrence de plusieurs co-héritiers qui, ne pouvant diviser l'office, devront s'entendre sur le choix d'un d'entre eux, voire d'un tiers, pour en assumer les fonctions après avoir dédommagé tous les autres[78]. Ensuite le gradient d'âge entre le père et le fils, souvent trop faible pour permettre au second d'attendre la vieillesse et le retrait du premier pour profiter d'un emploi rémunérateur.

Que l'héritage soit indirect n'empêche pas une conséquence sociale importante de la succession familiale : la cohérence accrue voire la fermeture du milieu des officiers, phénomène renforcé par une endogamie notable entre familles d'officiers[79]. Ainsi Jean Thomas, maître des monnaies de Nantes et auditeur des comptes de la ville au début du XVe siècle, épouse-t-il la fille d'un homme en vue parmi les financiers du duc de Bretagne ; leur fils Jamet épousera la fille du trésorier général du duc, puis deviendra maître général des monnaies et trésorier de l'Épargne ; leur

---

[73] Cf. Kerhervé, *L'État breton*..., p. 780-783. Voir à propos de l'hérédité des seigneuries et royaumes l'opinion d'Alain Chartier dans *Le livre de l'Espérance* (éd. F. Rouy, Paris, 1989, p. 68-69) : « Lez sens et crainte dez vaillans parens se espart et communique a leur generation par usage de bien endoctriner et par frequentation de haultes œuvres. »

[74] *Gallia Regia*, t. I, n° 3010 à 3012, p. 279-280.

[75] Exemple : X1a 12, fol. 422 v°, n° 36 (30 janvier 1350), le fils d'un huissier du Parlement dit qu'au décès de son père, le roi lui a donné par lettres cet office, nonobstant toute expectative antérieurement donnée à d'autres.

[76] Cf. Guenée, *Tribunaux et gens de justice*..., p. 175-177 ; Mattéoni, *Servir le prince*..., p. 284-290.

[77] Cf. Bartier, *Légistes et gens de finances*..., p. 88-89 ; B. Chevalier, *Tours, ville royale. 1356-1520. Origine et développement d'une capitale à la fin du Moyen Âge*, Paris, 1975, p. 436 ; Kerhervé, *L'État breton*..., p. 780-783, etc.

[78] Cf. Fédou, *Les hommes de loi lyonnais*..., p. 402-403 et p. 460.

[79] B. Quilliet, *Les corps d'officiers de la prévôté et vicomté de Paris et de l'Ile-de-France, de la fin de la guerre de Cent Ans au début des guerres de religion : étude sociale*, Thèse dactyl., Université Paris IV, 1977, p. 879-886 ; P. Maurice, « Les officiers royaux du bailliage de Marvejols à la fin du Moyen Âge », *Revue historique*, 116, 1992, p. 285-309. Sur la cohésion du groupe familial et notamment le rôle joué par les oncles dans la promotion des neveux, voir F. Autrand, « Tous parens, amis et affins » : le groupe familial dans le milieu de robe parisien au XVe siècle », *Commerce, finances et société (XIe - XVIe siècles). Recueil de travaux d'Histoire médiévale offert à M. le Professeur Henri Dubois*, dir. Ph. Contamine, Th. Dutour et B. Schnerb, Paris, 1993, p. 346-357. Pour un exemple flagrant, voir la politique familiale de Bernard Lauret, premier président au parlement de Toulouse de 1472 à 1494, dans Viala, *Le Parlement de Toulouse*..., t. I, p. 179-185.

petit-fils Gilles exercera lui aussi de grands offices de finances, dont plusieurs où l'avaient précédé ses père et grands-pères, puis épousera la fille du Chancelier du duc, président de sa Chambre des comptes[80].

On relève partout, en moins systématique, la même récurrence de plusieurs individus apparentés s'étant transmis l'office ou, plus fréquemment encore, exerçant à quelques années d'intervalle ce même office ou des offices voisins. Dans la sénéchaussée de Poitou par exemple, la famille Arembert monopolise pratiquement l'office de procureur du roi de 1422 à 1562. Maurice Claveurier, son fils et son petit-fils seront tous trois lieutenants du sénéchal. En 1464 Étienne Jamin transmet sa charge d'échevin à son gendre, avocat du roi, qui plus tard cédera lui-même à son propre gendre son office d'avocat du roi[81].

Il est clair que ces réseaux familiaux se densifient et que leur importance dans la distribution des charges s'accroît à mesure que l'on s'élève dans l'échelle des offices[82]. Au total, le phénomène est massif : à l'échelle d'un bailliage comme celui de Senlis, c'est peut-être la moitié des officiers qui, après 1500, sont fils ou neveux ou gendres d'officiers, même s'ils n'ont pas forcément succédé, dans leur propre office, à un membre de leur famille[83]. Ceci finit par poser un problème éthique : le soupçon de collusion auquel s'exposent forcément des parents exerçant dans la même institution ou dans des offices liés les uns aux autres. Aussi le parent d'un élu des aides, pour être institué receveur, devait-il obtenir des lettres royaux l'autorisant à desservir l'office « nonobstant l'affinité »[84]. Les ordonnances interdisent à plusieurs reprises, à la fin du XVe siècle, qu'un père et son fils, ou deux frères, puissent siéger dans la même cour de justice[85]. Pour les principales d'entre elles, parlements ou Chambres des comptes, le problème était d'autant plus aigu qu'elles s'auto-recrutaient largement, donc recrutaient inévitablement dans l'entourage de leurs propres membres[86].

Mais il y a loin de ce constat à celui d'une hérédité générale des offices. Il faut en tout cas se garder de conclure, comme l'ont fait nombre d'auteurs, à la « monopolisation » familiale des charges et à la multiplication des « dynasties d'officiers ». D'abord parce que les exemples cités montrent des personnages prestigieux, dont les carrières sont connues ; combien en trouverait-on dans des milieux plus modestes ? Les études portant sur des corps intermédiaires ne font apparaître au mieux que quelques cas de succession héréditaire. Une quinzaine pour les élus des aides au XVe siècle, alors qu'il existe une cinquantaine d'élections dans la première moitié du siècle et quatre-vingts environ par la suite. Aucun cas parmi les clercs de ces élus, très peu parmi les procureurs du roi et quelques uns seulement parmi les

[80] J. Kerhervé, « Une famille d'officiers de finances bretons au XVe siècle, les Thomas de Nantes », dans *Annales de Bretagne et des pays de l'Ouest*, 1976, p. 7-33.

[81] R. Favreau, « La condition sociale des maires de Poitiers au XVe siècle », *BPH du CTHS*, 1961, aux p. 167-168. Nombreux exemples pour le personnel des aides dans Dupont-Ferrier, *Les élections…*, p. 122, 134, 149, 178, 185.

[82] Cf. Kerhervé, *L'État breton…*, p. 774-779.

[83] Guenée, *Tribunaux et gens de justice…*, p. 430-431.

[84] Z1a 3, fol. 330 v° (16 avril 1407) : on plaide contre les élus de Meaux qu'ils ont épousé deux sœurs, et que le receveur a épousé la fille de l'un d'eux, contre les instructions royales. Les élus répondent qu'ils n'ont pas obtenu leur office grâce à ces liens de parenté et ont des lettres du roi leur donnant licence de desservir l'office nonobstant l'affinité. Cf. Dupont-Ferrier, *Les élections…*, p. 112.

[85] *ORF*, t. XXI, p. 186, art. 41 (mars 1498) ; t. XX, p. 402, art. 71 (juillet 1493).

[86] Bartier, *Légistes et gens de finances…*, p. 89 ; Mattéoni, *Servir le prince…*, p. 294-296.

grenetiers[87]. Trois exemples en tout et pour tout parmi les quatre-vingt-quinze trésoriers officiant à la cour du Trésor au XVe siècle[88]. Presque aucun parmi les offices modestes tels que les notaireries et sergenteries, dont le grand nombre devrait pourtant compenser la moindre documentation[89].

On doit également souligner que d'un type d'office à l'autre, l'intérêt de la transmission familiale est variable, non seulement pour les intéressés mais aussi pour le prince. Ainsi dans le duché de Bourbon l'hérédité est-elle particulièrement fréquente parmi les capitaines-châtelains, au fort ancrage local, et surtout parmi les trésoriers ainsi qu'à la Chambre des comptes[90]. Les trésoriers devant investir au service du prince le capital de leur famille, maintenir l'office en son sein permettait à la fois aux héritiers de sauvegarder leur bien et au prince d'éviter un débours imprévu, impossible probablement, au décès de son financier. La technicité des offices de finances donnait également l'avantage à ceux qu'avait instruits la longue fréquentation d'un père ou d'un oncle. Mais même à la Chambre des comptes, la part des officiers ayant eu un parent dans l'administration ducale dépasse à peine la moitié. Elle n'atteint pas le tiers chez les capitaines-châtelains[91].

En outre, la transmission familiale de l'office peut bien se renouveler une fois, mais guère davantage : il est très rare que les membres d'une même famille se succèdent au même poste, ou même dans un office voisin, sur plus de trois générations[92].

Détaillons pour finir le cas des baillis et des sénéchaux, personnages dont les listes peuvent être reconstituées d'une manière à peu près complète car leur rang éminent et leurs attributions multiples les font apparaître de manière optimale dans la documentation[93]. Moins de dix exemples de succession familiale dans l'office de bailli ou de sénéchal se présentent, sur les quatre-vingt-huit bailliages et sénéchaussées que compte le royaume à la fin du Moyen Âge, et aucun n'est antérieur à 1510. Encore peut-on interpréter ce phénomène en termes socio-politiques plutôt que sociologiques puisque on assiste alors à une véritable re-féodalisation de l'office, ces hommes étant de grands seigneurs possessionnés dans les circonscriptions qu'ils dirigent et tenant désormais leur charge, *de facto* sinon *de jure*, à titre héréditaire. Le cas le plus frappant est celui des quatre sires de Lenoncourt qui se succèdent comme baillis de Vitry depuis le milieu du XVe siècle : le dernier d'entre eux, Henri, âgé de quatorze ans seulement à la mort de son père en 1515, hérite de sa charge sans résignation ni survivance mais uniquement en raison des services rendus par son père. Reste que même dans ce cas, la transmission de l'office n'était

---

87 Dupont-Ferrier, *Les élections...*, p. 31, p. 105, p. 121-123, p. 133-134, p. 146-149.

88 *Id.*, *Les origines et le premier siècle...*, p. 39.

89 Morel, *La Grande chancellerie...* ; Fédou, « Les sergents à Lyon... »

90 Mattéoni, *Servir le prince...*, p. 290-294. Même prégnance de l'hérédité chez les châtelains bourguignons (Bartier, *Légistes et gens de finances...*, p. 88).

91 Mattéoni, *Servir le prince...*, p. 294-296.

92 Cf. Dupont-Ferrier, *Les origines et le premier siècle...*, p. 54 : les Girard le Coq (père, fils et petit-fils) occupent le même siège de conseiller à la cour du Trésor de 1451 à 1498. Parmi le personnel des aides, le phénomène se limite presque toujours à deux mandatures (au maximum trois), rarement consécutives (*Id.*, *Les élections...*, p. 85, 122, 146-149). Aucune succession sur trois générations à la Chambre des comptes du royaume (Jassemin, *La Chambre des comptes...*, p. 35-37).

93 Nous nous appuyons ici sur la *Gallia Regia* qui, pour perfectible qu'elle soit (cf. A. Demurger, « Guerre civile et changements du personnel administratif dans le royaume de France de 1400 à 1418 : l'exemple des baillis et des sénéchaux », *Francia. Forschungen zur Westeuropaïschen geschichte*, 6, 1978, p. 151-298), fournit la liste d'à-peu-près tous ces officiers et l'époque de leurs mandatures.

pas considérée par la royauté comme automatique puisque un troisième homme fut reçu bailli entre la mort du père et l'institution du fils, quoiqu'il ne semble jamais avoir pris ses fonctions[94].

Une région, le midi du royaume, fut plus que toute autre touchée par ce phénomène. À Carcassonne Jean de Lévis, seigneur de Mirepoix, est fait sénéchal en 1491 ; il donne survivance de sa charge à son fils Jean II en 1522, puis la résigne en faveur du même trois ans plus tard. Mais ce dernier étant mort en 1528, le roi rend la charge au père, qui l'exercera jusqu'à sa mort en 1533. Un autre Lévis, Philippe, y sera nommé en 1545[95]. À Toulouse François de Rochechouart, sénéchal depuis 1502, donne survivance à son fils Antoine en 1516 et résigne en sa faveur en 1522 ; cet Antoine restera sénéchal jusqu'à sa mort en 1545[96]. À Beaucaire enfin Jacques de Crussol, nommé sénéchal en 1504, résigne en faveur de son fils aîné en 1521, et deux ans plus tard, suite au décès ou à l'empêchement de ce dernier, en faveur de son fils puîné, qui restera sénéchal jusqu'à sa démission en 1545. Le père comme le fils semblent s'être démis de leurs fonctions sinon *in articulo mortis* du moins lorsque la vieillesse les y contraignit puisque tous deux moururent deux ans seulement après leur sortie de charge[97].

On aurait tort, pourtant, de voir dans ces cas singuliers l'amorce de véritables dynasties officières.

D'abord parce que, derrière les apparences d'un office passant de main en main, se cache volontiers l'exercice en commun des responsabilités publiques par plusieurs membres d'une même famille. Prenons l'exemple de Barthélemy des Pins, fait viguier de Toulouse en 1491. Son lieutenant est son propre frère, Jean des Pins, par ailleurs châtelain de Muret, et qui prend sa place lors d'une longue absence de 1493 à 1496. Barthélemy disparaît en 1509 ou 1510 ; lui succède Aymeri de Rochechouart — un parent du sénéchal — jusqu'en 1516. Mais dès 1510 on cite comme viguier — bien qu'il ne soit alors vraisemblablement que lieutenant du viguier, ou sous-viguier — le fils de Barthélemy, René, qui demeurera le viguier en titre jusqu'en 1536[98].

Ensuite parce que l'office ne se transmet jamais que sur deux générations. N'oublions pas qu'aussi important qu'ait été le rôle joué par l'office dans l'ascension sociale de ces personnages, cette ascension se traduisait généralement, au bout de quelques années, par l'agrégation à la noblesse traditionnelle, terrienne et militaire, et par l'éloignement du service du prince. Prenons l'exemple des Lauret dont l'ancêtre, Bernard, premier président au parlement de Toulouse à partir de 1472, résigne vingt-trois ans plus tard en faveur de son gendre et collaborateur Jean Sarrat. Ce dernier résigne alors son office d'avocat du roi en faveur d'un neveu de son beau-père, Jean de Chavanhac, juge mage de la sénéchaussée. Mais Jean de Chavanhac n'a personne à qui transmettre sa propre charge, et moins de dix ans plus tard les deux autres offices sont sortis de la famille ; les Lauret vivront désormais en gentilshommes sur leurs terres, sans plus s'occuper du service du roi[99].

[94] *Gallia regia*, t. VI, n° 23467 à 23474, p. 178-181.
[95] *Ibid.*, t. I, n° 4899-4901, p. 546-547.
[96] *Ibid.*, t. V, n° 21422-21423, p. 489-490.
[97] *Ibid.*, t. I, n° 2994 et 2995, p. 275-276.
[98] *Ibid.*, t. VI, n° 21623, 21625, 21992, p. 517-58, p. 559.
[99] L'odyssée de la famille est retracée par Viala, *Le parlement de Toulouse*..., p. 179-185.

Concluons. Il faut attendre 1522 pour voir la royauté entériner officiellement la vénalité des offices, qu'elle fait d'ailleurs sienne en instituant la vénalité publique[100]. Et ce n'est pas avant les années 1580 qu'elle reconnaît l'hérédité des offices comme un droit. D'abord pour les offices domaniaux, désormais vendus par le roi avec privilège d'hérédité, quoique avec faculté perpétuelle de rachat. Le privilège d'hérédité fut ensuite reconnu, moyennant finances, pour d'autres offices modestes, puis en 1586 pour toutes les charges vénales même si cet édit ne fut finalement pas appliqué, la part des transmissions héréditaires demeurant au total très variable d'un office à l'autre[101]. Ces deux phénomènes — vénalité et hérédité — mirent donc chacun plus d'un demi siècle pour se transformer, d'une pratique sociale plus ou moins tolérée, en une institution officielle.

C'est que les arguments contre la patrimonialisation des offices ne manquaient pas : elle ôtait au roi tout pouvoir de contrôle sur son administration, les officiers assurés de leurs charges perdaient tout souci de s'en rendre dignes, et les sujets qui n'étaient pas issus du monde de l'office, abandonnant tout espoir d'accéder aux emplois publics, n'étaient plus incités à servir leur prince[102].

Ces critiques perdurèrent pendant tout l'Ancien régime. Mais outre que la royauté jouait de la vénalité et de l'hérédité comme d'expédients financiers[103], la demande sociale devait s'avérer plus forte que les barrières éthiques. Émanant des officiers, cette demande relevait d'un besoin de sécurité : pouvoir s'assurer, pour soi-même voire pour ses descendants, d'un emploi garantissant non seulement un revenu mais aussi une position sociale[104].

Resignatio in favorem et survivance furent donc les biais qui permirent de surmonter la contradiction fondamentale entre cette demande sociale et le principe intangible que les offices n'appartenaient qu'au roi. L'institution de la vénalité publique, après 1522, ne modifiera d'ailleurs guère les données du problème : c'est pour répondre à la même demande, tout en préservant les droits du roi, que fut inaugurée en 1604 la célèbre « paulette », taxe annuelle en échange de laquelle l'officier voyait reconnaître l'hérédité de sa charge : une véritable assurance vie souscrite auprès du Trésor royal[105].

---

[100] L'évolution est parfaitement synchrone dans le duché de Savoie par exemple : A. Barbero, *Il ducato di Savoia. Amministrazione e corte di uno stato franco-italiano, 1415-1536*, Rome-Bari, 2002, p. 64-67.

[101] Mousnier, *La vénalité des offices…*, p. 51-54.

[102] *Ibid.*, p. 282 et suiv.

[103] *Ibid.* : soit en créant de nouveaux offices (vénaux et très onéreux, qu'on ne pouvait accepter que s'ils étaient héréditaires), soit en vendant le privilège d'hérédité à des détenteurs d'offices, soit en imposant le paiement de taxes sur la transmission successorale.

[104] Cf. L. Febvre, « Pour l'histoire d'un sentiment : le besoin de sécurité », *AESC*, 11, 1956, p. 244-247. Notons qu'une première satisfaction — mais fragile — de cette demande fut le principe de la stabilité des offices qui abrogeait leur révocabilité *ad nutum*.

[105] Descimon, « Modernité et archaïsme… », p. 148, 160.

Les successions dans l'ouest de la France à l'époque féodale

Jean-Louis THIREAU

L'ancien droit privé français n'est connu avec une relative précision qu'à partir du XIIIe siècle, époque où ont été rédigés des coutumiers exposant les usages des pays ou provinces, et qui, malgré leurs insuffisances, se révèlent précieux pour les historiens. Pour la période antérieure, ceux-ci se trouvent bien dépourvus. La principale source utilisable, souvent la seule, est formée par les actes de la pratique réunis dans les cartulaires ecclésiastiques, nombreux mais inégalement répartis, abondants dans quelques régions, rares dans d'autres, et d'interprétation difficile en raison de leur caractère narratif et des imprécisions qui en découlent. Leurs informations sont aussi d'intérêt variable selon les matières : on y trouve beaucoup d'actes de vente ou de donation, dont les monastères étaient bénéficiaires, mais peu de renseignements sur les autres branches du droit et, parmi celles-ci, le droit des successions est l'une des plus défavorisées. Les questions successorales se réglaient à l'intérieur des familles et ne donnaient pas lieu à la rédaction d'un écrit. Aussi est-ce de manière indirecte, à travers de rares et brèves allusions, que l'on peut entrevoir les pratiques suivies en ce domaine.

Ces lacunes sont d'autant plus regrettables que la période située entre le Xe et le XIIIe siècle a été certainement décisive dans la formation du droit successoral coutumier. Au cours de celle-ci s'est constitué un droit des successions royales, à mesure que s'imposait la transmission héréditaire de la Couronne chez les premiers Capétiens, et se sont formées de manière empirique des règles aussi essentielles que l'aînesse et la masculinité. Mais les successions aux grands fiefs, aux *honores*, sont déjà moins bien connues, et les successions aux fiefs de moindre importance ou aux biens roturiers, moins encore. Présentent-elles des ressemblances avec les solutions adoptées pour les successions royales, les ont-elles influencées ou s'en sont-elles inspirées ? Questions auxquelles il est difficile de répondre du fait de notre connaissance insuffisante des pratiques du temps.

La présente communication ne prétend pas lever toutes les incertitudes. Elle n'autorisera que des conclusions parfois incertaines et toujours partielles. D'abord sur le plan géographique : on ne peut traiter ici de l'ensemble de la France et l'exposé se limitera aux pays de l'Ouest, de la Normandie au Poitou, où la documentation est la plus riche. Partielle, elle le sera aussi parce que les éléments trop minces et trop fragmentaires livrés par les textes ne permettent pas de présenter de manière exhaustive et cohérente les règles successorales de l'époque, mais seulement d'en dégager les traits les plus saillants. Le principal est la coexistence, au cours de la période qui s'étend du Xe au XIIIe siècle, de deux systèmes différents : le plus ancien repose sur des solutions à la fois égalitaires et communautaires ; l'autre, plus inégalitaire sinon toujours plus individualiste, à l'origine propre aux fiefs et aux nobles, est lié à l'apparition et à l'essor de la féodalité.

I. Le droit successoral ancien : égalité et communauté

Les actes de la pratique des XIe-XIIe siècles font apparaître des éléments d'un droit successoral aux origines incertaines et souvent lié à la dévolution des alleux, mais qui n'a pas disparu avec la raréfaction de ceux-ci et a laissé des traces jusque dans les coutumiers, surtout dans les règles propres aux roturiers. Il se caractérise par l'absence de privilèges liés à l'âge ou au sexe et par la fréquence des solutions communautaires, qui impliquent le maintien d'indivisions prolongées et font de la vocation successorale un droit lié moins à la parenté par le sang qu'à l'appartenance au groupe domestique.

Un droit égalitaire

Si elle n'est nulle part affirmée dans les sources, qui ne formulent pas de principes généraux, l'égalité successorale résulte de solutions appliquées dans des cas trop nombreux pour qu'on ne puisse y voir l'expression d'une véritable coutume.

L'absence d'avantage lié à l'aînesse ressort de plusieurs affaires où des frères, dont chacun possède une part, probablement indivise, d'un ou plusieurs alleux hérités de leurs parents, en font don à un monastère sans que soit précisée la quotité de leurs portions respectives. Entre 1033 et 1046, trois frères donnent à la Trinité de Vendôme chacun sa part des alleux de Courtozé[1] : le premier, sans clause particulière ; le deuxième, pour être reçu moine ; le dernier, présenté comme *senior* des alleux, avec cette réserve qu'il restera en possession de sa part, la tiendra en fief de l'abbé et, à sa mort, ses héritiers légitimes la posséderont sous les mêmes conditions. Bien qu'assorties de modalités diverses, ces libéralités devaient porter sur des parts successorales égales, car la notice n'aurait pas manqué de signaler d'éventuelles inégalités pour prévenir toute contestation ultérieure. Toujours en Vendômois, entre 1037 et 1062, un nommé Roger, sur le point de mourir, donne à Marmoutier sa part héréditaire d'alleux et d'une censive qu'il avait en commun avec son frère Alleaume Boutefeu, et celui-ci obtient de l'abbé la faculté de reprendre à titre viager la part léguée par son frère contre l'engagement de donner sa propre part à sa mort : ici encore, l'absence de toute précision sur le montant des portions revenant à chacun fait présumer leur rigoureuse égalité[2]. En 1071, deux frères, dont un chanoine, donnent à la Trinité de Vendôme ce qu'ils ont en commun dans les alleux de Burzay sans que l'on trouve, là aussi, la moindre allusion à une quelconque inégalité de leurs parts[3]. Si ces textes n'offrent que des présomptions en faveur de l'égalité successorale, un acte poitevin en apporte la preuve. En 1088, Adémar Esperon vend sa part d'une prévôté et de deux moulins venant de la succession paternelle, partagée entre lui et ses deux frères : cette part étant d'un tiers, chacun des trois fils a donc reçu une même portion de l'héritage[4].

---

[1] *Cartulaire de la Trinité de Vendôme*, éd. Ch. Métais, Paris-Vannes, 1893-1904, n° 57, vol. 1, p. 111-113 ; cf. D. Barthélémy, *La société dans le comté de Vendôme de l'an mil au XIVe siècle*, Paris, 1993, p. 531.

[2] *Cartulaire de Marmoutier pour le Vendômois*, éd. M. de Trémault, Vendôme, 1893, n° 83, p. 129-131.

[3] *Ibid.*, n° 58, p. 94-95.

[4] *Chartes et documents pour servir à l'histoire de l'abbaye de Saint-Maixent*, éd. A. Richard, 2 vol., Archives historiques du Poitou, t. XVI-XVII, 1886-1887, n° 167-168, p. 200-202.

Pas plus que l'âge, le sexe n'était source de discrimination. Vers 1060, en Vendômois, plusieurs cohéritiers font don de leurs parts respectives de l'alleu paternel, mais parmi eux se trouvent deux sœurs, sans que rien n'indique qu'elles aient été désavantagées par rapport à leurs frères : bien plus, c'est à l'une d'elles qu'un des frères lègue sa part à sa mort, à charge de la transmettre ensuite à Marmoutier, tandis que la seconde fait aussi don de sa part du même alleu à son décès[5]. De même en Anjou : avant 1095, un nommé Hubert Piterata procède à la division de ses biens entre son fils et sa fille dans la plus parfaite égalité : à chacun, il attribue une maison de même valeur et quatre arpents de vignes[6].

L'égalité, si elle constituait d'ores et déjà la règle, ne devait pourtant pas présenter à cette époque la même rigueur que plus tard dans les coutumes de l'Ouest, où, chez les roturiers et même aussi chez les nobles en Normandie, les parents étaient dans l'incapacité absolue d'avantager un héritier, que ce soit en propres, en acquêts ou en meubles, avec cette conséquence que les avantages consentis par eux en avancement d'hoirie n'étaient que provisoires, cessaient à leur mort et devaient être rapportés à la succession[7]. Plusieurs témoignages montrent qu'avant la fin du XIIe siècle, des enfants reçoivent au contraire par préciput, en dehors et en plus de leur part successorale, ou pour tenir lieu de celle-ci, des biens qu'ils conservent au décès des parents. Le plus ancien remonte à l'époque carolingienne. Dans un acte de 819, deux frères, Haganon et Adjutor, chanoines de Saint-Martin de Tours, donnent des biens héréditaires dont certains font l'objet d'un *consortium* avec un frère demeuré laïc, mais dont un autre est tenu *extra consortia fratrum in hereditate*, donc individuellement et hors part[8]. En Poitou, vers 955, un clerc donne à Saint-Hilaire de Poitiers la moitié d'une église, *que mihi jure cedebat ex parte matris meae sine participatione fratrum vel propinquorum meorum*[9]. Vers 996, le père d'un chanoine de Saint-Cyprien de Poitiers lui donne un alleu, *extra partem omnium infantum meorum*[10], et un peu plus tard, entre 1004 et 1018, le bénéficiaire dispose de cet alleu *qui michi ex hereditate matris mee Ingelaidis accidit extra fraternitatem meam*[11]. Vers 1015, un autre chanoine fait don d'un alleu également venu du côté de sa mère et en dehors de la frérêche : *michi ex hereditate matris mee Ode accidit extra fraternitatem meam*[12]. Dans tous les cas, les héritiers avantagés sont des clercs, et les biens reçus hors-part sont d'origine maternelle : il est donc probable que, pour beaucoup, ce don a eu pour effet de les exclure de la succession future des parents. Mais Haganon et Adjutor, dont les parents devaient être morts lorsqu'ils ont rédigé leur « testament », ont cumulé cet avantage avec leur part de la frérêche, dont ils disposent

[5] *Cartulaire de Marmoutier pour le Vendômois*, n° 108, p. 168-169.

[6] *Cartulaire de Saint-Aubin d'Angers*, éd. A. Bertrand de Broussillon, 3 vol., Angers, 1896-1903, n° 412, vol. 2, p. 19-21.

[7] *Très ancien coutumier de Normandie* (X, 2), éd. É-J. Tardif, *Coutumiers de Normandie*, 2 tomes, Rouen-Paris, 1903, p. 9 ; *Coutume de Touraine-Anjou* (§ 125) et *Établissements de Saint Louis* (§ 136), éd. P. Viollet, *Les Établissements de Saint Louis*, vol. 2, Paris, 1881, p. 256-262 ; vol. 3, Paris, 1883, p. 84-86 ; cf. X. Martin, *Le principe d'égalité dans les successions roturières en Anjou et dans le Maine*, Paris, 1972.

[8] Publ. par Dom Martène, *Thesaurus novus anecdoctorum*..., vol. 1, Paris, 1717, col. 20-23.

[9] L. Rédet, « Documents pour l'histoire de l'église de Saint-Hilaire de Poitiers », *Mémoires de la Société des Antiquaires de l'Ouest*, 1ère série, 14, 1847, n° 24, p. 29.

[10] *Cartulaire de l'abbaye de Saint-Cyprien de Poitiers*, éd. L. Rédet, Archives historiques du Poitou, t. III, Poitiers, 1874, n° 368, p. 227.

[11] *Ibid.*, n° 369, p. 227-228.

[12] *Ibid.*, n° 384, p. 236-237.

dans le même acte en faveur de leur frère laïc. Il est donc peu probable qu'une égalité rigoureuse ait toujours régné entre héritiers de même degré, et que les avantages consentis par les parents aient été soumis au rapport à leur décès.

Si elle avait déjà existé, la règle d'égalité stricte formulée par les coutumiers n'aurait pu se concilier avec la pratique de la *divisio bonorum*, répandue dans l'Ouest aux XIe-XIIe siècles, qui consistait à opérer, parfois à l'article de la mort, une répartition des biens en affectant les uns à des aumônes et en distribuant les autres entre les héritiers. Or, si l'égalité n'en est pas absente, elle ne semble pas avoir eu un caractère impératif, ni avoir été toujours observée. Certes, à la fin du XIe siècle, après qu'un père eut divisé ses biens entre son fils et sa fille et que le fils, à sa mort, eut fait don de sa part des biens paternels à Saint-Aubin d'Angers, la contestation intentée par sa sœur contre cette donation fut rejetée par la cour du comte d'Anjou au motif que le partage fait par le père avait été rigoureusement égal, décision dont Olivier Guillot a tiré argument en faveur de l'existence, dès cette époque, d'une règle d'égalité stricte dans la coutume d'Anjou[13]. Toutefois, quelques années plus tard, cette règle ne semble pas avoir été aussi bien respectée sans que la validité de la division en ait été affectée : avant de se donner comme convert à Saint-Aubin, Albert le Secrétaire procède à la distribution de ses biens, fait don de certains d'entre eux au monastère et répartit les autres entre ses deux fils. À l'aîné, clerc, il lègue les acquêts, en lui substituant à sa mort le monastère de Saint-Aubin. Au cadet, laïc, il attribue les propres, qui seront transmis ensuite à ses héritiers légitimes, à l'exception d'une maison de pierre qu'il devra laisser à Saint-Aubin à son décès. Dans l'ignorance où l'on se trouve de la valeur des biens, il est impossible de dire si le partage est égal. Il ressort néanmoins du texte que cette préoccupation n'a pas été dominante dans la répartition des biens entre les fils, mais plutôt celle de conserver les propres, tout entiers légués au puîné, chargé de perpétuer la lignée, et dont il est probable qu'ils avaient plus de valeur que les acquêts laissés à l'aîné[14]. En outre, dans aucun cas n'est évoquée l'obligation de rapporter à la succession les biens donnés, seul moyen de rétablir l'équilibre qu'auraient rompu les libéralités envers l'un des enfants : au contraire, la *divisio bonorum* est faite pour s'appliquer au décès de son auteur, et les avantages qu'elle contient pour durer. Même chez les roturiers, le droit de l'époque ne devait donc pas faire obstacle à des montages successoraux dont il est difficile de croire qu'ils ne prenaient pas quelques libertés avec l'égalité entre les héritiers. Si, dans l'Ouest, la tradition égalitaire a des racines anciennes, elle s'est probablement renforcée à partir du XIIe siècle, en réaction contre le développement des partages inégaux chez les nobles, mais les documents de l'époque accordent trop peu d'attention aux pratiques successorales roturières pour permettre de suivre cette évolution dans le détail.

Bien d'autres aspects du droit des successions restent dans l'ombre, en particulier les règles de dévolution en ligne collatérale. S'il est incontestable qu'en l'absence de descendants, les frères, sœurs, neveux, cousins, avaient vocation à succéder, on connaît mal les modalités d'exercice de leur droit. Tout au plus est-il certain qu'à partir du XIe siècle au moins, la dévolution ne pouvait s'opérer qu'au sein d'une même ligne : la règle *paterna paternis, materna maternis*, qui traduit la volonté

[13] *Cartulaire de Saint-Aubin d'Angers*, n° 412 (1095), vol. 2, p. 19-21 ; cf. O. Guillot, « Sur la naissance de la coutume en Anjou au XIe siècle », *Droit romain,* jus civile *et droit français*, dir. J. Krynen, *Études d'Histoire du droit et des idées politiques*, 3, 1999, Toulouse, 1999, p. 292-294.

[14] *Cartulaire de Saint-Aubin d'Angers*, n° 425 (1109), vol. 2, p. 32-33.

de sauvegarder les intérêts du lignage et d'organiser le retour des biens dans celui d'où ils proviennent, est en effet attestée dès cette époque[15]. L'esprit lignager, même s'il a été renforcé par la féodalité, lui a préexisté et on le trouve à l'œuvre dans une autre institution, elle aussi plus ancienne qu'on ne le dit généralement, le retrait lignager, dont les premiers exemples dans ces mêmes régions remontent au XIe siècle. Mais les pratiques favorables au lignage devaient se concilier avec celles qui consacraient l'existence de communautés familiales plus restreintes.

Un droit communautaire

L'autre trait caractéristique du droit successoral des XIe-XIIe siècles est son esprit communautaire. Prêter au droit des successions le rôle d'instrument unique de transmission des biens de génération en génération qu'il joue aujourd'hui serait anachronique. Dans le monde médiéval, où la propriété individuelle était moins répandue que la propriété familiale, il n'avait ni la même fonction, ni la même importance, et la vocation successorale produisait moins d'effet que l'appartenance à une communauté patrimoniale avec le *de cujus*. À Paris, à Orléans, s'appliquait le principe d'exclusion des enfants dotés : l'enfant qui quittait la maison des parents avant leur mort ne venait pas à leur succession, partagée seulement entre ceux qui étaient restés sous le toit familial. Exclusion que l'on a justifiée par le fait que l'enfant établi hors de la maison recevait sa part des biens communs à son départ, mais qui, à Paris jusqu'au XIIIe siècle, frappait aussi celui qui partait les mains vides[16].

Si les coutumes de l'Ouest ne connaissent pas l'exclusion des enfants dotés, elles n'en appliquent pas moins d'autres solutions communautaires, comme la propriété en main commune. Sur les propres, une copropriété par moitié existe entre parents et enfants : le père a la moitié de chaque immeuble, et les enfants, comptant ensemble pour une seule tête, l'autre moitié ; tant que la copropriété n'a pas été partagée, aucun de ses membres ne peut disposer librement entre vifs des biens qui la composent, même dans la limite de sa part, et, dans les actes à cause de mort, ne peut léguer plus que celle-ci[17]. Jusqu'à sa rédaction en 1508, la coutume d'Anjou en gardera le souvenir sous la forme d'une réserve de la moitié appliquée aux roturiers, à côté de la réserve noble des deux tiers apparue dans la seconde moitié du XIIe siècle[18]. Les meubles font aussi l'objet d'une propriété communautaire : dans le ménage, ils sont communs entre les époux et leurs enfants et, à la mort du père, le partage se fait en trois parts égales, l'une pour le défunt, qui sert à payer ses obsèques et ses aumônes, la deuxième pour le conjoint survivant, la troisième pour les enfants. Cet usage est resté en vigueur jusqu'au XIIIe siècle en Anjou et en Poitou[19], et plus longtemps en Normandie, où il est passé dans la coutume rédigée, même si les juristes normands postérieurs ont méconnu son fondement commu-

[15] Cf. les références citées dans mon article sur « Les origines de la réserve héréditaire dans les coutumes du groupe angevin », *Revue historique de droit français et étranger*, 1986, p. 368.

[16] J. Yver, *Egalité entre héritiers et exclusion des enfants dotés. Essai de géographie coutumière*, Paris, 1966, p. 11-35 ; Fr. Olivier-Martin, *Histoire de la coutume de la prévôté et vicomté de Paris*, 2e éd., Paris, 1972, vol. 2, p. 164-169, 397-407.

[17] Cf. par exemple *Cartulaire de la Trinité de Tiron*, éd. L. Merlet, Chartres, 1883, n° 135, t. I, p. 161-162.

[18] Thireau, « Les origines de la réserve héréditaire... », p 351-388.

[19] *Ibid.*, p. 369-371.

nautaire pour l'analyser comme un droit de succession[20]. Pour une part au moins, la dévolution et le partage des biens tenaient donc davantage d'une liquidation de communauté que d'une véritable succession. Les règles successorales ne s'appliquaient qu'en l'absence de communauté au moment du décès, lorsque le *de cujus* mourait après que tous ses enfants eurent quitté la maison, ou peut-être aussi, dans les pays qui connaissaient la propriété en main commune, pour la dévolution de la part personnelle d'un parent qui n'en avait pas disposé de son vivant.

L'imprégnation communautaire apparaît également dans la fréquence des indivisions entre la mère survivante et ses enfants, ou entre frères et sœurs, prolongeant l'ancienne copropriété avec les parents : communs du vivant de ceux-ci, les biens le restent après leur mort, parfois de manière éphémère mais souvent durablement. La présence de neveux ou de cousins parmi les indivisaires montre que certaines s'étendent sur plusieurs générations et donnent naissance à de véritables clans familiaux, soudés autour d'un patrimoine commun[21]. Désignées sous le nom de frérêches (*frareschia*), de *fraternitates* ou de *consortia*, elles s'ancrent dans une longue tradition dont on trouve déjà trace dans le « testament » d'Haganon et d'Adjutor, en 819, qui distingue, parmi les biens légués, ceux qui sont compris dans le *consortium fratrum* et ceux qui n'en font pas partie et ont été reçus à titre individuel, *in hereditate*[22]. De même la donation de l'archevêque de Tours Heberne et de son frère Adalard (895)[23], et celle de l'archevêque Théotolon et de sa sœur Gersinde (942-943)[24], portent sur des biens indivis. En Poitou les frérêches, nombreuses dès le Xe siècle, concernent pour la plupart des alleux[25]. Aux XIe-XIIe siècles, on en rencontre en Vendômois, dans le Perche, le Maine, l'Anjou, la Touraine, où des frères, des sœurs, des neveux, des cousins, donnent, vendent ou revendiquent conjointement des biens communs, dans les milieux sociaux les plus divers, chez les paysans comme dans les familles aristocratiques. L'alleu de Charçay, aux confins de la Touraine et du Poitou, n'est pas partagé à la mort d'Isembard, son propriétaire, mais demeure longtemps indivis entre ses huit enfants, fils et filles, et les décès successifs de plusieurs d'entre eux ne donnent pas lieu à une véritable dévolution successorale mais à un simple accroissement des parts des survivants[26]. Ces pratiques s'inscrivent dans une tradition hostile à la division des biens et traduisent la force des solidarités familiales. Elles n'impliquent pas la cohabitation de tous leurs membres comme les communautés domestiques, ni la formation entre eux d'une communauté universelle des biens, car certains possèdent des terres en dehors de la frérêche, mais au moins la conservation et l'exploitation en commun d'immeubles venus des

[20] J. Yver, « La tripartizione dei beni mobili nell'antico diritto francese », *Rivista di storia del diritto italiano,* 1939, p. 38-56.

[21] R. Grand, « Quelques survivances régionales d'une communauté de famille ou de clan dans la pratique coutumière (XIe-XIVe siècles) surtout en France et en Suisse romande », *RHDFE*, 1952, p. 178-194.

[22] Dom Martène, *Thesaurus novus anecdoctorum...*, vol. 1, col. 20.

[23] BnF, coll. Dom Housseau, t. I, n° 128, résumé dans *Pancarte noire de Saint-Martin de Tours*, éd. É. Mabille, Tours-Paris, 1866, n° 112, p. 125-126.

[24] Ch. de Grandmaison, « Fragments de chartes du Xe siècle provenant de Saint-Julien de Tours », *BEC*, 48, 1886, n° 7, p. 401-404 ; n° 8, p. 404-410.

[25] Outre les textes mentionnés supra, cf. Cartulaire de Saint-Hilaire de Poitiers, n° 345, p. 214 (1073-1100) ; *Cartulaire de Saint-Cyprien de Poitiers*, n° 346, p. 214-215 (1087-1108), n° 344, p. 213 (vers 1100) ; n° 362, p. 361 (1060-1073).

[26] Cartulaire de l'abbaye de Noyers, éd. C. Chevalier, *Mémoires de la Société archéologique de Touraine*, 22, 1872, n° 65 (vers 1072), p. 75-78.

parents, et le partage de leurs revenus. Chaque indivisaire ne semble pas avoir eu la faculté de provoquer le partage, sans doute décidé d'un commun accord, mais pouvait disposer à sa mort de sa part indivise, dont certains faisaient don à un monastère, ce qui avait pour effet de faire entrer le donataire lui-même dans l'indivision et sans doute d'en hâter la dissolution[27]. Il est probable que ces frérêches étaient plus fréquentes que les partages successoraux suivant immédiatement la mort du *de cujus*: en Poitou, l'indivision est présentée comme d'usage courant entre frères (*fraterno more*) et, dans les coutumiers du XIIIe siècle, les termes « fréresches » et « fareschier » désignent à la fois les indivisions entre les enfants du même père ou d'une même mère, et l'action de diviser les biens entre eux[28].

Liées à la dévolution des alleux, les pratiques communautaires se sont étendues aussi aux tenures, non sans résistance des seigneurs : dans les actes de concession en censive, des clauses prévoient la transmission à un seul héritier, vraisemblablement pour empêcher la formation d'une indivision familiale sur la tenure, et à long terme son morcellement[29]. Mais la tradition communautaire s'est néanmoins imposée et a influencé aussi le droit des fiefs.

II. Naissance d'un droit successoral féodal

En marge des usages traditionnels se forme, aux XIe-XIIe siècles, un système successoral différent, propre aux tenures féodales. Dès les années 1010 environ, la transmission du fief aux héritiers directs ou même collatéraux est la règle dans l'Ouest, sous condition de faire hommage au seigneur, le retour à celui-ci n'intervenant qu'en l'absence d'héritier[30] ou à titre de sanction[31]. Pour désigner l'héritier du fief, deux solutions étaient possibles : appliquer les règles anciennes utilisées pour les alleux ou en élaborer de nouvelles, mieux adaptées aux besoins de la féodalité. C'est la seconde qui fut suivie, avec la formation de deux principes originaux, l'aînesse et la masculinité, mais qui ne se sont dégagés que progressivement.

La formation du droit d'aînesse

Les coutumiers de l'Ouest font reposer les successions féodales sur un régime d'aînesse forte, conférant des droits étendus au premier des fils[32]. En Normandie,

[27] *Cartulaire de la Trinité de Vendôme*, n° 513, vol. 2, p. 337-342 : à la suite de donations à eux faites par Foulques de Patay les moines de la Trinité possèdent des terres qui n'ont jamais été partagées et font l'objet d'une *calumnia*, ce qui fait obstacle à leur bonne exploitation. Avec l'accord des autres indivisaires, l'abbé fait procéder au partage.

[28] *Établissements de Saint Louis*, § XI, vol. 2, p. 22.

[29] *Cartulaire de Saint-Vincent du Mans*, éd. R. Charles et S. Menjot d'Elbenne, Mamers-Le Mans, 1886-1913, n° 307 (1080-1100), col. 182 : *Secundum quod terram suam cum fratre suo, Warnerio, super nostrum interdictum diviserat* ; A. Bertrand de Broussillon, *La Maison de Laval*, Paris, 1895-1900, n° 16 (vers 1050), vol. 1, p. 25-29.

[30] *Chartes de Saint-Julien de Tours : 1002-1227*, éd. L.-J. Denis, Le Mans, 1912, n° 7, p. 12-13 ; *Cartulaire de Saint-Aubin d'Angers*, n° 1, 1, p. 1-4 (1037).

[31] Cartulaire de Notre-Dame du Ronceray : P. Marchegay, *Archives d'Anjou*, t. III, 1854, n° 125, p. 90-91.

[32] J. Yver, « Les caractères originaux du groupe de coutumes de l'ouest de la France », *RHDFE*, 1952, p. 28-33.

il reçoit en totalité le fief impartageable mais, s'il existe plusieurs fiefs dans la succession, il n'en prend qu'un et les autres vont aux puînés par ordre d'âge[33]. En Touraine, en Anjou, dans le Maine, l'aîné a droit, en ligne directe, aux deux tiers du fief paternel s'il est divisible, à la totalité s'il est impartageable, ainsi qu'aux deux tiers des immeubles roturiers et à tous les meubles, à charge d'acquitter les dettes ; aux fils puînés et aux filles ne revient qu'un tiers des fiefs divisibles et des immeubles roturiers, ou une portion indivise tenue de l'aîné pour les baronnies impartageables. L'aînesse s'étend aussi aux successions collatérales échues depuis la mort du père, qui vont tout entières à l'aîné[34]. En Bretagne, l'Assise au comte Geoffroy (1185) et la Très ancienne coutume (début du XIVe siècle) accordent à l'aîné le principal manoir et tous les meubles, à charge de pourvoir à l'entretien des puînés et au mariage des sœurs[35]. En Poitou, les solutions sont plus hétérogènes : dans l'ouest de la province, l'aînesse est étendue et proche de ce qu'elle est en Touraine-Anjou, mais plus faible à l'est et au sud, où les successions féodales se partagent entre tous les enfants et le droit de l'aîné se réduit à un faible préciput[36].

Ces solutions sont celles des XIIIe-XIVe siècles et il serait imprudent de leur prêter une grande ancienneté avant de les avoir confrontées à la pratique antérieure. Car les règles de succession aux fiefs, y compris l'aînesse, se sont formées par étapes et, avant que la coutume ne se fixe, ont connu des fluctuations tout au long du XIe siècle, parfois au-delà.

En Normandie, l'évolution a été rapide et cohérente grâce à l'autorité ducale, qui a imposé un droit féodal pur, rompant avec les traditions liées à la dévolution des alleux, biens qui ont vite disparu dans cette province. L'aînesse s'y est établie très tôt pour le duché et les grands fiefs, à partir d'un principe d'indivisibilité impliquant le choix d'un héritier unique qui, en se portant toujours sur l'aîné dès le Xe siècle, a donné naissance à une véritable coutume au siècle suivant[37]. À l'opposé, le Poitou a connu des solutions fluctuantes et les règles féodales ont peiné à s'imposer face aux pratiques bien ancrées régissant les successions aux alleux : faute de pouvoir les évincer, elles se sont combinées avec elles pour donner naissance à des systèmes variés. Aux XIe-XIIe siècles a souvent prévalu un régime d'indivision : les héritiers ne partageaient pas plus les fiefs que les alleux et les biens roturiers, les administraient ensemble et en disposaient d'un commun accord[38]. La pratique régulière des partages ne s'est pas répandue avant le XIIIe siècle et les usages poitevins se révèlent de ce fait proches de ceux du Sud-Ouest, où les biens nobles restaient longtemps indivis et, en cas de partage, étaient répartis à égalité entre tous les héritiers[39].

---

[33] *Grand coutumier de Normandie*, ch. 25-26, éd. Bourdot de Richebourg, *Nouveau coutumier général*, Paris, 1724, vol. 4, p. 12-14.

[34] *Établissements de Saint Louis*, vol. 1, ch. 10, p. 19-22, ch. 26, p. 36.

[35] M. Planiol, *La Très ancienne coutume de Bretagne*, Rennes, 1896 [Genève-Paris, 1984], ch. 210, p. 211-214.

[36] R. Filhol, *Le Vieux Coustumier de Poictou (1417)*, Paris, 1956, n° 568, 574-614, p. 202, 204-215. Cf. M. Garaud, *Les châtelains de Poitou et l'avènement du régime féodal, XIe et XIIe siècles*, Poitiers, 1967, p. 71-83.

[37] R. Génestal, « La formation du droit d'aînesse dans la coutume de Normandie », *Normannia*, 1, 1928, n° 3, p. 157-179.

[38] *Cartulaire de l'abbaye de Talmont*, éd. L. de La Boutetière, Mémoires de la Société des antiquaires de l'Ouest, t. XXXVI, 1872, n° 351 (vers 1140), p. 257-258 ; *ibid.*, n° 339, p. 248-249 (vers 1150) ; cf. Garaud, *Les châtelains de Poitou...*, p. 76-77.

[39] J. Poumarède, *Les successions dans le sud-ouest de la France au Moyen Âge*, Paris, 1972, p. 182-189.

Intermédiaires entre la Normandie et le Poitou sur le plan géographique, le Maine, l'Anjou et la Touraine le sont aussi pour le droit. L'aînesse y est apparue tôt, dès la première moitié du XIe siècle, mais sans s'imposer de manière générale avant la fin du siècle. Elle s'applique, avec quelques entorses, à la dévolution des grandes principautés : le comté de Vendôme revient à Bouchard, aîné de quatre fils, puis, après sa mort sans descendance, vers 1033, pour moitié au second fils. Foulques l'Oison, l'autre moitié étant conservée par sa mère, qui la vend ensuite au comte d'Anjou Geoffroy Martel, son demi-frère ; le comté d'Anjou, à la mort sans descendance de Geoffroy Martel en 1060, échoit à l'aîné de ses neveux, Geoffroy le Barbu, sous réserve de l'attribution au cadet, Foulques le Réchin, d'un certain nombre de biens en parage, en vertu d'un curieux règlement élaboré par le comte défunt, mais un conflit ne tarde pas à opposer les deux frères et s'achève par l'éviction de l'aîné par le cadet[40]. Pour des seigneuries de moindre importance, l'aînesse est moins affirmée à en juger par les listes de participants à la *laudatio parentum*, pratique qui faisait intervenir les membres de la famille aux aliénations de biens fonciers : pendant les deux premiers tiers du XIe siècle, le consentement du fils aîné est rarement distingué de celui des autres, ni mieux rémunéré[41].

Des exemples concrets de dévolution successorale le confirment et montrent que, pour certains fiefs, le privilège d'aînesse reste ignoré ou ne produit que des effets réduits. Comme en Poitou, des fiefs sont tenus en commun par plusieurs frères ou plusieurs membres d'une même famille, dans la tradition des frérêches, sans qu'apparaisse entre eux une nette hiérarchie fondée sur l'âge. Dès 956, le comte d'Anjou Foulques le Bon donne à l'un de ses fidèles une terre transmissible à ses trois fils, sans référence à l'aînesse[42]. C'est au même courant que se rattache la dévolution du fief de Nouâtre, en Touraine : entre 1020 et 1070 environ, il passe de père en fils sur quatre générations, peut-être parce qu'il n'y a à chaque fois qu'un héritier unique, puis, en l'absence de fils, à un frère ; à la mort de ce dernier, il échoit à un neveu et au mari d'une nièce, qui le tient du chef de sa femme, se comporte en véritable seigneur, en assure la défense lors d'une contestation postérieure avant de le laisser à ses enfants[43]. Dès qu'il existe plusieurs héritiers, ce fief, comme les alleux, reste donc indivis entre les frères, et même entre frères et sœurs. La même règle vaut pour le fief voisin de Marmande : lorsque son seigneur, Bouchard, meurt sans descendance, il est dévolu pour moitié à un frère, pour l'autre moitié à une sœur, qui la transmettra à ses fils[44].

D'autres fiefs sont régis par l'aînesse, mais combinée avec une dévolution de frère à frère et non de père à fils : à la mort du père, le fief va à l'aîné, mais quand celui-ci meurt à son tour, même en laissant des descendants, il passe à son deuxième frère puis éventuellement au troisième, et non immédiatement au fils de l'aîné, qui ne le recueille qu'au décès du dernier de ses oncles, sans que les descendants des

[40] O. Guillot, *Le comte d'Anjou et son entourage au XIe siècle*, Paris, 1972, t. I, p. 102-111.

[41] *Cartulaire de Saint-Vincent du Mans*, n° 570, col. 326 ; cf. *ibid.*, n° 752, col. 427 (milieu XIe siècle), où le fils aîné est reconnu *heres* mais reçoit pour son consentement une somme d'argent inférieure à celles qu'obtient son frère cadet. *Cartulaire de la Trinité de Vendôme*, n° 134, I, p. 237-239 (vers 1060).

[42] BnF, coll. Dom Housseau, t. I, n° 178.

[43] J. Bourassé, « Cartulaire de Cormery, précédé de l'histoire de l'abbaye de Cormery d'après les chartes », *Mémoires de la Société archéologique de Touraine*, t. XII, 1861, n° 36, p. 70-75 ; *Cartulaire de l'abbaye de Noyers*, n° 130 (vers 1085) et 250 (vers 1096), p. 153-155, 273-274.

[44] *Ibid.*, n° 375, p. 403-408 (vers 1110).

puînés qui l'ont tenu ne puissent rien réclamer[45]. Connue dans une partie du Poitou, notamment la région de Thouars, sous le nom de viage ou retour, cette pratique semble avoir existé aussi dans le sud de la Touraine et de l'Anjou au XIe siècle. La succession à l'*honor* tourangeau de l'Île-Bouchard laisse entrevoir une tendance en ce sens, même si elle ne s'est finalement pas imposée. Vers 1030, le fief est tenu par Hugues, en qualité d'aîné de ses frères Aimery et Geoffroy Fuel. A sa mort, Hugues laisse un tout jeune fils, Bouchard, mais les hommes du château lui préfèrent son oncle Aimery, qui n'hésite pas à demander au comte de Blois l'investiture en qualité d'héritier. Estimant *justior heres* le fils d'Hugues, le comte remet le fief à Aimery mais seulement à titre de gardien, en attendant que son neveu atteigne l'âge de quinze ans. Aimery le tient pendant dix ans, puis, se faisant moine, le laisse au troisième frère, Geoffroy Fuel, pour le temps qui reste à courir jusqu'à la majorité de Bouchard. Geoffroy reçoit l'investiture du comte d'Anjou Geoffroy Martel, nouveau maître de la Touraine, mais, à la majorité de son neveu, conserve le fief, que Bouchard doit conquérir par la force[46]. De ce récit ressort un conflit entre ce qui est présenté comme le droit, la dévolution de père à fils, et une autre solution, la succession de frère à frère. Prétention infondée selon la notice, mais celle-ci, rédigée longtemps après les faits et très favorable à Bouchard, ne reflète-t-elle pas un état du droit plus récent ? Car c'est bien en qualité d'héritier qu'Aimery a revendiqué le fief de son frère et sollicité l'investiture comtale, ce qui traduit au moins une incertitude sur la règle à suivre. D'autant plus qu'à la même époque, la succession à l'*honor* angevin de Montreuil-Bellay offre un autre exemple de dévolution de frère à frère : Bellay de Montreuil a deux fils et, à sa mort, l'aîné Giraud hérite du fief ; mais au décès de Giraud, bien que celui-ci ait un fils nommé Renaud, c'est un autre Renaud, frère cadet de Giraud, qui lui succède dans l'*honor*, et le fils de l'aîné ne reçoit, dans l'immédiat, que quelques possessions tenues de son oncle[47].

Pendant une partie du XIe siècle, le droit des fiefs reste donc fluctuant, encore mal fixé, fait d'usages locaux ou familiaux plus que de coutumes générales. Sauf en Poitou, ces errements tendent à disparaître à la fin du siècle, où les solutions s'affermissent, s'unifient et préfigurent déjà celles des coutumiers. À partir des années 1070-1080, les listes de participants à la *laudatio parentum* commencent à individualiser plus nettement l'aîné et à insister sur cette qualité ; lorsque les consentements sont rémunérés, il reçoit souvent une somme d'argent supérieure à celle de ses frères et sœurs[48]. L'évolution s'accentue au siècle suivant : dans beaucoup d'actes des années 1130-1140, et dans la plupart après 1200, l'aîné est le seul à approuver les aliénations du père comme unique représentant de tous les descendants[49]. A la même époque, il est présenté comme le seul héritier du fief pater-

---

[45] M. Garaud, « Le viage ou le retour du Vieux Coustumier de Poictou. Contribution à l'histoire du droit d'aînesse », *Bulletin de la Société des antiquaires de l'Ouest*, 5, 1921, p. 747-786.

[46] *Cartulaire de la Trinité de Vendôme*, n° 399, vol. 2, p. 150-153.

[47] Livre noir de Saint-Florent de Saumur, fol. 107r°-v°.

[48] A. Salmon, *Livre des serfs de Marmoutier*, Paris, 1845, n° 15, appendice, p. 137-138 (1060-1084) ; *Cartulaire de Saint-Aubin d'Angers*, n° 245, vol. 1, p. 291 (1060-1087) ; n° 378, vol. 1, p. 438-439 (1067-1109) ; n° 669, vol. 2, p. 163-164 (1100) ; n° 839, vol. 2, p. 310-312 (1157-1189) ; n° 664, vol. 2, p. 157-158 (1167) ; *Cartulaire de Saint-Vincent du Mans*, n° 51, col. 41 (vers 1080) ; n° 349, col. 208-209 (début XIIe siècle) ; n° 142, col. 91-92 (vers 1110) ; n° 524, col. 302 (1110-1125).

[49] *Cartulaire de la Trinité de Vendôme*, n° 487, vol. 2, p. 305-306 (vers 1140) : tous les enfants donnent leur *laudatio* mais l'aîné est le seul à faire la tradition du bien ; *Chartes de Saint-Julien de Tours*, n° 139, p. 163-164 (1207) ; *Cartulaire de Saint-Victeur au Mans*, éd. A. Bertrand de Broussillon, Paris, 1895, n° 96, p.

nel[50]. L'aînesse est également bien implantée en ligne collatérale : quand l'aîné meurt sans descendance, le frère qui le suit par ordre d'âge hérite du fief[51]. Et ses effets se renforcent : dès la fin du XIe et le début du XIIe siècle, l'aîné apparaît non comme le principal, mais comme le seul héritier du patrimoine, qu'il ne partage pas avec ses frères : lorsque Robert de Moncontour, devenu vieux, se fait moine, il remet tous ses biens à son fils aîné, à l'exception d'un domaine qu'il conserve et se réserve la faculté de donner avant de mourir, les deux fils puînés n'ayant d'autre droit que d'être entretenus par l'aîné ou de se voir concéder quelques biens sous son autorité[52] ; Gaudin de Malicorne fait entrer au monastère son fils aîné Guérin, *ad quem totus honor Gaudini reveniebat, si ipse in seculo remansisset*[53]. Toutefois, la persistance des communautés fraternelles tempère le caractère absolu de l'aînesse, avec la pratique du parage, décrite par les coutumiers mais qui remonte, elle aussi, au début du XIe siècle[54]. Le parage permet, sans diviser le fief ni même le patrimoine familial, de confier aux puînés des biens tenus de l'aîné, non à titre de fiefs car, dans l'Ouest, ils ne font pas hommage à leur frère et ne deviennent pas ses vassaux, mais sous forme de tenures familiales[55]. Comme la frérêche roturière, le parage maintient l'unité de la famille et celle du patrimoine vis-à-vis des tiers, et en particulier du seigneur : la division des biens se fait uniquement entre frères, sous cette réserve que les puînés ne reçoivent parfois leur part qu'à titre viager[56].

Les droits successoraux des filles nobles

Dans l'Ouest comme ailleurs, la vocation successorale des filles aux fiefs, y compris aux plus grands, a été admise fort tôt, en l'absence de fils. Un *honor* aussi important que le comté de Vendôme, après la mort de l'évêque Renaud, fils et héritier du comte Bouchard le Vénérable, tombe aux mains du comte d'Anjou Foulques Nerra du chef de sa femme Elisabeth, fille de Bouchard et sœur de Renaud, puis échoit à Adèle, seul enfant de Foulques et d'Elisabeth[57]. Dans un acte de la première moitié du XIe siècle, le refus du seigneur, l'évêque du Mans, de remettre le fief paternel à une fille, unique héritière, est dénoncé comme une injustice, une spo-

93-94 (1226) ; *Chartes de l'abbaye de Saint-Sauveur de Villeloin*, éd. L.-J. Denis, Paris-Le Mans, 1911, n° 129, p. 145-146 (1228).

50 *Cartulaire de la Trinité de Vendôme*, n° 357, vol. 2, p. 101-102 (1097) ; *Cartulaire manceau de Marmoutier, prieuré de Torcé*, Paris, 1945, n° 2, vol. 2, p. 162-167 ; *Cartulaire d'Azé et du Geneteil*, éd. M. du Brossay, Archives historiques du Maine, t. III, Le Mans, 1903, n° 6, p. 57-59 (1096-1118) ; *Cartulaire de Saint-Maur-sur-Loire*, n° 28 (vers 1120), éd. P. Marchegay, *Archives d'Anjou*, t. I, Angers, 1843, n° 48 (1105-1120), *ibid.*, p. 389-390 ; *Cartulaire de Saint-Aubin d'Angers*, n° 150, I, p. 186 (1060) ; n° 692, II, p. 185-186 (1132).

51 Cartulaire de Notre-Dame du Ronceray, n° 427, *Archives d'Anjou*, t. III, p. 262-263 ; *Cartulaire de l'abbaye de Noyers*, n° 98, p. 118-119 (vers 1082) ; *Cartulaire de Saint-Aubin d'Angers*, n° 903, vol. 2, p. 377-378 (1087-1106).

52 *Cartulaire de la Trinité de Vendôme*, n° 298-299, vol. 1, p. 454-460.

53 *Ibid.*, n° 357, vol. 2, p. 101-102.

54 R. Génestal, *Le parage normand*, Caen, 1911 ; H. Legohérel, « Le parage en Touraine-Anjou au Moyen Âge », *RHDFE*, 1965, p. 221-246.

55 Barthélémy, *La société dans le comté de Vendôme…*, p. 531-532, 859-862.

56 Déjà au XIe siècle, des biens sont tenus à titre viager du frère aîné, ou doivent faire retour à celui-ci : *Cartulaire de Saint-Aubin d'Angers*, n° 742, vol. 2, p. 231-233.

57 *Cartulaire de la Trinité de Vendôme*, n° 1, vol. 1, p. 3-6, n° 6, vol. 1.1, p. 14-18. Cf. Guillot, *Le comte d'Anjou*, t. I, p. 27 et suiv., 44 et suiv.

liation[58], et en Anjou, dans le Maine, en Touraine, les textes des XIe et XIIe siècles offrent plusieurs exemples de femmes qui, en personne ou représentées par leur mari, recueillent des biens féodaux à la mort du père ou d'un frère[59]. Leur situation est moins favorable en présence de fils : les coutumiers du XIIIe siècle connaissent tous le principe de masculinité qui, en réputant toujours le descendant mâle plus âgé que les filles, entraîne l'exclusion de celles-ci au profit de leur frère, mais cette règle, comme les autres solutions du droit féodal, ne s'est établie que progressivement. Pendant une partie du XIe siècle, l'influence des partages égalitaires appliqués aux alleux a parfois permis aux filles de venir en concours avec leurs frères, et avec les mêmes droits qu'eux[60]. Une fois de plus, la coutume de Normandie a été l'une des premières à se fixer dans le sens d'une application stricte du privilège de masculinité[61]. Les autres coutumes ont fini par consacrer aussi cette solution, mais avec plus ou moins de retard. En Touraine-Anjou, l'évolution s'est accomplie pour l'essentiel dans les années 1070-1080, période décisive pour la cristallisation d'une coutume unique propre aux biens féodaux : c'est à l'entrée au monastère de son seul frère, qui l'excluait de la succession, qu'Adèle Bridier a dû de devenir héritière des biens de ses parents[62].

Lorsque le défunt laisse plusieurs filles, l'aînesse s'applique entre elles dans les mêmes conditions qu'entre fils : l'aînée reçoit la totalité du fief, sans doute même l'ensemble du patrimoine, à l'instar d'Adèle Bridier qui, après la *monachatio* de son frère, a hérité de tous les biens *sicut primogenita,* sans partage avec ses autres sœurs[63]. Elle jouit de droits plus importants que ceux que lui attribueront les coutumiers, enclins à atténuer les effets de l'aînesse entre filles : les *Établissements de Saint Louis* (I, 12) partageront la succession à égalité entre les filles, sous réserve de l'attribution à l'aînée de l'hébergement ou de cinq sous de rente, et même en Normandie, l'aînée n'aura qu'un préciput sur les seuls fiefs nobles.

Malgré la rigueur apparente des formules, les filles puînées, qu'elles soient exclues par leur frère ou par leur sœur aînée, recevaient néanmoins une part minime des biens paternels, sinon comme héritières du moins à titre de dot. Dans l'ensemble de l'Ouest, l'institution du *maritagium,* de la dot constituée à chaque fille au moment de son mariage, a joué un rôle important dès les XIe-XIIe siècles, et il n'est pas douteux que ce *maritagium* représentait, en pratique sinon en droit, à peu près la part à laquelle la fille pouvait prétendre, d'où un fort contraste entre les dots des héritières et celles des autres[64]. La fille unique, ou l'aînée des filles en l'absence de fils, reçoit souvent en dot sa part dans la communauté formée avec les

58 *Ibid.*, n° 19, vol. 1, p. 38-40 (1038-1040).

59 *Ibid.*, n° 46, vol. 1, p. 99-100 (1040) ; n° 64, vol. 1, p. 120-121 (après 1046) ; n° 128, vol. 1, p. 230 ; n° 154, vol. 1, p. 267-268 ; n° 163, vol. 1, p. 280-284 (1062) ; n° 166, vol. 1, p. 292-293 (1063) ; n° 217, vol. 1, p. 348-350 (1070) ; *Cartulaire de Saint-Maurice d'Angers*, éd. Ch. Urseau, Paris-Angers, 1908, n° 9, vol. 1, p. 18-20 (1139) ; n° 214, p. 317-319 (1138-1148) ; *Cartulaire de l'abbaye de Talmont*, n° 6, p. 13-14 (1058-1074).

60 Voir les exemples cités supra.

61 R. Besnier, « Les filles dans le droit successoral normand », *Tijdschrift voor rechtsgeschiedenis*, 1930, p. 488-506.

62 *Cartulaire de la Trinité de Vendôme*, n° 282, vol. 1, p. 438-441.

63 *Ibid.*, n° 282, vol. 1, p. 438-441 (1079) ; *Cartulaire de Saint-Aubin d'Angers*, n° 9, vol. 1, p. 18-20 (1139).

64 Voir mon article, « Mariage des enfants et relations patrimoniales avec les parents dans l'ancien droit angevin (XIe-XIIIe siècles) », *Mémoires de la Société pour l'Histoire du droit et des institutions des anciens pays bourguignons comtois et romands*, 58, 2001, p. 381-399.

parents, soit la moitié[65], ou même la totalité du patrimoine familial, moins quelques biens dont les parents se réservent la faculté de disposer pour leurs aumônes, dotalité universelle qui, chez les nobles, permettait de confier au gendre le service du fief et d'assurer la relève du père. À l'inverse la fille puînée se contente d'une faible portion, souvent constituée de biens maternels ou de fonds de moindre valeur, et, comme pour les fils, la pratique du parage vient limiter les effets de la division du patrimoine familial. La constitution de la dot permettait donc de fixer, au moment même de leur mariage, les droits successoraux des filles et, en leur remettant ce à quoi elles pouvaient légitimement prétendre, de les exclure de la succession future des parents. Comme la majorité des règles du droit successoral coutumier, l'exclusion des filles dotées, reprise dans les coutumiers de l'Ouest, trouve ses origines dans les pratiques des XIe-XIIe siècles.

[65] Cartulaire de Notre-Dame du Ronceray, n° 34, *Archives d'Anjou*, t. III, p. 27-30.